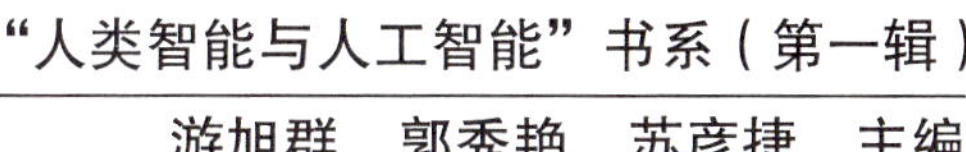

“人类智能与人工智能”书系（第一辑）

游旭群　郭秀艳　苏彦捷　主编

风险决策与人工智能

RISK DECISION-MAKING AND ARTIFICIAL INTELLIGENCE

刘志远◎著

陕西师范大学出版总社　西安

图书代号　ZZ23N1863

图书在版编目（CIP）数据

风险决策与人工智能 / 刘志远著 . — 西安：陕西师范大学出版总社有限公司，2023.10

ISBN 978-7-5695-3934-9

Ⅰ . ①风…　Ⅱ . ①刘…　Ⅲ . ①人工智能—应用—风险决策—研究　Ⅳ . ①F069.9

中国国家版本馆 CIP 数据核字（2023）第 186061 号

风险决策与人工智能

FENGXIAN JUECE YU RENGONG ZHINENG

刘志远　著

出 版 人　刘东风
出版统筹　雷永利　古　洁
责任编辑　刘金茹
责任校对　孙瑜鑫
出版发行　陕西师范大学出版总社
（西安市长安南路 199 号　邮编 710062）
网　　址　http://www.snupg.com
印　　刷　中煤地西安地图制印有限公司
开　　本　720 mm × 1020 mm　1/16
印　　张　28.5
插　　页　2
字　　数　396 千
版　　次　2023 年 10 月第 1 版
印　　次　2023 年 10 月第 1 次印刷
书　　号　ISBN 978-7-5695-3934-9
定　　价　88.00 元

读者购书、书店添货或发现印刷装订问题，请与本社营销部联系。
电话：（029）85307864 85303629　传真：（029）85303879

总序

General introduction

探索心智奥秘，助力类脑智能

自 1961 年从北京大学心理系毕业到华东师范大学工作以来，我已经专注于心理学教学和研究凡六十余载。心理学于我，早已超越个人的专业兴趣，而成为毕生求索的事业；我也有幸在这六十年里，见证心理学发生翻天覆地的变化和中国心理学的蓬勃发展。

记得我刚参加工作时，国内设立心理学系或专业的院校较少，开展心理学研究工作的学者也较少，在研究方法上主要采用较为简单的行为学测量方法。此后，科学技术的发展一日千里，随着脑功能成像技术和认知模型等在心理学研究中的应用，越来越多的心理学研究者开始结合行为、认知模型、脑活动、神经计算模型等多元视角，对心理过程进行探析。世纪之交以来，我国的心理学研究主题渐呈百花齐放之态，研究涉及注意、情绪、思维、学习、记忆、社会认知等与现实生活密切相关的众多方面，高水平研究成果不断涌现。国家也出台了一系列文件，强调要完善社会心理服务体系建设。特别是在 2016 年，国家卫生计生委、中宣部、教育部等多个部委联合出台的《关于加强心理健康服务的指导意见》提出：2030

年我国心理健康服务的基本目标为“全民心理健康素养普遍提升”“符合国情的心理健康服务体系基本健全”。这些文件和意见均反映了国家对于心理学学科发展和实际应用的重视。目前，心理学已成为一门热点学科，国内众多院校设立了心理学院、心理学系或心理学专业，学生数量和从事心理学行业的专业人员数量均与日俱增，心理学学者逐渐在社会服务和重大现实问题解决中崭露头角。

心理学的蓬勃发展，还表现在心理学与经济、管理、工程、人工智能等诸多学科进行交叉互补，形成了一系列新的学科发展方向。目前，人类正在迎接第四次工业革命的到来，其核心内容就是人工智能。近几年的政府工作报告中均提到了人工智能，可以看出我国政府对人工智能发展的重视，可以说，发展人工智能是我国现阶段的一个战略性任务。心理学与人工智能之间的关系十分密切。在人工智能发展的各个阶段，心理学都起着至关重要的作用。人工智能的主要目的是模拟、延伸和扩展人的智能，并建造出像人类一样可以胜任多种任务的人工智能系统。心理学旨在研究人类的心理活动和行为规律，对人类智能进行挖掘和探索。心理学对人的认知、意志和情感所进行的研究和构建的理论模型，系统地揭示了人类智能的本质，为人工智能研究提供了模板。历数近年来人工智能领域新算法的提出和发展，其中有很多是直接借鉴和模拟了心理学研究中有关人类智能的成果。目前，人工智能已经应用到生产和生活的诸多方面，给人们带来了许多便利。然而，当前的人工智能仍属于弱人工智能，在很大程度上还只是高级的自动化而并非真正的智能；人工智能若想要更接近人类智能以达到强人工智能，就需在很多方面更加“拟人化”。人工智能在从弱人工智能向强人工智能发展的过程中，势必需要更紧密地与心理学结合，更多地借鉴人类智能的实现过程，这可能是一个解决人工智能面临发展瓶颈或者困境的有效途径。从另一个方面看，心理学的研究也可以借鉴人工智能的一些研究思路和研究模型，这对心理学来说也是一个很好的发展机会。一些心理学工作者正在开展关于人工智能的研究，并取得了傲人的成绩，但是整体看来这些研究相对分散，缺乏探索人类智能与人工智能之间关系以及如何用来解决实际问题的著作，这在一定程度上阻碍了心理学学科和人工智能学科的发展及相关人才的培养。在这样的背景下，中国心理学会出版工作委员会召集北京大学、浙江大学、复旦大学、中国科学院大学、中国科学技术大学、南开大学、陕西师范大学、华中师范大学、西南大学、南京师范大学、华南师范大学、宁波大学等单位，近二十余位心理学和人工智能领域的专家学者编写“人类智能与人工智能”书系，可以说是恰逢其时且具前瞻性的。本丛书展现出心理学工作者具体的思考和研究成果，借由人工智能将成果应用转化到实际生活中，有助于解决当前教育、医疗、军事、国防等领域的现实问题，对于推动心理学和人工智能领域的深度交叉、彼此借鉴具有重要意义。

我很荣幸受邀为“人类智能与人工智能”书系撰写总序。我浏览丛书后，首先发现丛书作者均是各自研究领域内的翘楚，在研究工作和理论视域方面均拔群出萃。其次发现丛书的内容丰富，体系完整：参与撰写的近二十位作者中，既有心理学领域的专家又有人工智能领域的学者，这种具有不同学科领域背景作者的相互紧密配合，能够从心理学视角和人工智能视角梳理人类智能和人工智能的关系，较为全面地对心理学领域和人工智能领域的研究成果进行整合。总体看来，丛书体系可分为三个模块：第一个模块主要论述人类智能与人工智能的发展史，在该模块中领域内专家学者系统梳理了人类智能和人工智能的发展历史及二者的相互联系；第二个模块主要涉及人类智能与人工智能的理论模型及算法，包括心理学研究者在注意、感知觉、学习、记忆、决策、群体心理等领域的研究成果、创建的与人类智能相关的理论模型及这些理论模型与人工智能的关系；第三个模块主要探讨人类智能与人工智能的实际应用，包括人类智能与人工智能在航空航

天、教育、医疗卫生、社会生活等方面的应用，这对于解答现实重大问题是至关重要的。

“人类智能与人工智能”书系首次系统梳理了人类智能和人工智能的相关知识体系，适合作为国内高等院校心理学、人工智能等专业本科生和研究生的教学用书，可以对心理学、人工智能等专业人才的培养提供帮助；也能够为心理学、人工智能等领域研究人员的科研工作提供借鉴和启发，引导科学研究工作的进一步提升；还可以成为所有对心理学、人工智能感兴趣者的宝贵读物，帮助心理学、人工智能领域科学知识的普及。“人类智能与人工智能”书系的出版将引领和拓展心理学与人工智能学科的交叉，进一步推动人类智能与人工智能的交叉融合，使心理学与人工智能学科更好地服务国家建设和社会治理。

杨治良

2023 年 7 月于上海

前言

Introduction

心理学研究通过揭示人类的心理活动和行为规律，对人类智能进行探索，而人工智能则主要是通过计算机来模拟人的思维过程和相应行为，使机器更加智能化。虽然人工智能发展迅速且在生产和生活中应用广泛，但是当下的人工智能仍处于弱人工智能阶段。人工智能若要实现从弱人工智能阶段到强人工智能阶段的飞跃，须借助心理学等领域中关于人类智能的研究成果。目前，心理学等领域中人类智能的研究与人工智能的结合已经成为国家科技力量建设中的重要组成部分。

在心理学、经济学、管理学等领域中，决策是学者们持续关注的一个研究主题。小到挑选生活用品，大到择业择偶，决策无处不在。中国自古就有“运筹帷幄之中，决胜千里之外”的说法，足见决策对人类生存和发展的重要性。特别是一些决策常常伴随着风险和收益，这使得人们在决策过程中需要对备择选项中的风险和收益进行权衡，这类决策往往被称为风险决策。在充满不确定性的情况下，风险决策行为的恰当与否不仅关系到个人和家庭的和谐幸福，甚至会影响企业乃至国家的兴衰成败。

风险决策的研究与人工智能技术关系紧密。一方面，风险决策的诸多研究成果被应用于人工智能的模型构建和系统优化中，推动了人工智能技术的革新；另一方面，人工智能技术的发展有助于经济、交通、医疗等领域中风险决策问题的解决。可以说，风险决策与人工智能是相辅相成、相互促进的关系。作为“人类智能与人工智能”书系的组成部分，本书对人类风险决策的相关研究成果进行系统梳理，并对风险决策与人工智能的相互作用进行介绍，以期使读者增加对风险决策与人工智能的理解和认识。

从内容上来看，本书可以分为三部分。第一部分包括前五章，分别介绍风险决策的相关理论模型和主要研究问题、研究方法与技术、影响因素、经典和前沿脑机制研究。特别是在研究方法与技术部分，不仅对风险决策研究中所使用的经典实验任务范式进行梳理，还对脑电、脑磁、功能性近红外光谱、功能性磁共振成像、经颅电刺激和经颅磁刺激等认知神经科学技术及其在风险决策研究中的应用进行介绍；在风险决策脑机制研究方面，从早期脑损伤患者的风险决策研究出发介绍风险决策的经典脑机制研究，且对近年来风险决策的前沿研究进展进行总结，即通过多元模式分析方法对风险决策的神经计算过程进行探讨的研究成果，从而较为系统地梳理风险决策的相关脑机制。第二部分包括第六到第八章，介绍风险决策与人工智能的关系，包括期望效用理论、贝叶斯决策模型、多准则决策模型等风险决策研究成果对人工智能技术和方法的优化作用，自动驾驶、智能医疗、智能军事等领域存在的风险决策问题及人工智能技术对这些问题的解答路径；此外，还对人类和人工智能风险决策的特点进行总结和比较，在厘清二者风险决策的优势和不足之后，介绍人机协作的研究成果，即如何对人类和人工智能风险决策的优势进行互补。最后，本书第三部分即第九章结合当下人工智能领域所存在的可解释性差、间接学习能力弱等问题，对人工智能的基础研究进行展望，描绘从弱人工智能向强人工智能迈进的愿景；另外，结合当前社会关切的养老、新冠疫情等热点问题，对人工智能的应用研究进行展望，畅想人工智能更广阔、更具人性关怀的应用前景。

在本书完稿付梓之际，我要由衷地感谢关心和支持本书编写工作的师长和朋友，感谢游旭群教授、郭秀艳教授、苏彦捷教授等“人类智能与人工智能”书系编写组老师的悉心指导，感谢李爽博士、刘思佳博士和我的研究生们在文献检索、资料整理等方面的具体帮助，感谢陕西师范大学出版总社的大力支持！本书受到了国家出版基金的资助和中国科协青年人才托举工程（2022QNRC001）的支持，在此一并感谢。

本书不仅可以作为心理学、人工智能等领域学生和研究者的工具用书，以加深对风险决策、人工智能等相关专业知识的理解，也可以作为对心理学、人工智能等领域感兴趣的朋友们的科普读物，以便较为全面地认识人类和人工智能风险决策的特点，进而为生活中如何做出较为优化的决策提供帮助和借鉴。我深知个人的能力和知识储备有限，只能基于自己的研究积累和对领域内文献的理解来组织本书的内容，尽管在撰写过程中付出了大量努力，但很难做到尽善尽美、尽如人意。如果书中存在疏漏偏差之处，还请广大读者朋友批评斧正，以便进一步修改完善，在此深表感谢！

刘志远

2023 年 4 月

目录

Catalogue

第一章 风险决策概述

人们在生活中需要做出大量决策，而且一些决策常常伴随着风险和收益，这使得人们在决策过程中需要对备择选项中的风险和收益进行权衡，这类决策往往被称为风险决策。风险决策行为的恰当与否不仅关系到个人与家庭是否和谐幸福，甚至会影响企业乃至国家的兴衰成败。因此，风险决策研究已成为心理学、经济学、管理学、人工智能等诸多领域的热点问题。本章首先从决策出发，对不同的决策类型进行介绍；其次，对风险决策及其相关理论进行阐述；最后，对风险决策研究中的热点问题进行探讨。通过对风险决策的概述，以期读者能够对风险决策有初步的认识和了解。

第一节　决策

在日常生活中，人们往往要做出大量决策，例如，一个人从早晨就要选择什么时间起床、穿什么衣服、吃什么早餐、从哪条线路去单位或学校等等。可以说，决策无处不在，它不仅仅和人们的日常生活息息相关，甚至也会影响人们的生存与发展。例如，大部分人在高考后要选择某个专业进行继续深造、在毕业后要选择从事某种职业、选择某个人作为自己的配偶等等。研究者们普遍认为，决策是人类最基本的认知活动之一。换句话说，几乎人类的一切行为都与决策有关。也正因为如此，决策一直是心理学、经济学、管理学和人工智能等领域的研究热点，受到研究者们的密切关注。研究者们通过了解决策是什么、人们如何做出决策以及人们为何做出这样的决策等基本问题，旨在总结出人们决策的一般规律并揭示其内在机制，从而达到预测决策行为、避免陷入决策陷阱、达成满意决策的目的。

研究者们基于自己的理解，对决策进行了大量的定义。例如，西蒙（Simon）（1995）认为决策是指对已有方案进行评估和选择的过程，耶茨（Yates）（1976）认为决策是个体为获得较为满意的结果而采取的选择行动，黑斯蒂（Hastie）（2001）指出决策是个体依据自己的信念和期望等信息对备选方案进行选择的过程。从中可以看出，决策是指在各种因素相互影响的动态环境下进行抉择的过程。目前，研究者们基于不同的视角，将决策细分为不同的类型，比如，跨期决策（梁竹苑，刘欢，2011；Gershman，Bhui，2020）、自我－他人决策（陆静怡，尚雪松，2018；Kumano et al.，2021）、道德决策（Schipper，Koglin，2021）、群体决策（Park et al.，2019）、模糊决策（Poudel et al.，2020；Blankenstein et al.，2018）、风险决策（Cruwys et al.，2021；van Holstein，Floresco，2020）等。接下来将对一些常见的决策类型进行阐述。

一、跨期决策

人们常常需要对发生在不同时间点，特别是现在与未来之间的方案进行权衡，从而做出决策。这种决策不仅涉及收益还涉及成本。比如在选择是否购买保险时，人们需要在近期花少部分钱买保险与后期可能发生的高消费事件之间进行比较；在决定是否保护环境时，人们需要在近期的环境保护成本与长期环境破坏后更高的保护成本之间进行权衡；在决定是否戒烟时，人们需要在短期戒除烟瘾的痛苦和未来可能患病甚至致癌的风险之间进行抉择。在上述决策中，需要在当下和未来的得失之间做出选择，这类决策往往被称为跨期决策（intertemporal decision）（Gershman，Bhui，2020；Misonou，Jimura，2021）。在现实生活中，人们做出的绝大多数决策具有时间性。因此，跨期决策是一类人们常常遇到的决策，且具有重要现实意义。正如研究者们所认为的，跨期决策不仅影响一个人的健康、财富与幸福，也关系到国家的经济繁荣。

早在 20 世纪 60 年代，斯坦福大学的米歇尔（Mischel）等人就通过著名的"棉花糖实验"（marshmallow experiment）考察了学前儿童跨期决策能力对其未来事业和环境适应能力的影响。在这个实验中，被试均为儿童。研究人员告诉这些儿童，在他 / 她们面前放着一块棉花糖，如果能坚持 15 分钟不碰它，那么他 / 她们将被额外再奖励一块棉花糖；若没坚持住吃掉棉花糖，之后就没有棉花糖了。等到研究人员离开实验的房间后，用一台摄像机开始观察儿童们的行为。一部分儿童在研究人员离开后，立马就吃掉了棉花糖；一部分儿童坚持了一会儿，可是后来没有抵制住诱惑也吃掉了棉花糖；但是还有一部分儿童一直忍着没吃，最后他 / 她们成功拿到了第二颗棉花糖。研究者对儿童的忍耐时间进行了测量。数十年之后，米歇尔及合作者对参加实验的儿童又做了一次跟踪调查。结果发现，能忍耐更长时间不吃棉花糖的儿童，即在跨期决策过程中表现出较高延迟满足能力的儿童，在未来有着更高的学业成就、更强的自控力、更能应对社会压力和挫折，并且也更善于人际交往（Mischel et al.，1989）。“棉花糖实验”的结果在当时引起了极大的轰动，也开启了跨期决策研究的热潮。

随着对跨期决策研究的深入，研究者们一致认为，在对当前或近期的收益 / 损失和未来的收益 / 损失进行比较时，人们常常将未来的收益 / 损失赋予更小的权重。也就是说，人们会更偏好结果较小但时间较近的收益，而不喜欢结果较大但时间较远的收益，这一现象被称为时间折扣（time discounting）。作为个体经济心理与决策行为中的一个重要属性，时间折扣反映了个体如何看待当前或未来事物的价值，如金钱、生命等。研究者们常常用时间折扣率（time discounting rate）来衡量个体时间折扣的程度大小（Meier，Sprenger，2012；Xu et al.，2020）。具体来说，若在同一个时间点，某一个体的时间折扣率越大，那么在跨期决策过程中，其赋予未来收益 / 损失的权重越小。然而，个体的时间折扣率并不是一成不变的，会随着时间点的变化而变化。基于时间折扣率的变化特性，研究者们还提出了双曲线折扣模型（hyperbolic discounting model）和准双曲线模型（quasi-hyperbolic model）来解释跨期决策中的种种现象（Laibson，1997）。以上理论模型的核心假设是人们在不同时间点的时间折扣率不同，因而可能会发生偏好反转，即在一些时间点人们倾向于选择结果较小但时间较近的收益，而在有些时间点人们倾向于选择结果较大但时间较远的收益。大量研究已经证实了跨期决策中双曲线折扣现象的普遍性（Ring et al.，2021）。

2004 年，麦克卢尔（Mcclure）及合作者发表在《科学》（Science）杂志上的研究，首次揭示了跨期决策过程中负责加工即时和延迟金钱奖赏价值的神经系统。该研究发现，大脑边缘系统（limbic system），其中包括腹侧纹状体（ventral striatum，VS）、内侧眶额叶皮层（medial orbitofrontal cortex，mOFC）、内侧前额叶皮层（medial prefrontal cortex，mPFC）、后扣带回皮层（posterior cingulate cortex，PCC）和左后海马（left posterior hippocampus），在被试选择获得短期较小金额的奖赏时活动更强；而额顶网络（frontoparietal network，FPN），其中包括视觉皮层（visual cortex， VC）、运动前区（premotor area，PMA）、辅助运动区（supplementary motor area，SMA）、顶叶内皮层（intraparietal cortex， IPC）、背外侧前额叶皮层（dorsolateral prefrontal cortex， dlPFC）、腹外侧前额叶皮层（ventrolateral prefrontal cortex， vlPFC）和外侧眶额叶皮层（lateral orbitofrontal cortex， lOFC），在被试选择得到未来较大金额奖赏时活动更强（Mcclure et al.， 2004）。也就是说，边缘系统参与即时金钱奖赏价值的加工，而额顶网络参与延迟金钱奖赏价值的加工。该研究激起了学界对跨期决策神经机制研究的热情，也从神经生理基础上为决策过程中延迟折扣现象的普遍性提供了有力证据（Ballard， Knutson， 2009； Ring et al.， 2021）。例如，巴拉德（Ballard）和克努森（Knutson）（2009）在研究中探讨了人脑对于未来奖赏的延迟时间和价值大小加工的神经机制。其结果发现，人脑对于未来奖赏延迟时间的表征涉及的是内侧前额叶皮层等区域，而对于未来奖赏大小的表征涉及伏隔核（nucleus accumbens）等区域。该结果表明，对于未来奖赏延迟时间和价值大小进行加工的相关神经机制是不同的。后来，来自动物的实验研究发现，伏隔核区域损伤老鼠的延迟折扣率明显提高（Valencia-Torres et al.，2012），进一步在动物群体中验证了巴拉德和克努森的实验结果。还有研究者从大脑形态学的视角探讨了延迟折扣相关的脑机制。例如，比约克（Bjork）等人（2009）在研究中通过磁共振成像（magnetic resonance imaging， MRI）技术对被试大脑的灰质体积进行了测量，并且让被试完成跨期决策任务。结果发现，被试背外侧前额叶皮层的灰质体积与延迟折扣率存在显著负相关。与该发现相一致，Yu（2012）在研究中也发现，前额叶皮层的白质体积大小与延迟折扣率存在显著负相关。这些基于大脑形态学的研究一致地发现，前额叶皮层的结构在跨期决策的延迟折扣中发挥关键作用。

除了关注跨期决策的神经生理基础，研究者们还探讨跨期决策的影响因素，以对生活中跨期决策的调节产生启发。研究发现，决策选项的价值和延迟时间等属性以及情绪等情境因素均会对跨期决策产生影响（Li，2021；Jiang et al.，2022）。例如，Liu 等人（2013）的研究显示，想象积极情绪事件的被试更倾向于选择延迟奖赏，而想象消极情绪事件的被试更倾向于选择即时奖赏。Zhou 等人（2021）在研究中探讨了音乐所诱发的情绪体验对个体跨期决策的影响。该研究通过操纵音乐的声学和结构特征，考察了人们在不同情绪体验下的跨期决策行为。共包含三个实验，实验 1 将招募到的 240 名被试随机分配到高兴音乐（大调式、速度快）、悲伤音乐（小调式、速度慢）和控制组（白噪音）中；在聆听音乐的同时，被试需要完成与金钱得失有关的跨期决策任务以及时间知觉评估任务。实验 1 的结果发现，相比于控制组，高兴音乐组的被试更偏好结果较小但时间较近的收益选项，而悲伤音乐组的被试则更偏好结果较大但时间较远的收益选项。也就是说，音乐诱发的情绪体验显著影响了被试的跨期决策偏好。通过中介效应分析，结果还发现，在金钱收益条件下，高兴音乐组的被试感知到的延迟时间较长，从而更偏好结果较小但时间较近的收益选项；而悲伤音乐组的被试感受到的延迟时间较短，从而更偏好结果较大但时间较远的收益选项。也就是说，时间知觉对情绪和跨期决策偏好之间关系的中介效应显著。实验 2 和实验 3 分别操纵了音乐的速度（快与慢）和调式（大调与小调），以此分离了唤醒度（arousal）和心境（mood）的效应，进一步考察音乐特征及特定情绪维度对跨期决策偏好的影响。实验结果发现，音乐的速度及其诱发的唤醒度影响了跨期决策偏好，而音乐的调式及其诱发的心境对跨期决策偏好没有显著影响。进一步的中介效应检验结果发现，在金钱收益条件下，快速音乐组的被试感知到的延迟时间较长，从而更偏好结果较小但时间较近的收益选项；相反，慢速音乐组的被试感知到的延迟时间较短，从而更偏好结果较大但时间较远的收益选项，即音乐速度对跨期决策的影响作用受到时间知觉的中介。上述两个研究均表明，个体的跨期决策会受情绪等因素的影响。关于跨期决策的影响因素研究具有重要的现实意义，不仅可以为生活中人们如何不要只关注眼前利益而忽视长远利益提供启示，还可以为网游成瘾、毒品成瘾等成瘾行为的矫正提供借鉴。

二、自我－他人决策

在生活中，人们不仅为自己做决策，还常常代他人做决策，可以说代他人做决策是日常社会生活的组成部分。随着经济的迅速发展，一些新兴行业不断涌现，例如管理咨询、代理投资等。这些行业的从业者在很大程度上都在履行为他人做决策的职责，如咨询顾问为其他企业提供建议，投资代理人为委托人选择投资方案，等等。随着这些行业的兴起，人们急需了解为他人做决策的决策规律和心理活动特点，以有效规范或调整代理决策。这也使代他人做决策时的行为和心理特点成为行为决策领域亟待回答的问题（陆静怡，尚雪松，2018）。研究者通常从为他人决策与为自己决策相比较的角度来研究这类问题，简称“自我－他人决策”（self-other decision making）（刘永芳 等，2014；Polman，2012）。

中国自古就有“当局者迷，旁观者清”的说法，从中就可以看出为自己做决策和为他人做决策之间是有可能存在差异的。大量研究也发现，个体在为自己做决策和为他人做决策时的心理活动是不同的。例如，克雷（Kray）等人（2000）的研究表明，人们在为他人做决策时考虑的维度较少，而在为自己做决策时考虑的维度较多。特别是在关于工作的问题中，为他人做决策只考虑某份工作能否实现他人的抱负，而为自己做决策除了考虑能否实现抱负，还会考虑工作地点离家的距离等因素（Kray，2000）。还有研究发现，人们在为自己做决策和为他人做决策时对收益及损失的敏感程度是不同的。例如，Lu 和 Xie（2014）在研究中给被试呈现一系列决策情境，要求被试为自己或为朋友做决策，并记录下被试在决策过程中的想法。结果发现，相比于为自己做决策，为他人做决策时，被试更少地提及对损失的思考，而更多地提及对收益的思考。与该结果相一致，Lu 等人（2016）在研究中结合眼动追踪技术，对被试为自己做决策和为他人做决策时的认知关注点进行了测量。在研究中，同样给被试呈现一系列决策情境，其中决策情境中包含收益和损失的信息，并要求被试为自己做决策或为朋友做决策。眼动追踪的结果发现，相比于为自己做决策的被试，为朋友做决策的被试在决策过程中，注视获益信息的次数更多、时间更久，而注视损失信息的次数更少、时间更短。根据前景理论可知，人们在决策中会表现出损失厌恶（loss aversion）的倾向，即对损失的敏感性高于对收益的敏感性（Kahneman，Tversky，1979）。换言之，决策者在认知上更加关注损失，赋予损失较大的权重；而对收益不敏感，赋予收益较小的权重。然而，在为他人做决策时，相比于损失，人们却更加关注他人是否能够获益，对他人的收益比较敏感。也就是说，在为他人做决策时表现出对他人的收益赋予的权重更大，而对他人的损失赋予的权重更小（Polman，2012）。此外，有研究者探讨了为自己做决策个体和为他人做决策个体情绪状态的差异。例如，波尔曼（Polman）和沃斯（Vohs）（2016）在研究中将被试随机分为两组，其中一组被试为自己做决策，而另一组被试为他人做决策，在为自己或为他人做完决策后，两组被试评价在为自己或他人做决策时体验到的愉悦感的强度。实验结果发现，相比于为自己做决策的被试，为他人做决策的被试在决策过程中的愉悦感程度更强。也就是说，被试在为他人做决策时更加愉悦。上述研究从不同的视角一致地表明，个体在为自己做决策和为他人做决策时的心理活动是存在差异的。

个体在为自己做决策和为他人做决策时心理活动之间的差异，导致了自我决策行为和他人决策行为之间的不同。目前，关于自我－他人决策行为差异的研究关注在消费决策、医疗决策、经济决策和人际关系决策等方面。例如，Lu

等人（2016）在研究中，给被试呈现四组配对商品，在每组配对商品中，一个商品在实用属性上占优，另一个商品在享乐属性上占优势。被试需要对为自己购买这些商品和替他人购买这些商品的可能性进行评分。结果发现，相比于为自己决策，被试在为他人决策时，选择购买享乐型商品的可能性更大。冯冈滕（von Gunten）和谢勒（Scherer）（2019）在研究中给被试呈现某种医疗情境，情境中包含两种治疗方案，其中一个治疗方案较为保守，另一个治疗方案较为冒险但效果好，研究者让被试为自己和为他人从两种治疗方案中选择一种。实验结果发现，相比于为自己做决策，被试为他人做决策时更倾向于选择保守的治疗方案。有研究者根据与被试的亲密程度，将他人细分为朋友和陌生人，进一步探讨了为自我、朋友和陌生人决策间的差异。例如，斯通（Stone）和阿盖尔（Allgaier）（2008）在研究中采用日常生活中的人际关系情境，探究个体被试为自己、朋友和陌生人做决策时的风险偏好。在实验中，研究者通过文字给被试呈现舞会的场景，并让被试想象自己正在参加该舞会，这时走过来一位比较有魅力的异性，被试需要分别为自己、朋友和陌生人在下列两个选项中选择一个：其中一个选项是主动与该名异性聊天，即风险选项；另一个选项是不与该名异性聊天，即保守选项。结果发现，相比于为自己做决策，在为朋友和陌生人做决策时被试更倾向于选择主动向异性聊天的风险选项。也就是说，个体为朋友和陌生人做决策时均倾向于冒险，而为自己做决策时更偏向于保守。然而，巴特（Batteux）等人（2017）却发现了不一致的结果。在研究中，巴特等人给被试呈现一系列确定的选项和具有一定风险的选项，并让被试为自己、朋友和陌生人在这两个选项间选择一个。结果发现，相比于为自己和朋友做决策，被试为陌生人做决策时更倾向于选择有风险的选项。也就是说，个体为陌生人做决策时倾向于冒险，而为自己和朋友做决策时更偏向于保守。上述两项研究的结论不一致，有可能与被试和朋友之间的亲密关系不同有关系，即在斯通和阿盖尔（2008）的研究中，被试和朋友的亲密程度有可能较弱，表现出为朋友和为陌生人决策模式一样的结果；而在巴特等人（2017）的研究中，被试和朋友的亲密程度有可能较强,因而表现出为朋友和为陌生人决策模式不同的结果。

有研究者探讨了情境因素对自我－他人决策差异的影响。例如，斯通等人（2002）发现，预期后果导致人们在为自我和为他人决策时均表现出规避风险的倾向，但为自我决策和为他人决策之间没有差异。还有研究从决策者人格特质角度探讨自我决策和他人决策之间的差异。例如，雷（Wray）和斯通（2005）发现，低自尊或高焦虑个体为他人决策远比为自我决策冒险，而高自尊或低焦虑个体未表现出这种差异。Zhang 等人（2020）在研究中探究了社会价值取向对自我－他人风险决策的影响。社会价值取向（social value orientation，SVO）是决定个体在社会互动中决策模式的一种关键人格特质，具体是指个体在为自己和为他人分配资源时所表现出的社会偏好（Roth et al.，2022）。Zhang 等人（2020）在研究中对被试的社会价值取向程度进行测量，并基于该程度将被试划分为亲社会者和亲自我者。之后，两组被试均在电脑上完成混合赌博游戏，在该游戏中，给被试分发 100 个游戏币，并让被试完成多轮游戏，每轮游戏中有两个选项，其中一个选项的结果是不确定的，即有 50% 的概率赢金币，50% 概率输金币；另一个选项的结果是确定的，即收益 0 个金币。被试需要选择不确定选项（表示参赌）或者选择确定选项（表示不参赌）。实验包含为自己决策和为他人决策两种情境。研究者对结果不确定选项的期望价值进行计算，并且将被试选择期望价值小于零选项的比例作为其冒险程度高低的指标。基于选择期望价值小于零选项的比例，研究者进行了 2（自我、他人）× 2（亲自我者、亲社会者）的方差分析，结果发现，对于亲自我者来说，相比于为自己做决策，被试为他人做决策时选择期望价值小于零选项的比例更大，即冒险程度更高；而对于亲社会者来说，为自己做决策和为他人做决策在选择期望价值小于零选

项的比例上没有差异，即冒险程度没有差异。这个结果说明，社会价值取向这种人际特质确实会影响自我－他人的决策行为。

三、道德决策

自 2022 年 2 月以来，乌克兰东部地区局势恶化，乌克兰与俄罗斯双方在该地区的军事冲突不断升级。2022 年 3 月，俄罗斯宣布为顿巴斯地区的马里乌波尔和沃尔诺瓦哈的民众开通人道主义走廊，以使得该地区的平民离开被战火覆盖的区域。关于“是否允许乌克兰公民从走廊撤出”成为了媒体激烈讨论的主题，一些人认为有道德义务使得平民远离战火，而另一些人则认为最好让平民留在城内以期拖住俄军攻势，以达到最终胜利的结果。在日常生活中，“扶不扶摔倒老人”“要不要主动让座”等新闻也屡次成为热搜。涉及道德决策（moral decision）的事件往往受到人们的关切，一些专家学者试图从不同的角度对道德决策的内在机制进行解析。人类道德决策受哪些内在或者外在因素的影响？其有着怎样的认知神经机制？更重要的是我们可以实施哪些干预手段来提升人类的道德行为或道德决策水平？对这些问题的回答不仅具有重大的科学意义，也具有重大的现实意义和应用价值。

道德决策是指当面临多种可能的行为途径选择时，个体对这些可能的行为途径在善恶和道德的程度选择上做出的决断（Yu et al.，2019；Gawronski，Brannon，2020）。在道德情境中，有哪些因素会影响人们的决策？研究发现，个体自我卷入道德两难困境中的程度越大，则诱发的决策冲突越大（Chen et al.，2009；Sarlo et al.，2012）。例如，Chen 等人（2009）采用脑电（electroencephalography，EEG）技术并结合行为学实验，探讨了自我卷入程度对个体道德决策的影响。在实验中，给被试呈现两类道德两难的情境，其中一类情境是地震中有两个需要救助的陌生人，但是由于能力有限，被试只能在这两个陌生人中选择救助一个；另一类情境为地震中有两个需要救助的亲人，被试同样是只能在这两个亲人中选择救助一个。实验结果发现，相比于涉及陌生人的道德决策，被试在进行涉及亲人的道德决策过程中诱发的脑电 P2 成分和晚期慢波成分的波幅更大。针对该结果，研究者认为个体在进行涉及亲人的道德决策时有更大的情绪冲突，并消耗了更多的认知资源来解决冲突。由此可见， 自我卷入程度是影响人类道德决策的一个重要因素。研究也发现，个体的人格特质与道德决策存在密切的相关关系（Tao et al.，2020；Rengifo，Laham，2022）。例如，Tao 等人（2020）发现，当面对道德困境时，内向的人在负面情绪下会倾向于做出更加功利的决策。还有研究者发现，个体的共情水平越高，其越可能做出道德行为（Decety，Cowell，2014；Wiech et al.，2013）。此外，道德决策会受情境因素的影响，例如，普雷斯科特（Prescott）（2012）发现被试在积极框架情境中更倾向于规避风险而做出道德决策，在消极框架情境中更倾向于做出寻求风险的不道德决策。综上，研究者们探讨了道德决策的影响因素，发现道德决策会受自我卷入程度、人格特质和情境等因素的影响。

近年来，随着功能性磁共振成像（functional magnetic resonance imaging，fMRI）、脑电等神经科学技术的广泛应用，有关道德决策的神经科学研究如雨后春笋般涌现。这些研究多采用问卷相关法、情境想象法或基于因素设计的人际互动游戏，探讨了不同情境中人类道德决策的神经机制，推动了人们对道德行为背后神经生物学基础的认识。科布（Koob）等人（2020）系统梳理了道德决策神经科学的最新实证研究，在机制层面上对道德决策的认知计算过程进行了精细化、定量化的描述；并且利用计算建模，结合行为经济学、人际互动范式和多模态脑成像技术的研究成果，对道德决策的认知神经机制进行了梳理。在研究中，科布和合作者们以神经经济学价值决策理论框架为基础，提出了道德决策过程中的三个阶段，并总结了各个阶段认知加工的神经基础。具体来说，道德决策的第一个阶段是对决策价值的表征以及对价值的选择，该阶段中，参与价值表征的脑区有腹侧纹状体和前脑岛（anterior insula， AI），参与主观价值计算和比较的脑区有腹内侧前额皮层（ventromedial prefrontal cortex，vmPFC）和前扣带回皮层（anterior cingulate cortex， ACC），涉及选择行为的脑区有背外侧前额皮层和后侧顶叶（posterior parietal cortex， PPC）；并且在社会情境中，该阶段还涉及与心理理论相关的脑区，如颞顶联合区（temporoparietal junction， TPJ）和背内侧前额皮层（dorsal medial prefrontal cortex， dmPFC）。道德决策的第二个阶段是对选择结果的加工以及预期误差的计算，其中与价值表征相关的脑区，如腹侧纹状体、前脑岛参与对行为结果的加工，腹侧纹状体则主要参与对预期误差的加工。第三个阶段是基于预期误差对未来选择的优化。

四、群体决策

随着知识经济时代的来临，信息的数量和复杂性迅速增加，信息处理工作已经并不是几个人所能完成的，这就需要运用集体决策的力量来提高应变和创新能力。群体决策指由两个以上个体组成的群体围绕决策问题进行信息分享、交流互动，最终达成共同认可的解决方案的过程。群体决策广泛存在于民生政策的制定、企业经营战略的调整及社区居民民主议事等方面。

人们通常会认为，相比于个人，群体获得的信息会更加全面和完整，因此，在许多实体组织的运营过程中，人们基本都采用了群体决策的方法，并且尝试通过这一方法，来使决策群体对决策的利弊有更加正确的认识，从而提高决策的质量。经济学、管理学及心理学等相关领域的实验研究结果表明，群体决策质量往往是优于个体决策的，且决策方案能够得到更好的贯彻和落实（于泳红， 汪航， 2008）。例如，毕研玲等人（2008）在研究中比较了个体决策与群体决策的决策质量和自信程度，实验结果表明，相比于个体决策，群体决策在决策质量上更优，且群体成员的自信程度更高。此外，关于群体决策的研究还发现，群体在做决策时常常会产生风险转移（risk shift）的现象，使决策趋于冒险。也就是说，在群体决策时，决策的冒险程度要高于个体决策（Fay，Sonnentag，2002）。

研究发现，群体决策会受很多因素的影响，比如群体的多样性。群体的多样性主要是指群体成员在年龄、性别、种族、教育水平、文化背景等方面存在差异。群体的多样性会使不同成员从不同的角度提出建议和看法，有助于信息加工得更加全面、更加完整，从而提高群体的决策质量。从这一方面来看，群体的多样性有助于群体决策。然而，另一方面，群体的多样性也会导致矛盾冲突发生的可能性增大，从而增加交流和沟通的难度，不利于决策质量的提升。例如，卡迪（Cady）等人（1999）在研究中发现，群体的多样性会导致群体成员对决策的负面评价增大，满意程度降低。从中可以看出，群体的多样性对群体决策既有负面影响也有正面影响。除此之外，群体成员社会动机的一致性程度也会影响群体决策。王晓庄等（2021）在研究中就探讨了群体成员社会动机一致性对决策的影响。研究者通过操纵群体中具有合作动机和利己动机成员的人数，将群体分为全员合作、多数合作、多数利己和全员利己四种。实验结果发现，相比于多数利己和全员利己群体，全员合作和多数合作群体成员更倾向于分享有用信息，且决策质量更好。该结果表明，群体成员的社会动机一致性越高，即利己动机一致性越低，越有利于群体做出高质量的决策。

除了探讨群体决策的影响因素，研究者们还关注群体决策的相关神经机制。例如，帕克（Park）和同事在 2019 年使用公共物品游戏（public good game）和功能性磁共振成像技术探究了群体决策的神经计算机制。在公共物品游戏中，被试被告知将与其他 4 名成员一起玩游戏，在游戏时，每个小组成员都要决定是否要向群体贡献 1 个代币。在小组的所有成员做出决定后，向所有成员提供反馈。当所有小组成员贡献的代币数大于等于设定的最小贡献度 k 时，每个小组成员就会获得 2 个代币奖励，反之每个小组成员不获得代币奖励。研究者对 k 值进行了操纵，共设置两种实验条件，在这两种实验条件中 k 值分别为 2 和 4。比如，当 k 值为 4 时，表示 5 个小组成员中至少要有 4 个小组成员选择贡献代币，每个小组成员才会获得 2 个代币奖励；反之，没有代币奖励，所贡献的代币就会浪费掉。因此，当 k 值较小时，需要较少的贡献者来生产公共产品时，一个人的贡献被浪费的概率就会更高，这会导致更强的志愿者困境。实际上，群体中的其他 4 名成员的决定是由计算机产生的，但被试不知道。被试在进行任务时对其进行功能性磁共振成像扫描。行为结果显示，相比于需要的贡献者数量较多时，当需要的贡献者数量较少（贡献值为 2）时，被试倾向于更少地做出贡献行为。功能性磁共振成像结果发现，腹内侧前额叶皮层与个体决策的价值有关系，而外侧额叶皮层（lateral frontopolar cortex， lFPC）编码群体价值；此外，前扣带回皮层和颞顶交界处与互动过程中被试对他人决策的信念有关。

群体决策在人们的日常生活中占据着重要地位。作为一种重要的决策方式，群体决策的相关实验研究方兴未艾。群体决策的研究正在慢慢揭开群体决策的内在机制及其影响因素的神秘面纱，这些研究成果可以为人们在现实生活中探索提升群体决策质量的方法和途径提供启示。

五、模糊决策

在决策过程中，根据决策结果的概率，可以将决策分为确定决策和不确定决策。其中，确定决策的决策结果是固定不变的，如 100% 的概率能够获得 50 元；而在不确定决策中，往往会出现两个或两个以上结果，且每种决策结果的出现是有一定概率的，也就是说决策结果是不确定的。如果一个不确定决策所伴随结果的概率信息是未知的，那么这类不确定决策往往被称为模糊决策（Zheng et al., 2020）。在生活中，模糊决策处处可见。例如，在面对台风、暴雨等自然灾害时，人们很难预知自然灾害诱发不良事件的具体概率；父母带孩子去接种新的疫苗时，不知道接种疫苗后每种结果发生的具体可能性；在选择职业时，人们也不知道从事某种职业后发生结果的具体可能性。特别是，在诸如新冠疫情等突发事件情境下，人们的决策则带有更强的模糊性。

研究者发现，人们在进行模糊决策时存在模糊厌恶（ambiguity aversion）的倾向，即当面临一个概率已知的备择选项和一个概率未知的备择选项时，若两个选项所对应的效用价值相等，那么人们更加倾向于选择概率已知的备择选项，而避免选择概率信息模糊的备择选项。这种模糊厌恶的倾向会受一些因素的影响。例如，罗卡（Roca）等人（2006）发现当面临一个确定选项和模糊选项时，若确定选项的期望价值较小，那么人们倾向于选择概率信息模糊的选项。艾因霍恩（Einhorn）和霍加斯（Hogarth）（1985）在实验中发现，在损失框架下，人们倾向于选择模糊选项，没有表现出模糊厌恶。西斯（Heath）和特维斯基（Tversky）（1991）在实验中发现，当人们感到有能力或者当对模糊信息的来源有足够的认识时，模糊厌恶就不会发生。

上述研究指出，在面对概率已知的选项和模糊选项时，人们存在模糊厌恶的倾向，且该倾向会受一些因素的影响。研究还发现，仅在模糊决策情境下，人们的决策行为会受决策情境（Weber，Tan，2012）及决策者的人格特征（Luo et al.，2020；Pavlicek et al.，2021）、性别（Zhang et al.，2017）、年龄（Tannou et al.，2020）、情绪（Feldmanhall et al.，2016）等因素的影响。例如，Luo 等人（2020）使用爱荷华赌博任务探讨了强迫症患者、强迫症人格个体和健康人群在模糊决策上的异同。在实验任务的每一试次开始时，电脑屏幕上都会出现两张牌，这两张牌所代表的奖励分别为 50 元和 100 元。获得 50 元奖励和 100 元奖励的概率分别为 60% 和 40%，也就是说，选择 100 元所对应的牌时，获得奖励的概率是较低的，是不利的选择；而选择 50 元所对应的牌时，获得奖励的概率是较高的，是有利的选择。被试在选择其中一张牌后，会给其反馈该轮游戏的结果。实验共包含 6 个组块，每个组块有 50 个实验试次。在每个组块中，对被试的表现进行计算，具体为进行有利选择（即选择50元所对应的牌）的次数减去进行不利选择（即选择100元所对应的牌）的次数，该差值越大，表示被试行为表现越好。行为结果发现，相比于健康被试和具有强迫症人格的被试，强迫症患者的任务表现较差，即上述的差值较小；而健康被试和具有强迫症人格的被试之间在任务表现上没有显著差异。此外，行为结果还发现，随着实验的进行，健康被试在每个实验组块中的表现有着显著的改善；而强迫症患者的表现没有发现显著的改善。费雷尔（Ferrer）等人（2021）在研究中探究了恐惧情绪对于人们做模糊决策时向他人寻求建议倾向的影响。该研究包含两个实验，在实验1中，研究者使用生活事件来诱发被试的情绪，具体为要求被试用3～5 min的时间写下过去一年中让他们感到最害怕（恐惧组）或最愤怒（愤怒组）的事情，或者写下对自己家里一个房间的描述（对照组）。之后，三组被试均完成风险沟通任务。在风险沟通任务中，首先给被试呈现一些实验场景，例如，被试要决定是否服用能够治疗他们的心脏病但会增加癌症风险的药物，或者是要决定是否服用会治疗性疾病但可能会导致丧失性快感的药物，等等。之后被试需要对“如果你必须做出这个决定，你会征求其他人的意见或建议吗？”做出是或否的反应。实验结果发现，相对于愤怒组和对照组，恐惧组被试更倾向于向他人征求意见。实验2在实验1的基础上，对决策的模糊程度进行了操纵，实验结果发现，只有在高模糊情境中，恐惧组的被试才更倾向于在做决策时选择向他人寻求建议，而在低模糊情境中没有发现该倾向。

模糊决策的研究揭示了人们在概率不明确模糊情境下的决策机制，特别是对模糊决策影响因素的探讨，有助于人们在生活中采用一定的方法来预测和指导模糊情境中的决策行为，在医疗、股票投资、投票选举、保险合约、购车、旅行计划等方面都具有极其重要的应用价值。

除了上述的跨期决策、自我－他人决策、道德决策、群体决策和模糊决策外，还有风险决策、消费决策等等。每种类型的决策领域关注不同的内容，给生活中现实问题的解决带来不同的启示。例如，关于道德决策及其影响因素的研究有助于为人们提供在现实道德情境中做出道德决策的方法，促进社会和谐；关于群体决策的研究表明，群体决策质量往往优于个体决策，群体决策结果能够得到更好的贯彻和落实，因此群体决策的研究有助于对政策的制定和顺利实施提供启示。随着诸如脑电、功能性磁共振成像等认知神经科学技术的发展，越来越多的研究者关注决策的神经生理基础，从脑活动层面揭示决策的内在机制。我们相信，在研究者们的不断努力下，决策的特点与规律将会更加清晰，决策相关研究在生活中发挥的作用也将会越来越大。

第二节　风险决策及其相关理论

在日常生活中，风险无处不在。人们在进行决策时常常伴随着一定的风险。例如，选择股票买入，还是卖出？选择治愈率较高但有一定风险的手术方案，还是保守的治疗方案？这些决策都可以被称为风险决策。如何做出恰当的风险决策对人们的生存和发展是至关重要的。

不同的学者对风险决策的概念有着不同的界定。卡尼曼（Kahneman）和特维斯基（1979）指出，风险决策中存在多种备选方案，且备选方案的发生概率是已知的，个体通过衡量不同选项的主观期望从而做出最后决策。耶茨和斯通（1992）认为，风险决策是个体对收益 / 损失的金额大小、结果发生的概率以及自己的主观预期等因素进行综合分析，以选择最优选项的过程。谢晓非和徐联仓（1995）将风险决策定义为，个体面临两个及以上备选方案时，为了避免损失而做出的选择。综合上述各位学者的观点可知，风险决策一般应包括以下几个条件：首先，决策者要面临两个或两个以上的备选方案；其次，决策者可以估量各种结果发生的概率；最后，决策者有明确的决策目的。由于风险决策常涉及不确定的负面结果，个体在决策过程中有着较为复杂的心理状态。如何进行风险决策是人类在不断认识和改造世界过程中遇到的未解之谜。可以说，风险决策的心理加工过程是一个黑箱子，在这个过程中具体发生了哪些心理活动是看不见的，这无形中给风险决策的研究增加了难度。好在研究者们借助一些客观的、可观察的实验数据，对风险决策的过程进行了假设和模拟，提出了一些关于决策的理论和模型，试图从不同角度对风险决策的机制进行阐述。本节将对决策领域特别是风险决策领域研究者提出的理论和行为模型进行介绍，这些模型包括期望效用理论、前景理论、双系统理论、漂移扩散模型、风险敏感理论等。

一、期望效用理论

长期以来，人类被认为是理性的，并且这种理性被看作是物种进化的巨大成就，是人和其他动物不同的最重要特征之一（朱莉琪， 皇甫刚， 2003）。因此，在早期经济学中占主导地位的观点是，用绝对理性的假设来解释和预测人的行为（Smith， 2020； Bentham， 1789）。持有该观点的研究者将决策者当成“理性人”（rational man）或“经济人”（economic man）来看待，这种“理性人”或“经济人”在决策过程中被认为能全盘考虑所有选择，以及这些选择所产生的结果，并且能够根据自身的价值标准，选择结果最优的选项。也就是说，人们在决策的制定过程中是完全客观和理性的，并且总能够找到获得最大经济利益的备选方案。

在“理性人”假设的基础上，研究者们结合数学期望（mathematical expectation）的概念提出了经典的期望价值理论（expected value theory）。该理论认为，人们在决策时会计算各选项的期望价值（expected value， EV），从而

选取期望价值最大的选项（Newendorp，1971）。即

$$EV = \sum p_i \times x_i \tag{1–1}$$

其中，p_i 表示某个选项发生的概率，x_i 表示该选项的结果价值，i 表示选项的个数（$i = 1$，2，…，n）。

然而，该理论所认为的观点，即人们在决策过程中会同时考虑各个选项的价值和概率，常常与实际情况相违背，例如非常著名的圣彼得堡悖论（St. Petersburg paradox）。因此，有研究者认为，人们在决策时所追求的不是期望价值的最大化，而是期望效用（expected utility，EU）的最大化，并提出了期望效用理论（expected utility theory）。期望效用理论是在"理性人"假设的基础上，运用逻辑和数学工具，建立的不确定条件下对理性人决策进行分析的框架。该理论考虑了主观个人因素，将个体对某选项可能发生的主观概率也概括了进来（Neumann，Morgenstern，1944）。期望效用理论假定所有理性人都以预期效用作为决策判断标准，是结果价值 w_i 与概率 p_i 的总合，即

$$EU = u\left(\sum_{i=1}^{n} p_i w_i\right) = \sum_{i=1}^{n} p_i u w_i \tag{1–2}$$

其中，EU 表示期望效用，u 表示效用，p_i 表示各种可能结果所出现的概率，也即权重，w_i 为各种可能结果对应的回报值，i 表示事件的每一种可能结果（$i = 1$，2，…，n）。

期望效用理论是分析风险决策行为的经典理论（Kahneman，Tversky，1979），被普遍认为是理性选择的规范理论，并广泛应用于经济行为的描述性模型。期望效用理论以简洁的形式阐述了人们在进行不确定性决策时的行为，并使得期望效用最大化成为在不确定情境下进行行为分析的重要假设（Bell，1982）。相较于期望价值理论，期望效用理论的优越之处在于提出了主观效用的概念，可以对圣彼得堡悖论进行解释。但是，这并不意味着期望效用理论是完美的，它仍然有一些问题。例如，期望效用理论的前提是决策者的偏好体系必须是稳定的、有

序的，也就是说，决策者总是以期望效用最大化为原则的。然而，阿莱（Allais）（1952）的实验结果就表明，人的偏好体系远比期望效用理论所假设的要复杂，决策者的选择偏好是会发生变化的。

在现实生活中，决策者的目标往往不是单一的、明确的和绝对的，而且决策者常因其掌握和处理信息的能力有限，并非如期望效用理论所假设的一样，理性地做出绝对期望效用最大化的决策。事实上， 人们在很多情况下会做出非理性的决策。因此，期望效用理论不能很好地描述现实生活中诸如股票、投资等情况下人们的风险决策行为。为解决这一问题，在期望效用理论基础上，研究者们提出了新的决策理论以对现实生活中人们的风险决策行为规律进行解释。

二、前景理论

在传统的经济学决策理论（如期望效用理论）中，人们被认为是绝对理性的，总是将利益最大化作为目标。研究者对先前决策理论的基本假设提出质疑，新的观点认为理性的和经济的标准都无法确切地说明决策的过程，进而提出了“有限理性”（bounded rationality）的观点（Simon，1947）。这一新的观点认为，在现实生活中，一个好的决策不一定是收益最大化的选项，只要所做出的决策令决策者满意即可，不必是最优化的（Simon，1956）。也就是说，在决策过程中个体会做出令其满意的选择，而不是无限制地穷尽所有可能的选择，也不会对每种选择的概率和效用进行评估，进而计算出每个选择的期望值，最后选择期望值最高的选项。“有限理性”的观点还提出，决策者的理性介于完全理性和非理性之间，即人是有限理性的，这是因为在高度不确定和极其复杂的现实决策环境中，决策者的知识、想象力和计算能力是有限的。其次，决策者在识别和发现问题中容易受知觉偏差的影响，在对未来的状况进行判断时，直觉的运用往往多于理性的逻辑分析方法的运用。所谓知觉上的偏差，是指由于认知能力有限，决策者仅仅把问题的部分信息当作认知对象。此外，由于受决策时间和可利用资源的限制，决策者即使充分了解和掌握有关决策环境的信息，也只能做到尽量了解各种备选方案的情况，而不可能做到全部了解。因此，决策者理性的选择行为是相对的。

特维斯基和卡尼曼（1981）在研究中向被试呈现了亚洲疾病的情境，其中有两套问题解决方案，每套解决方案里面均有两个子方案，被试需要在两个子方案里面选择一个。第一套方案中包含子方案 A 和 B：如果实施方案 A，则能够挽救 200 人的生命；如果实施方案 B，则将有 1/3 的概率挽回 600 人的生命，2/3 的概率无法挽救任何人的生命；第二套方案中包含子方案 C 和 D：如果实施方案 C，将有 400 人死亡；如果实施方案 D，将有 1/3 的概率没有人死亡，2/3 的概率 600 人全部死亡。实验结果发现，有 72% 的被试选择了较为保守的方案 A，有 78% 的被试选择了较为冒险的方案 D。事实上，方案 A 和方案 C、方案 B 和方案 D 从问题解决效果上看是完全等同的，只是描述的方式不同。具体来说，第一套方案是在收益框架下描述的，而第二套方案是在损失框架下描述的。基于该结果，特维斯基和卡尼曼提出了“框架效应”（framing effect），也即当两个备择选项的结果期望值一样，但却用收益和损失两种不同的框架来表述的时候，人们会出现风险偏好转移的情况。具体而言，人们在面临收益的框架中，会表现出风险规避的倾向；而在面临损失的框架中，则会表现出风险寻求的倾向（Rode et al.，1999；Tversky，Kahneman，1981）。也就是说，人们在面临收益时，更倾向于保守；而在面临损失时，更倾向于冒险。

在卡尼曼和特维斯基（1984）的另一个实验中，他们设置两个备择选项，其中一个选项是较为稳妥的，可以 100% 收益 800 美元；另一个选项是包含一定风险的，有 85% 的概率收益 1000 美元、15% 的概率收益 0 美元。被试在这两个选项间进行选择。前一个选项的期望值为 800 美元，即 100% × 800，后一个选项的期望值是 850 美元，即 85% × 1000 + 15% × 0，也就是说，后一个选

项的期望值更大。按照传统的经济学理论，被试应该选择后一个选项，然而实验结果却发现，大多数被试选择了收益较小，但较为稳妥且不承担风险的前一个选项。基于此，卡尼曼和特维斯基认为，人们在决策过程中存在着“风险厌恶”（risk aversion）的倾向，导致人们倾向于不选择有较高风险的选项。

上述研究均表明，人们在做决策时并不是像传统经济学中的决策理论所描述的以收益最大化为目标的“理性人”，人们在决策过程中常常会受框架效应、风险厌恶等因素的影响，从而使决策偏离收益最大化的目标，这也是前景理论（prospect theory）的主要观点。除了在人类被试上开展前景理论相关的研究工作，近年来，有研究者还在灵长类动物的实验中找到了佐证前景理论观点的证据（Nioche et al.，2019）。例如，妮奥奇（Nioche）等人（2019）在实验中对恒河猴进行训练，让恒河猴在两类情境中进行选择。其中，一类情境为收益情境，即在确定获得一个代币的选项和一半概率获得两个代币的选项之间进行选择；另一类情境为损失情境，即在确定损失一个代币的选项和一半概率损失两个代币的选项之间进行选择。实验结果发现，在收益情境下，恒河猴倾向于选择确定获得一个代币的选项；而在损失情境下，恒河猴倾向于选择有一半概率损失两个代币的选项。也就是说，恒河猴在收益和损失框架下进行决策时，其决策行为表现出与人类相似的偏好。该结果进一步在灵长类动物上面验证了前景理论的观点，推广了前景理论的适用对象。

三、双系统理论

一些研究者基于决策领域的研究成果，提出了双系统理论（dual-process theory）（Evans，2002；Kahneman，Frederick，2002）。该理论认为，个体的决策行为是基于直觉的启发式系统（heuristic system）和基于理性的分析系统（analytic system）完成的。其中，启发式系统更多地依赖于直觉，加工速度较快，反应较自动化和情绪化，且占用的心理资源较少；而分析系统更多地依赖于理性，加工速度较慢，占用的心理资源较多（Evans，2008）。当启发式系统与分析系统的作用方向一致时，人们的决策行为既遵从直觉还合乎理性；但是，当两个系统的作用方向不一致时，两个系统则处于竞争状态，占优势的系统则可以控制决策行为。而在启发式系统与分析系统竞争的过程中，基于直觉的启发式系统往往会获胜，占据主导作用，从而使决策产生偏差，偏离收益最大化的目标（Kahneman，Frederick，2002）。研究者发现，倾向于启发式系统的个体和倾向于分析系统的个体在信息加工方式上是不同的。例如，艾普斯坦（Epstein）（2010）指出，倾向于使用直觉的启发式系统的个体，往往会自动、快速地在记忆中搜寻相关事件，随后对该事件产生的情绪体验进行评估；而倾向于使用理性的分析系统的个体，则会基于规则进行推理和分析，逻辑性较强，往往会遵循客观规律。

研究者们普遍认为，决策的双系统理论可以较好地解释人们决策过程中存在的非理性偏差。埃文斯（Evans）（2002）在推理研究中基于双系统模型发现，分析系统依据逻辑规则判定结论的正误，但启发式系统也对推理过程产生影响，由此解释了推理过程中的信念偏差效应。双系统理论的观点不仅仅局限于推理研究，在决策研究领域，卡尼曼与弗雷德里克（Fredrerick）（2002）采用双系统模型解释了决策研究中的基本比率忽略（base-rate neglect）、捐赠意愿的范围不敏感（insensitivity to scope in willing to pay）、时间长度忽略（duration neglect）等非理性偏差。

对于在行为决策研究中发现的非理性现象，研究者往往是对每种情况各自提出独立的解释，然后设计实验进行检验；而决策过程中双系统理论的采用，则可以较为统一地解释各项决策过程中的非理性偏差。斯坦伯格（Steinberg）（2008）利用双系统理论对青少年的冒险行为进行了解释。研究者认为，社会情绪系统即直觉的启发式系统会增加个体寻求奖赏的动机，负责该系统的脑区为大脑纹状体

（striatum）以及内侧眶额叶皮层；认知控制系统即理性的分析系统则能抑制个体轻率、鲁莽的冲动，负责该系统的脑区包括外侧前额叶皮层、侧顶叶皮层和前扣带回皮层。相比于儿童期和成人期，青少年期是一个社会情绪系统增强且认知控制系统仍在持续发展成熟的时期。而冒险行为在青少年中期达到顶峰，是由于成熟的社会情绪系统激活增加了青少年的冒险冲动，而不成熟的认知控制系统还不足以控制这种冲动（Shulman et al.，2016）。

近年来，还有研究者基于双系统决策理论研究了网络游戏障碍个体（internet gaming disorder，IGD；也称网络游戏成瘾个体）的风险决策特点（Zhou et al.，2022）。以往的研究发现，与对照组相比，网络游戏障碍个体更倾向于选择即时较小的奖励，而不是延迟较大的奖励（Wang et al.，2017；Weinstein et al.，2016）。在风险决策任务中，网络游戏障碍个体与控制组个体相比更倾向于选择高风险高回报的选项（Ko et al.，2017；Wang et al.，2017）。同时，网络游戏障碍个体在损失情境中与对照组相比会更加冒险，这表明网络游戏障碍被试的损失厌恶更小（Yao et al.，2015）。此外，功能性磁共振成像的研究还表明，与对照组相比，网络游戏障碍个体在获得奖励结果时腹侧纹状体、腹内侧前额叶皮层和眶额叶皮层的活跃性更高；但是在风险评估中，其背外侧的前额叶皮层和顶下小叶活跃性却更低（Liu et al.，2017）。这些研究在行为和脑活动模式上均表明，网络游戏障碍个体直觉的启发式系统要强于理性的分析系统，因此，其在风险决策过程中，直觉的启发式系统作用更大，导致存在更多的冒险、非理性等行为。

四、漂移扩散模型

人们在日常生活中常常面临着大量的决策，而其中很多都是二选一的决策，并且往往不需要很多思考，在很短的时间内就做出了选择。在这种二选一的决策中，决策者的反应时（reaction time，RT）和选择每一个选项的概率往往能够反映人们在该决策过程中的行为和心理特征（Ratcliff et al.，2016）。漂移扩散模型（drift diffusion model，DDM）就是一种通过拟合决策者的反应时和选择各选项的概率，从而对决策过程中的不同成分进行分离的模型。该模型利用数学形式来表现人们决策时的心理活动,以揭示决策者的不同心理加工过程(Ratcliff，McKoon，2008）。

漂移扩散模型描述的是决策者在面对二择一决策时的认知过程，且这一模型只适用于反应时较短（一般反应时不长于 1500 ms）、决策过程相对较为简单的二择一决策。漂移扩散模型认为，决策者在两个决策选项出现时处于某一个起始点，会不断在噪音中收集有关决策选项的信息，这些信息随着时间推移逐渐累积，累积到一定程度后到达了对某一个选项做出反应的阈限，或者说达到了做出某个决策的标准，便会做出选择反应。如图 1-1 所示，在该图中，起始点为 z，两个决策阈限分别为 a 和 0。随着时间推移，有关决策的信息不断累积，之后到达了 a 或者 0，然后决策者便进行了相应的 A 或者 B 选择。在模型中，信息累积的速度叫作漂移率（drift rate），漂移率是由决策者从刺激中提取的相关信息的质量决定的。也就是说，如果决策中无关信息越少，即噪音越少，那么漂移率就会越大。这样一来，决策的难度越大，漂移率就会越小。为了便于理解，举个在记忆任务中的决策例子，被试在任务中首先需要对目标刺激进行记忆，之后会出现目标刺激和无关刺激，当目标刺激出现的时候，被试需要进行决策反应，那么在这一任务中，被试对目标刺激的记忆越清晰，决策中的漂移率就会越大。如图 1-1 所示，当漂移率的数值为正数，则表示证据在向着选择 A 选项的阈限累积；当漂移率的数值为负数，则表示证据在向着选择 B 选项的阈限累积。此外，在漂移扩散模型中将决策和非决策（non-decision）过程进行了分离，非决策过程包括了对刺激的编码和决策动作的执行，例如，记忆任务中决策者在刺激出现时提取记忆内容的过程和最终做出决策反应的过程就属于非决策过程。描述非决策过程的参数叫作非决策时间（non-decision time）。

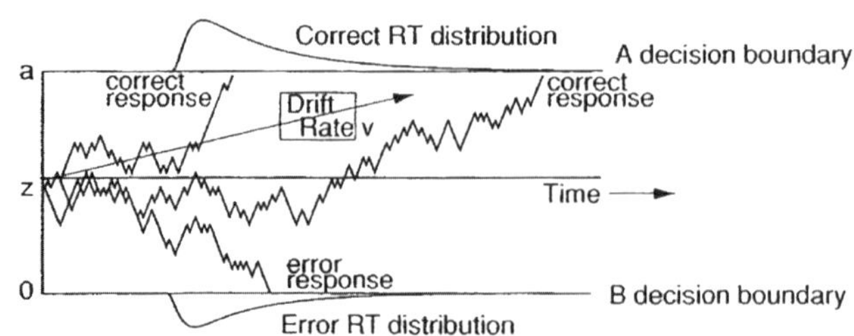

Correct response—正确反应；Correct RT distribution—正确反应时分布；

Error response—错误反应；Error RT distribution—错误反应时分布；

Decision boundary—决策阈限；Drift rate—漂移率。

图 1–1　漂移扩散模型示意图

（图片来源："The diffusion decision model: theory and data for two-choice decision tasks"）

目前，漂移扩散模型得到了相当广泛的应用，在记忆（Ratcliff，1978）、视觉搜索（Strayer，Kramer，1994）、知觉判断（Ratcliff，2002）和决策（Domenech et al.，2017）等认知活动中，都能够使用该模型来拟合并解释被试的行为反应。例如，在拉特克利夫（Ratcliff）和路德尔（Rouder）（1998）开展的一项知觉决策研究中，就很好地使用了漂移扩散模型来拟合和解释决策者的行为。在该研究中，被试需要将每一试次呈现的刺激根据要求分为两类，也即一个刺激呈现后，被试要么将其归为 A 类，要么将其归为 B 类。在实验 1 的每一试次中，显示器上都会呈现一个矩形点阵，被试需要判断该点阵的明度是"高"还是"低"，其在做出决策之后会被告知决策是否正确。实验 2 与实验 1 相似，只是被试需要判断该点阵是"红色"还是"绿色"。实验 3 中会同时出现两个点阵，被试需要判断这两个点阵的亮度是否相同。在三个实验中，点阵都是由两种颜色的点组成的，对于实验 1 和实验 2 来说，两种颜色的点数量越接近，被试就越难以做出判断；对于实验 3 来说，组成两个点阵的两种颜色的点的比例越接近，被试就越难以做出判断。实验材料和每个点阵中不同颜色的点的数量分布如图 1–2 所示。

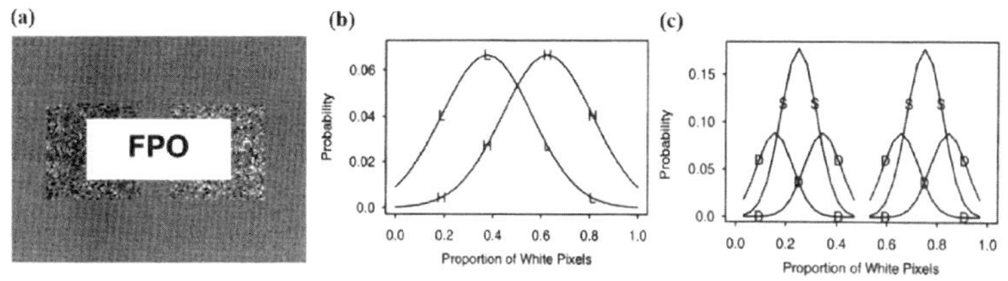

（a）左边为低明度点阵，右边为高明度点阵，在实验 1 和实验 2 中每次只出现一个点阵，实验 1 中点阵的组成为黑色点和白色点，实验 2 中点阵的组成为红色点和绿色点，实验 3 中会同时出现两个由黑色点和白色点组成的点阵；（b）实验 1 和实验 2 中组成点阵的两种颜色点数量的分布；（c）实验 3 中两个点阵的两种颜色点数量的分布。Proportion of white pixels—白点的比例；Probability—概率。

图 1–2　实验材料

（图片来源："Modeling response times for two-choice decisions"）

在漂移扩散模型中，若漂移率是固定的，且起始点处于两个边界的中央，那么模型就会输出一个对称的"反应时－正确率"曲线（Ratcliff et al.，1996）。拉特克利夫和路德尔（1998）首先将实验中被试的反应时和正确率的关系和模型输出的"反应时－正确率"曲线进行了比较，如图 1–3 所示，发现每个实验中，被试真实的"反应时－正确率"曲线都与模型的预测曲线一致。

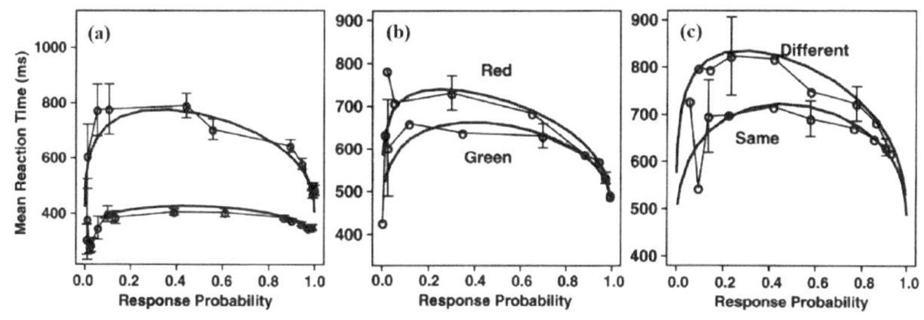

图中横坐标为正确率，0.0 ~ 0.5 表示错误反应，0.5 ~ 1.0 表示正确反应；（a）（b）（c）中空心圆细实线分别为实验 1、2、3 中三个被试的实验结果，粗实线为预测曲线。Response probability—反应概率；Mean reaction time—平均反应时；Red—红色；Green—绿色；Different—不同；Same—相同。

图 1–3　反应时－正确率

（图片来源："Modeling response times for two-choice decisions"）

之后，研究者使用漂移扩散模型来分别拟合三个实验中被试的反应时和正确率，得到每个实验中被试在面对不同点阵时的漂移率，如图 1-4 所示。结果发现，被试的漂移率和实验材料中出现的不同点阵的概率在三个实验中的趋势都是一致的。

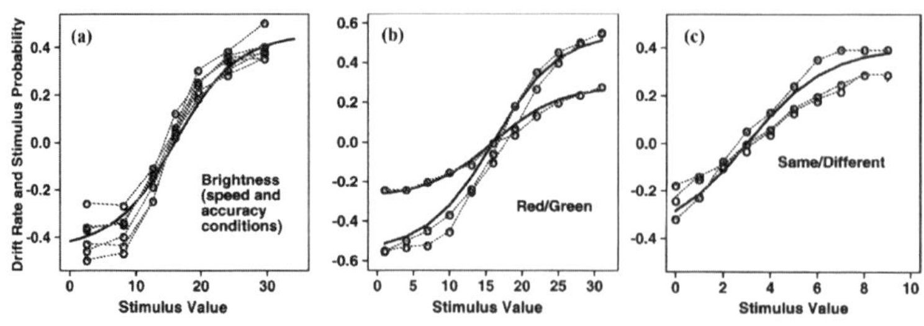

图中横坐标为刺激的价值，是通过不同刺激在概率分布曲线中计算而来；（a）（b）（c）中空心圆虚线分别为实验 1、2、3 中被试的漂移率，实线为刺激出现的概率。Drift rate and stimulus probability—漂移率和刺激概率；Stimulus value—刺激值；Brightness—亮度；Red—红色；Green—绿色；Different—不同；Same—相同。

图 1-4　刺激的概率与漂移率的关系

（图片来源："Modeling response times for two-choice decisions"）

以上结果表明，漂移扩散模型能够很好地拟合被试在视知觉任务中的行为表现，反映被试对刺激信息的加工，具体为当刺激中所包含的噪音越大（实验 1 和 2 中为组成点阵的两种颜色的点的数量越接近，实验 3 中为两个点阵中两种颜色的点的比例越接近），被试的漂移率越小，反应时越长，正确率也越低。

随着神经影像学的发展，目前也有很多研究者利用漂移扩散模型来找寻与决策中不同阶段认知活动有关的神经活动（Domenech et al.，2017；Simen，2012；Yau et al.，2021）。用漂移扩散模型来描述选择行为时有两个关键的参数，即在时间进程上对输入的选项价值的整合以及当神经活动累积到达某个阈限时输出的选择结果（Smith，Ratcliff，2004）。在很多基于价值的决策任务中，漂移扩散模型都可以很好地解释被试对每个选项的选择概率和反应时之间的复杂关系（Philiastides，Ratcliff，2013），进而模型输出的参数可以用来预测决策任务中观察到的脑活动（Simen，2012）。例如，在多梅内克（Domenech）等人（2017）开展的功能性磁共振成像研究中，使用了二择一的决策范式，在每一试次中，被试需要进行二择一的决策，而这两个选项（果汁选项和图片选项）有不同的概率会给被试带来相应的收益，其中果汁选项有一定的概率会给被试带来果汁的奖励，而图片选项有一定的概率会给被试呈现一张诱惑性图片的奖励，但是两个选项也都有一定的概率什么奖励都没有。在数据分析中，研究者通过漂移扩散模型拟合被试的决策行为，得到了被试在决策中的漂移率。研究者通过漂移扩散模型输出的参数，对被试的决策行为进行了模拟。结果发现，模拟的决策行为和被试真实的决策行为之间存在非常高的一致性，也即验证了漂移扩散模型输出的参数是具有准确性和无偏性的。此外，研究者将模型输出的漂移率与脑数据进行了相关分析，结果发现漂移率和决策界面腹内侧前额叶皮层的活动呈现显著正相关，而和外侧眶额叶皮层的活动不相关。在漂移扩散模型中，漂移率表征了价值信号漂移扩散的特征。因此，该相关结果表明，腹内侧前额叶皮层参与了决策过程中的价值评估。

五、风险敏感理论

在决策领域，一些研究者关注动机或需要在决策过程中所发挥的作用，并尝试用动机或需要来解释个体的决策行为（Kluger et al.，2004；Zou et al.，2014）。风险敏感理论（risk-sensitivity theory，RST）就是一个从动机或需求角度出发来解释个体风险决策行为的理论。该理论认为，决策过程中，在面对期望价值相同的低风险低收益选项和高风险高收益选项时，若个体选择低风险低收益选项不能满足自身的需求，那么其就会倾向于选择高风险高收益选项（Zou et al.，2014）。风险敏感理论最初关注的是动物的觅食行为，认为决策是有机体在不确定的环境中找寻食物的行为反应，决策的目的是让成功生存下来的概率最大化。因此，在觅食过程中主要是规避那些不能满足自身生存需求的结果，而不是寻求效用最大化的结果（Stephens，Krebs，1986）。

目前，基于动物和人类的实验研究均支持了风险敏感理论。例如，拉瑞克

（Larrick）等人（2009）和米舍尔（Mishra）及菲迪克（Fiddick）（2012）均认为，若个体离想要的或者需要的状态有一定差距，那么为了弥补这种差距即达到想要的状态，往往在决策行为中会表现得更加冒险。例如，在面对期望价值相等的两个选项时，如果一个选项为有较小概率获得巨额财富，另一个选项为确定能够获得较少报酬，那么对于赌徒来说，他们往往会选择有较小概率获得巨额财富的选项。也就是说，为了达到“一夜暴富”的需求，赌徒往往做出冒险程度较高的决策行为。

除上述介绍的决策理论模型外，还有一些学者也提出了其他的决策相关理论模型，如李纾提出的齐当别（equate-to-differentiate）理论模型，认为决策者不是无限理性的，最终的决策只能在有限的维度上进行（李纾，2016）。Wang 与其合作者约翰逊（Johnson）（2012）提出的三参照点理论（tri-reference point theory，TRP），将决策者的底线（minimum requirement）、目标（goal）与现状（status quo）一起纳入考虑，在力求达到目标的同时，也竭尽全力避免底线失守。随着研究者们对决策理论的探索和挖掘，人们决策过程中的心理活动机制愈发清晰，决策行为规律愈发明朗。我们相信对决策理论的研究在将来一定会有更多惊喜！

第三节　风险决策研究中的科学问题

一、风险决策中的个体差异

风险决策对人们的生存和发展至关重要。传统的经济学理论认为，人们在做决策时是纯理性的，总是以决策收益最大化为目标。那么基于该观点，人们在做决策时的行为反应模式应该是相同的。然而，大量的研究发现，即使在同一情境中，面对相同的风险决策场景时，人们的风险决策行为也是不一致的，且呈现出很大的个体差异：有些人表现出低风险决策倾向即偏保守的特点，有些人则表现出高风险决策倾向即偏冒险的特点。研究者们对风险决策中的个体差异展开研究，尝试解释其背后的内在机制。

人们在进行风险决策时存在性别差异。有研究发现，男性被试在风险决策过程中有更多的冒险行为(Charness, Gneezy, 2012)，而女性对于风险的评估要高于男性，并且在风险决策过程中更不愿意承担风险（Cornwall et al.，2018）。也有研究发现，女性相比男性表现出更多的风险寻求行为（Weller et al.，2010）。针对风险决策过程中的性别差异这一现象，研究者们尝试通过不同的视角对其进行解释。例如，有研究者认为，男性和女性对于风险的感知是不同的，进而在风险决策上表现出差异（Weller，2010）；有研究者认为，男性和女性对于风险持不同态度，因而表现出不同的风险决策行为（Eckel，Grossman，2008）；还有研究者认为，男性和女性在风险决策上的差异可能与其成长和教育环境有关（Booth，Nolen，2012）。

不同年龄段的个体，其风险决策行为存在差异。研究发现，风险决策行为随年龄增长呈倒U型变化，具体来说，儿童的冒险行为随年龄增长逐渐增多，在青少年时期到达顶峰，成年时期又逐渐下降（Huang et al.，2015）。例如，布拉森（Brassen）等人（2012）在研究中招募健康老年人和健康成年人被试，所有被试均完成连续风险决策任务。在任务中，被试面对八个箱子，并按顺序依次决定是否打开下一个箱子。开箱的结果可能是金币奖赏，也可能遇到鬼而使当前试次得到的金币归零。被试在连续决策过程中，可以选择停止打开箱子，随即看到本试次中可得到的金币数量和鬼的位置，也因此得知错失机会的数量。结果发现，相比于健康老年人被试，健康年轻人被试在任务中平均打开箱子的个数更多，即冒险程度更高。此外，结果还发现，若健康成年人被试在当前试次中错失的机会越多，那么其在下一试次中打开箱子的个数越多，即决策行为越冒险；而在健康老年人被试上没有发现该结果，也即其后续风险决策行为受当前试次决策结果的影响较小。有研究者对不同年龄段个体风险决策行为的差异进行解释，认为个体在年轻时需要承担更多的生存与繁衍风险（Wilson，Daly，

1997），因此为了争夺资源，个体在年轻时可能会表现出更高的风险倾向。还有研究者认为，青少年在现实生活中表现出更多的冒险行为（van Hoorn et al.，2018），这可能是由于青少年的执行控制能力不足，因而在决策中表现出更多的冲动性和冒险性（Huang et al.，2015）。例如，德斯顿（Durston）等人（2006）发现，在抑制控制任务中，相比于成年人被试，青少年被试认知控制相关脑区的活动较弱。乔利斯（Jolles）等人（2011）在关于空间和言语工作记忆的任务中发现，在高工作记忆负荷下，个体背外侧前额皮层等与认知控制相关脑区的活动程度，随着年龄的增长而增强。还有研究者认为，在青少年时期，个体冒险程度较高的决策行为是正常的、具有适应性的，因为青少年只有不断做出冒险程度较高的决策行为，才能快速地积累经验、获得学习（Steinberg，2008）。

不同经验背景的个体在风险决策上也表现出很大差异。有研究采用剑桥赌博任务比较了成功创业者和普通管理者的风险决策行为（Lawrence et al.，2008）。具体来说，在该任务中，被试首先看到一排红色方块和蓝色方块，并被告知这些方块中的某一个方块背后有一枚金币。被试需要猜测金币藏在红色方块背后还是蓝色方块背后，并为自己的猜测选择下注。下注的意思是将自己在实验任务中拥有的全部金额的百分之多少用于此次赌注，记为当前试次的下注比例。在不同试次中，红色方块和蓝色方块的数量是不同的。也就是说，在某些试次中红色方块数量较多，若此时被试猜测金币藏在红色方块后，其猜对的可能性较大；而在另外一些试次中蓝色方块数量较多，若此时被试猜测金币藏在蓝色方块后，其猜对的可能性较大。结果发现，不论是成功创业者还是普通管理者都会选择数量较多的颜色下注，但成功创业者的下注比例显著高于普通管理者，即成功创业者的风险决策行为更多。研究者推测成功创业者更多的风险决策行为可能与他们较高的风险承担水平有关，并认为这可能是他们能够成功创业的原因之一（Lawrence et al.，2008）。Liu 等人（2020a）在研究中利用连续风险决策范式探究了有长期太极训练经验的老年人与无长期太极训练经验的老年人在风险决策上的差异。研究结果发现，相比于无长期太极训练经验的老年人，有长期太极训练经验的老年人在连续风险决策任务中的平均开箱个数更少，即决策行为更加保守。此外，功能性磁共振成像结果发现，对于无长期太极训练经验的老年人来说，其在进行保守决策时，认知控制相关脑区，如前扣带回，激活增强，而在有长期太极训练经验的老年人脑区上没有发现该结果。结果表明，无长期太极训练经验的老年人在进行保守决策时需要更多认知资源的参与，而有长期太极训练经验的老年人在进行保守决策时更加自动化，不需要认知资源的参与。Liu 等人（2022a）利用连续风险决策范式并结合功能性磁共振成像技术，探讨了网游成瘾者与健康对照组的风险决策差异。研究者招募网游成瘾组和健康对照组被试，两组被试均完成连续风险决策任务，且在任务过程中进行功能性磁共振成像的扫描。实验结果发现，相比于健康对照组，网游成瘾组被试平均开箱个数更多，即更加冒险；且相比于健康对照组，网游成瘾组被试在错失机会时的后悔程度更强。功能性磁共振成像结果发现，相比于对照组，网游成瘾组被试在错失机会时，额上回、腹侧纹状体、腹侧前扣带回（ventral anterior cingulate cortex，vACC）和内侧前额叶皮层等脑区的激活程度更强，并且腹侧纹状体和丘脑（thalamus）及腹侧纹状体和中扣带回（medial cingulate cortex，MCC）的功能连接也更强。进一步的脑 – 行为相关分析发现，网游成瘾组被试在错失机会时额上回的激活程度越强，那么其平均开箱个数就会越大，也即冒险程度越大。该研究初次揭示，网游成瘾者在风险决策过程中的冒险行为有可能与其对错失机会过于敏感有关系。也就是说，相比于健康个体，网游成瘾者更加有可能不能容忍错失机会，因此其在连续风险决策任务中打开更多的箱子，来减少错失机会结果的发生。

总之，研究发现人们在风险决策过程中存在很大的个体差异。研究者们尝试利用功能性磁共振成像、脑电图、脑磁图等技术来探究风险决策过程中产生

个体差异的原因，揭示抑郁症、网游成瘾、毒品成瘾等特殊人群风险决策异常的内在机制。

二、风险决策的影响因素

在生活中，风险决策涉及人们的医疗健康、风险投资、职业规划等各方面。因此，风险决策行为恰当与否关系重大，与人们的幸福程度息息相关。先前大量的研究工作都聚焦于风险决策的影响因素上，探究各种因素对风险决策的影响机制，以厘清人们在不同情境或状态下的风险决策行为模式和特点。风险决策的影响因素研究一方面有助于人们更加准确地认识风险决策这一复杂的心理过程，丰富现有的理论成果；另一方面可以为人们在什么情况下应该迎接挑战、无畏进取，在何种状态下应该保持冷静、规避风险提供启示，有助于指导人们做出更加理性的决策行为，具有重要现实意义。因此，风险决策的影响因素是热点研究问题之一。

研究者发现影响个体风险决策的因素有许多，这些因素大致可以分为两类：一是与决策问题有关的外部情境因素，如他人决策、奖惩程度、时间压力等；二是与决策者有关的内部因素，如认知风格、权利感知、情绪感受等。

在影响风险决策的外部情境因素方面，研究者发现他人决策、奖惩程度、时间压力等均会对个体的风险决策行为产生影响。例如，托莫瓦（Tomova）和佩索亚（Pessoa）（2018）结合气球模拟风险任务探讨了他人风险决策的信息如何影响个体的风险决策行为。实验任务的每一试次均由四个阶段组成。在第一个阶段，被试需要决定给气球打几次气；在第二个阶段，给被试呈现其他三个玩家给气球打气的情况；在第三个阶段，被试看完其他玩家的打气情况后，需要决定是否修改自己之前给气球打气的情况；在第四个阶段，给被试呈现给气球打气的结果，即气球是否爆炸。实验结果发现，被试的风险决策受到其他玩家风险决策行为的影响。具体来说，当被试看到其他玩家给气球打气的次数更多后，倾向于也给气球打更多的气；反之，被试倾向于给气球打更少的气。该结果表明，他人风险更高的决策会导致个体的决策行为更加冒险，而他人更安全的决策会导致个体的决策行为更加保守。也就是说，他人的决策能够影响个体的风险决策行为。孙芬芬（2020）探讨了奖赏和惩罚的程度对不同冒险倾向者风险决策行为的影响。在实验中，研究者采用连续风险决策任务来量化被试的风险决策行为，且通过改变每个箱子中的金币个数来对风险情境进行操纵：在低风险情境（奖赏 / 损失金额较小）中，每个箱子里装有一个金币；在高风险情境（奖赏 / 损失金额较大）中，每个箱子里装有三个金币。研究者采用量表对被试的冒险倾向进行测量，将被试区分为冒险组和保守组，两组均进行上述任务。研究者将被试在任务中的平均开箱个数作为其风险决策行为的客观指标。实验结果发现，总体上高风险情境下的平均开箱个数显著低于低风险情境；冒险组在高风险情境下的开箱个数显著低于低风险情境；而保守组在两种风险情境下的平均开箱个数无显著差异。该结果表明，风险情境对高低冒险者风险决策行为的影响程度是不同的，风险情境对高冒险者的风险决策行为影响较大。研究者还发现，奖惩价值的虚拟与否也会对个体的风险决策行为产生影响，例如，给予被试真实的金钱奖励比给予被试虚拟的金钱奖励更能使其风险决策行为变得保守（杨玲 等，2019）。在对时间压力的操纵上，有研究表明时间压力下被试在连续风险决策任务中会表现出更强的“风险厌恶”倾向（梁正 等，2019）。综上所述，他人决策、奖惩程度、时间压力等外部情境因素都会影响个体的风险决策行为。

在个体有关的内部因素方面，研究者发现个体的激素水平、情绪感受等均会对其风险决策行为产生影响。例如，斯坦顿（Stanton）等人（2011）使用爱荷华赌博任务探索个体内源性睾酮水平与其风险决策行为的关系。在研究中，被试的内源性睾酮浓度是通过采集唾液得到的。根据内源性睾酮浓度，研究者将被试分为高睾酮浓度组与低睾酮浓度组，两组被试均完成爱荷华赌博任务。实验结果发现，相比于高睾酮浓度组的被试，低睾酮浓度组的被试选择更多有利的牌组。也就是说，不同睾酮浓度水平的个体，其风险决策行为是不同的。Liu 等人（2016）采用连续风险决策任务，探讨了后悔情绪及其对后续风险决策的影响。实验结果发现，在面对较多错失机会时，被试会有较强的后悔情绪。此外，结果还发现，若被试在当前试次由于打开太少箱子而错失机会，导致后悔情绪的产生，那么其在下一试次就会打开更多的箱子，也即决策行为较为冒险；且被试在当前试次后悔程度越强，其在下一试次中的冒险程度越高。在后续研究中，研究者们一致地发现了该结果（Liu et al.，2018a；Yang et al.，2019；Liu et al.，2020a），表明个体后悔情绪对其风险决策行为的影响是较为稳定的。除了后悔情绪，研究还发现，处在愤怒情绪中的个体，往往会低估决策情境中的风险，进而倾向于做出风险寻求的选择（Conte et al.，2018）。例如，甘贝蒂（Gambetti）和朱斯贝蒂（Giusberti）（2016）探讨了愤怒的不同成分与青少年风险决策之间的关系。在研究中，研究者通过量表对青少年的愤怒体验、敌意和破坏性表达以及风险决策行为进行了测量。结果发现，青少年在愤怒体验、敌意和破坏性表达上的分数均与其风险决策行为指标呈显著正相关。进一步的中介效应分析结果发现，儿童和青少年愤怒的情感（即愤怒体验）和认知（即敌意）成分与其风险决策行为的关系受到愤怒的行为成分（即破坏性表达）的调节。该研究结果表明，愤怒使得处于青少年时期的个体更偏向于做出寻求风险的决策，容易做出危险行为。此外，研究还发现，在驾驶过程中，相比于愤怒强度较低的司机，愤怒强度较高司机的冒险驾驶行为更多（Deffenbacher et al.，2003；Deffenbacher，2008）。综上所述，个体的激素水平、情绪感受等均会对其风险决策行为产生影响。

三、风险决策的脑机制及神经计算

除了从行为层面揭示人们在风险决策过程中的行为特点及规律，研究者们也借助功能性磁共振成像、事件相关电位、脑磁图等技术，探究人们在风险决策过程中的脑活动，以期从脑活动层面对风险决策的内在机制进行讨论，进而结合行为层面和脑活动层面的证据厘清人们在风险决策过程中的心理活动过程。

功能性磁共振成像技术通过测量脑部血液中的血流量以及血氧含量来帮助研究者定位在静息状态或任务中各脑区的激活情况。研究者发现，风险决策作为一种较为复杂的认知活动，涉及许多脑区的参与，其中前额叶皮层（prefrontal cortex，PFC）在风险决策中发挥重要作用。研究表明，个体的风险决策偏好与腹内侧前额叶皮层及眶额叶皮层联系紧密（Spaniol et al.，2019）。罗杰斯（Rogers）等人（1999）通过对脑损伤病人的研究发现，前额叶皮层受损将会使个体在决策中更冒险。另一个在风险决策中比较重要的脑区是腹侧纹状体，腹侧纹状体主要参与风险决策中对奖赏的评估和预期（Gottfried，2011）。此外，也有研究发现眶额叶皮层在风险决策中参与了决策价值及情绪的评估。

事件相关电位技术通过对大脑皮层活动诱发电位的记录和叠加平均来反映认知活动中大脑神经元放电情况，有着较高的时间精度。研究发现，在风险决策过程中涉及的事件相关电位成分主要包括 N2、P3 和反馈相关负波（feedback-related negative，FRN）。N2 成分指刺激呈现之后约 200 ~ 350 ms 范围内的负波，主要分布在额区电极（Carter et al.，1998）。该成分一般被认为与风险决策中的冲突监控有关，决策的困难程度越高或决策者在决策中所产生的认知冲突越大，N2 成分的波幅也越大（He et al.，2013）。P3 成分指刺激呈现之后约 300 ~ 600 ms 范围内的正波，主要分布在顶区电极（Li et al.，2012）。该成分被认为与认知资源的分配有关，风险决策占用越多的认知资源，P3 成分的波幅就越大（Leng，Zhou，2010）。P3 还可以反映风险决策的动机强度和决策价值的大小。从动机方面看，风险决策动机越强，P3 成分的波幅越大（Luo et al.，2011）。而从价值方面看，风险决策涉及的数额较大时，P3 成分的波幅要显著大于小数额的风险决策（Kreussel et al.，2012）。而反馈相关负波则指结果反馈界面呈现之后约 200 ~ 350 ms 范围内的负波，该成分也与风险决策中的价值评估有关，对负性反馈更为敏感，主要分布在额区电极（Sehrig et al.，2019）。

已有研究揭示个体在做出决策前，会对各个备选选项的价值进行计算即价值计算（valuation），并对选项进行选择即反应选择（selection）（Kahneman，Tversky，1979；Rangel et al.，2008）。也就是说，风险决策包含价值计算和反应选择两个阶段（Philippe et al.，2017）。为了精确探讨风险决策的动态脑活动，越来越多的研究围绕价值计算和反应选择两个阶段的相关脑活动展开。一些研究者认为，大脑在价值计算阶段对选项期望价值的编码反映了人脑对风险和收益的感知（Wallis，2007；Kelly et al.，2020）。已有研究利用功能性磁共振成像技术和实验任务来探究人脑在风险决策过程中基于值的计算，即神经计算。任务中被试需要在两个具有不同期望价值的选项（如 A 选项或 B 选项）中进行选择。研究者发现，前额叶区域在两种不同决策行为（如选择 A 选项或选择 B 选项）前的活动程度不同，表明前额叶可能在神经计算过程中发挥关键作用（Wunderlich et al.，2009）。由于风险决策背后的动态脑活动包含了价值计算和反应选择两个阶段，因此在上述方案中，两种决策行为之间并不只是纯粹地存在选项价值上的差异，同时也包含了反应选择上的不同。多梅内克和其合作者（2017）在研究中设置价值计算和反应选择两个阶段，并通过功能性磁共振成像技术，以期获得不受反应选择阶段影响的基于值的神经计算。在价值计算阶段，给被试呈现两个选项并让被试对每个选项的期望价值进行评估；在反应选择阶段，被试通过对前一阶段中得到的两个选项的期望价值进行比较做出反应选择。他们通过对价值计算阶段的脑活动进行多元模式分析（multivariate pattern analyses，MVPA），发现眶额叶皮层在价值计算阶段发挥关键作用，执行控制相关的脑区在反应选择阶段发挥作用（Domenech et al.，2017）。该研究尝试通过实验任务分解价值计算和反应选择两个阶段，但是受限于功能性磁共振成像技术低时间分辨率的特征，无法将两个阶段进行精准区分。此外，仅仅将风险决策人为划分为两个子任务并不能保证与大脑活动中两个阶段的实际进程相一致。若在研究中采用时间和空间分辨率均较高的脑磁图（magnetoencephalography，MEG）技术（Baillet，2017），有可能精确区分两个阶段，并获得两个阶段各自对应的脑活动区域。

Liu 等人（2022b）在研究中，首次利用连续风险决策任务并结合脑电和脑磁技术，在神经活动时间进程上对决策过程中的价值计算阶段和反应选择阶段进行了分离。具体来说，通过多元模式分析技术对连续风险决策任务同一实验试次中不同期望价值但相同选择反应的相邻开箱决策前的脑活动在时间进程上进行解码，在每个时间点上均获得基于期望价值的神经计算解码正确率。基于齐希（Cichy）等人（2014）关于解码正确率峰值所对应时间点表示先前信息加工完成的发现，我们通过峰值检测方法检测到了解码正确率峰值，并将解码正确率峰值所对应时间点作为区分点，对决策的价值计算阶段和反应选择阶段进行了分离。其中，从时间零点到解码正确率峰值所对应时间点为价值计算阶段，从解码正确率峰值所对应时间点到被试做出按键反应的时间点为反应选择阶段。在行为层面，研究者借助决策领域常用的漂移扩散模型（Franzen et al.，2020； Kelly et al.，2021）来验证区分的有效性，结果发现价值计算与证据累积的漂移率有关系，而反应选择与反应生成有关系。此外，结合被试高清大脑磁共振结构像的脑溯源分析发现，与价值评估有关的脑区即眶额叶皮层（Padoa-Schioppa，Conen，2017； Boto et al.， 2018；Ballesta et al.，2020；Tang et al.，2022），参与了价值计算阶段的加工；而与动作控制和反应抑制有关的脑区即额上回（superior frontal gyrus，SFG）（Engelmann，Tamir，2009；Kruschwitz et al.，2012），参与了反应选择阶段的加工。最后，结果还发现，情绪等非理性因素只影响反应选择阶段，而不影响价值计算阶段。该结果有可能表明，决策过程中的价值计算阶段是较为理性的，而反应选择阶段易受非理性因素的影响。

四、风险决策与人工智能

近年来，在风险决策研究中，研究者们普遍关注的一个问题是风险决策与人工智能的相互关系。其实，风险决策与人工智能是相辅相成的。一方面，风险决策的研究成果促进了人工智能领域的方法更新和发展；另一方面，人工智能的应用改变了许多原有的风险决策模式，使自动驾驶、医疗等领域的一些风险决策问题迎刃而解。

人工智能的目标是通过计算机来模拟人的思维过程和智能行为，制造类似于人脑智能的机器。按照当前对人工智能智能化水平的通行划分标准，人工智能的发展可分为弱人工智能（weak artificial intelligence，WAI）、强人工智能（strong artificial intelligence，SAI）和超人工智能（artificial super intelligence，ASI）三个阶段。目前，人工智能仍处于发展的早期，即弱人工智能阶段，只能按照人给定的逻辑框架或规则，通过学习已标记的数据集训练神经网络参数，最后才能在实际中应用（Strelkova，2017）。人工智能归根结底是人类智能的产物，要实现从弱人工智能阶段到强人工智能阶段的飞跃必须借助人类智能的相关研究。基于人类开展的心理学研究所揭示的人类心理和行为规律，在人工智能的发展中发挥着十分重要的作用。例如，期望效用理论是风险决策领域的经典理论，被普遍认为是理性选择的规范理论，并广泛应用于经济行为的描述性模型。期望效用理论的观点为，人们在决策过程中会同时考虑各个备择选项的收益及获得该收益的主观概率，最终选择二者乘积即期望效用值最大的选项。作为早期传统经济学决策领域的重要理论，期望效用理论在人工智能领域发挥着重要作用。在自动驾驶领域，基于期望效用理论的决策模型的基本思想是，依据最优化的决策准则，在多个备选方案中选出最优的驾驶策略或动作（Russell，Norvig，2011）。为了评估每个驾驶动作的好坏程度，基于期望效用理论的决策模型定义了效用函数，根据某些准则属性定量地评估驾驶策略符合驾驶任务目标的程度，对于自动驾驶任务而言，这些准则属性可以是安全性、舒适度也可以是行车效率等，效用可以是由其中单个属性决定的也可以是由多个属性决定的（Chen et al.，2014）。此外，风险决策领域的贝叶斯决策模型在人工智能领域也发挥着重要作用。贝叶斯决策指的是个体在对未来所要发生事件有一个主观的先验分布后，利用目前已知的信息，根据贝叶斯定理对部分未知信息进行概率估计，获得后验概率，对先验分布进行修正，获得包含信息更多的后验分布，从而依据后验分布进行决策的方法（Park et al.，2014；Ma，2019）。例如，在房地产领域，房地产投资者在选择投资方案、确定投资项目时，常常既希望获得投资效益的最大化，又希望尽可能降低投资的风险。但是，在通常情况下，投资的效益和风险是呈反向关系的，即投资的效益越高，其伴随的风险往往也越大。那么在这种情况下，投资者究竟应该选择投资预期收益高的项目，还是选择投资预期风险低的项目，一般取决于投资者对风险的偏好。有研究以贝叶斯风险的期望最小值为决策准则，以影响房地产投资收益的三个主要因素，即经济发展状况和国家宏观政策、国家的房地产开发相关政策、市场繁荣度与供求影响，作为决策指标，构建房地产投资贝叶斯风险决策模型，在最大程度上保证房地产企业投资收益率的同时，降低了其风险决策的风险值，因此有助于投资者规避房地产投资风险，从而提高投资效益和投资决策水平（Dorndorf et al.，2016）。除了期望价值理论和贝叶斯决策模型，决策领域中的马尔可夫决策模型、决策树模型、多准则决策模型等研究成果也极大地推动了人工智能的方法更新和技术发展。

人类智能不断推动人工智能的进步和发展，人工智能作为高效的辅助工具，也为人类智能认识和探索世界提供了更广阔的空间和无限多的可能。首先，人工智能可以帮助人们做出更客观的判断，减少主观层面的非理性偏差，从而帮助人们在进行风险决策时发挥出显著的优势。例如，在组织决策中，已有许多研究者尝试将人工智能算法逐步引入企业的管理和决策过程中，通过更多地使用大数据驱动的统计模型或决策规则算法辅助决策，以规避人类决策者的固有偏见，从而实现决策的程序公平（Zhang，Shah，2014；Schildt，2017）。Zhang和沙赫（Shah）（2014）从公平表征、公平建模和公平决策三个角度出发，基于公平机器学习理论，在计算机视觉、自然语言处理、信息检索和推荐系统、多智能体系统等领域建立了具备公平决策能力的人工智能算法，将机器自主代理与人类远程控制相结合，融合了人类与人工智能的决策优势，从而可以进一步减少由人为因素造成的不公平决策。其次，人工智能是基于计算机建立起来的，它在数据分析和计算方面表现出了超乎人类最高水平的能力，可以帮助人们显著提高工作效率。例如，现在大多数医院的电子病历系统中都配有智能决策支持功能，在病人会诊与检查时，智能决策系统通过对病人的数据、知识库中的数据进行分析，并依据相应的逻辑推理规则，可以快速地为病人提供治疗建议。先前需要耗费临床医生大量时间和精力的疾病诊断过程，如今在人工智能辅助医疗决策系统的帮助下，仅仅几分钟就可以完成，大大节省了医疗资源，提升了工作效率。此外，人工智能技术还可以帮助人类完成高风险和高难度的决策任务。例如，在石油勘探领域，石油资源的钻井过程非常烦琐，井下情况复杂多变且充满不确定因素，因此作业风险较高。人工智能可以代替钻井工人对钻机控制系统的安全漏洞进行检测，进行常规维护和性能优化。此外，通过传感器对井下钻头的偏移量数据进行分析，能够对采集到的数据进行实时闭环的运行监控，识别并预测出潜在的风险和异常；然后，使用可靠的指标标记，并及时向地上工作人员反馈当前钻井过程中遇到的障碍和问题，进一步为钻井系统提供有关新勘探方向及钻井深度的决策方案。人工智能技术的广泛运用，不但改变了当前钻井作业人员必须深入钻井平台实地勘探的现状，而且有力保障了钻井工人的人身安全。

第二章 风险决策的研究方法与技术

随着心理学研究方法和技术的发展，研究者们尝试从不同视角对风险决策展开研究。例如，研究者们设计出了多种风险决策任务范式来对个体的决策行为进行测量，从行为层面探寻人们在风险决策过程中的行为特点和规律。同时，研究者们也借助高时间分辨率的脑电和脑磁技术、高空间分辨率的功能性磁共振成像技术等认知神经科学手段，从脑活动的时间维度和空间维度上揭示风险决策的内在机制；并利用经颅电刺激和经颅磁刺激等神经调控技术，对脑活动和风险决策之间的因果关系进行探索。各种研究方法与技术的运用，帮助人们从行为和脑活动层面较为全面地窥探风险决策这一认知活动的加工过程，厘清人们在风险决策过程中的心理特点和行为规律，进而为人们如何优化决策提供借鉴和启示。本章将对风险决策的研究方法与技术进行介绍，包括风险决策的行为学研究范式、脑功能研究技术和脑调控研究技术等。

第一节　风险决策的行为学研究范式

在早期，研究者们往往采用问卷调查的方式对个体的风险决策倾向进行评估和测量。常见的测量工具有风险偏好量表（risk preference scale，RPS）（Hsee，Weber，1999）、感觉寻求量表（sensation seeking scale，SSS）（Zuckerman，1994）、风险领域特异性量表（domain-specific risk-taking scale，DOSPERT）（Weber et al.，2002）等。通过问卷施测可以快速地测量个体的风险决策倾向。但是，由于问卷测量方法不涉及真实的决策过程，因此生态学效度不高，且容易受到被试的反应态度及文化水平的影响（Cyders，Coskunpinar，2011）。为了更加客观地测量个体的风险决策倾向，研究者陆续设计出各种能够模拟现实决策的风险决策任务，可以直接在实验室条件下对个体的风险决策行为进行测量，其中比较常见的任务有剑桥赌博任务（Rogers et al.，1999）、爱荷华赌博任务（Bechara et al.，1994；Colautti et al.，2021；Berto et al.，2021）、骰子赌博任务（Starcke et al.，2011；Migliore et al.，2018）、幸运转盘任务（Bault et al.，2011；Camille et al.，2004；Coricelli et al.，2005；Coricelli，Rustichini，2010；Mellers et al.，1999）、杯子任务（Levin，Hart，2003；Lorenz，Kray，2019；Zhang et al.，2018）、气球模拟风险任务（Helfinstein et al.，2014；Lejuez et al.，2003）以及连续开箱风险决策任务（Brassen et al.，2012；Liu et al.，2016）等。

一、剑桥赌博任务

剑桥赌博任务（Cambridge gambling task，CGT）最初是由罗杰斯等人（1999）为探究眶额叶皮层受损病人的决策特点而设计出的，如图 2-1 所示。后续研究者们在罗杰斯等人（1999）的基础上对剑桥赌博任务进行了修改，但是任务所探查的内容与最初提出时一致。目前，在研究中较常使用的剑桥赌博任务版本为在电脑屏幕上给被试呈现 10 个小方格，其中，一些小方格是红色的，一些是蓝色的。红色小方格与蓝色小方格的数量设置往往有 9 ∶ 1、8 ∶ 2、7 ∶ 3、6 ∶ 4、5 ∶ 5、4 ∶ 6、3 ∶ 7、2 ∶ 8、1 ∶ 9 这九种情况，每个试次由计算机随机从这九种情况里选择一种进行呈现。在这 10 个小方格中，有 1 个小方格的背面放置有黄色的代币奖励。但是，被试不知道代币具体在哪种颜色的小方格背面。被试的任务是要选择在哪一种颜色的方格下藏有黄色的代币，且要在每次选择后下一定比率的赌注，赌注是以目前点数比率的形式来表示的，被试的初始点数为 100。赌注点数的比率一般有 5%、25%、50%、75%、95% 五种。在每次的选择中，下多少比率的赌注由被试自己决定，在选择后会给被试反馈选择的结果，如果黄色代币在所选择颜色的小方格中，则会在被试现有点数的基础上增加所下赌注的点数，如果黄色代币不在所选颜色的小方格中，则会在被试现有点数的基础上减去所下赌注的点数。

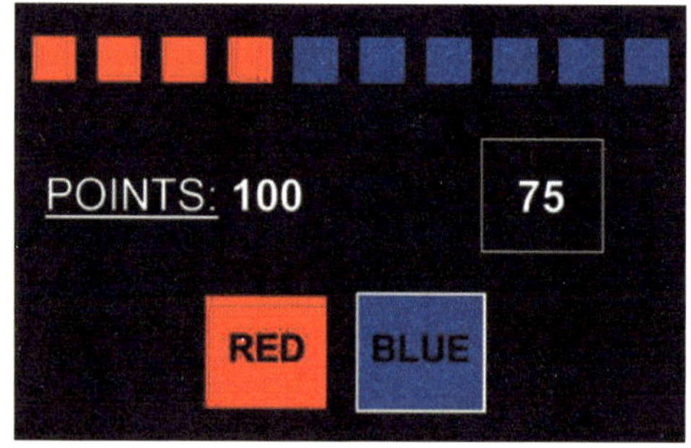

Points—点数；Red—红色；Blue—蓝色。

图 2–1　剑桥赌博任务示意图

（资料来源："Differential effects of insular and ventromedial prefrontal cortex lesions on risky decision-making"）

严万森等（2011）在一篇综述性文章中，对剑桥赌博任务中研究者常常使用的指标进行总结，发现主要有决策倾向指标、决策速度指标和风险调节指标。决策倾向指标代表被试选择方格数量较多的那种颜色的次数，其中两种颜色的方格数量相等的情况不考虑。决策速度指标代表被试考虑哪一种颜色的方格下藏有黄色代币的时间，即给被试呈现 10 个方格到其按下颜色按钮的时间。风险调节指标代表被试投入的赌注占被试当前拥有点数的比例。由于每一实验试次中红色方格与蓝色方格的数量比例会随机变化，也就是说每次决策有不同的风险，因此被试需要相应地调整赌注以使拥有的点数最大化。这种随着风险概率的变化而调整赌注的行为体现出了个体的风险调节能力，但如果被试不考虑概率而一味投入高赌注，则可能是一种冒险行为。

剑桥赌博任务在研究中的应用十分广泛，是一项常用来评估特殊人群和健康人群冲动性和冒险性的认知任务（Kvam et al.，2021；Lewis et al.，2021）。采用这一范式的研究发现，相对于健康控制组，赌博成瘾者和酒精依赖者在投注比例上表现出更高的冒险倾向（Lawrence et al.， 2009）。还有研究者发现，有自杀倾向的青少年在剑桥赌博任务中也具有更高的冒险行为（Ackerman et al.，2015）。剑桥赌博任务虽然多用于评估脑损伤患者及特殊人群的冒险行为，但关于健康被试的研究也发现，具有冒险精神的企业家在投入的赌注比例上显著高于普通的经理人（Lawrence et al.，2008）。为研究认知决策是否受到情绪干扰因素的影响，还有研究者让被试在进行剑桥赌博任务的同时，对不同情绪色彩的词语进行短期记忆的次要任务。结果发现，尽管决策的质量和速度不受情绪色彩干扰因素的影响，但相比于不需要记忆词语的试次，在需要记忆词语的试次中，被试赌注的金额明显更高（Mochizuki，Funahashi，2009）。亚兹迪（Yazdi）等人（2019）在研究中结合剑桥赌博任务和功能性磁共振成像技术，对决策阶段和决策后结果阶段的相关脑活动进行了探讨。实验结果发现，在决策阶段，丘脑、脑岛、额极和壳核均有参与。在结果呈现阶段，当获得收益时，尾状核、腹侧和背侧前扣带回均有参与；当遭受损失时，额下回激活减弱、额中回激活增强，特别是在赢的概率很高但是却出乎意料地输掉比赛时，脑岛会有较强的激活。此外，还有研究者通过认知模型来对剑桥赌博任务中的行为指标进行分析（Romeu et al.，2019）。在研究中，研究者使用分层贝叶斯模型将一系列认知模型分别拟合到健康对照组和物质使用障碍组中，通过认知模型中的指标来表征被试的风险承担、冲动性和决策质量。模型分析的结果发现，物质使用障碍组在风险承担的指标上显著大于健康对照组，而两组在冲动性指标和决策质量指标上没有差异。

二、爱荷华赌博任务

爱荷华赌博任务（Iowa gambling task，IGT）是在研究中较为常用的一种模拟现实决策的实验任务，它由布哈拉（Bechara）等人（1994）提出。在爱荷华赌博任务中，给被试呈现四副扑克牌，任意选择一张牌都可以带来一定的收益或损失，如图 2-2 所示。其中，两副扑克牌 A 和 B 的收益为 100 美元，两副扑克牌 C 和 D 的收益为 50 美元。选择每副扑克牌也有一定的损失概率，每选择 10 张纸牌 A 或 B，损失的总数将达到 1250 美元。也就是说，从长远来看，选择纸牌 A 或 B 的损失将高于收益，因此可以将纸牌 A 和 B 称为不利纸牌（bad decks）；而每选择 10 张纸牌 C 或 D，损失的总数为 250 美元。也就是说，从长远来看，选择纸牌 C 或 D 的损失将低于收益，因此可以将纸牌 C 和 D 称为有利纸牌（good decks）。但是在实验中，并不事先告知被试上述收益和损失情况，即被试不知道哪些为不利纸牌，哪些为有利纸牌。每次选择一张纸牌后，给被试呈现所选择纸牌的结果，可能为收益也可能为损失，并且还给被试呈现目前所拥有的金额总数。

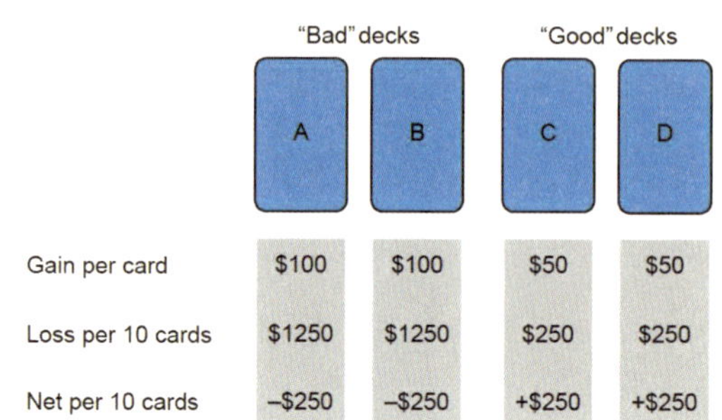

"Bad" decks—不利纸牌；"Good" decks—有利纸牌；Gain per card—每张纸牌的收益；Loss per 10 cards—每十张牌的损失；Net per 10 cards—每十张牌的净收益，即十张牌对应的收益减去损失，对不利纸牌来说，净收益的计算为 100×10−1250=−250；对有利纸牌来说，净收益的计算为 50×10−250=250。

图 2-2　爱荷华赌博任务示意图

（图片来源："The Iowa gambling task and the somatic marker hypothesis: some questions and answers"）

在研究中，研究者们常常对爱荷华赌博任务中被试选择有利纸牌和不利纸牌的次数进行分析（Colautti et al.， 2021； Berto et al.， 2021）。具体为将选择有利纸牌的次数减去所选择不利纸牌的次数，将选择两种纸牌次数的差值作为被试决策行为的指标。此外，在任务中被试需进行多次的选择任务，从而可以根据实验试次出现的先后顺序，将任务从前到后分为多个模块，然后对每个模块中两种纸牌次数的差值进行计算，从而可以比较被试在不同模块中的决策行为变化特点。综合上述两种分析方法，可以探究被试在爱荷华赌博任务中的决策行为特点以及决策策略的调整情况。例如，科瓦奇（Kovács）等人（2017）对赌博障碍患者和酒精使用障碍患者在爱荷华赌博任务中的决策行为表现进行了元分析研究。元分析结果发现，相比于对照组，酒精使用障碍患者和赌博障碍患者在爱荷华赌博任务上的净分数（即选择有利纸牌的次数减去所选择不利纸牌的次数）更低，而且酒精使用障碍患者的净分数与其风险寻求程度有较强的负相关，与其奖赏依赖程度也有较强的负相关。此外，还有研究者利用爱荷华赌博任务，探讨了神经认知障碍患者的决策行为特点。实验结果发现，相比于健康对照组，神经认知障碍患者在爱荷华赌博任务中净分数的中位数较低，该结果表明神经认知障碍患者的决策能力有可能受损（Nakao et al.， 2020）。

三、骰子赌博任务

骰子赌博任务（game of dice task，GDT）是由布兰德（Brand）等人（2005）设计出来的，如图 2-3 所示。在任务的每一试次中，电脑屏幕上均会呈现一个骰子，被试需要对骰子的点数进行猜测，猜测的方式一共有四种：第一种是被试只能猜测一个数字，即从 1 至 6 中选择一个数字作为猜测的点数；第二种是被试可以猜测两个数字，即从 1 至 6 中选择两个数字作为猜测的点数；以此类推，第三种和第四种分别为被试可以猜测三个和四个数字。因此，这四种猜测方式所对应的猜对概率分别为 1/6、2/6、3/6 和 4/6，即猜对的概率依次增大，但是猜对后所奖励或猜错后所惩罚的代币数是依次减少的，四种情况分别为1000个代币、500个代币、200个代币和100个代币。也就是说，第一种猜测方式奖励和惩罚1000个代币的概率分别为1/6和5/6，第二种奖励和惩罚500个代币的概率分别为2/6和4/6，第三种奖励和惩罚200个代币的概率分别为3/6和3/6，第四种奖励和惩罚100个代币的概率分别为4/6和2/6。可以看出，四种猜测方式模拟的是从高风险高收益到低风险低收益变化的情况。在每一试次中，被试需要从四种猜测方式中选择一个，并设置所猜测的点数。实验开始时，给被试1000个代币作为初始本金，被试需要完成18次的选择，游戏的主要任务就是使代币总数最大化。该任务的因变量指标一般为骰子赌博任务综合得分，即将选择三个数字组合和四个数字组合选项的频次之和（选择保守项的频次）减去选择一个数字和两个数字组合选项的频次之和（选择冒险项的频次）（Starcke et al.，2011；鞠成婷 等，2020）。此外，还有研究者关注被试在选择过程中的反应时（Migliore et al.，2018）。与爱荷华赌博任务相比，骰子赌博任务的一个优点是它可以明确给出任务的规则，便于被试的理解。

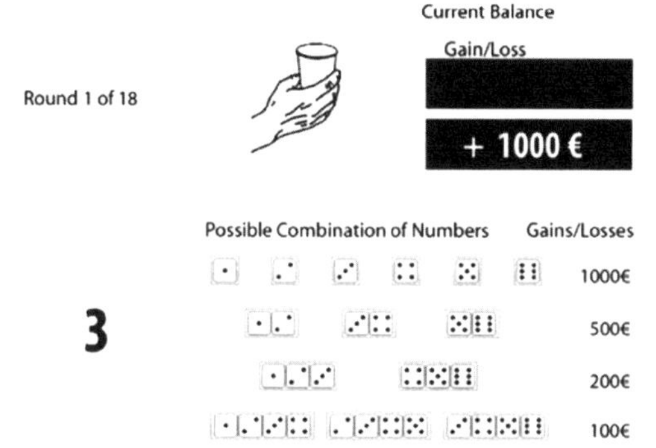

Round—轮次；Current balance—当前余额；Gain/Loss—收益 / 损失；

Possible combination of numbers—可能的数字组合。

图 2-3　骰子赌博任务示意图

（图片来源："Decision-making under risk conditions is susceptible to interference by a secondary executive task"）

有研究者通过骰子赌博任务，探究了亨廷顿病（Huntington's disease）被试的决策特点（Migliore et al.，2018）。亨廷顿病在精神运动速度、负面情绪识别、执行功能和决策方面存在缺陷。实验结果发现，在决策过程中，亨廷顿病组被试的决策反应时比健康对照组更长。还有研究采用骰子赌博任务范式，考察了认知资源和感觉寻求对个体风险决策的影响（鞠成婷 等，2020）。研究者通过问卷得分，将被试分为高感觉寻求组和低感觉寻求组。此外，进一步根据被试参与任务的不同，将每组被试又细分为三组：第一组被试仅完成骰子赌博任务，第二组被试完成 1-back 工作记忆任务后进行骰子赌博任务，第三组被试完成 2-back 工作记忆任务后进行骰子赌博任务。因此，三组被试完成骰子赌博任务时的认知资源是不同的，第一组最高（高认知资源条件），第二组次之（中认知资源条件），第三组最低（低认知资源条件）。实验结果发现，低感觉寻求组中，相比于高和中认知资源的被试，低认知资源被试在骰子赌博任务中的综合得分较高，即选择保守选项的频次远高于选择冒险选项的频次；而高感觉寻求组中，骰子赌博任务综合得分在三种认知资源条件下无显著差异。实验结果表明，认知资源和感觉寻求是会对个体的决策行为产生交互影响的。

四、幸运转盘任务

幸运转盘任务(wheels of fortune，WoF)最初是由梅勒斯(Mellers)等人(1999)提出的。该任务是研究个体风险偏好中运用较为广泛的一种实验范式，如图 2-4 所示。在任务中，被试首先会看到两个转盘，每个转盘都由两种颜色组成，每种颜色代表不同的数值（如 200、-50、50），且颜色的面积代表获得相应数值概率的大小。例如，对于图 2-4 中左边的转盘来说，有 75% 的可能性损失 50 元，有 25% 的可能性获得 200 元；对于右边的转盘来说，有 50% 的可能性输掉 50 元，50% 的可能性赢得 50 元。被试在两个转盘中做选择之后，转盘中的箭头会旋转并最终停止在一个位置，箭头所指向的数值即为结果。

实验中有两种操纵，一种是只给被试呈现自己选择转盘的结果，称为部分反馈（partial feedback）。在部分反馈条件中，由于被试只知道自己的结果，因此通过获得结果与期望结果之间的比较，被试会体验到失望和满意两种情绪。另一种则是给被试同时呈现已选转盘和未选转盘的结果，称为完全反馈（complete feedback）。在完全反馈条件中，如果被试所选转盘得到的收益比未选转盘的收益差，则被试往往会体验到后悔情绪；反之，则会体验到欣慰情绪。

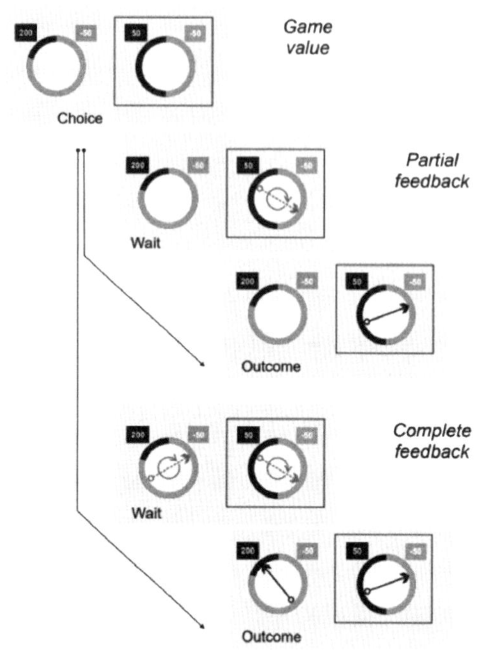

Game value—博弈值；Partial feedback—部分反馈；

Complete feedback—完全反馈；Choice—选择；Outcome—结果；Wait—等待。

图 2–4　幸运轮盘任务示意图

（图片来源："The involvement of the orbitofrontal cortex in the experience of regret"）

幸运转盘任务中的两个转盘往往分别模拟的是低风险低收益选项和高风险高收益选项，因此通过被试选择低风险低收益选项或者高风险高收益选项的概率，可以计算出被试在任务中的风险决策行为。此外，根据相邻试次中被试决策行为的改变程度，如上一试次选择低风险低收益选项，当前试次选择高风险高收益选项，可以计算出被试决策行为的调整情况。最后，实验时对被试进行选择的反应时进行记录，可以考察被试决策过程所耗费的考虑时间。通过对上述指标的分析，可以揭示被试在幸运转盘任务中的风险决策特点。

幸运转盘任务不仅可以用来探究被试的风险决策特点，还可以探究风险决策行为所伴随的情绪对后续决策行为的影响。例如，卡米尔（Camille）等人（2004）在研究中采用幸运转盘任务对眶额叶皮层受损病人决策诱发的后悔情绪进行了探讨。在研究中通过完全反馈和部分反馈的方式对被试的失望、后悔等情绪进行诱发。研究结果发现，在部分反馈情况中，面对较差决策结果时，健康对照组被试和眶额叶皮层受损组被试均报告出了失望情绪，且两组被试在失望情绪的强度上没有差异；在完全反馈情况中，当自己选择选项的决策结果比未选选项的决策结果差时，健康对照组被试报告出了较强的后悔情绪，而眶额叶皮层受损组被试则没有，也就是说眶额叶皮层受损的病人体验不到后悔情绪。因此，借助于幸运转盘任务，研究者发现眶额叶皮层在后悔情绪加工过程中起到了重要的作用。随后，卡米尔等人（2005）结合幸运转盘任务和功能性磁共振成像技术，发现眶额叶皮层的活动与被试的后悔情绪有关，且被试的后悔程度越强，其眶额叶皮层的活动程度越强。此外，科里切利（Coricelli）和卢斯蒂奇尼（Rustichini）（2010）在研究中还发现，后悔情绪能够对被试后续风险决策行为产生影响。具体来说，若被试在任务中选择高风险高收益的选项导致结果较差而产生后悔情绪，那么被试在下一试次中更倾向于选择低风险低收益的选项。鲍尔特（Bault）等人（2011）在幸运转盘任务中增加了他人决策结果的操纵，探究社会比较对个体决策行为的影响。在研究中，研究者根据被试与他人决策结果好坏程度的比较，将实验分为比他人决策结果好、比他人决策结果差以及和他人决策结果一样三种情境。实验结果发现，若被试在当前试次中的决策结果比他人的好，那么被试在后续试次中的决策行为会更加冒险，若被试决策结果比他人差或与他人一样，没有观察到被试后续决策行为更加冒险。研究者还发现，在决策结果比他人的好时，被试腹侧纹状体的脑活动更强，并且当前试次比他人决策结果好时的腹侧纹状体活动强度，能够显著预测被试在下一试次决策过程中内侧前额叶皮层的活动程度，该结果表明腹侧纹状体与内侧前额叶皮层的功能连接在个体风险决策过程中发挥着关键作用。还有研究者采用幸运转盘任务探讨酒精使用障碍患者的决策是否存在缺陷（Galandra et al.，2020）。在研究中，酒精使用障碍患者组被试和健康对照组被试进行了幸运转盘任务。实验结果发现，在部分反馈条件和完全反馈条件中，酒精使用障碍患者组被试的决策反应时间均比健康对照组被试的更长。通过幸运转盘任务，研究者发现酒精使用障碍患者的决策有可能存在缺陷。

五、杯子任务

杯子任务（cups task）最初是由莱文（Levin）和哈特（Hart）（2003）为了探究儿童的风险决策特点所设计的。该任务在设计之初是一个现场实验，后来逐渐发展为在电脑上进行，如图 2-5 所示。杯子任务的每一试次中，会在电脑屏幕的左右两边均给被试呈现一些杯子，其中一边只有一个杯子，另一边有多个杯子且杯子有两种不同颜色，不同颜色代表不同结果。被试需要在收益情境和损失情境中进行选择。在收益情境中，如果选择一个杯子，那么被试会有 100% 的概率获得代币奖励；如果选择另一边的多个杯子，那么被试有一定概率获得更多的代币奖励，也有一定概率不获得代币奖励，获得与不获得代币奖励的概率由两种颜色杯子个数的比例决定。在损失情境中，如果选择一个杯子，那么被试会有 100% 的概率遭受代币惩罚；如果选择另一边的多个杯子，那么被试有一定概率遭受更多的代币惩罚，也有一定概率不遭受代币惩罚，遭受与不遭受代币惩罚的概率同样由两种颜色杯子个数的比例决定。

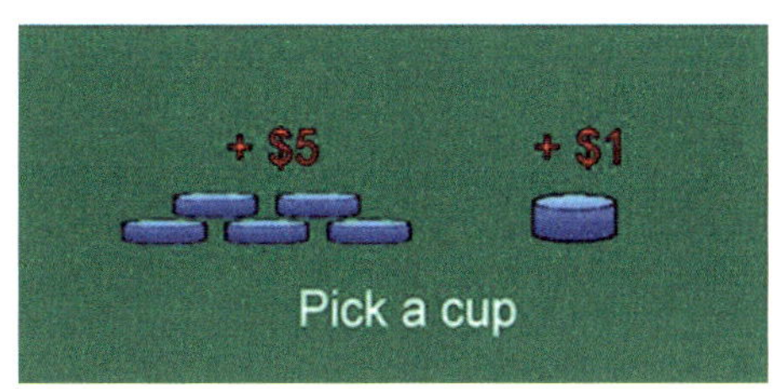

Pick a cup—选择一个杯子。

图 2-5　杯子任务示意图

（图片来源：“Functional dissociations of risk and reward processing in the medial prefrontal cortex”）

杯子任务可以考察个体在确定选项（一个杯子）与风险选项（多个杯子）之间的决策偏好，由于其规则较为简单易懂，并且能够同时考察被试在收益与损失框架下的风险决策特点，因此成为风险决策研究中广泛采用的一项研究范式。在研究中，研究者常常对被试选择确定选项或风险选项的次数、反应时等指标进行分析，以此在行为层面揭示被试的决策偏好。

杯子任务现已被广泛应用于风险决策研究。例如，Zhang 等人（2018）在研究中利用杯子任务探讨了自尊水平对自我和他人风险决策行为的影响。他们通过量表将被试分为高自尊组和低自尊组，两组被试均要在杯子任务中为自己做选择或者替他人做选择。实验结果发现，相比于低自尊组的被试，高自尊组的被试更倾向于选择风险选项，即更加寻求风险；相比于收益情境，被试在损失情境下更倾向于选择风险选项。此外，研究结果还发现，对于低自尊组的被试来说，在收益情境下，相比于替他人做决策，被试在为自己做决策时更倾向于选择确定选项，即更加规避风险；而在损失情境下，相比于替他人做决策，被试在为自己做决策时更倾向于选择风险选项，即更加寻求风险。而高自尊组被试的行为模式和低自尊组的相反，具体来说，在收益情境下，相比于替他人做决策，高自尊组被试在为自己做决策时更倾向于选择风险选项，即更加寻求风险；在损失情境下，相比于替他人做决策，高自尊组被试在为自己做决策时更倾向于选择确定选项，即更加规避风险。通过杯子任务，研究者发现了自尊程度对个体为自己做决策和替他人做决策的影响。有研究者采用杯子任务，探讨了个体风险决策行为的年龄差异是否受到预期收益框架和预期损失框架的影响（Lorenz，Kray，2019）。研究者将被试分为 9 ~ 10 岁、11 ~ 12 岁、13 ~ 14 岁、15 ~ 16 岁 和 17 ~ 18 岁五个年龄组，对不同年龄组被试在杯子任务中选择风险选项的次数进行分析。实验结果发现，在损失框架下，被试在杯子任务中选择风险选项的次数随着年龄的增加而减少；而在收益框架下，被试在杯子任务中选择风险选项的次数没有表现出年龄上的差异。还有研究者结合杯子任务和脑电技术，探讨了网络游戏障碍患者在风险决策过程中的脑电活动特点（Zhou et al.，2021）。研究者记录了网络游戏障碍组被试和对照组被试进行杯子任务期间的脑电活动。在任务中，通过操纵选项的概率和结果设置了三个条件:（1）风险有利条件，即选择风险选项比安全选项的期望值高；（2）风险不利条件，即选择安全选项比风险选项的期望值高；（3）风险中性条件，即选择安全选项与风险选项的期望值相同。实验结果显示，对于对照组被试来说，相比于收益框架，其在损失框架下，对风险不利条件中的风险选项进行选择时 N2 成分的波幅更大；而对于网络游戏障碍组被试来说，其 N2 成分的波幅没有表现出该形式。该结果表明，网络游戏障碍组被试的 N2 成分有可能是异常的，这有可能与其风险决策能力受损有关系。

六、气球模拟风险任务

在生活中，人们常常需要在风险逐步累积的情境中连续做出决策，比如随着股价的变化，需要连续地决定是继续持有还是卖出股票。勒茹兹（Lejuez）等人（2002）设计出的气球模拟风险任务（balloon analogue risk task，BART）就可以较好地对风险逐步累积的情境进行模拟，如图 2-6 所示。在该任务中，屏幕上会呈现两个按键和一只未充气的气球。一个按键用来“给气球充气”

（pump up the balloon），另一个按键用来“收集报酬”（collect $$$）。被试可用鼠标点击按键，每点击一次充气按键，气球会变大（半径增加 0.3 cm），被试同时获得 5 美分报酬。若点击充气按键后气球爆炸，则当前试次结束，且被试在本试次中获得的报酬清零。如果担心继续充气气球会爆炸，被试也可以点击“收集报酬”按键终止当前试次，此时被试会获得相应充气次数的报酬。气球爆炸或被试点击“收集报酬”按键之后，屏幕上会呈现新的未充气气球，即开始新一轮试次。任务包含三种不同颜色的气球，对应不同的爆炸概率，三种颜色的气球随机呈现。

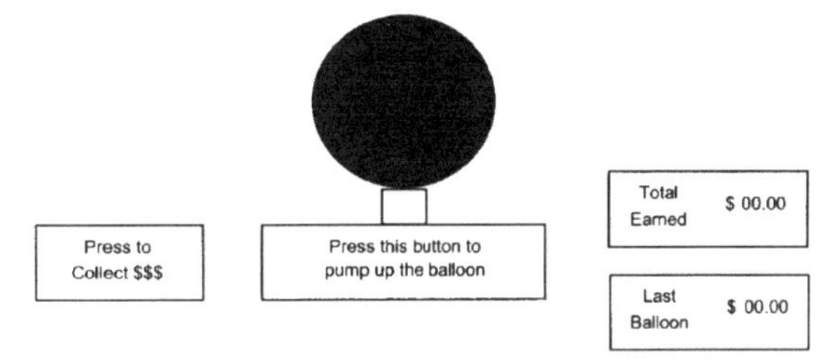

Press to collect $$$—按键收集报酬；Press this button to pump up the balloon—按这个键来给气球打气；Total earned—总收益；Last balloon—上一个气球。

图 2-6 气球模拟风险任务示意图

（图片来源：“Evaluation of a behavioral measure of risk taking: the balloon analogue risk task（BART）”）

气球模拟风险任务与生活中真实的决策情境类似，符合人们对于风险的定义（Helfinstein et al.，2014），因此被研究者广泛使用，是研究个体风险决策行为的经典实验室任务。在研究中，研究者常常将气球模拟风险任务中，爆炸气球总数以及对气球的平均充气次数作为被试风险决策行为的指标。气球爆炸总数越高或平均充气次数越多，表明被试在该任务中的决策行为越冒险。例如，有研究者通过使用气球模拟风险任务来探究在线社交网站使用成瘾者的风险决策特点（Meshi et al.，2020）。在线社交网站成瘾的症状类似于物质滥用者和行为成瘾障碍者的症状。在研究中，研究者招募了 105 名大学生被试，通过社交媒体成瘾量表来对其在线社交网站成瘾程度进行测量。之后所有被试均进行包含 90 个试次的气球模拟风险任务，其中 30 个橙色气球试次、30 个黄色气球试次和 30 个蓝色气球试次。不同颜色气球的爆炸概率不同：橙色气球的爆炸率最高，为高风险；黄色气球的爆炸率中等，为中风险；蓝色气球的爆炸率最低，为低风险。被试事先并不知道不同气球有不同爆炸率这一信息。在数据分析时，将被试在线社交网站成瘾程度与其在气球模拟风险任务中平均吹气次数和气球爆破总数进行相关分析。实验结果发现，被试在线社交网站成瘾程度与其在 90 个试次中的冒险行为，即平均吹气次数和气球爆破总数，存在显著负相关，表明被试在线社交网站成瘾程度越高，其冒险程度越低。此外，结果还发现在不同风险情境中上述相关是不同的。具体来说，在低风险（蓝色气球）和中等风险（黄色气球）情境中，被试在线社交网站成瘾程度与其冒险行为之间存在显著负相关，而在高风险（橙色气球）情境中没有发现显著相关。该结果表明，个体的在线社交网站成瘾情况越严重，其冒险倾向就越小，即风险厌恶程度就越高。但是，上述关系在高风险情境中是不明显的，这有可能是因为在高风险情境中被试普遍都是风险厌恶的。

气球模拟风险任务为评估个人的冒险倾向提供了一个可靠且生态有效的模型，并且经常用于神经影像学研究。但是，气球模拟风险任务中响应冒险行为的大脑激活模式的可靠性是否较强还不清楚，因此有研究者使用功能性磁共振成像技术评估了被试在气球模拟风险任务中大脑活动的重测可靠性（Li et al., 2020）。研究者招募了 34 名健康成年被试，每个被试都完成了两次气球模拟风险任务，两次任务均进行功能性磁共振成像扫描。实验结果发现，被试在气球模拟风险任务中的行为指标，如成功试次数、失败试次数、所有试次中收益试次的占比和气球充气次数，在两次实验之间没有显著差异，并且这些指标在两次实验之间均有较强的正相关，如在第一次任务中气球充气次数较多的被试，在第二次任务中气球充气次数也较多。此外，在两次任务中，与风险水平增加相关的中脑边缘－额叶网络内的脑区，包括丘脑、双侧纹状体、双侧前脑岛、双侧背外侧前额叶皮层和前扣带回 / 内侧额叶皮层，激活都没有发现显著差异。上述结果表明，大脑激活响应气球模拟风险任务的重测可靠性在中脑边缘－额叶网络中是良好的。

先前研究发现，许多脑网络与决策过程中的风险加工有关（Schonberg et al., 2012）。但是，这些脑网络的活动对接下来的风险决策行为是否有预测作用尚不清晰。赫尔芬斯坦（Helfinstein）等人（2014）在研究中，以健康成年人为被试，结合了气球模拟风险任务和功能性磁共振成像技术，并对脑数据使用分类分析的方法，探究脑激活模式能否预测被试即将做出的是冒险决策（即给气球吹气）还是保守决策（停止给气球吹气）。实验结果发现，脑激活模式能够预测被试接下来的行为，且准确率高达 71.8%。具体来说，一些与认知控制有关脑区的激活模式能够准确地预测被试的行为，并且与预测冒险行为相比，这些脑区在预测保守决策时的准确率更高，表明了个体之所以会出现冒险行为，可能是由于控制系统没能对行为进行有效的控制。此外，分析结果还表明，除了一些特定脑区的激活模式外，用全脑的激活模式也可以准确预测被试的决策行为，只是正确率会略低于特定脑区的激活模式做出的预测。该研究从脑活动对风险决策行为预测的角度揭示了管控风险决策行为的自上而下的脑活动模式，有助于人们对风险决策行为内在神经机制的理解。

七、连续开箱风险决策任务

虽然气球模拟风险任务能够在连续风险决策情境中考察被试的风险决策行为，但是有研究者认为气球模拟风险任务的生态学效度有待改进，比如当给气球打一次气就爆炸时，被试可能会觉得与真实生活情境不符（Büchel et al., 2011）。针对这一情况，研究者们提出了连续开箱风险决策任务。连续开箱风险决策任务的结构与气球模拟风险任务一致，只是将“给气球打气赚金币”这一任务形式变为“开箱子赚金币”（Büchel et al.，2011；Brassen et al.，2012）。在连续开箱风险决策任务中，每一轮游戏开始时呈现八个箱子，其中七个箱子内有奖励（金币），一个位置随机的箱子内有惩罚（鬼）。被试需从左向右依次通过按键决定是否打开下一个箱子。一旦被试打开了装有鬼的箱子，则本轮游戏结束，并且该轮游戏中得到的金币归零。如果被试选择停止，就可以看到在本轮游戏中得到的金币和鬼的位置（同时也即得知原本可以得到但没能得到的金币数）。如图 2-7 所示，第一行指的是被试在第四个箱子中遇到鬼，该轮游戏得到的三个金币归零，这种结果是遇鬼（devil）情境，又被称为损失（loss）情境；第二行指的是被试打开三个箱子之后选择停止，发现鬼在第四个箱子，得到了本轮金币的最大数，这种结果是最优（optimum）情境；第三行指的是被试打开三个箱子之后选择停止，发现鬼在第七个箱子，还有三个箱子没有打开，没有打开的箱子被称为错失的机会，这种结果是非最优（non-optimum）情境。

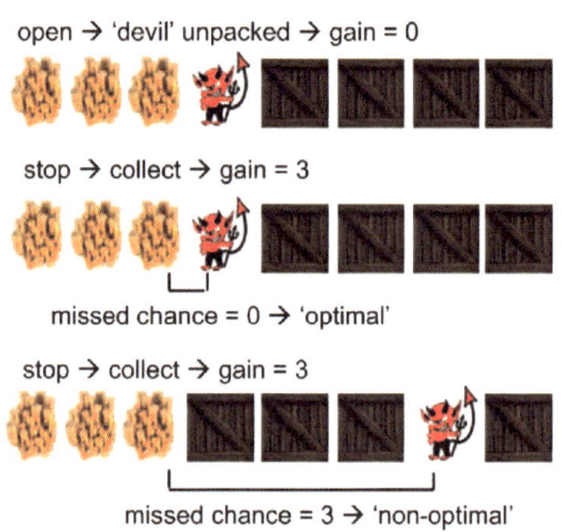

Open—打开；Devil unpacked—遇到鬼；Gain—收益；Stop—停止；Collect—收集；Optimal—最优的；Missed chance—错失的机会；Non-optimal—非最优的。

图 2-7　连续开箱风险决策任务示意图

（图片来源：“Don't look back in anger! Responsiveness to missed chances in successful and nonsuccessful aging”）

连续开箱风险决策任务模拟了风险连续累积的真实决策情境，具有更高的生态学效度。研究者常常用被试在任务中的遇鬼概率或平均开箱个数来代表被试的冒险程度，如果遇鬼概率较高或平均开箱个数较多，那么被试的冒险程度较高。除了可以对被试的风险决策行为进行测量外，大量研究还对该任务中被试的后悔情绪进行测量，例如，研究者们一致发现，当面对较多错失机会的决策结果时，被试往往会体验到后悔情绪，且错失机会越多，被试的后悔程度越强（Brassen et al.，2012；Liu et al.，2016）。因此，基于该范式，研究者们还探讨了当前后悔情绪对后续决策行为的影响。例如，Liu 等人（2016）在研究中采用连续开箱风险决策任务发现，在当前试次中，若被试由于过于保守，打开较少的箱子，从而错失了较多的机会，那么被试会体验到后悔情绪，且后悔程度越强，被试在下一试次中打开的箱子越多，即越冒险。Liu 等人（2018a）在研究中结合开箱任务和功能性磁共振成像技术发现，当前试次中被试腹侧纹状体和背侧前扣带回皮层（dorsal anterior cingulate cortex，dACC）的功能连接程度与其下一试次的风险决策行为有关系。Liu 等人（2022a）利用连续开箱风险决策任务并结合功能性磁共振成像技术，探讨了网游成瘾者对错失机会的情绪及脑活动反应与其冒险行为之间的关系。研究者招募网游成瘾组和健康对照组被试，两组被试均完成连续开箱风险决策任务，且在任务过程中进行功能性磁共振成像的扫描。实验结果发现，相比于健康对照组，网游成瘾组被试平均开箱个数更多，即更加冒险；且相比于健康对照组，网游成瘾组被试在面对错失机会时的后悔程度更强。功能性磁共振成像结果发现，相比于对照组，网游成瘾组被试在面对错失机会时，额上回、腹侧纹状体、腹侧前扣带回和内侧前额叶皮层等脑区的激活程度更强，并且腹侧纹状体－丘脑和腹侧纹状体－中扣带回的功能连接也更强。进一步脑－行为相关分析发现，网游成瘾组被试在面对错失机会时额上回的激活程度越强，其平均开箱个数就会越大，也即冒险程度越大。该研究通过结合连续开箱风险决策任务和功能性磁共振成像技术，初次揭示网游成瘾

者在风险决策过程中的冒险行为有可能与其对错失机会过于敏感有关系。也就是说，相比于健康个体，网游成瘾个体也许更加不能容忍错失机会，因此其在连续风险决策任务中打开过多的箱子，来减少错失机会结果的发生。

第二节　脑功能技术在风险决策研究中的应用

本章第一节介绍了风险决策研究中常用的实验范式，借助这些实验范式，可以对人们的风险决策行为进行测量。然而，在行为层面对风险决策特点的探讨，仅仅能对观察到的现象进行描述，并不能回答其内在机制。随着脑功能技术的发展，研究者们开始尝试借助脑功能技术来对风险决策过程中相关的脑活动进行测量，以探明风险决策行为的内在机制。脑功能技术的运用使研究者们从更多的视角来窥探风险决策这一认知过程，极大地推动了风险决策领域的发展。本节将对常用的脑功能技术原理及其在风险决策研究中的应用进行介绍，这些技术包括有较高时间分辨率的脑电技术和脑磁技术，以及有较高空间分辨率的功能性近红外光谱（functional near-infrared spectroscopy，fNIRS）技术和功能性磁共振成像技术。

一、脑电和脑磁技术在风险决策研究中的应用

中枢神经系统由神经细胞和神经细胞之间的胶质细胞构成。每个神经细胞由轴突、树突和胞体组成。中枢神经系统的活动主要与突触传递的突触电流有关。神经细胞膜下有 60 ～ 70 mV 的负极性电位，这种电位会随着突触活动的变化而变化。如果动作电位沿着神经纤维行进，则会形成兴奋性突触，进而兴奋性突触后电位出现在神经元中；如果神经纤维以抑制性突触结束，那么就会发生超极化（Speckmann，1993）。一般情况下，通过神经电生理手段记录到的单个神经元兴奋产生的电位变化在几十毫伏水平，其产生的微弱电流或磁场几乎不可

能在头皮上被观测到。一个神经元兴奋产生的电流可等效为一个电流偶极子，大约 10000 ～ 50000 个排列一致的神经元几乎同时放电才能产生一个宏观上可以观测到的电磁信号。而人类大脑皮层中，每平方毫米大约有 100000 个神经元锥体细胞，平均每个神经元有上千个突触，同时在新皮层中多数神经元是垂直于皮层表面的，在局部具有较一致的方向性，这构成了宏观可观测的脑部电信号和磁信号的生理基础。

在神经影像学几十年的发展中，脑成像技术日渐成熟，且在心理学和医学等方向的研究中得到了大量的应用。但是随着对大脑更深入的探索，研究者逐渐发现大脑的真实活动并不是“稳态”的，它具有复杂且瞬息万变的特征。脑电图和脑磁图技术则因其高时间分辨率的特征，使研究者可以探知大脑“瞬态”变化的过程，成为一把从时间维度打开大脑奥秘的新“钥匙”。

（一）脑电技术原理及其在风险决策研究中的应用

大脑无时无刻不在进行自发性的、节律性的电活动，将这种电活动的电位强度作为纵轴，时间特征作为横轴，记录下来的电位强度与时间相互关系的平面图即为脑电图。1924 年德国生理学家和精神病学家伯杰（Berger）首次记录到了人类脑电信号。自此，脑电技术开启了快速发展之路。脑电技术能够非侵入性地记录大脑的电生理活动，具体来说，电极沿着头皮放置，然后通过放置在头皮上的多个电极，检测大脑在一段时间内自发进行的电活动。脑电技术一方面可以在临床上用于诊断癫痫、睡眠障碍等疾病，另一方面在心理学领域中作为一种常用的认知神经研究方法，可以对由认知过程诱发的脑电信号进行测量。特别是脑电信号具备较好的时间分辨率，能够反映毫秒级的大脑变化，进而捕捉到信号的瞬时信息，有助于在脑活动的时间进程上揭示心理和行为的内在机制。

在对心理认知活动所诱发的脑电信号进行测量时，往往会受到大脑自发电活动等因素的干扰。但是心理认知活动所诱发的脑电信号有特定的波形和电位分布并且与刺激之间具有严格的时间对应关系，而大脑自发电活动在短时间内进行的是无规律的随机变化。因此，在心理学实验中，常常需要对脑电信号进行叠加。具体来说，对同一心理认知事件进行多次测量，然后对其在相同事件下记录到的脑电信号按照事件发生的时间点对齐，然后做叠加平均以去除噪声，留下与该事件相关的电信号，这就是事件相关电位（event related potential，ERP），又称平均诱发电位。事件相关电位反映了认知活动过程中大脑神经的生理变化，因此也被称为认知电位。

随着将脑电技术应用于注意、知觉、学习、情绪等心理学领域，研究者们发现，不同的事件相关电位成分与不同的心理认知活动有关系。例如，何怡娟等人（2022）运用脑电技术和最后通牒博弈任务（ultimatum game，UG），在脑活动时间进程上考察了共情关怀对个体公平决策的影响。在最后通牒博弈范式中，被试需要决定是否接受提议者所提出的金钱分配方案，提议者分别来自一所乡村留守儿童学校的留守学生（有共情关怀）和一所市立中学的普通学生（无共情关怀）。若被试接受分配方案，则提议者和被试将得到相应分配的金额；若被试拒绝，则被试和提议者均得不到所分配的金额，即收益为零。研究者根据分配的公平程度设置了三种条件，分别为公平条件（分配方案为4/6、5/5、6/4），劣势不公平条件（分配方案为8/2、9/1，即给被试分的较多）和优势不公平条件（分配方案为2/8、1/9，即给被试分的较少）。对行为和脑电数据进行2（共情关怀状态：有共情关怀、无共情关怀）×3（分配公平性：公平、劣势不公平、优势不公平）的被试内重复测量方差分析。行为结果发现，劣势不公平条件下，在共情关怀情境中，被试的接受率显著高于无共情关怀情境；而在优势不公平条件下呈现相反的结果，即在有共情关怀情境中，被试的接受率显著低于无共情关怀情境。脑电结果显示，对于他人提出的优势不公平提议，相比于共情关怀情境，无共情关怀情境诱发了更负的N1成分，研究者认为共情关怀水平能够影响公平决策的早期注意过程；另外，相比于无共情关怀情境，共情关怀情境诱发了更大的 P2 成分波幅，研究者认为该结果反映了共情关怀对公平加工过程中动机性水平的影响；在共情关怀情境下，他人提出的劣势不公平提议较优势不公平和公平提议诱发了更负的内侧额叶负波（medial frontal negativity，MFN），研究者认为该结果反映了共情关怀对认知和情绪加工过程的调节。通过脑电技术，该研究揭示了共情关怀对公平决策过程中不同认知活动的影响，以及不同脑电成分在其中所发挥的作用，有助于人们对公平决策内在神经机制的理解。付超等人（2018）在研究中结合信任博弈任务和脑电技术探讨了信任互动情境下大脑活动变化的时间动态特征及神经振荡过程。在信任博弈任务中，被试作为信任者，要与其他受托者共同完成游戏。在每轮游戏开始之前，信任者和受托者均会得到 10 个点的代币，信任者需要决定是否将所有的 10 点代币交给受托者。如果信任者选择不交给受托者，则当前回合的游戏终止，双方获得各自的 10 点代币；如果信任者选择交给受托者，则 10 点代币将翻 2 番交给受托者，并由受托者决定双方如何分配其所有的 40 点代币，受托者可以选择独吞所有点数或者选择与信任者平分所有点数，无论其做出何种决策，当前回合游戏终止且双方获得相应的点数。该信任博弈采用单次匿名互动方式进行。行为结果发现，被试选择信任的比例显著高于随机水平（50%）。脑电的时域分析结果发现，决策阶段中不信任决策比信任决策诱发了更负的 N2 成分波幅和更小的 P3 成分波幅。研究者认为上述结果表明，信任选择是人们的默认优势选项，而不信任选择则涉及更多的认知控制加工。该研究利用脑电技术为人们理解信任决策过程的动态加工时程及其神经振荡特征提供了电生理学的证据。从上述研究可以看出，研究者们通过脑电技术并结合认知任务，对与认知任务相关的脑电成分进行探查，以此尝试揭示认知活动背后的神经机制。

研究者还利用脑电技术对风险决策过程中相关脑电成分进行了探讨。目前，在风险决策过程中涉及的脑电成分主要包括 N2、P3 和反馈相关负波。N2 成分指刺激呈现之后约 200 ～ 350 ms 范围内的负波，主要分布在额区电极（He et al., 2013）。该成分一般被认为与风险决策中的冲突监控有关，决策的困难程度越高或决策者在决策中所产生的认知冲突越大，N2 成分的波幅也越大。P3 成分指刺激呈现之后约 300 ～ 600 ms 范围内的正波，主要分布在顶区电极（Li et al., 2015）。该成分被认为与认知资源的分配有关，风险决策占用的认知资源越多，P3 成分的波幅就越大（Leng，Zhou，2010）。P3 还可以反映风险决策的动机强度和决策价值的大小。从动机方面看，风险决策动机越强，P3 成分的波幅越大（Keil et al.，2002）。而从价值方面看，风险决策涉及的数额较大时，P3 成分的波幅要显著大于小数额的风险决策（Kreussel et al.，2012）。而反馈相关负波则指结果反馈界面呈现之后约 200 ～ 350 ms 范围内的负波，该成分也与风险决策中的价值评估有关，对负性反馈更为敏感，主要分布在额区电极（Sehrig et al.，2019）。

还有研究者结合脑电技术，对风险决策过程中的神经活动模式进行了探讨。例如，刘思佳（2021）在实验中将连续风险决策任务和脑电技术进行结合，通过使用多元模式分析方法，对连续风险决策过程中的神经活动在时间进程上进行了解码。实验结果发现，解码正确率反映了个体对箱子价值的计算，即对箱子代表的风险和收益的计算。对比无预期条件和有预期条件间解码正确率的差异发现，有预期条件解码正确率显著高于无预期条件解码正确率，表明事前预期提高了被试连续风险决策过程中对风险和收益的计算。进一步发现，解码正确率在有预期条件与无预期条件下的差异可以显著预测被试风险决策行为在两种情况下的差异，表明被试在有预期条件下风险决策行为增多可能与对风险和收益的计算增强有关。

脑电技术可以对大脑皮层活动诱发的电位进行分析，有着极高的时间分辨率，这也是脑电技术的一大优点。脑电技术的另外一个优点是造价较低、使用维护也比较方便。但是，脑电技术的空间分辨率较低，只对大脑皮层表层产生的突触后电位敏感，对大脑深层结构的神经元反应不敏感，比如纹状体、海马体等。各种脑溯源定位算法的可靠性亦有待进一步证实。因为不同的脑电处理方法都是针对不同的心理学问题应运而生的，它们均有其自身的前提假设，还存在一定的局限性。此外，与头骨相切的电流对脑电图信号的贡献很小。对于复杂的脑电波，如何进行有效的提取来反映心理加工过程，尚待进一步探讨。

（二）脑磁技术原理及其在风险决策研究中的应用

脑磁图是一种非侵入性技术，用于测量由大脑中神经元的电活动引起的磁场。脑磁图记录的是基于神经元的突触后电位所产生的电流形成的相关脑磁场信号。当动作电位沿着细胞膜到达突触时，囊泡中的神经递质释放到突触间隙中，产生突触后电位。在单位面积（1 cm^2）脑皮层的数千个锥体细胞几乎同步发放的神经冲动能够形成集合电流，电流的产生会伴随与其方向正切的磁场。人类历史上第一次成功探测到脑磁信号可以追溯到 1968 年，美国物理学家科恩（Cohen）在建造的磁屏蔽室内探测到了人类大脑阿尔法波节律（alpha rhythm）信号，但是探测到信号的信噪比太低。1972 年，科恩进一步改进了技术手段，探测到了信噪比较高的脑磁信号，自此以后，脑磁技术这种具有极高时间分辨率（毫秒级）和较高空间分辨率（毫米级）的有效的非侵入式神经活动记录技术得到了充分的发展和应用。

脑磁技术与脑电技术密切相关，两种技术以不同的方式测量跨膜电流的变化。这两种神经科学技术都具有极高的时间分辨率，并且直接对大脑活动产生的电磁信号进行测量，可以更真实地还原大脑的状态。脑磁技术测量与初级树突电流相关的颅外磁场，而脑电技术测量相关的电势差，这些电势差反映了头皮上不同位置的容积电流（Gross，2019）。脑电技术的测量容易受到颅骨、脑膜、脊髓液等介质的影响而失真，电信号经过介质时衰减得较为严重，而脑磁技术测量的磁信号则较少受这些介质的影响，可以获得更优质的信号。另外，相比于脑电技术，脑磁技术不仅有更多的传感器，可以收集更精确的颅面信息，而且由于梯度计的存在也可以获得颅内信息，从而溯源到神经核团的水平，其对大脑的空间定位能力要强于脑电技术。

脑磁技术由于其同时兼备高时间分辨率和较高空间分辨率，可以关注在时间和空间分布上不断变化的磁信号，对振幅、频率和相位都有着更精确的测量。研究者已经发现，脑磁技术的这一特点可以回答其他脑成像技术无法解决的科学问题。例如，研究者通过脑磁技术发现了注意和神经振荡间的关系，随着注意力提高，大脑伽马节律（gamma rhythm）活动会受到抑制，而贝塔节律（beta rhythm）活动会被加强，实现了对大脑背侧注意网络（dorsal attention network，DAN）节律性信息的探索，而这是磁共振成像研究无法完成的（Siegel et al.，2008）。脑磁技术还可以为大脑振荡的神经调控提供靶位置，研究者用经颅磁刺激技术对脑磁技术发现的与工作记忆维持有关的脑区，如左顶沟（left intraparietal sulcus，LIPS）进行西塔节律（theta rtythm）的调控，发现西塔节律活动与工作记忆维持期间的记忆操作具有因果关系（Albouy et al.，2017）。可以同时定位相关的频段和脑区是兼备时空信息的脑磁技术的独特优势，这是磁共振成像（无法获得频率信息）和脑电技术（缺乏颅内信息和定位不精准）无法实现的。脑磁技术还可以对之前传统脑成像技术发现的同一个脑区的不同功能通过频段进行分离，有助于更好地对单独功能的生理机制进行探索。

西蒙兹（Symmonds）等人（2013）使用脑磁技术探究了与风险决策相关的神经活动编码问题，并且分离了风险决策中对结果的不确定性（方差）和不对称性（偏度）这两个部分。在这项研究中，参与者被要求在接受固定金额或接受赌博之间做出选择。选择赌博的结果的方差和偏度在一定范围内变化，而赌博的期望值保持不变。方差是衡量结果的不确定性的指标，即方差越大结果的不确定性越强，而偏度是衡量结果不对称的指标，其中正偏度是指偶尔回报远高于平均水平的分布（如具有高额赌款的赌博），而负偏度是指偶尔结果不佳的分布（如在常规手术中罕见的灾难性事件）。实验结果揭示，后顶叶皮层和背内侧前额叶皮质的电磁功率分别编码了风险决策中的不确定性和不对称性。以上结果表明，在决策过程中风险评估和风险预期都发挥了作用。

从上述研究可以看出，脑磁技术兼具时间分辨率和空间分辨率的优势，不仅能够捕捉瞬时的脑活动，还可以较为准确地溯源到神经核团的水平，探查大脑不同区域间信息流的耦合情况，进而从脑活动的时间和空间维度揭示风险决策等认知活动的机制。但是需要指出的是，脑磁技术高空间分辨率特性是相比于脑电技术而言的，事实上，脑磁技术的空间分辨率仍不及磁共振成像技术。因此，在一些脑磁研究中，研究者还通过磁共振成像技术采集被试高清大脑磁共振结构像数据，将被试脑磁数据与其高清大脑磁共振结构像配准进行脑溯源分析，以期获得更加精确的脑活动空间定位信息。

二、功能性近红外光谱和功能性磁共振成像技术在风险决策研究中的应用

（一）功能性近红外光谱技术原理及其在风险决策研究中的应用

功能性近红外光谱技术是一种非侵入性的光学神经成像技术，该技术将近红外光（650 ~ 950 nm）照射到头部，然后近红外光通过头皮、头骨等组织到达大脑，可以对神经元激活后大脑组织中含氧血红蛋白和脱氧血红蛋白的浓度变化进行测量。早在 1977 年，约伯斯（Jobsis）就发现红光能够穿透大约 4 mm 厚的生物组织，而近红外光可以穿过人们的头皮和头骨到达下面的脑组织。基于近红外光对皮肤和骨骼的穿透性，功能性近红外光谱技术已被用于许多不同领域，包括肌肉生理学研究和大脑皮层病理生理学的临床监测。

当受到任务刺激后，大脑组织活动增强，血液中含氧血红蛋白和脱氧血红

蛋白的比率发生变化。生理组织对光有两种反应，分别是吸收和散射。血液的主要成分，如水、含氧血红蛋白和脱氧血红蛋白等，对 600 ~ 900 nm 的近红外光的吸收非常小，具有良好的散射性。因此，600 ~ 900 nm 的近红外光也被称为光谱窗，在这个光谱窗内，760 nm 左右和 850 nm 左右的近红外光对含氧血红蛋白和脱氧血红蛋白的敏感性是不同的，760 nm 左右的近红外光对脱氧血红蛋白敏感，850 nm 左右的近红外光对含氧状态更为敏感。因而通过测定大脑活动区域脑皮层散射光的强度，就可以计算出在进行认知活动时含氧血红蛋白和脱氧血红蛋白的相对浓度的变化，从而推测与认知活动相关的脑区及各脑区之间的相互关系。

从目前使用功能性近红外光谱技术报告出来的结果可以发现，功能性近红外光谱技术具有造价较低、便携性好、无噪音、无创性和对实验过程中被试动作不是特别敏感等优点，特别适合以儿童、老年人以及特殊人群为对象的脑功能成像研究（Ehlis et al.，2008；Hoshi，2007；Izzetoglu et al.，2007）。功能性近红外光谱技术的空间分辨率要低于功能性磁共振成像技术，但是优于脑电技术；另外，功能性近红外光谱技术的时间分辨率要略高于功能性磁共振成像技术。因此，在众多的脑成像技术中，功能性近红外光谱技术在时间分辨率和空间分辨率之间实现了折中，有着比功能性磁共振成像更好的时间分辨率，比脑电技术更好的空间分辨率，能基本满足研究者对时间分辨率和空间分辨率的要求。

研究者们利用功能性近红外光谱技术展开了大量研究，通过将功能性近红外光谱技术与能够模拟真实环境中经济决策过程的实验任务范式相结合，考察人们在博弈和风险决策过程中的大脑活动，从而揭示其背后的神经机制。例如，苏尔（Suhr）和汉莫斯（Hammers）（2010）使用功能性近红外光谱技术测查了健康被试在爱荷华赌博任务中的行为表现。实验结果发现，被试在任务中的决策行为表现与额叶的激活程度有紧密关系。2014 年，霍尔波（Holper）等人结合功能性近红外光谱技术和风险决策任务探讨了风险寻求个体和风险厌恶个体在风险决策过程中的脑活动。实验结果显示，风险寻求个体和风险厌恶个体表现出不同的脑活动。具体来说，在风险决策过程中，风险寻求个体在选择高风险选项时，外侧前额叶皮层反应增强；而风险厌恶个体在选择高风险选项时，外侧前额叶皮层反应降低。库贾赫（Kujach）等人（2018）结合功能性近红外光谱技术探究了高强度间歇运动对个体执行功能的影响。在研究中，所有被试均参加高强度间歇运动和静息对照。高强度间歇运动包括两分钟的热身运动和八组 30 s 的有氧运动。被试在高强度间歇运动前后进行色词匹配 Stroop 任务。实验结果显示，相比于静息对照，高强度间歇运动后被试在色词匹配 Stroop 任务中的反应时降低，且与执行控制相关的脑区，如左背外侧前额叶皮层，激活增强。通过功能性近红外光谱技术，该研究发现，高强度间歇运动能够提高人们的执行功能。

先前的脑成像技术往往通过个体在任务中的脑活动特点来对相关认知活动的内在机制进行解释，但是对协作和联合决策等社会互动中的脑活动的变化特点却知之甚少。有研究者认为，要探讨社会互动中的脑活动特点，就需要研究者们从孤立地探究单脑活动转向在互动中同时探讨互换信息的双脑活动，探索脑间的信息是如何进行传递的，以帮助人们更好地理解真实生活中的社会互动特点（Liu，Pelowski，2014）。近年来，研究者利用功能性近红外光谱技术的灵活、轻便、低成本、无创性和对实验过程中被试的头动不是特别敏感等特点，将其用在社会互动脑机制的研究上，同时测量两人或多人脑活动，以揭示个体间社会互动的脑机制。一些研究者已经开展了相关的研究工作，并且获得了有趣的发现（李玉华 等，2018；张如倩 等，2019；程羽慧 等，2021）。例如，在模拟社会互动时，研究者常使用的一个实验任务是合作按键任务（Funane et al.，2011；Pan et al.，2017）。在该任务中，两个被试同时进行任务，要求被试双方看到线索提

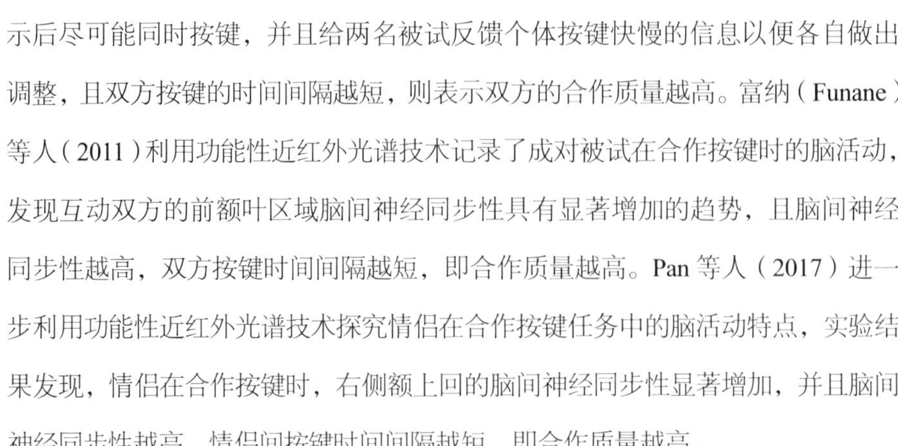

示后尽可能同时按键，并且给两名被试反馈个体按键快慢的信息以便各自做出调整，且双方按键的时间间隔越短，则表示双方的合作质量越高。富纳（Funane）等人（2011）利用功能性近红外光谱技术记录了成对被试在合作按键时的脑活动，发现互动双方的前额叶区域脑间神经同步性具有显著增加的趋势，且脑间神经同步性越高，双方按键时间间隔越短，即合作质量越高。Pan 等人（2017）进一步利用功能性近红外光谱技术探究情侣在合作按键任务中的脑活动特点，实验结果发现，情侣在合作按键时，右侧额上回的脑间神经同步性显著增加，并且脑间神经同步性越高，情侣间按键时间间隔越短，即合作质量越高。

从上述研究可以看出，功能性近红外光谱技术本身独特的优势是可以较为方便地测量两人或多人脑活动，有助于揭示探究真实情境中个体间社会互动的脑机制。社会互动脑机制的功能性近红外光谱技术研究是一个蓬勃发展的新兴领域，随着功能性近红外光谱技术在社会互动领域的不断发展和应用，在社会互动过程中人们风险决策的行为及脑机制特点将会越来越清晰。

（二）功能性磁共振成像技术原理及其在风险决策研究中的应用

磁共振成像是根据生物体内具有磁性的原子核在磁场中表现出的共振进行成像的技术，该技术可以使人们通过无损伤的方法得到活体组织和器官的诊断图像。磁共振成像经过了漫长的发展历史，它的概念是建立在质子自旋基础上的。自从发现了质子自旋，研究者们便做出了大量关于磁共振的工作。1946 年，布洛赫（Bloch）和珀塞尔（Purcell）分别观测到了磁共振现象；1971 年，达马迪安（Damadian）发现磁共振能够鉴别肿瘤，预示了磁共振在医学上的应用前景；1973 年，劳特堡（Lauterbur）成功得到了首批磁共振图像，从此打开了磁共振的新篇章。紧接着，在 1977 年，曼斯菲尔德（Mansfield）等人提出的超快速磁共振成像方法（echo planar imaging，EPI）极大地减少了成像时间，此后磁共振成像技术得到迅速发展。

功能性磁共振成像是磁共振成像最常用的模态之一，常常被用来探测人们在受到外部刺激或平静状态下（静息态）大脑的神经信号活动。自 1992 年首次被用于探究人脑功能以来，功能性磁共振成像研究开始了蓬勃发展。功能性磁共振成像技术在研究领域的广泛应用使得人类能够更直观地解读大脑激活模式、解读人脑功能，并进一步催生了融合神经影像、物理和心理等学科的认知神经科学。近二十年来，在认知神经科学领域内涌现的大量研究，为人们理解人脑提供了依据。大量关注脑功能的心理学研究成果极大地丰富了心理学的内涵，最终使人们对人本身的理解向更深层次扩展开来。

当大脑受到来自外界的刺激时（如听觉刺激或视觉刺激等），大脑中的局部神经元活动增强，进而使该部分周围区域血流量增强。另外，神经元活动的加强还引起代谢增强、能量需求增多和耗氧量增大。神经元周围血流量的增加伴随着更多的氧含量，从而导致含氧血红蛋白含量增加，使该神经元活动区域含氧和脱氧血红蛋白的比例发生变化，最终造成该区域比其他区域的磁共振成像信号更强。具体地说，大脑接收刺激之前，血管中的含氧和脱氧血红蛋白的比重处于稳定状态。当大脑接收到外部刺激后，含氧血红蛋白迅速转化为脱氧血红蛋白，脱氧血红蛋白的含量在之后 2 s 左右升到最大值。此外，由于外界的刺激，局部血流量和氧含量逐渐增大，含氧血红蛋白比重增加，在刺激大约出现 5 s 左右时达到最大值。而此时脱氧血红蛋白比重逐渐降低，在刺激出现 6 s 左右达到最低值。之后，血流量渐渐恢复正常值，含氧血红蛋白和脱氧血红蛋白的比重也恢复至初始状态。随着含氧血红蛋白比重的增多，磁共振信号增强；反之，信号就会减弱。因此根据上述含氧血红蛋白比重随时间的变化，磁共振信号大约在刺激出现 2 s 之后开始增大，6 ~ 8 s 左右达到最大值，之后逐渐下降。由于血流量快速恢复正常值，所以大概在 12 s 之后含氧血红蛋白比重会略低于刺激出现之前的初始值，所以磁共振信号也会略低于初始值，但是 18 s 之后磁共振信号逐渐恢复至初始状态。这种刺激出现之后血氧水平依赖（blood oxygenation level dependent，BOLD）信号的变化称为血液动力学响应函数（hemodynamic response function，HRF）。磁共振扫描仪捕捉到单个刺激事件后，血氧水平依赖信号变化约为 1% ~ 2%，并且在不同的刺激事件类型和不同的大脑区域之间变化很大。为了增加功能性磁共振成像研究的统计能力，对同一事件类型进行多次重复是必要的。需要注意的是，采用这种方法获得的磁共振信号其实是对神经元周围区域的测量，并非对神经元活动的直接测量。

功能性磁共振成像最大的优势在于具有较高的空间分辨率。传统的功能性磁共振成像空间分辨率为 3 ~ 6 mm，高分辨率功能性磁共振成像的空间分辨率可以达到 1 mm 左右。研究者们利用功能性磁共振成像的高空间分辨率特点，结合心理学实验任务，开展了大量研究。例如，Liu 等人（2016）在研究中利用连续风险决策范式并结合功能性磁共振成像技术，厘清了在连续风险决策任务中个体产生的后悔和欣慰两种情绪。结果发现，后悔和欣慰是两种不同的社会性情绪：后悔主要受错失机会的影响，后悔之后的行为模式更冒险，后悔程度与腹侧纹状体的激活呈现负相关；而欣慰受收益和错失机会的共同影响，欣慰之后的行为模式更保守，欣慰程度与腹侧纹状体、腹内侧前额叶和膝部前扣带回的激活呈现正相关。此外，Liu 等人（2022a）采用功能性磁共振成像技术探究网游成瘾者冒险决策行为的内在机制。结果发现，与健康对照组相比，网游成瘾组在风险决策倾向上表现得更加冒险，但是在决策质量上二者无差异。这样的结果表明，尽管网游成瘾组被试有较多的冒险行为，但他们并没有比健康对照组被试获得更多的收益。此外，在面对较多错失机会时，网游成瘾组比健康对照组有更多的后悔情绪。与此类似的是，Huang 等人（2020）也发现，与健康对照组相比，网游成瘾组被试对错失机会的情绪敏感性更强。功能性磁共振成像结果发现，与健康对照组相比，网游成瘾组在面对错失机会时，腹侧纹状体、腹侧前扣带回和前额叶区域表现出更强的激活。在之前的研究中，腹侧纹状体、腹侧前扣带回等区域作为“奖赏系统”的一部分被反复揭示（Biele et al.，2011；Haber et al.，2010）。具体来说，通过使用相同的连续风险决策任务，先前的研究观察到，与有错失机会的非最优结果相比，无错失机会的最优结果诱发了更强的腹侧纹状体、腹侧前扣带回激活。此外，Liu 等人（2022a）还观察到，在面对错失机会时，网游成瘾组表现出更强的腹侧纹状体和腹侧扣带回的功能连接。这些结果可能表明网游成瘾者的奖赏网络发生了异常（Weinstein et al.，2017）。研究结果还发现，网游成瘾组在面对错失激活时，前额叶区域的活动程度与其冒险行为呈显著正相关。也就是说，网游成瘾者对错失机会越敏感，其冒险行为越多。前额叶区域往往被认为和认知控制有关系（Tanabe et al.，2007；Kruschwitz et al.，2012；Wang et al.，2021）。该相关结果有可能表明网游成瘾个体的执行控制功能出现了异常。

通过上述研究可以看出，功能性磁共振成像技术可以精确定位与认知过程相关的脑活动，这使得研究者们能够更直观地解读大脑激活模式和人脑功能，进而从脑活动层面揭示心理和认知过程的内在机制。但是，功能性磁共振成像技术也有不可避免的缺点，即获得的脑活动信号的时间分辨率比较低。因此，有些研究者使用脑电和功能性磁共振成像联合（EEG-fMRI）的技术开展风险决策研究，结合脑电技术的高时间分辨率特点和功能性磁共振成像技术的高空间分辨率特点，更加全面地揭示风险决策的神经机制。

第三节 脑调控技术在风险决策研究中的应用

脑电、脑磁、功能性近红外光谱及功能性磁共振成像等脑成像技术可以通过非侵入的方式对个体大脑的活动程度进行测量，进而使得研究者们能够观测到活体脑的激活情况。这些脑功能技术可以帮助研究者们理解特定大脑区域的活动与认知任务之间的关系。但是借助这些技术只能说明有任务刺激时的大脑活动，也即认知过程与脑活动之间的相关关系，揭示不了认知过程和脑活动之间的因果关系。而脑调控技术通过将电刺激或磁刺激作用于个体大脑的某个区域，可以调节该区域的活动程度，进而能够观察不同大脑活动程度下的行为变化，进而帮助人们揭示认知过程和脑活动之间的因果关系。脑调控技术包括经颅电刺激技术与经颅磁刺激技术。本节将对脑调控技术的原理及其在风险决策中的应用进行简要介绍。

一、经颅电刺激技术在风险决策研究中的应用

经颅电刺激（transcranial electrical stimulation，tES）是一种非侵入性的神经刺激技术，通过借助电极，将特定的、低强度的电流作用于某个大脑区域，达到调节大脑神经活动的目的。作为一种神经调控手段，经颅电刺激可用于帮助中风等脑损伤病人的康复或抑郁症等精神疾病的治疗。针对健康成年人的研究表明，经颅电刺激能够提高个体在多种任务下的认知能力，如增强语言和数学能力、注意力、记忆力、协调能力和解决问题能力等（Gilmore et al.，2018；Clancy et al.，2021）。根据不同的电流设置，经颅电刺激又可以进一步分为经颅直流电刺激（transcranial direct current stimulation，tDCS）和经颅交流电刺激（transcranial alternating current stimulation，tACS）。一些研究者将经颅直流电刺激和经颅交流电刺激技术应用在风险决策领域，以期揭示风险决策的内在机制。

（一）经颅直流电刺激原理及其在风险决策研究中的应用

经颅直流电刺激的主要原理是它可以改变神经元的静息电位，当直流电电极的负极靠近神经细胞胞体或树突时，静息电位会升高，神经元放电减弱，产生超极化，从而抑制细胞的活性；反之，则发生去极化，从而激活细胞的活性。研究发现，阳极刺激可增加运动诱发电位的幅度，而阴极刺激则降低运动诱发

电位的幅度（Nitsche et al.， 2000）。也就是说，阳极刺激可以提高个体大脑皮层神经元的兴奋程度，而阴极刺激则可以降低个体大脑皮层神经元的兴奋程度。动物实验研究结果也表明，阳极刺激能够增加细胞的放电频率，阴极刺激则相反，即减少细胞的放电频率（Leffa et al.， 2018； Castano et al.， 2019）。研究还发现，经颅直流电刺激技术不仅能够对任务状态下个体的脑电活动进行调节，也可以调控个体静息状态下 δ（0.2 ~ 3 Hz）和 θ（3 ~ 8 Hz）等频段的脑电活动（Jáni et al.，2018）。施加经颅直流电刺激之后，往往能够观察到其后续效应，也就是说，在刺激停止之后，刺激的作用依然能够持续一段时间。研究发现，经颅直流电刺激后续效应的持续时间与刺激的电流强度、刺激的时间以及刺激的次数等因素有关系（Marcolin et al.，2007）。

在风险决策的研究中，研究者们利用经颅直流电刺激技术对个体的脑活动进行调节，进而观察其对个体风险决策行为的影响。在风险决策过程中，人们常常需要对决策的风险和收益进行权衡，这个过程涉及较为复杂的神经网络，该神经网络包含的脑区有背外侧前额叶皮层、眶额叶皮层、腹内侧前额叶皮层等（Russo et al.，2017；Yu et al.，2021；Peters，Büchel，2011；Galandra et al.，2018）。大量的研究发现，通过经颅直流电刺激技术刺激上述脑区可以显著地调节个体在风险决策任务中的行为（Fecteau et al.，2007；Gilmore et al.，2018；Leon et al.，2020）。例如，一些研究者通过经颅直流电刺激技术对背外侧前额叶皮层进行刺激，来揭示该区域在决策过程中所发挥的作用。费克图（Fecteau）和同事（2007）结合气球模拟风险任务和经颅直流电刺激技术，设置了两个实验探究背外侧前额叶皮层在个体风险决策行为中的作用。在实验 1 中，对被试双侧的背外侧前额叶皮层施加刺激，被试共分为三组：第一组施加右侧阳极 / 左侧阴极刺激，第二组施加右侧阴极 / 左侧阳极刺激，第三组接受虚假刺激（即安慰剂对照组）。在实验 2 中，对被试单侧的背外侧前额叶皮层进行刺激，被试被分为两组：一组接受左侧阳极刺激，一组接受右侧阳极刺激。两项实验都在双盲模式下进行。实验结果发现，相比于安慰剂对照组即虚假刺激组，两个双侧刺激组（右阳极 / 左阴极刺激组和左阳极 / 右阴极刺激组）的被试给气球打气的次数明显减少，即冒险行为降低；而两个单侧刺激组中的被试给气球打气的次数均与虚假刺激组无显著差异。基于该结果，费克图和同事（2007）认为，只有同时作用于背外侧前额叶皮层一侧兴奋效应（阳极刺激）、对侧抑制效应（阴极刺激）时，才能对被试的冒险行为进行调控，仅仅对单侧背外侧前额叶皮层进行刺激不会对被试的冒险行为产生调节。后续的一些研究也进一步验证了该结论。例如，拉索（Russo）等人（2017）采用了 117 人的大样本研究，在研究中结合经颅直流电刺激技术和气球模拟风险任务，探究了背外侧前额叶皮层对个体风险决策行为的调控。该研究与费克图等人（2007）的实验过程一样，分为两个实验，在实验 1 中，被试接受双盲双侧刺激背外侧前额叶皮层；在实验 2 中，被试接受双盲单侧刺激背外侧前额叶皮层。结果发现，接受右侧阴极 / 左侧阳极背外侧前额叶皮层刺激的被试在风险决策过程中，更容易产生冒险行为；而接受单侧背外侧前额叶皮层脑区刺激被试的决策行为与虚假刺激相比无显著差异。上述研究均说明，同时对双侧背外侧前额叶皮层施加刺激才能对个体的风险决策行为产生影响。

除了对背外侧前额叶皮层施加经颅直流电刺激，一些风险决策研究还探讨了对眶额叶皮层活动程度的调节（León et al.，2020；Yu et al.，2021）。例如，里昂（León）等人（2020）在研究中采用爱荷华赌博任务，通过对眶额叶皮层施加经颅直流电刺激，探讨其对不同性别个体风险决策行为的影响。实验分为两个阶段，在第一阶段中，男性和女性被试均完成爱荷华赌博任务，并将被试在任务中的决策行为作为基线状态；在第二阶段中，男性和女性被试在接受 20 分钟的经颅直流电刺激后完成爱荷华赌博任务，其中一半男性被试和一半女性被试接受施加在右侧眶额叶皮层的真实刺激，而另一半被试接受施加在右侧眶额叶皮层的虚假刺激。实验结果发现，在第一阶段的基线状态中，男性被试在爱荷华赌博任务中的冒险行为显著高于女性被试。在施加经颅直流电刺激后的第二阶段中，经颅直流电刺激对不同性别个体冒险行为的影响不同。具体来说，经颅直流电刺激减少了女性被试在爱荷华赌博任务中的冒险行为，而在男性被试中没有产生任何效果。这一结果说明，经颅直流电刺激对个体风险决策行为的调节受到了性别因素的影响。研究还发现，通过经颅直流电刺激来调节眶额叶皮层的活动，能够影响个体由风险决策诱发情绪的强度。例如，Yu 等人（2021）通过使用经颅直流电刺激调节眶额叶皮层的活动来探讨个体风险决策所诱发的后悔情绪的变化。在实验中，被试分为两组，其中一组被试接受施加在双侧眶额叶皮层的真实经颅直流电刺激（左阳极 / 右阴极），另一组被试接受施加在双侧眶额叶皮层的虚假刺激。在刺激结束后，被试完成幸运转盘任务。在任务中，被试首先会看到两个转盘，每个转盘都有两种颜色，每种颜色代表不同的数值，颜色的多少代表获得相应数值概率的大小。被试需要在两个转盘中选择一个，在做出选择后，被试不仅能看到已选转盘的结果，还能看到未选转盘的结果。实验结果发现，如果被试所选转盘的收益比未选转盘的收益差，则被试会体验到后悔情绪；此外，相比于虚假刺激组的被试，左阳极 / 右阴极刺激组的被试在看到自己所选转盘的收益比未选转盘的收益差时，后悔程度更弱。该结果表明，调节眶额叶皮层的活动能显著影响风险决策所诱发的后悔情绪。从上述结果可以看出，对眶额叶皮层施加经颅直流电刺激，不仅能调节被试后续的风险决策行为，还能调节风险决策所诱发的情绪反应。

也有研究者通过经颅直流电刺激调节腹内侧前额叶皮层的活动程度，来探究腹内侧前额叶皮层在个体风险决策过程中的作用（Peters，Büchel，2011；

Kable，2010）。例如，曼纽尔（Manuel）等人（2019）在研究中，根据对腹内侧前额叶皮层经颅直流电刺激的不同，将被试分为阳极刺激组、阴极刺激组和虚假刺激组。研究者通过图片来诱发被试的积极情绪状态、消极情绪状态和中性情绪状态，使被试在不同情绪状态下完成延迟折扣任务，即在即时的低程度奖励和有时间延迟的高程度奖励之间做选择，奖赏程度分为高、中、低三种，不同程度的奖赏所对应的延迟时间也不同。在延迟折扣任务中，被试越偏好价值较小的即时奖赏，说明其延迟满足的能力越低，即冲动性越强。实验结果发现，在低奖赏条件下，阴极经颅直流电刺激之后，即抑制腹内侧前额叶皮层的活动，被试在积极情绪状态下的冲动性增加；在高奖赏条件下，阳极经颅直流电刺激之后，即增强腹内侧前额叶皮层的活动，被试在中性条件下的冲动性更低。该研究结果表明，在低奖赏条件下，腹内侧前额叶皮层能够显著地整合奖赏和情绪；而在高奖赏条件下，被试需要更加谨慎地考虑自己的行为，也就是说，需要更高的认知控制时，腹内侧前额叶皮层似乎对于整合奖赏和情绪参与较少。该研究可以帮助人们在行为和神经层面了解经颅直流电刺激是如何通过整合奖赏和情绪来影响个体决策的，有助于在生活中探索减少冲动行为的干预措施。

（二）经颅交流电刺激原理及其在风险决策研究中的应用

相比于直流电刺激，交流电刺激研究的历史相对较短，交流电刺激中比较常用的是经颅交流电刺激。经颅交流电刺激与经颅直流电刺激具有相同的零件构成和内部设置，但在通过头皮传送的电流波形方面有所不同，经颅交流电刺激传递的波形是正弦波，而经颅直流电刺激不是。此外，相比于经颅直流电刺激，经颅交流电刺激的一个优势在于可以根据实验需求提供不同频率范围的振荡电流。正因如此，经颅交流电刺激是近年来备受学术界重视的一种非侵入性的脑刺激方法，它将低强度的正弦电流传送到头皮上，以调节靶点脑区的活动，特别是能够调节靶点脑区的活动频率，使靶点脑区的活动频率与施加的交流电的频率相一致。

参与特定认知过程的大脑皮层区域的振荡活动对应着从 θ 到 γ（3 ~ 80 Hz）不同频率的波段（Varela et al.，2001）。先前的研究表明，经颅交流电刺激可以通过以频率相关的方式，有效调节负责不同认知功能的大脑区域的活动（Thut， Miniussi，2009；Feurra et al.，2011a；Feurra et al.，2011b）。例如，克兰西（Clancy）等人（2021）利用经颅交流电刺激技术发现，α 振荡可以对个体默认网络（default mode network，DMN）的内部连接性产生影响。默认网络是被研究得最多的脑功能网络之一，对于支持高级心理能力（如意识、社会认知、自我参照等）都有作用，它的失调会引起各种精神疾病。8 ~ 12 Hz 的 α 振荡被认为和默认网络的功能有关（Mo et al.，2013；Samogin et al.，2019；Scheeringa et al.，2012）。基于此，克兰西等人（2021）在研究中，利用经颅交流电刺激技术对个体顶枕部施加 α 频段的刺激，用来增强内源性 α 的振荡，然后同步采用联合脑电和功能性磁共振成像技术的方法来测量不同经颅交流电刺激条件（真刺激和虚假刺激）前后 α 振荡的能量变化和默认网络连接性的变化。脑电结果发现，相比于虚假刺激组，经颅交流电刺激组的被试在接受刺激之后，右侧后部脑区 α 振荡能量提高；除此之外，功能性磁共振成像结果还发现，施加 α 频率的经颅交流电刺激有效提高了默认网络内部节点间的功能连接强度。该结果表明，α 振荡可以对个体的默认网络内部连接性产生影响，也就是说，利用 α 振荡的神经刺激干预或许可以成为治疗由默认网络功能紊乱引起的精神疾病的潜在手段。但是，目前利用 α 频段的经颅交流电刺激来研究个体风险决策行为的研究少之又少，用的更多的神经刺激频段其实是 4 ~ 8 Hz 的 θ 频段。

在先前的研究中，希拉（Sela）等人（2012）使用经颅交流电刺激对前额叶施加 6.5 Hz 的刺激，来诱发前额叶的 θ 振荡，以此探究前额叶 θ 振荡与个体决策行为的关系。在研究中，被试完成气球模拟风险任务。在这项任务中，被试在不知道气球何时会爆炸的情况下给气球充气。充气次数越多，累积的分数就越多，同时因气球爆炸而失去分数的风险也会增加。因此，被试不得不决定是采取冒险行为即继续充气，还是使用更保守的策略即停止充气。在被试进行气球模拟风险任务的过程中给其持续施加6.5 Hz的经颅交流电刺激。根据刺激的不同，研究者将被试分为三组：一组被试接受左侧前额叶皮层的刺激，一组接受右侧前额叶皮层的刺激，另一组接受虚假刺激。实验结果发现，相比于接受右侧前额叶皮层刺激和虚假刺激的被试，接受左侧前额叶皮层刺激的被试在任务中给气球充气的次数更多，也就是说决策行为更加冒险。该研究表明，左侧前额叶皮层的 θ 振荡在个体的风险决策行为中发挥关键作用。然而，该实验设计限制了对结果的进一步解释，因为作者只应用了一种刺激频率。因此，无法回答经颅交流电刺激对决策影响的频率特异性问题（Thut，Miniussi，2009）。雅普尔（Yaple）等人（2017）的研究结果就对这一问题进行了回答。在研究中，雅普尔等人（2017）通过经颅交流电刺激技术在实验的不同组块给被试的额叶区域施加不同频率的刺激，这些频率包括 5 Hz（θ 频段）、10 Hz（α 频段）、20 Hz（β 频段）、40 Hz（γ 频段）以及虚假的刺激，探究不同频率的振荡对个体风险决策行为和执行控制的影响。刺激频率是被试内因素，不同实验组块随机分配不同的刺激频段。被试被分为左侧额叶区接受刺激组和右侧额叶区接受刺激组。两组被试在实验中均需要执行一项风险决策任务，在任务的每一试次中，被试需要在有固定较少收益但无风险的选项和有较高收益但伴随一定风险的选项之间进行选择。实验结果显示，与虚假刺激条件相比，对左侧前额叶区域施加 20 Hz（β 频段）的经颅交流电刺激后，被试更倾向于选择有较高收益但伴随一定风险的选项，即冒险行为增加；然而，被试的风险决策行为在其他频段的经颅交流电刺激与虚假刺激之间无显著差异。该结果发现，只有额叶的 β 振荡会对被试的风险决策行为产生影响。

虽然，有研究探讨了经颅交流电刺激对个体风险决策行为的影响，但是相比于经颅直流电刺激的研究，经颅交流电刺激的研究还相对较少，且研究结果存在不一致的情况。因此，现阶段对经颅交流电刺激影响决策行为的内在机制的可靠性解释也较少，后续需要开展更多的实验研究来探讨经颅交流电刺激对决策行为的影响，以厘清其内在机制。

二、经颅磁刺激技术在风险决策研究中的应用

经颅磁刺激技术（transcranial magnetic stimulation， TMS）是一种无痛、无创的绿色治疗方法，磁信号可以无衰减地透过颅骨而刺激到大脑神经，实际应用中并不局限于大脑的刺激，同样也可以对外周神经肌肉刺激，因此，又将它称为“磁刺激”。

经颅磁刺激技术是在高压大容量的电容上充电，再通过晶闸管触发开关放电，在很短的时间内，刺激线圈就会通过数千安培的电流，由法拉第（Faraday）电磁感应定律可知，在线圈周围会产生一个脉冲磁场。由于磁场在通过颅骨、头皮等高阻抗组织的时候，强度不会衰减，因此，不会影响大脑皮质中产生的反向感应电流。反向感应电流的产生，改变了细胞的膜电位，当感应电流强度超过神经组织的兴奋阈值时，就会引起局部的大脑神经细胞产生去极化，引起兴奋性的动作电位，从而诱发一系列的生理变化。经颅磁刺激技术是一种大脑皮质神经的无创性刺激技术，其本质是一种颅内的感应电刺激。经颅磁刺激技术不使用电极，因此不用直接通过电极接触人体，相对电刺激是一项操作较为简便的技术（图 2-8）。根据经颅磁刺激技术刺激脉冲不同，经颅磁刺激技术有三种刺激模式：单脉冲经颅磁刺激技术（single pulse transcranial magnetic stimulation，sTMS）、双脉冲经颅磁刺激技术（paired transcranial magnetic stimulation，pTMS）以及重复性经颅磁刺激技术（repetitive transcranial magnetic stimulation，rTMS）。单脉冲经颅磁刺激技术由手动控制无节律脉冲输出，可以激发多个刺激，但是刺激间隔较长（如 10 s），多用于常规电生理检查。双脉冲经颅磁刺激技术以极短的间隔在同一个刺激部位连续给予两个不同强度的刺激，或者在两个不同的部位应用两个刺激仪（又称作 double-coil TMS，dTMS），多用于研究神经的易化和抑制作用。重复性经颅磁刺激技术分为高频和低频两种，即需要设备在同一个刺激部位给出慢节律低频或快节律高频的重复性经颅磁刺激技术。高频率、高强度重复性经颅磁刺激技术，可以导致刺激部位神经异常兴奋；而低频率刺激的作用则相反。

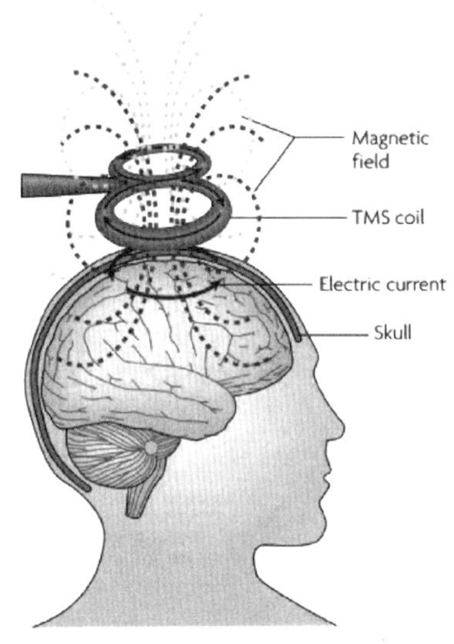

Magnetic field—磁场；TMS coil—经颅磁刺激线圈；Electric current—电流；Skull—颅骨。

图 2-8　经颅磁刺激示意图

（资料来源：“Is there a future for therapeutic use of transcranial magnetic stimulation?”）

经颅磁刺激技术通过刺激大脑皮层，从而使局部神经及其神经网络系统兴奋，甚至影响神经递质、激素分泌等，以此达到调节大脑功能的目的。大脑内存在着非常复杂的神经网络，神经元细胞就是其中最基本的结构和功能单位。神经元细胞在未接收到刺激时，细胞膜内外两侧的电位差称为静息电位，静息电位是一个内负外正的状态。当神经元细胞接收到一个小强度的刺激时，细胞膜上的钠离子通道部分开放，膜外的钠离子内流发生去极化现象，或者细胞膜上的氯离子通道部分开放，使膜内的氯离子外流发生超极化现象，基于此产生的电位变化，称为局部电位。局部电位的大小与刺激强度和刺激时间有关，当局部电位达到神经元细胞的阈电位水平时，就可以理解为在静息电位的基础上发生的快速、可逆、可传播的细胞膜两侧的电位波动，被称为动作电位。动作电位就是神经元兴奋和活动的标志。神经元细胞会将动作电位的电信号传递到突触前膜，前膜释放化学分子再与突触后膜的受体结合，从而实现神经元之间膜电位信号的传递。

目前，经颅磁刺激技术已经得到了广泛的使用，常被用来治疗脑疾病或抑郁症、焦虑症等精神障碍疾病。除此之外，经颅磁刺激还被用来改善人们的认知功能。例如，经颅磁刺激技术可对内隐知识的外显化研究提供因果证据，利用神经调控技术，对个体的神经活动进行调节时，会对其学习或记忆活动产生促进或抑制。《科学》上的研究发现，当使用重复性经颅磁刺激技术刺激右侧楔前叶后，参与者会激活之前处于潜伏状态的记忆信息（Rose et al.，2016）；随后，《神经元》（Neuron）上一项研究也发现，当使用重复性经颅磁刺激技术调节被试大脑特定频率的神经活动后，他们在加工音阶的变化上会有更好的成绩，该结果说明调节个体的神经活动会对其学习过程产生影响（Albouy et al.，2017）。近期《自然－神经科学》（Nature neuroscience）上的研究发现，对老年人的前额叶和颞叶的神经活动进行调节后，老年人的记忆表现会得到提升，其衰退的记忆和认知功能得到恢复，可接近健康成年人的记忆水平（Reinhart，Nguyen，2019）。以上结果共同说明了重复性经颅磁刺激技术可直接调节人类学习或记忆的表现，为揭示学习和记忆活动背后神经活动机制提供了有力的因

果证据。

除了学习和记忆等认知功能，研究还发现经颅磁刺激技术可以调整人们的风险决策行为。在经颅直流电刺激的部分我们提到，背外侧前额叶皮层在风险决策中发挥着重要的作用。这一观点在经颅磁刺激技术的研究中也多有体现。研究者常选取背外侧前额叶皮层作为经颅磁刺激技术的靶点区域。例如，诺克（Knoch）等人（2006）在研究中，通过重复性经颅磁刺激技术对被试的背外侧前额叶皮层进行刺激，根据刺激方式的不同，将被试分为三组。这三组被试分别接受抑制左侧背外侧前额叶皮层活动的刺激、抑制右侧背外侧前额叶皮层活动的刺激和虚假刺激。在接受刺激后，三组被试均完成剑桥赌博任务。实验结果发现，相比于虚假刺激组，接受抑制右侧背外侧前额叶皮层活动刺激组的被试更倾向于选择高风险的选项；而接受抑制左侧背外侧前额叶皮层活动刺激组的被试，在任务中的风险决策倾向与虚假刺激组没有显著差异。该结果表明，在剑桥赌博任务中，右侧背外侧前额叶皮层对被试的风险决策行为起着调控作用，右侧背外侧前额叶皮层活动越弱，被试冒险程度越高。除背外侧前额叶皮层区域外，研究者们认为角回（angular gyrus，AG）是视觉空间注意的关键区域（Studer et al.，2014；Brunyé，2020），它可能通过影响参与者在风险决策中对注意信息的加工而帮助参与者完成决策。例如，斯图德（Studer）等人（2014）在研究中对角回施加重复性经颅磁刺激，来探讨个体风险决策行为的变化。根据重复性经颅磁刺激的不同，研究者将被试分为三组。其中，一组对角回施加20 min 的 5 Hz（兴奋性增强）刺激，一组对运动前区皮层（premotor cortex，PMC）施加 20 min 的 5 Hz（兴奋性增强）刺激，另外一组施加 20 min 的虚假刺激。在刺激之后，三组被试都完成转盘赌博任务（roulette betting task）。在任务中，给被试呈现一个圆盘，该圆盘被分为 10 个面积相同的小扇形，每个小扇形的颜色为绿色或红色，绿色代表收益，红色代表损失。其中，绿色扇形和红色扇形的比率，即收益与损失的比率，有 4 ： 6、5 ： 5、6 ： 4 等情况。在每一试次中，被试需要从 10 点数、50 点数和 90 点数中选择一个进行下注。下注后，圆盘开始转动，转动停止后，指针会停在圆盘上的绿色或红色区域。若指针停在绿色部分，则被试得到所下赌注的点数；若指针停在红色部分，则被试损失所下赌注的点数。研究者将任务的呈现方式分为两种，一种用视觉方式呈现（视觉实验），一种用听觉方式呈现（听觉实验）。研究者主要关注被试在决策时的潜伏期，即从刺激出现到做出决策的间隔时间。实验结果发现，在视觉实验中，三种刺激组被试决策的潜伏期有显著差异，具体表现在，当面对收益和损失比率为 5 ： 5 的情况时，角回刺激组被试在决策时的潜伏期显著短于运动前区皮质组和假刺激组。然而，在听觉实验中，三组被试在决策时的潜伏期没有显著差异。该结果表明，在收益和损失概率相等时，角回在风险决策过程中发挥关键作用，角回的活动增强后，个体进行风险决策时信息加工更快，该效应仅在视觉实验中被发现。这一结果有可能说明角回在对风险决策发生作用时，是通过视觉相关信息完成的。

目前，通过经颅磁刺激技术来对个体风险决策行为进行调节的研究相对较少，研究者主要关注的是经颅磁刺激前后或不同刺激条件之间被试风险决策行为上的差异，较少探测经颅磁刺激对大脑神经节律的量化改变。目前，在学习与记忆等领域的研究中，研究者常常联合多模态的脑测量和神经调控技术，即在经颅磁刺激施加时同步使用脑电技术，可以客观、量化地记录脑调控对心理活动背后的神经振荡及耦合的调节效果，揭示行为与脑区活动之间的因果作用机制（Downar，2019；Zibman et al.，2019）。例如，兹布曼（Zibman）等人（2019）在研究中要求被试进行一项情绪感知任务，其间采用经颅磁刺激技术干预了被试左右大脑半球额叶的神经活动节律一致性，并同时记录了被试的脑电信号，以探究双侧前额叶皮层与情绪活动变化是否存在因果关系，结果揭示了前额叶

皮质 α 波的神经振荡对情绪加工产生影响的机制。因此，在后续关于风险决策的经颅磁刺激研究中，可以采用上述联合脑电和经颅磁刺激技术，不仅对个体决策行为的变化进行测量，而且对被试大脑神经节律的变化进行记录，通过结合风险决策行为和大脑神经节律的变化特点及两者关系，较为全面地对风险决策的内在机制进行探讨。

第三章 风险决策的影响因素研究

期望价值理论等传统经济学理论模型认为，人们在决策过程中是理性的“经济人”，总是以收益最大化作为风险决策的目标。然而，这种“经济人”假设并不能解释人们在现实生活中的诸多风险决策行为。卡尼曼及其合作者的一系列研究发现，人们在决策过程中是有限理性的，决策行为会受诸多因素的影响。自此，掀起了风险决策影响因素研究的热潮。大量的实证研究发现，风险决策行为与个体的激素水平、人格特质及情境等诸多因素均有关系。本章将对这些因素如何影响人们的风险决策进行介绍。

第一节　激素水平对风险决策的影响研究

激素，希腊文原意为“奋起活动”，它对机体的代谢、生长、发育、繁殖等起着重要的调节作用。激素参与了生物体的很多生命活动，是帮助生物体获得更多资源、配偶和社会地位的一种化学信息物质（Durante，Griskevicius，2016）。到目前为止，已经有相当多的研究证明，激素与生物体的风险决策行为有关（Orsini et al.，2016；2021）。甚至有研究者认为，激素塑造了生物体的选择行为，这些选择行为影响着生物体如何竞争和获得关键资源（Stenstrom，Saad，2011；Sundie et al.，2011）。例如，在一项风险决策任务（risky decision-making task，RDT）中，研究者让老鼠在低食物奖励但安全的选项和高食物奖励但有被电击风险的选项之间做选择。结果发现，相比于雄性激素较高的雄鼠，雌性激素较高的雌鼠更倾向于选择低食物奖励但安全的选项，表现出对风险的厌恶（Orsini et al.，2016）。除了动物实验之外，研究者们也在人类被试中开展了大量实验来探究激素与风险决策的关系，研究中常常用到的激素有雄性激素和雌性激素，接下来将对一些探究雄性和雌性激素水平对风险决策影响的研究及相关发现进行介绍。

一、雄性激素对风险决策的影响

睾丸激素（即睾酮）是雄性激素的一种。根据生物体激素的来源，睾酮可分为内源性睾酮和外源性睾酮两种。在睾酮的相关研究中，内源性激素水平的测量分为两种。一种是测量个体的产前睾酮暴露水平，即在个体发育的早期，母亲体内的雄性激素水平。研究者常使用第二根（2D）和第四根（4D）手指的长度比例，即 2D ： 4D，作为产前睾酮水平的标志，个体 2D ： 4D 比值越低，其产前睾酮激素暴露水平越高（Stenstrom，Saad，2011；Garbarino et al.，2011）。另一种则是直接测量个体体内的睾酮水平，主要是通过采集唾液等方式获取的。

研究者认为，产前暴露于睾酮环境下的雄性激素化会影响个体大脑的组织和未来的性别特异性行为（Archer，2006；Breedlove，Hampson，2002），这一影响也被称为睾酮的组织效应（organizational effect）（Arnold，Breedlove，1985）。组织效应的主要假设是，在产前发育期间暴露于较高水平的雄性激素环境中，会导致个体在以后生活中有更多的经济风险行为（Stenstrom，Saad，2011）。与通过唾液等方式测量到的睾酮含量对个体经济风险行为的影响相比，产前睾酮水平即 2D ：4D 比值与经济风险行为之间不仅仅存在相关关系，还有非常明确的因果关系，因为 2D ：4D 比值在出生前就已经是固定了的（Mcintyre et al.，2005）。但是，目前关于产前睾酮水平和个体风险决策行为之间的关系还存在着一些不一致的发现。例如，加尔巴里诺（Garbarino）等人（2011）在一项涉及财务风险的决策任务中，探讨了个体产前睾酮水平即 2D ：4D 比值与风险承担之间的关系，实验结果发现，产前睾酮水平较高即 2D ：4D 比值较低的男性被试和女性被试，都倾向于做出风险更高的选择。也有研究发现，个体产前睾酮水平与其风险偏好之间没有关系（Apicella et al.，2008；Drichoutis，Nayga，2015）。例如，阿皮切拉（Apicella）等人（2008）在研究中对被试的产前睾酮水平即 2D ：4D 比值进行测量，之后让被试在有风险但高回报的投资及无风险但低回报的投资之间进行选择，结果发现，被试产前睾酮水平即 2D ：4D 比值与其风险决策行为之间没有显著相关。德里丘提斯（Drichoutis）和纳伊加（Nayga）（2015）同样在研究中对被试的产前睾酮水平进行测量，根据 2D ：4D 的大小将被试分为产前睾酮水平高组、中组和低组。之后三组被试均完成延迟折扣任务，在任务中，被试需要在现在得到一小笔钱和未来一段时间后得到一大笔钱之间做出选择。实验结果发现，这三组被试在延迟折扣任务中的决策表现没有任何显著的差异，这一结果表明产前睾酮水平与决策行为可能没有关系。综上，一些研究发现个体产前睾酮水平与其风险决策之间有关系，而一些研究则发现没有，因此在产前睾酮水平对风险决策行为的影响上还存在着不一致的结论。

也有研究对个体体内的睾酮浓度进行测量，探究内源性睾酮浓度和风险决策之间的关系（Apicella et al.，2008；Stanton et al.，2011）。一部分学者发现，内源性睾酮浓度与个体的风险决策有关（Apicella et al.，2008；Stanton et al.，2011；Coates，Herbert，2008）。例如，斯坦顿等人（2011）使用爱荷华赌博任务探索个体内源性睾酮水平与其风险决策行为的关系。在研究中，被试的内源性睾酮浓度是通过唾液来测量的。根据内源性睾酮浓度，研究者将被试分为高睾酮浓度组与低睾酮浓度组，两组被试均完成爱荷华赌博任务。实验任务分为 5 个组块，对每个组块中被试从有利牌组中选择的次数进行统计。之后进行 2（睾酮浓度：高和低）×5（实验组块：组块 1 ～组块 5）的重复测量方差分析。实验结果发现，相比于高睾酮浓度组的被试，低睾酮浓度组的被试选择更多的有利牌组，即冒险程度更低。此外，结果还发现，组块与睾酮水平的交互作用显著，进一步的分析发现，在第一个组块中睾酮高低组的被试在选择有利牌组的次数上没有差异，但随着实验的进行，低睾酮浓度个体和高睾酮浓度个体选择有利牌组的次数的差异逐渐变大。随后，研究者又将被试分为男性和女性两组分别进行数据分析，结果发现，不论是男性组，还是女性组，睾酮浓度对被试选择有利牌组次数的影响模式都相同，即低睾酮浓度个体比高睾酮浓度个体选择更多的有利牌组。斯坦顿等人（2011b）使用一项经济风险决策任务也发现了相似的结果。但是，一些研究者发现了内源性睾酮水平对个体风险决策行为的零效应（Derntl et al.，2014）。例如，德恩特尔（Derntl）等人（2014）在研究中使用了一系列与风险相关的实验任务，如气球模拟风险任务、剑桥赌博任务、骰子游戏任务以及黑格勒风险博弈任务，来探究内源性睾酮水平与风险决策行为之间的关系。在该研究中，被试睾酮浓度也是通过唾液测量的。实验结果发现，睾酮浓度与被试在上述所有任务中的风险决策行为表现没有显著相关。一些研究还关注由社会情境或身体行为等引起的睾酮水平变化，这些睾酮水平变化反过来也会影响个体的决策行为（Carney et al.，2010；Apicella，2014）。例如，卡尼（Carney）等人（2010）做了一项有趣的研究，在研究中让男性被试和女性被试短暂地摆出强势或顺从的姿势，然后完成爱荷华赌博任务。在任务前后，研究者采用唾液取样测量被试们的睾酮浓度。实验结果显示，摆出强势姿势的个体，睾酮浓度显著增高，但是摆出顺从姿势个体的睾酮浓度发生了显著下降。研究者将被试在爱荷华赌博任务中选择不利牌组的次数作为因变量进行分析。实验结果发现，相比于顺从姿势条件，在强势姿势条件下被试选择不利牌组的次数更多，即冒险程度更高。该结果表明，睾酮可以增强个体在风险决策任务中的冒险程度。

除了关注内源性睾酮含量，研究者们还探究了外源性睾酮对个体风险决策行为的影响。例如，古德里安（Goudriaan）等人（2010）发现睾酮水平较高个体在风险决策过程中的冒险程度较低。在该研究中，古德里安及合作者给被试注射芳香化酶抑制剂，该药物能够提高血液中的雄性激素水平。结果发现，被试雄性激素提高后，其在气球模拟风险任务中的冒险程度增高。此外，还有些研究者发现睾酮水平对个体的风险决策行为无影响。例如，泽特拉乌斯（Zethraeus）等人（2009）采用被试间设计，招募了一批绝经后的女性被试，将她们分为三组，分别给三组被试服用睾酮、雌二醇或安慰剂。研究者使用多种风险经济决策任务来测试被试的风险决策行为，结果发现三组被试在风险决策行为上没有任何显著差异。除此之外，Wu 等人（2016）设计了一项双盲安慰剂对照实验，来探究睾酮水平对健康女性在风险决策过程中的冒险行为的影响。研究者通过舌下给药的方式让被试服用睾酮，同时也设置了安慰剂条件。研究者通过赌博任务测量被试的冒险行为。实验结果发现，被试在睾酮给药条件和安慰剂条件中的冒险行为无显著差异。上述研究表明，外源性睾酮与个体风险决策之间的关系也没有一致性的发现。

从上述研究可以看出，无论是内源性睾酮还是外源性睾酮，其对个体风险决策的影响都存在不一致的结果。第一，这些不一致的结果可能在于研究中的被试性别、风险决策任务、样本量、给药量等方面的差异。例如，一些研究招募男性参与者（Apicella et al.，2008），一些研究招募女性参与者（van Honk et al.，2004），还有一些研究同时招募了男性和女性参与者（Stanton et al.，2011），男性和女性在风险决策上的差异是很大的，这有可能是导致结果不一致的一个原因。第二，“风险决策”这一笼统的术语，有可能掩盖了由不同实验任务衡量的具体风险决策行为成分的差异，如损失厌恶、风险规避等关注的是决策行为的不同方面，因此，实验任务的不同可能是另外一个导致结果不一致的原因。第三，研究中所使用的样本量的差异很大，从几十名参与者到几百名参与者均有，样本量的不同也可能会导致实验结果的不同（van Honk et al.，2004）。第四，在通过外源性睾酮给药的研究中，研究者们使用了不同剂量的睾酮，并且睾酮给药和行为任务测试之间存在不同的时间延迟，这些实验操作上的细微差异可能也会导致实验结果的不一致。第五，这些研究在所采用的实验任务中设置的奖励金额是不同的，有些研究设置了相对较小的金额，而有些设置了相对较高的金额；研究发现，当赌博的金额很小时，人们经常改变他们的风险偏好，会比当赌博的金额更大时采取更多的冒险行为（刘思佳，2021）。因此，研究结果缺乏一致性在很大程度上是由于研究中的被试性别、风险决策任务、样本量、给药量等方面的差异造成的（Apicella et al.，2015）。

二、雌性激素对风险决策的影响

除了雄性激素以外，雌性激素也在个体的风险决策过程中发挥着重要作用。目前，有关雌性激素与风险决策关系的研究大多集中于雌二醇及黄体酮上。例如，乌班（Uban）等人（2012）使用了一项努力折扣任务探究了雌二醇对成年雌性大鼠决策行为的影响。研究者设置了卵巢切除组（雌二醇含量较低）和雌二醇注射组（雌二醇含量较高）。在这项任务中，雌性大鼠可以通过触碰杠杆 1 次而获得两个食丸奖励（低努力杠杆），也可以通过触碰杠杆 2、5、10 或 20 次从而获得四个食丸奖励（高努力杠杆）。研究结果发现，卵巢切除增加了雌性大鼠选择高努力杠杆的次数，而注射了雌二醇的大鼠选择高努力杠杆的次数显著减少。该结果表明，雌二醇的含量可以调节雌性大鼠的决策行为（Uban et al.，2012）。奥西尼（Orsini）等人（2021）利用风险决策任务也发现了雌二醇对大鼠决策行为的影响，即雌二醇对大鼠的风险厌恶有促进作用。但是，伊斯拉斯 - 普雷西亚多（Islas-Preciado）等人（2020）在研究中使用概率折扣任务（probability discounting task，PDT）发现了不一致的结果。在该研究中，大鼠可以通过触碰杠杆从而得到奖励或惩罚，但不同大小的奖励和惩罚伴随着不同的概率。研究者将雌性大鼠分为卵巢切除组和假手术组（即卵巢没有被切除），卵巢切除组雌二醇含量较低，假手术组雌二醇含量较高。实验结果发现，卵巢切除组和假手术组的雌性大鼠在概率折扣任务中的行为表现没有任何显著差异，即雌二醇对雌性大鼠的风险决策行为没有影响。这一结果与奥西尼等人（2021）的结果不一致，分析其原因可能是由于任务的不同产生的。目前，关于雌性激素对动物决策行为影响的研究相对较少，且现存的研究结果也出现了不一致的情况。

相比于动物被试，针对人类被试开展的雌性激素与风险决策关系的研究就相对较多了。雌性激素的测量方式有两种，一种是通过唾液直接测量，另一种则是依靠月经周期来判定激素的水平高低（Gavrilov，Lindau，2009）。德恩特尔等人（2014）采用了黑格勒的风险游戏（Haegler's risk game，HRG）探究雌性激素浓度对女性决策的影响。实验招募了 71 名健康女性，考虑到女性的月经周期以及口服避孕药会影响体内的激素水平，因此研究者将被试分为三组：卵泡组、黄体组以及口服避孕药组，每组被试的雌性激素浓度通过唾液测量得到。在黑格勒的风险游戏中，被试被告知他们会看到数值未知的扑克牌，每张扑克牌的数值从 1 到 10。在看到第一张扑克牌后，被试必须决定第二张扑克牌的数值是大于还是小于第一张。随后被试按键做出选择，选择完之后，游戏界面将会呈现第二张扑克牌，并告知被试结果是赢还是输。如果被试的选择是正确的，将获得奖励积分；如果选择是错误的，将失去本轮游戏的积分。研究者将该游戏分为高风险和低风险两种情境：如果被试在第一张扑克牌为 6、7、8 或 9 时选择第二张扑克牌大于第一张，或者如果在第一张扑克牌为 2、3、4 或 5 时选择第二张扑克牌小于第一张，则被认为是高风险情境，否则为低风险情境。研究者对黑格勒风险游戏中选择扑克牌的数量和反应时间进行了统计分析，实验结果发现，组别对被试在游戏中的行为无显著影响。随后，研究者又将被试的雌二醇浓度、黄体酮浓度以及雌二醇浓度与黄体酮浓度的比率，与其在游戏中的行为（选择扑克牌的数量和反应时间）做相关分析。相关分析的结果发现，在高风险情境下，黄体组黄体酮的水平与被试的反应时呈正相关，即被试的黄体酮水平越高，其对高风险选择的反应时更长；而雌二醇浓度与黄体酮浓度的比率越高，被试对高风险选择的反应时更短。但是在低风险情境中，雌二醇浓度与黄体酮浓度的比率越高，被试选择低风险选择的频率就越高；而黄体酮浓度以及雌二醇浓度与黄体酮浓度的比率均与被试的反应时无显著相关。这些证据表明雌性激素会影响个体的风险决策行为，不仅浓度的高低会影响，不同雌性激素之间的比率也是影响因素之一。还有研究表明，雌二醇的浓度会影响青少年在风险决策中的脑活动（Macks et al.，2016）。在这项研究中，青少年被试需要完成一项双选概率决策任务。在任务的每一试次中，都会出现一台老虎机，老虎机上有三个显示框，其中两个框固定为李子这一种水果，第三个框中的水果种类是不断滚动变化的。被试可以选择是否拉动手柄（进行游戏）或不拉动（不进行游戏），若拉动手柄则第三个框中的水果停止滚动，如果第三个框停止时显示的是李子，则被试可获得奖励，反之则输掉奖励。研究者通过对第三个框为李子的概率进行操纵，将任务分为高低风险情境两种：在低风险情境中，李子的概率为 67%；在高风险情境中，李子的概率为 33%。该概率信息被试是知晓的。此外，还给被试呈现奖励的程度（1 分或 3 分）。因此，根据获胜概率及奖励程度，实验任务可以分为四种情境：低风险 / 高奖赏、低风险 / 低奖赏、高风险 / 高奖赏和高风险 / 低奖赏，这四种情境在整个任务中以随机的方式呈现。在被试进行任务时还收集其功能性磁共振成像数据。此外，研究者还对被试唾液中雌性激素水平进行测量。行为结果发现，在高风险 / 低奖赏情境中，雌二醇的浓度与被试在游戏中的冒险行为呈正相关，即雌二醇的浓度越高，被试在游戏中的冒险程度就越高。脑成像结果发现，相比于不进行游戏，被试选择进行游戏时，伏隔核的激活程度较高，而伏隔核与奖赏有关（Haber，Knutson，2010），这说明在游戏过程中，奖赏是影响个体行为的很大一部分原因。此外，结果发现雌二醇水平与伏隔核激活的增加呈正相关，并且伏隔核激活增加的程度在雌二醇与个体冒险行为的关系之间呈中介作用，这一结果说明雌二醇水平对个体冒险行为的影响是通过伏隔核来发挥作用的。

Xie 等人（2021）利用脑电技术研究了在不同的月经周期阶段，即不同的雌性激素水平下，女性风险决策过程中的脑活动特点。研究者共招募了 30 名女性被试，让她们分别在卵泡后期和黄体中期完成连续风险决策任务并进行脑电记录。在任务的每一试次中，被试依次打开八个箱子，并自己决定何时停止。除了一个箱子里有厌恶刺激（魔鬼），其余七个箱子里都有一个金币。若打开装有魔鬼的箱子，被试会损失本试次开箱中已获得的金币（损失）；若停止开箱，则会显示出被试在该试次获得的金币（收益）以及本可获得但是错失的金币（错失机会）。在任务中，随着开箱个数的增加，风险是逐步累积的，因此研究者根据箱子的位置，将决策分为低风险情境、中风险情境和高风险情境。实验结果发现，在高风险情境中进行决策时，黄体中期被试的 N1 波幅显著大于卵泡后期的。此外，时频分析的结果发现，在高风险情境中进行决策时，黄体中期被试的额叶区域 α 功率显著高于卵泡后期的。上述结果表明，在黄体中期，女性对高风险刺激的早期神经反应更强，对高风险更敏感。黄体期和卵泡期与雌性激素息息相关，女性的黄体酮和雌二醇浓度在卵泡期下降，在黄体期上升，这一结果从一定程度上表明女性的雌性激素水平会影响其对风险刺激的神经敏感性。该结果从神经学角度为女性为何更不愿意冒险提供了证据，或许就是因为雌性激素会增加女性对风险刺激的敏感性，因此她们在做决策时更加小心翼翼，从而更加保守。

此外，除了雌二醇、黄体酮这些雌性激外素，催产素也被认为是风险决策行为的调节器。催产素的作用主要有两个方面，即外周效应（peripheral effect）和中心效应（central effect）。外周效应是指催产素作为一种激素作用于外周神经系统，它由下丘脑的室旁核（paraventricular hypothalamic nucleus，PVN）和视上核（supraoptic nucleus）合成释放，经过垂体后叶进入血液。催产素在外周神经系统的作用具体表现在调节子宫收缩、刺激乳汁排出、促进分娩等。中心效应是指催产素作为一种神经递质作用于中枢神经系统，它可以由神经元细胞膜的各个部分释放，投射到大脑诸多部位。催产素可以调节人类多种社会性行为，比如社会认知（社会性记忆、情绪观察、情绪再认、心理理论、共情等）（Keech et al.，2018；Young，2015）、亲社会行为（信任、合作、吸引力、依恋）（Kemp，Guastella，2010；Marsh，2021）、决策（Bartz et al.，2011）等。目前，有关催产素对风险决策影响的主要研究方法是通过给被试鼻喷催产素或安慰剂，观察两组被试在风险决策行为上的差异（Bozorgmehr et al.，2019）。例如，玻尔格梅尔（Bozorgmehr）等人（2019）使用爱荷华赌博任务研究了催产素对风险决策的影响。研究者让年轻的健康男性接受鼻内催产素或安慰剂，并进行爱荷华赌博任务，记录被试在爱荷华赌博任务中选择有利纸牌与不利纸牌的比例（优势选择）。结果发现，相比于安慰剂组，催产素组被试的优势选择显著增加，

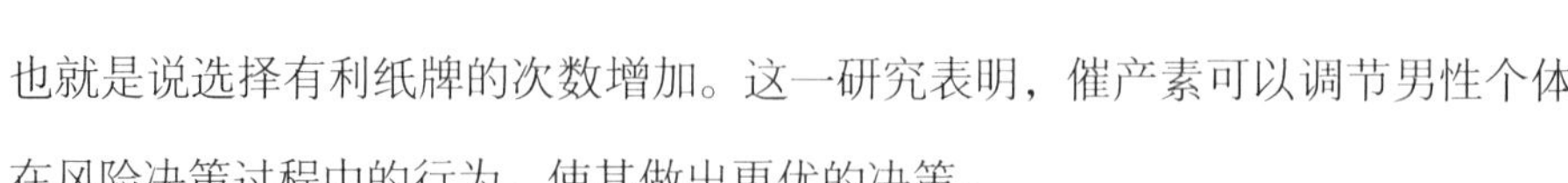

也就是说选择有利纸牌的次数增加。这一研究表明，催产素可以调节男性个体在风险决策过程中的行为，使其做出更优的决策。

综上，研究者们利用行为测量方法、磁共振成像技术和脑电技术，从不同的角度探讨了雌性激素对个体风险决策行为的影响。虽然研究结论存在不一致，但是这些研究提示人们，诸如激素等生物学因素是会对人们的风险决策行为产生影响的。也就是说，在心理学、经济学等领域的基础研究中探讨人们的风险决策特点，或者在人工智能等应用领域中模拟人们的风险决策行为时，激素等生物学因素是需要被考虑进去的。

第二节　情境因素对风险决策的影响研究

自从特维斯基和卡尼曼（1981）提出了“框架效应”，即在损失情境和收益情境中，人们的风险决策行为是有差异的之后，涌现出了大量情境因素对风险决策影响的研究。研究者们发现，个体的风险决策行为受到诸多情境因素的影响，包括他人决策、奖惩价值、情绪、时间压力等等。本部分内容将对影响风险决策的部分情境因素进行介绍。

一、他人决策对风险决策的影响

在日常生活中，个体会根据自身在先前风险决策中所积累的经验，对后续的决策行为产生调整（Taylor et al.，2013；Schonberg et al.，2010）。但是，经验的积累不是一蹴而就的，往往需要耗费大量的精力，并且在经济决策中，有可能还需耗费大量财力；另一方面，在社会行为领域，显然无法苛求人们所有学习都必须基于自身的经历，尤其是一些切身教训可能伴随着较大的代价。例如，一个人因乱穿马路而不幸遭遇车祸，他乱穿马路的经历自然会促使学习的发生及后继行为的改变，但若每个人都要亲自尝试类似行为、遭遇负面结果之后，才能做出真切的行为改变，那显然会带来巨大的社会成本。鉴于此，对于他人经验的学习就显得尤为重要。

美国著名心理学家班杜拉（Bandura）提出的社会学习理论就指出，除了受到直接经验的影响，个体的情感和行为也会受到所观察到的行为的影响，即人能通过观察别人所表现出的行为及其后果产生替代性学习（Perry et al., 1990）。替代性学习是指个体能通过观察他人的行为得到认知表象，并指导自己后续的行为，这样就使得个体减少不必要的尝试错误。特别是替代学习中的榜样学习和社会学习对个体行为的塑造作用，已经在大量的研究中被广泛地证明。另外，研究者还提出了一种动作－效果关联理论来解释替代学习的发生，即人们对动作的习得依赖于做出动作后产生的后果 / 效果，产生一种动作、效果之间的相互作用，从而塑造行为。例如，保卢斯（Paulus）等人（2011）在实验中发现，14 个月大的婴儿只有在看到某个动作出现了显著的效果之后，如亮灯时，才会模仿该动作。随后，保卢斯等人（2012）进一步结合脑电技术，探究婴儿替代学习的神经机制。在研究中，让 9 个月的婴儿接受为期一周的训练，在训练期间，看护人每天在婴儿面前摇晃拨浪鼓，当摇晃拨浪鼓时，拨浪鼓会产生特定的声音，即动作－效果关联理论中的动作效果声音；此外，每天还用录音机给婴儿播放另一种声音，由于这种声音不是由直接看到的动作产生的，因此将其称为非动作效果声音。一周的训练结束后，给婴儿佩戴脑电设备，并给其播放动作效果声音和非动作效果声音，此外还播放其在训练阶段没有听过的声音作为控制条件。实验结果发现，相比于非动作效果声音和控制条件声音，婴儿在听到动作效果声音时 θ 频段的脑电活动更强，而听到前两种声音时的脑电活动之间没有显著差异。该结果表明，婴儿对动作效果声音更加敏感，该结果揭示了婴儿进行替代学习时的神经机制。

研究者发现，儿童能够基于替代学习对其后续的社会性行为产生影响。例如，Ma（2018）等人通过让儿童观察同龄人诚实行为的表现及相关反馈，来探究基于间接经验的学习是否可以促进孩子的诚实。在研究中，儿童首先需要观看同龄人完成一个猜谜游戏，同龄人在游戏中有可能会偷看答案并猜出谜底，实验者会询问同龄人是否有在猜谜游戏中作弊，实验有两种操纵，一种是同龄人承认作弊后没有反馈，一种是承认作弊后从实验者那里获得奖励。在观看完上述场景后，儿童进行类似的猜谜游戏。结果发现，如果观察到同龄人承认作弊后没有反馈，那么对儿童的诚实行为没有影响；但是，如果观察到同龄人承认作弊并从实验者那里得到奖励，那么儿童的诚实行为会增加。该研究表明，儿童能够进行基于间接经验的学习，即儿童对他人社会道德行为的社会后果的观察会影响他们的决策行为。

除了婴儿和儿童的替代学习研究，研究者们还探讨了成年人基于他人的间接经验对个体风险决策行为的影响。例如，杨治良和李朝旭（2004）从俗语“当局者迷，旁观者清”出发，探究了自我学习经验和他人学习经验对个体后续风险决策行为的影响。在实验中，根据先前经验的不同将被试分为两组，一组被试自己进行触棒迷津任务，另一组被试观看他人进行触棒迷津任务。这两组被试所进行的触棒迷津任务难度较大，需练习较多遍数才能成功完成。之后，在决策阶段，要求两组被试均在选项 A 和 B 中选择一个，其中选项 A 为高风险高收益选项，即只练习 5 遍后若能成功完成新的触棒迷津任务（注：仅练习 5 遍很难能成功），则可获得 5 张电话卡奖励，否则无奖励；选项 B 为低风险低收益选项，即练习 15 遍后若能成功完成新的触棒迷津任务，则可获得 1 张电话卡奖励，否则无奖励。结果发现，基于自我学习经验组的被试更多地选择高风险高收益这一不切合实际的冒险选项，而基于他人学习经验组的被试更多地选择低风险低收益这一稳妥选项。此外，伯克（Burke）等人（2010）在任务中设置两个不同的图形，分别代表着较高或较低的奖赏概率，但被试事先并不知道该信息。基于自我学习经验的被试需自己在两个图形中选择一个，并给被试反馈自己是否得到奖赏；基于他人学习经验的被试需观看他人在两个图形中选择一个，并给被试反馈他人是否得到奖赏。结果发现，相比于自我学习经验，基于他人学习经验后被试更多地选择有较高概率获得奖赏的图形，也就是说，观看他人决策情况下被试学得更好，能做出更多正确的选择。前一个研究（杨治良，李朝旭，2004）表明，基于自我学习经验会使被试在后续决策中不切合实际地冒险，表现出不切实际的非理性倾向，研究者认为这是一种“当局者迷，旁观者清”现象。而在后一个研究（Burke et al.，2010）中，相比于自我决策，观看他人决策后，被试获得的有效信息更多，能做出更多正确的选择，也表现出“当局者迷，旁观者清”现象。

研究者不仅探讨了他人先前学习经验对个体后续决策行为产生的影响，还探讨了他人决策经验对个体后续风险决策行为的影响。例如，托莫瓦和佩索亚（2018）结合气球模拟风险任务探讨了他人的风险决策信息如何影响个体的风险决策行为。实验任务的每一试次均由四个阶段组成。在第一个阶段中，被试需要决定给气球打几次气；在第二个阶段中，给被试呈现其他三个玩家给气球打气的情况；在第三个阶段中，被试看完其他玩家的打气情况后，需要决定是否修改自己之前的给气球打气情况；在第四个阶段中，给被试呈现给气球打气的结果，即气球是否爆炸。实验结果发现，被试的风险决策受到其他玩家风险决策行为的影响。具体来说，当被试看到其他玩家给气球打气的次数更多后，被试倾向于也给气球打更多的气；反之，被试倾向于给气球打更少的气。该结果表明，他人风险更高的决策会导致个体的决策行为更加冒险，而他人更安全的决策会导致个体的决策行为更加保守。

徐佳琳等人（2018）在研究中使用改编的连续风险决策任务，结合任务态和静息态功能性磁共振成像，考察他人风险决策行为对个体情绪及后续风险决

策行为的影响，并探究其背后的脑神经活动。在任务中，被试首先会看到他人风险决策的客观结果和主观情绪评分，然后对自己的情绪进行评分，最后进行类似的风险决策任务。任务中，将他人风险决策的客观结果分为差、一般、好三个条件，他人的主观情绪倾向分为过度后悔、正常和过度欣慰三个条件。研究结果发现，在行为层面上，被试的情绪评分会受到他人客观结果和主观情绪的影响，表现为他人风险决策中的客观结果越差，被试的情绪评分越低；对同样的客观结果，他人的主观情绪越倾向于过度后悔，被试的情绪评分越低。而被试的后续决策行为只受他人客观结果的影响，表现为他人客观结果越差，被试的后续决策行为越冒险。任务态功能性磁共振成像结果发现，当看到他人获得差的客观结果时，被试右侧背侧纹状体、右侧脑岛、右侧背外侧前额叶会有更强的激活，并且背侧纹状体和脑岛激活越强，个体在后续的风险决策中会越冒险。当被试对他人决策客观结果进行情绪评分时，他人的主观情绪评分越倾向于过度后悔，被试脑岛的激活越强。静息态功能性磁共振成像结果发现，右侧眶额叶皮层和右侧纹状体的功能连接与被试的社会比较倾向呈正相关，右侧顶下小叶和左侧纹状体的功能连接与个体对他人不同决策结果的情绪敏感性呈负相关，右侧眶额叶皮层的局部一致性与在他人不同决策结果后的行为改变敏感性呈负相关。综上所述，他人的风险决策行为会影响个体的情绪体验、后续风险决策行为及与决策相关的脑活动，且人们基于他人的风险决策经验进行学习时存在个体差异，这些差异与其静息状态下的大脑活动状态有关。

在人际互动中，人们能够基于他人的决策行为对自己的后续风险决策行为进行调整，以优化后续决策。这是人们社会学习的重要方式之一。近年来，随着研究方法和手段的发展，研究者们借助计算模型和脑成像技术对社会学习的神经生理基础进行探讨。例如，黎穗卿等人（2021）在研究中对社会学习所涉及的大脑系统进行了总结，发现包括腹侧纹状体、腹内侧前额叶皮层等脑区的奖赏系统，包括前扣带回、脑岛、杏仁核等脑区的情感系统，包括颞顶联合区、颞上沟、背内侧前额叶皮层等脑区的社会认知系统，包括背外侧前额叶皮层、顶下小叶等脑区的认知控制系统均参与到了社会学习中。从中可以看出，基于他人的决策对自己后续风险决策行为进行调整等社会学习是非常复杂的过程，其中的奥秘还需要研究者们开展更多的研究来进行挖掘。

二、奖惩对风险决策的影响

在日常生活中，人们做决策时，总希望能够获得奖励且规避惩罚。因此，为了追求奖励，一些人常常在决策过程中铤而走险；而为了规避惩罚，一些人又常常在决策时畏缩不前。在先前研究中，为了揭示奖赏和惩罚对人们风险决策行为的影响机制，研究者们开展了大量实验，以探讨与奖赏和惩罚相关的因素对风险决策行为的影响，这些因素包括奖赏和惩罚的程度、奖赏和惩罚的频率、奖赏和惩罚的时间等等。本部分内容将对这些研究进行简单介绍。

关于奖赏和惩罚对风险决策的影响有很大一部分研究是基于动物开展的（Simon，Setlow，2012；Orsini et al.，2016），通过研究动物的风险决策特点，可以帮助了解人类决策行为的进化根源以及生物学机制。关于奖赏与惩罚对风险决策影响的动物研究最早可以追溯到美国心理学家斯金纳（Skinner）的操作性条件反射实验，这一实验又称斯金纳“迷箱实验”。在该实验中，小白鼠被放进箱子内，箱内有机关，小白鼠只要碰到这个机关，就有一粒食物丸掉出来或者食物丸的出现伴随着一定程度的电刺激惩罚。刚被放到箱子中时，小白鼠在箱子里乱动，碰巧触动机关，就有食物丸掉出来或者出现电刺激。后来小白鼠越来越少去碰无奖励或者伴有电刺激惩罚的机关，而越来越多地去碰可以得到奖励但无惩罚的机关。斯金纳的实验表明，在一定的刺激情境中，如果动物某种行为反应的结果能满足它的某种需要（如获得奖赏或逃避惩罚），那么这种行为出现的概率就会提高。后来，研究者们在“迷箱实验”的基础上衍生出了很多针对动物的决策任务。例如，奥西尼等人（2016）结合风险决策任务，探讨奖惩的频率对大鼠决策行为的影响。在进行风险决策任务之前，研究者通过类似斯金纳的操作性条件反射实验对大鼠进行训练，使其能够用鼻子探入食物槽并按压杠杆从而得到食物。在大鼠能够熟练按压杠杆后，进入正式实验。在正式实验中，给大鼠呈现两个食物槽：其中，一个食物槽的杠杆被触发后会呈现少量食物奖励，但没有电刺激；另一个食物槽的杠杆被触发后会呈现大量的食物奖励，但有可能伴随一定程度的电刺激惩罚，每个大鼠接受电刺激惩罚的概率是变化的，研究者将电刺激惩罚的概率进行了被试内平衡。实验结果发现，随着受到惩罚概率的逐渐增加，大鼠选择奖励较大但伴有惩罚选项的概率逐渐下降。莉莉（Liley）等人（2019）利用延迟惩罚决策任务（delayed punishment decision-making task，DPDT）探讨了惩罚的延迟时间对大鼠风险决策行为的影响。在实验中，大鼠需要在奖励较小但安全的选项和奖励较大但伴随电刺激惩罚的选项之间进行选择，研究者对奖励较大但伴随电刺激惩罚的选项进行了操纵，大鼠在选择该选项后会立即收到奖励，但是大鼠的每个决策反应与电刺激惩罚之间的时间间隔是变化的，时间间隔在被试内进行了平衡。研究结果发现，随着决策反应与电刺激惩罚时间间隔的增加，大鼠选择奖励较大但伴随电刺激惩罚选项的概率也随之增大。以上这些研究从动物的角度表明，奖惩的概率以及时间间隔均能够影响动物的风险决策行为，在很大程度上为人类决策行为的产生提供了解释。

研究者们也基于人类被试开展了大量研究，探讨奖惩相关因素对人类风险决策行为的影响。例如，孙芬芬（2020）探讨了奖赏和惩罚的程度对不同冒险倾向者风险决策行为的影响。在实验中，研究者采用连续风险决策任务来量化被试的风险决策行为。在该任务中，每个试次开始时屏幕上均会呈现八个箱子，其中七个箱子内有奖励（金币），一个位置随机的箱子内有惩罚（鬼）。被试从左至右，依次通过按键决定是否继续打开箱子。一旦被试打开了装有鬼的箱子，则该试次结束，且该轮得到的金币会被清零；若被试停止开箱，则可获得相应个数的金币，并同时得知该轮中鬼的位置以及未得到的金币个数。为了使被试能够投入到实验任务中去，被试被告知在任务中获得的金币总数越多，其实验报酬会越高。研究者通过改变每个箱子中的金币个数来对风险情境进行操纵：在低风险情境（奖赏 / 损失金额较小）中，每个箱子里装有 1 个金币；在高风险情境（奖赏 / 损失金额较大）中，每个箱子里装有 3 个金币。研究者采用量表对被试的冒险倾向进行测量，将被试区分为冒险组和保守组，两组均进行上述任务。参考前人研究（Liu et al.，2020a；Yang et al.，2019），将被试在任务中的平均开箱个数作为其风险决策行为的客观指标。然后基于被试在任务中的平均开箱个数，进行了数据分析。实验结果发现，风险情境类型主效应显著，即被试在高风险情境下的平均开箱个数显著低于低风险情境。此外，冒险组在高风险情境下的开箱个数显著低于低风险情境；而保守组在两种风险情境下的平均开箱个数无显著差异。该结果表明，风险情境对高低冒险者风险决策行为的影响程度是不同的，风险情境对高冒险者的风险决策行为影响较大。

上述研究中的高冒险者均为健康个体，也有研究者探讨了奖赏和惩罚的程度对特殊群体决策行为的影响。例如，伊蒙（2020）利用脑电技术，探究了奖赏和惩罚的程度对网游成瘾者决策行为的影响及其相关脑机制。与孙芬芬（2020）的实验设计类似，同样采用连续风险决策任务，在任务中设置高风险情境（奖赏 / 损失金额较大）和低风险情境（奖赏 / 损失金额较小）。伊蒙（2020）的研究结果发现，网游成瘾组的冒险程度远高于健康对照组。此外，相比于低风险情境，健康对照组在高风险情境中较为保守；但是，网游成瘾组则不同，也就是说，无论是在高风险情境还是在低风险情境中，网游成瘾组均表现出较高的冒险倾向。该结果表明，健康对照组可以根据不同风险情境调整自己的决策行为，使高风险情境下的决策更为保守；而网游成瘾组不能根据风险情境的不同来调整自己的决策行为。脑电结果发现，在风险决策过程中，健康对照组脑电上出现明显的 N2 成分，且高风险情境下的 N2 成分更负。根据以往研究，该成分在决策中一般被认为与认知冲突监控有关，决策的困难程度越大或者决策者在决策中产生的认知冲突越大，N2 成分的波幅越大（He et al.，2013）。在该研究中，决策界面不同风险情境的冲突主要表现在决策价值的大小，健康对照组被试在高风险情境决策中产生了更大的冲突，一方面是价值更高的金币，另一方面如果遇到了“鬼”则面临着更大的损失，所以在决策时产生了更负的 N2 成分，这与以往研究一致。同时，这一冲突监控过程也可以理解为是抑制控制的过程，张伯华等人（2016）使用 Go/No-go 任务对网瘾交往障碍个体进行的研究表明，N2 成分的波幅在 No-go 条件下显著更大，这表明该成分与额叶的反应抑制有一定联系。Go/No-go 任务与连续风险决策任务有相似之处，对于每一个箱子，被试都面临着开或者不开的选择。而在网游成瘾组中，两种风险情境下没有显著差异。结合网游成瘾组被试冒险程度更高的行为表现来看，这样的结果可能表明网游成瘾者在认知冲突监控以及行为抑制控制方面存在一定问题。另外，该研究中 Fz、Cz 处的 N2 成分波幅有显著差异，也支持了 N2 主要分布在额区的研究结论（Carte et al.，1998）。另一方面，溯源结果显示，健康对照组被试在 N2 成分时程内不同风险情境脑激活差异主要表现在额上回。额上回参与许多认知和执行控制任务，是默认网络的重要组成部分（Smallwood et al.，2008）。赵海潮（2017）的研究表明，额上回的激活强度与吸烟者的主动抑制能力呈显著正相关。这说明额上回与执行控制中的抑制能力有重要联系，而本研究结果则表明网游成瘾者额上回的认知冲突监控和执行控制功能可能受到损伤。综合孙芬芬（2020）和伊蒙（2020）的研究结果可以发现，风险情境能够对高冒险个体的风险决策行为产生影响，即能够根据风险情境的变化来调整决策行为；但是，若像网游成瘾者一样，认知冲突监控和执行控制功能受损，那么风险情境则不能对其决策行为产生影响，均表现出过于冒险的决策行为。

除了上述提到的奖惩的概率、时间间隔、程度等研究，奖赏和惩罚对个体风险决策行为影响的研究还有很多，这些研究利用在实验室场景中获得的实验结果，来尝试揭示人们在现实生活中的风险决策行为规律。在生活中，人们通过决策来寻求奖赏、规避惩罚时还会受到动机、情绪等诸多因素的影响，研究者们通过建立不同的决策模型来对生活中受多种因素影响的决策的内在机制进行解读。基于风险决策研究所构建的理论模型越来越多地被应用于人工智能领域，在自动驾驶、智能医疗等方向发挥重要作用。

三、情绪对风险决策的影响

在传统经济学研究中，研究者将决策主体当成"理性人"或"经济人"来看待，这种"理性人"或"经济人"在决策过程中被认为能够全盘考虑所有选择，以及这些选择所产生的结果，并且能够根据自身的价值标准，选择结果最优的选项。也就是说，人们在决策的制定过程中是客观和理性的，并且总能够找到获得最大经济利益的方案。然而，提出前景理论而获得诺贝尔经济学奖的卡尼曼及其合作者的一系列研究却发现，一些情绪因素会使人们在判断和决策时出现系统性偏差，从而偏离利益最大化的目标，表现出非理性的行为。

在这些情绪因素中，后悔情绪对风险决策的影响一直是研究的热点之一。后悔产生于如果做出其他选择结果会更好的上行反事实思考，是痛苦教训的具体表现。因此，经历后悔体验之后，人们会产生改变先前行为的倾向，以避免后悔体验的再次发生。早在 1951 年，萨维奇（Savage）便提出了"后悔最小化原则"，即人们往往会做出使后悔程度最小化的决策，尽管有时候这些决策是非理性的。后来，研究者对"后悔最小化原则"进一步深化，提出了后悔厌恶（regretaversion）理论（Bell，1982；Janis，Mann，1977）。后悔厌恶理论认为，后悔是一种消极的情绪体验，人们会产生避免这种情绪体验的心理倾向，因此个体在做决策时，首先考虑的是引发最低后悔程度的决策，而不是风险最小的决策（Reb，2005）。与后悔厌恶理论的观点一致，卢梅斯（Loomes）与萨格登（Sugden）在 1982 年提出的后悔理论（regret theory）也认为个体在做决策时会有避免负性情绪（后悔）产生和促使正性情绪（欣慰）产生的倾向。大量实验研究认为，个体会做出避免后悔发生的行为。例如，帕克（Parker）及合作者（1996）的研究结果表明，当受到关于违规驾驶可能带来严重后果的教育后，驾驶员会提升对违规驾驶的后悔程度，从而增强他们安全驾驶的意识。泽伦伯格（Zeelenberg）与彼得斯（Pieters）（2004）发现，如果个体认为购买邮政彩票会产生后悔情绪，那么他们会控制自己的购买欲望。可见，当在未知风险的条件下进行决策时，后悔情绪有助于促使人们对决策结果及决策过程产生积极的认知和评估，从而出现令人满意的结果。研究发现，后悔能够产生学习功能，是自适应学习（adaptive learning）的一种形式，可以提高行为的灵活性，提醒人们不再重复先前的错误，这也是后悔情绪的适应性价值所在（Beike et al.，2009）。例如，科里切利及同事（2005）使用“幸运转盘”范式发现，如果个体由于选择高风险高收益的选项而产生后悔，那么在后续决策中更愿意选择低风险低收益的选项。Liu 等人（2016）采用连续风险决策任务，探讨了后悔情绪及其对后续风险决策的影响。实验结果发现，在面对较多错失机会时，被试会有较强的后悔情绪。此外，结果还发现，若被试在当前试次由于打开太少箱子而错失机会，导致后悔情绪的产生，那么其在下一试次就会打开更多的箱子，也即决策行为较为冒险；且被试在当前试次后悔程度越强，其在下一试次中的冒险程度越高。在后续研究中，研究者们一致地发现了该结果（Yang et al.，2019；Liu et al.，2020a），表明后悔情绪对个体风险决策的影响是较为稳定的。

除了后悔情绪，愤怒、恐惧、冲动等情绪在人们的风险决策过程中也发挥着关键作用。研究发现，处在愤怒情绪中的个体，往往会低估决策情境中的风险，进而倾向于做出风险寻求的选择（Conte et al.，2018）。例如，甘贝蒂和朱斯贝蒂（2016）探讨了愤怒的不同成分与儿童及青少年风险决策之间的关系。在研究中，儿童和青少年首先需要完成多维学校愤怒量表（MSAI-R），该量表包括愤怒体验（例如，你要求上厕所，老师不让）、敌意（例如，学校的规则很愚蠢）和破坏性表达（例如，当你生气时，你会对周围的任何人发泄），它可以测量愤怒的心理 / 情感、认知和行为成分。所有量表都使用 1 至 4 的四分计分制，其中 1 表示“从不”，4 表示“始终”。在完成多维学校愤怒量表后，儿童和青少年需要完成风险决策任务，在任务中，给儿童和青少年呈现一系列的日常生活情境，每个情境中均包含两个选项，其中一个为保守选项，另一个为冒险选项。儿童和青少年需要在两个选项中选择一个，之后在李克特量表上评价刚刚所做选择的信心程度，以此作为儿童和青少年风险决策的指标。研究者分析了多维学校愤怒量表中愤怒体验、敌意和破坏性表达维度得分与风险决策指标之间的相关性。相关结果显示，儿童和青少年在愤怒体验、敌意和破坏性表达这三个维度上的分数均与其风险决策行为指标呈显著正相关。进一步的中介效应分析结果发现，儿童和青少年愤怒的情感（即愤怒体验）和认知（即敌意）成分与其风险决策行为的关系受到愤怒的行为成分（即破坏性表达）的调节。该研究结果表明，愤怒使得处于儿童和青少年时期的个体更偏向于做出寻求风险的决策，容易做出危险行为，如暴力、吸烟和药物滥用等行为。孔蒂（Conte）等人在 2018 年的研究中探讨了愤怒、恐惧、悲伤和快乐情绪对个体风险偏好的影响。在研究中，被试首先需要完成一项风险偏好任务。任务中，被试需要在两个不同的彩票中进行选择，这两个彩票所包含的风险和收益信息是不同的，但一个是较为冒险但收益高的彩票，一个是较为稳妥但收益低的彩票。

在被试完成任务后，通过让被试分别观看带有不同情绪色彩的电影片段，对其愤怒、恐惧、悲伤、快乐情绪进行诱发。此外，被试还观看中性情绪色彩的电影片段作为中性情绪对照条件。情绪状态诱发后，被试再次完成风险偏好任务，但是任务中试次的顺序和之前不同。在数据分析中，研究者基于两个彩票的风险和收益信息以及被试的选择，在每种情绪条件下建立期望效用模型（expected utility model）。从模型中获得了可以模拟被试风险偏好的参数 α，$\alpha<1$ 时表示被试是风险厌恶的，$\alpha>1$ 时表示被试是风险寻求的，$\alpha=1$ 时表示被试既不风险厌恶也不风险寻求。实验结果显示，与中性情绪条件相比，被试在愤怒、恐惧、悲伤、快乐情绪状态下的风险态度参数均较高，这意味着处在愤怒、恐惧、悲伤、快乐情绪状态下的被试更加倾向于风险寻求。此外，研究者进一步将男性被试和女性被试的数据分开进行分析，结果发现，情绪状态对个体风险偏好的影响存在性别差异。具体来说，男性被试的风险偏好更容易受到悲伤情绪的影响，而女性被试的风险偏好则更容易受到快乐情绪的影响，但在恐惧情绪状态下，男性被试和女性被试的风险偏好都增加。该研究通过对被试的风险决策行为建模获得风险偏好的指标，从而探究情绪对风险偏好的影响。有研究直接探讨了被试的情绪状态对其风险决策行为的影响。例如，Yang 等人（2020）探究了恐惧、愤怒和快乐情绪对个体风险决策行为的影响。在研究中，被试需完成一项赌博任务，任务包含恐惧、愤怒和快乐三个条件，这三个条件是通过让被试回忆恐惧、愤怒和幸福的经历来操纵的。在每种条件下，被试需要在高风险高收益选项和低风险低收益选项之间进行选择。研究者基于被试在恐惧、愤怒、快乐和中性条件下进行的风险选择的比例进行重复测量方差分析。实验结果发现，相比于中性条件，被试在恐惧、愤怒、快乐条件下的风险决策行为没有发生显著变化；但是相比于愤怒和快乐条件，被试在恐惧条件下风险选择的比率较低，即在恐惧条件下，个体倾向于风险规避。王垒等人（2018）

结合模拟气球风险任务探讨了个体恐惧情绪和自我控制能力对风险决策的影响。在研究中，研究者采用自我控制量表将被试分为高自我控制组和低自我控制组。两组被试均在实验室（平静状态）和高空（恐惧状态）两种情境下进行模拟气球风险任务，在任务中，被试需要给气球充气，每一次充气都会有收益。吹的越大，收益也就越大，但气球被充爆炸的可能性也会变大，因此，被试可以随时选择终止充气。实验采用2（自我控制能力组：高控制组、低控制组）×2（情绪诱发：恐惧组、平静组）两因素混合设计，因变量为被试平均吹气球的次数。实验结果发现，相比于平静情境，被试在恐惧情境中平均吹气球的次数较小，表现出了风险规避。在恐惧情境中，无论是在高自我控制组，还是低自我控制组，被试均选择了风险规避。也就是说，在恐惧情绪影响下个体的风险决策倾向于风险规避。

还有研究者通过使用哥伦比亚纸牌任务（Columbia card task，CCT）来探索情绪冲动对风险决策的影响（Penolazzi et al.，2012）。研究者采用冲动性量表（Russo et al.，2011）评估被试的情绪冲动性，将被试分为高情绪冲动组和低情绪冲动组。在哥伦比亚纸牌任务的每个试次中，被试需要从只呈现背面的32张卡片中选择几张来尽可能达到得分最高，其中，一部分卡片为收益卡片，一部分卡片为损失卡片。在选择卡片之前，会给被试呈现损失卡片所占比率、损失卡片的损失量及收益卡片的收益量三个信息，这些信息在每个试次中是变化的。研究者将哥伦比亚纸牌任务分为两个版本，其中一个版本是热版哥伦比亚纸牌任务（hot CCT），即被试每次只翻一张卡片并在选择后收到反馈，在任何时候，被试都可以选择停止翻卡片从而获得这一试次的收益，或者选择继续翻卡片直至选择到一张损失卡片，强制结束这一试次。另一个版本是冷版哥伦比亚纸牌任务（cold CCT），即被试必须通过一次选择决定所有想要翻开的卡片，然后收到这一试次的反馈。热版哥伦比亚纸牌任务已被证明可以诱发被试基于情感的决策（affective decision making）来制定策略，而冷版哥伦比亚纸牌任务已被证明可以诱发被试基于慎重考虑的决策（deliberative decision making）来制定策略（Figner，Voelki，2004）。结果发现，在冷版哥伦比亚纸牌任务中，高情绪冲动组的被试选择卡片的数量显著高于低情绪冲动组的被试；而在热版哥伦比亚纸牌任务中，没有发现高低情绪冲动组被试在选择卡片数量上的差异。也就是说，情绪冲动性水平会影响个体基于慎重考虑的决策所制定的策略，而不影响个体基于情感的决策所制定的策略。

情绪具有社会性功能，其对个体风险决策的影响已经有了大量的实证和理论的研究（Lerner et al.，2015；Delaney，Lades，2017）。有些情绪对个体风险决策的影响是具有积极意义的，例如，由反事实思维诱发的后悔情绪能激发个体的矫正行为，使其不再犯之前的错误或不再出现之前的过失行为，以优化后续决策行为，即产生基于后悔情绪的学习。然而，有些情绪对个体风险决策的影响是不利的，比如，愤怒等情绪往往使被试的决策行为较为冲动和非理性，从而产生不良的后果。因此，可以说情绪是一把双刃剑，通过厘清情绪对个体决策行为的影响模式和特点，才能为日常生活中人们如何利用好情绪这把双刃剑来优化决策提供建议。

四、时间压力对风险决策的影响

随着生活和工作节奏的加快，人们常常需要在较短时间内做出决策。例如，在股市交易市场中，信息瞬息万变，股票市场的高波动性要求股民们快速做出持有、卖出还是买入股票等决策；在商品营销过程中，“限时抢购”是常用的营销方式之一，消费者需要在较短的时间内做出是否要购买商品的决策；又如，在新型冠状病毒肆虐下，政策制定者必须在短时间内制定和选择出有效的防疫政策。在这些紧急情况下，决策者必须在有限的时间内考虑和处理信息，会引发一定的情绪反应，进而产生一种压力感，这种压力往往被称为时间压力（Zur et al.，1981；Phillips，Adya，2020；Santos，Cunha，2021）。可以说，时间压力是一种典型的心理社会压力，是造成个体过度应激反应的主要原因之一。研究发现，在时间压力情况下，人们往往会产生焦虑、紧张等情绪，且不能很好地进行理性思考和判断，进而对决策行为产生影响（Hockey et al.，1980；van Miletic，2019；Bahrololoumi et al.，2021）。

消费决策是生活中常见的决策之一，而消费决策常常伴随着时间压力。如商场的促销活动往往存在时间限制，又如近些年网络上兴起的直播购物热潮，更需要消费者在短时间内做出是否购买的决定。有研究发现，时间压力会减少消费者处理信息的时间（Park et al.，1989），进而影响消费者的冲动购买行为（Chung et al.，2017）。例如，Li 等人（2021）在研究中探讨了时间稀缺性对个体冲动购买行为的影响机制。在实验中，被试首先观看一段某个旅游景点 2.5 min 的宣传视频，然后阅读该旅游景点当地产品的文字描述和图片。之后，给时间稀缺组呈现“想象你正在这里购物，但你马上要离开”的场景，给时间充裕组呈现“想象你正在这里购物，但离出发前往下一个旅游景点还有一段时间”的场景。接着，通过量表对两组被试的冲动购买行为进行测量。结果发现，对于经验丰富的旅游者，时间稀缺性会使其过度自信而增加冲动购买行为；对于经验较少的旅游者，时间稀缺性减少了冲动购买的倾向。该研究揭示，时间压力会影响个体对产品的购买行为。除此之外，也有研究者发现，在不同时间压力强度的情境下，消费者对于消费产品类型的决策也会不同。例如，Liu 等人（2022）探讨了时间压力对享乐型和实用型产品购买行为的影响。高时间压力组被试的时间压力感通过如下场景进行诱发：你现在正在高铁上，需要在下车前 30 min 购买物品；低时间压力组被试的时间压力感诱发场景为：你现在正在高铁上，需要在上车后 30 min 购买物品。物品分为两种，一种是中国高铁模型（享乐型），一种是充电宝（实用型）。研究结果发现，在高时间压力情境下，被试对享乐产品即中国高铁模型的冲动性购买倾向更高；而在低时间压力情境下，被试对于实用产品即充电宝的冲动性购买倾向更高。上述研究表明，时间压力不仅会影响个体对产品的购买行为，而且对不同类型产品的购买行为的影响模式是不同的。

除了时间压力对消费决策的影响研究外，研究者还探讨了时间压力对风险决策的影响。例如，萨基布（Saqib）等人（2015）探讨了时间压力对个体风险决策行为的影响。在实验中，研究者设置收益和损失情境。其中，在收益情境中，被试需要在有100%概率获得50美元的确定选项和50%概率获得100美元且50%概率获得0美元的风险选项间做选择；在损失情境中，被试需要在有100%概率损失50美元的确定选项和50%概率损失100美元且50%概率损失0美元的风险选项之间做选择。被试需在有无时间压力条件下进行上述选择，在时间压力条件下，被试需在7 s内做出选择；无时间压力条件下做决策时没有时间限制。实验结果发现，相比于无时间压力条件，在有时间压力条件下，被试做出选择的时间更少，且在收益和损失情境下，被试均倾向于选择有风险的不确定选项。该结果表明，在时间压力下，无论是收益情境还是损失情境，个体都倾向于风险寻求。而基希勒（Kirchler）等人（2017）在后续的研究中，通过对三个不同国家的大约1700名被试展开实验，实验结果发现时间压力下，在收益和损失情境中，个体的风险决策行为是有差异的。在基希勒等人（2017）的研究中，设置同萨基布等人（2015）研究中类似的收益情境和损失情境，在每种情境中，被试均需要在确定选项和风险选项间选择一个。被试被随机分配到两组，时间压力组被试需在7 s内做出选择，无时间压力组被试需等待20 s后再做选择。结果发现，在收益情境下，选择风险选项的概率在时间压力组更小；在损失情境下，选择风险选项的概率在时间压力组更大。该结果表明，时间压力下，在收益情境中，个体更倾向于风险规避；而在损失情境中，个体更倾向于风险寻求。

在时间压力条件下，不同的时间压力程度也会对个体风险决策产生不同的影响。例如，祖尔（Zur）等人（1981）探讨了不同程度的时间压力对个体风险决策行为的影响。在任务中，被试需要在高风险高收益和低风险低收益两个选项间做选择。研究者设置高（8 s）、中（16 s）和低（32 s）三种不同的时间压力，被试需要在不同的时间压力条件所规定的时间内进行选择。结果发现，在低时间压力条件下，被试更倾向于选择高风险高收益的选项，即更倾向于风险寻求，冒险程度更高；而在高时间压力下，被试更倾向于选择低风险低收益的稳妥选项，即更倾向于风险规避、冒险程度较低。上述结果表明，相比于低时间压力条件，在高时间压力条件下，被试倾向于风险规避，风险决策行为偏保守。然而，后续的一些研究发现，高时间压力条件下，被试在决策过程中不一定是风险规避的。例如，Hu 等人（2015）在研究中通过操纵情绪状态和时间压力，探讨了情绪状态和时间压力是如何对风险决策行为产生影响的。在任务中被试的积极情绪或消极情绪状态是通过观看积极或消极的电影片段诱发的，根据被试的情绪状态将被试分为积极情绪组和消极情绪组，另外还设置对照组，即不观看任何电影片段。之后，三组被试均完成 20 个决策问题，每个决策问题中包括两个选项，其中一个为低风险低收益选项，另一个为高风险高收益选项。被试需要对选择两个选项的可能性进行评分，评分越高代表选择该选项的可能性越大。在开始对这 20 个决策问题进行评分之前，研究者通过指导语对被试的时间压力进行操纵。高时间压力组的指导语为：你在完成以下 20 道题目时有时间限制，且时间将以依次递减的方式显示在每个问题下面；无时间压力组的指导语中删除与时间限制相关的内容，且每个问题下面没有剩余时间信息。在数据分析时，研究者将选择低风险低收益选项可能性程度的评分减去选择高风险高收益选项可能性程度的评分，用评分的差值来代表被试的风险寻求程度，差值越小表示被试风险寻求的程度越高，即越倾向于冒险。通过采用 3（情绪状态：积极情绪、消极情绪、中性情绪）×2（时间约束：高时间压力、无时间压力）被试间实验设计，因变量为被试的冒险程度。结果表明，被试处在积极情绪状态或中性情绪状态时，相比于无时间压力条件，在高时间压力条件下，其选择低风险低收益选项可能性程度的评分减去选择高风险高收益选项可能性程度的评分更小，即冒险程度更高。而当被试处在消极情绪状态时，选择低风险低收益选项可能性程度的评分与选择高风险高收益选项可能性程度的评分的差异，在无时间压力条件和高时间压力条件之间没有差异。该研究结果表明，情绪状态和时间限制之间存在显著的交互效应，也就是说，在不同情绪状态下，时间压力对于个体风险决策的影响是不同的。

从上述研究可以发现，时间压力是影响风险决策的一个重要变量，研究者对它们之间的关系做了大量的研究。在高时间压力条件下，有些研究者发现被试在决策过程中是风险规避的，而有些发现是风险寻求的。也就是说，在时间压力下个体的风险决策模式目前还存在不一致的结论。同样的时间限制，不同的人可能会产生不同的认知体验，从而发生不同的决策行为。例如，一些研究发现，高时间压力条件下，男性倾向于风险寻求，而女性则倾向于风险规避（Xie et al.，2017；Zhou et al.，2020）。另外，人格特征可能也调节着时间压力对决策行为的影响。例如，已有研究发现，归因风格（王大伟，刘永芳，2008）、焦虑水平（王大伟，刘永芳，2009）、乐观－悲观倾向（张永红 等，2011）等人格特质均与时间压力存在交互作用，共同对决策行为产生影响。据此可以推测，在时间压力对风险决策的影响研究中，前期不一致的研究结论可能是由于研究之间在被试性别比例、人格特质等方面存在差异导致的。众所周知，人是一个极其复杂的系统，人与人之间的差异较大，若要厘清时间压力与个体风险决策行为之间的关系，就必须借助大量的实验研究，并且在研究中要注意对性别差异、人格特质等额外变量的控制和匹配。

第三节 人格特质与风险决策的关系研究

上一节探讨了情境因素对个体风险决策行为的影响。然而，即使在相同情境下，人们在风险偏好上还是存在差异的，有些人表现出低风险决策倾向即偏保守的特点，有些人则表现出高风险决策倾向即偏冒险的特点。有不少研究发现，个体的人格特质与其风险决策行为关系紧密，具有不同人格特质的个体在风险决策行为上有着不同的表现（Jordan，Rand，2018；Wang et al.，2017）。个体的冒险倾向、感觉寻求、风险感知、完美主义倾向等人格特质均与其风险决策行为有关系。基于此，本节将对个体人格特质与风险决策的关系进行介绍，旨在从人格特质的角度揭示人们的风险决策特点。

一、冒险倾向与风险决策的关系

研究发现，个体的风险决策行为会受到外部因素和内部因素的影响。外部因素主要是指情境因素，如风险程度（Wang et al.，2001；谢晓非 等，2002）、奖赏价值、时间压力等；内部因素则主要指个体的人格特质，如冒险倾向。冒险倾向反映了个体面对风险决策时的态度，对个体的风险决策行为具有较强的预测力（Lejuez et al.，2002；Combrink et al.，2020）。人们对待风险会有不同的倾向性，比如有人倾向于冒险，而有人倾向于保守，这种风险偏好往往又被称为冒险倾向（risk-taking propensity）（Harrison et al.，2005）。个体的冒险倾向具有跨情境的一致性（Sevi et al.，2021），也就是说，冒险倾向是一种较为稳定的人格特质。相较于感觉寻求等人格特质，冒险倾向更能反映个体在面对风险决策时的态度。

研究发现，个体的冒险倾向特质可以有效预测其在现实生活中的冒险行为（Hanoch et al.，2006；Zuniga，Bouzas，2006；Combrink et al.，2020），具有一定的现实意义。例如，用量表测得的冒险倾向能够预测个体在现实生活中酒精的购买量（Zuniga，Bouzas，2006）和金融投资时的交易量（Markiewicz，Weber，2013）；用实验室任务测得的冒险倾向也可以预测个体在现实生活中的冒险行为（Lejuez et al.，2002；Combrink et al.，2020）。高冒险倾向者富有探索精神，更愿意接受挑战，但冒险倾向过高也可能会引发负性结果。有研究发现，个体的冒险倾向越高，受伤的可能性越大（Turner et al.，2004），过高的冒险倾向还通常与一些精神疾病有关，如病理性赌博、毒品成瘾等。研究发现，物质成瘾人群（如尼古丁成瘾、酒精成瘾、药物成瘾等）通常被认为有更高的冒险倾向，其在连续风险决策任务中也表现出更多的冒险行为。例如，汉森（Hanson）等人（2014）发现，相比于对照组，大麻成瘾组的被试在气球模拟风险任务中表现出更多的冒险行为。勒茹兹等人（2003）发现，吸烟成瘾者在气球模拟风险任务中的冒险决策显著高于非吸烟成瘾者。Wei 等人（2016）发现，个体尼古丁依赖程度与其在气球模拟风险任务中的冒险程度存在正相关。Liu 等人（2022a）发现，相比于健康对照组，网游成瘾组被试在连续风险决策任务中的冒险程度更高。

随着脑电和功能性磁共振成像技术的发展和应用，研究者开始对不同冒险倾向者的脑活动进行探究。例如，脑电研究发现，与收益或损失相关的脑电成分的活动可用来追踪个体在冒险倾向上的差异（Galvan et al.，2007），高冒险倾向者往往比低冒险倾向者在反馈负波上有更大的波幅（Crowley et al.，2009）。功能性磁共振成像研究发现，个体的风险决策倾向与前额叶和伏隔核、中扣带回及前脑岛的功能连接有关（Dewitt et al.，2014；Zhou et al.，2014）。而腹侧纹状体和腹内侧前额叶的相互作用则与青少年的奖赏敏感性（Duijvenvoorde et al.，2015）以及成年人更高的冒险倾向有关（Blankenstein et al.，2017；Engelmann，Tamir，2009）。随着冒险倾向的降低，脑岛和背内侧前额叶皮层等脑区的激活增强，这些脑区通常和决策中的冲突、不确定性以及认知和情感的整合有关（Blankenstein et al.，2018；Duijvenvoorde et al.，2015）。

不同冒险倾向者为何会表现出不同的风险决策行为？研究者们对此有两种观点：（1）高冒险倾向者为了追求奖赏带来的积极体验，所以在决策上更加冒险（Bechara et al.，1999）；（2）不同冒险倾向者对奖赏的价值评估不同（王立丹，2010），高冒险倾向者为了追求更高的利益才更加冒险。然而，上述何种观点更符合事实，尚未形成定论。基于此，孙芬芬（2020）在研究中采用生态学效度较高的连续风险决策任务，结合量表测量、行为学实验、任务态和静息态功能性磁共振成像技术以及形态学分析方法，通过系统考察不同冒险倾向者的决策行为、情绪反应以及当前情绪对后续决策的影响等，多方面地探究风险决策行为的内在原因。研究结果发现，在风险决策行为上，冒险组在连续风险决策任务中的冒险程度显著高于保守组；引入高风险情境（奖赏 / 损失金额较高）后发现，相较于低风险情境（奖赏 / 损失金额较低），冒险组在高风险情境下更加保守，而保守组在高 / 低风险情境下都比较保守，在冒险程度上无显著差异。在情绪反应上，冒险组和保守组表现出同样的情绪反应模式：收益结果下，随着收益变差，后悔程度逐渐升高；损失结果下，随着损失金币增多，后悔程度逐渐升高。此外，操纵高低风险情境后发现：损失结果下，两组在高风险情境下的后悔程度均高于低风险情境；收益结果下，冒险组在高风险情境下更加后悔，而保守组的后悔程度在两种风险情境下无显著差异。在当前情绪对后续决策的影响上，不论在高风险情境还是低风险情境下，高 / 低冒险倾向者都能依据当前情绪对后续决策进行调整：因错失机会而越后悔时，在下一试次会越冒险；因损失金币而越后悔时，在下一试次会越保守。在脑反应上，任务态功能性磁共振成像结果发现：对于两组而言，不论在收益还是损失结果下，随着收益变好或损失降低，两组的腹侧纹状体激活都会增强。对于保守组而言，收益结果下，随着收益变好，左侧脑岛的激活增强，而冒险组未发现这一结果。在情绪反应上，腹侧纹状体和脑岛的激活也表现出相同的趋势，即无论在收益还是损失结果下，随着后悔程度的降低，两组的腹侧纹状体激活都会增强。在收益结果下，随着后悔程度降低，保守组左侧脑岛的激活增强。此外还发现了脑区功能连接上的差异，即对于冒险组而言，其在低风险情境下腹侧纹状体与前额叶的功能连接比高风险情境下更强，对于保守组而言，上述功能连接在高/低风险情境下未显示出差异。静息态功能性磁共振成像结果发现：被试的腹内侧前额叶的自发脑活动越强，其在连续风险决策任务中越冒险，且冒险组腹内侧前额叶的自发脑活动比保守组更强。形态学分析也发现：冒险组腹内侧前额叶的灰质体积显著大于保守组。基于上述结果，孙芬芬（2020）认为，高冒险倾向者虽然在风险决策任务中更加冒险，但在情绪敏感性上与低冒险倾向者并无差异，说明其决策行为可能不是单纯地追求奖赏带来的积极体验。此外，相较于奖赏/损失金额较小的低风险情境，高冒险倾向者在奖赏/损失金额更大的高风险情境下会更加保守，表明其决策行为可能更多是基于对奖赏价值的理性评估。

二、感觉寻求与风险决策的关系

研究者发现，感觉寻求（sensation seeking）是产生风险决策个体差异的重要人格因素之一，这一人格因素可以反映个体的风险决策偏好（Chase et al., 2017）。感觉寻求是指个体对某种强烈或新颖体验的探求，以及通过相应行为来获得这种体验的愿望。有许多研究者采用一些经典的风险决策研究范式，探索了个体感觉寻求倾向与其风险决策之间的关系。

苏尔等人（2007）发现，不同感觉寻求个体在爱荷华赌博任务中的决策是存在差异的。在研究中，研究者通过行为抑制量表/行为激活量表（behavioral inhibition scale，BIS/behavioral activation scale，BAS）将被试区分为高感觉寻求组和低感觉寻求组，两组被试均进行爱荷华赌博任务。在任务结束后，研究者对爱荷华赌博任务中被试选择有利纸牌和选择不利纸牌的次数进行分析，具体为将选择有利纸牌的次数减去所选择不利纸牌的次数，以这两种纸牌次数的差值作为被试决策行为的净分数。实验结果发现，相比于低感觉寻求，高感觉寻求组的被试在爱荷华赌博任务中的净分数更低。也就是说，高感觉寻求组被试更倾向于选择有风险的不利纸牌。佩诺拉齐（Penolazzi）（2013）通过对爱荷华赌博任务中的有利纸牌和不利纸牌的金额进行操纵，进一步探究了感觉寻求程度与个体决策行为之间的关系。研究者基于量表将被试区分为高感觉寻求组和低感觉寻求组，两组被试均完成爱荷华赌博任务。任务中设置两种情境，一种情境为不利纸牌组和有利纸牌组之间奖励的比率为 2 ∶ 1，另一种情境为不利纸牌组和有利纸牌组之间奖励的比率为 6 ∶ 1，但从长远来看，选择不利纸牌的收益将低于有利纸牌的收益。实验结果发现，在奖励比率为 6 ∶ 1 的情境中，相比于低感觉寻求组，高感觉寻求组被试的平均净分数显著更低，也就是说更倾向于选择不利纸牌；而在奖励比率为 2 ∶ 1 的情境中，高低感觉寻求组被试在平均净分数上没有显著差异。研究者认为这可能是由于在奖励比率为 6 ∶ 1 的情境中，相比于有利纸牌，不利纸牌的即时奖励更大，拥有更高水平的唤醒，对高感觉寻求者来说更具吸引力。此外，祖克曼（Zuckerman）（2007）在研究中发现，感觉寻求与不同类型的风险决策行为的关系是不一样的。在研究中，祖克曼通过量表对被试的“刺激性”（stimulating）风险行为（如跳伞、蹦极或潜水）和“工具性”（instrumental）风险行为（如商业或理财）进行测量。结果发现，被试的感觉寻求程度与其“刺激性”风险行为有高度正相关，而与“工具性”风险行为的关联性较低。

另外，祖克曼等人（2012）探究了不同感觉寻求的个体在哥伦比亚纸牌任务中决策行为的差异。研究者通过量表将被试区分为高感觉寻求组和低感觉寻求组。两组被试均完成哥伦比亚纸牌任务，在任务的每个试次中，被试均需要从 32 张卡片中选择一些卡片以达到得分最高，在这 32 张卡片中，一部分卡片背面有收益，一部分卡片背面有损失。被试在选择卡片之前，给其呈现损失卡片所占的比率、损失卡片所对应的损失量及收益卡片所对应的收益量，在每个试次中这些信息会发生变化。在实验任务结束后，对被试选择卡片的数量进行计算，如果被试选择卡片的数量越多，表示其冒险程度越高。实验结果发现，相比于低感觉寻求组，高感觉寻求组中的被试选择卡片的数量更多，即冒险程度更高。Xu 等人（2019）使用气球模拟风险任务来研究感觉寻求如何调节伴随不同程度奖励/损失的决策。研究者根据量表将被试分为高感觉寻求组和低感觉寻求组，两组被试均完成气球模拟风险任务，任务中包含高低两种奖励 / 损失情境，其中，低奖励 / 损失情境为被试给气球充一次气获得 0.01 元，高奖励 / 损失情境为被试给气球充一次气获得 0.5 元。实验结果发现，低感觉寻求组在高奖励 / 损失情境下的平均吹气次数显著低于低奖励 / 损失情境下的，而对高感觉寻求组而言，平均吹气次数在高低奖励 / 损失情境之间没有显著差异。还有研究者在一项人格差异与风险决策关系的元分析研究中，探究了个体感觉寻求程度与其在气球模拟风险任务中决策行为的关系，结果发现，被试的感觉寻求程度与其在气球模拟风险任务中的平均充气次数之间关系的聚合效应显著，基于此，研究者认为个体的感觉寻求程度与其在气球模拟任务中表现出来的冒险程度有关系（Lauriola，2014）。

从情感偏好来看，高感觉寻求个体会倾向于从事冒险活动，表现出更多的风险寻求行为（Spillane et al.，2012；Lee et al.，2020）；而低感觉寻求个体则倾向于对不确定的风险事物进行规避，表现出更多的风险厌恶（Xu，2019）。根据感觉寻求人格特质的表现，高感觉寻求个体，尤其是青少年，会不断寻求新异的、强烈的刺激和体验。因而，高感觉寻求个体对高收益的风险选项具有额外的情感偏好和选择动机，他们在风险决策过程中有可能遵循的是“即时收益优先”原则，因此表现出冒险性较高的行为（鞠成婷 等，2020）。

三、风险感知与风险决策的关系

风险感知（risk perception）是指个体对存在于客观环境中的各种风险的感受和认识，是人们对于风险的态度和直觉判断的一个概念（Slovic，2005；谢晓非，徐联仓，1995）。在广义上，风险感知也可称为人们对风险的主观评估和反应（Qing et al.，2021）。罗什科夫斯基（Roszkowski）和戴维（Davey）（2010）认为风险感知包括三种成分，分别为个体对周围环境不确定性程度的概率估计、对周围环境可控性的评估和对上述两种估计所持有的信心，通过这三种成分进而确定决策结果的风险程度。例如，个体在两个选项之间进行选择时，需要确定哪个选项的风险大，哪个选项的风险小。大量的研究表明，个体的风险感知水平可以预测其在现实生活中的风险决策行为，如吸毒行为、经济决策行为等（Roszkowski，Davey，2010；Mishra et al.，2014）。

先前的研究表明，风险感知与个体的风险决策关系紧密。一些研究发现，个体的风险感知和冒险行为呈负相关关系。也就是说，个体对决策事件的风险认识水平越高，其做出风险行为的可能性就越低（Clarke，Lovegrove，2000）。例如，郑国军（2020）在研究中探讨了被试的风险感知程度和主动性人格程度对被试风险决策行为的影响。其中，主动性人格（proactive personality）是指人们在主动采取行动以改变其外部环境的倾向（Bateman，Crant，1993）。高主动性人格的个体相对来讲不受情境的约束，可以影响环境，塑造并改变环境，他们是解决问题的开拓者。低主动性人格的个体相对来说比较被动，容易受环境的影响，他们缺乏主动性，不能够主动去寻找机会，而是被动地适应环境。通过相关量表将被试区分为高风险感知 / 高主动性人格、高风险感知 / 低主动性人格、低风险感知 / 高主动性人格和低风险感知 / 低主动性人格四组，四组被试均完成气球模拟风险任务。研究者对四组被试在任务中的气球爆炸个数进行分析，气球爆炸个数越多表示冒险程度越高。实验结果发现，高风险感知个体的气球爆炸个数显著低于低风险感知个体。此外，结果还发现，风险感知与主动性人格间存在交互作用，具体来说，在低风险感知组中，高主动性人格被试的气球爆炸个数显著高于低主动性人格被试；而在高风险感知组中，高、低主动性人格被试的气球爆炸个数并无显著差异。另外，一些研究发现，风险感知与个体冒险行为具有正相关关系。例如，约翰逊（Johnson）等人（2002）在研究中对被试的风险感知水平和吸烟等风险行为进行测量，结果发现，被试的风险感知程度与其吸烟等风险行为呈显著正相关，即被试的风险感知程度越高，其吸烟等风险行为越多；该结果表明，吸烟者有可能明知吸烟有害健康，但却坚持吸烟的行为。

除了探究风险感知与风险决策之间的关系，研究者们还关注风险感知的影响因素。例如，菲纽肯（Finucane）等人（2000）发现情绪会影响个体的风险感知，特别是恐惧会增强个体的风险感知；斯约堡（Sjoberg）等人（2006）发现具有积极态度的人面对风险时会趋向于感知到较低的风险。上述影响风险感知的因素往往操纵起来较为麻烦（如对恐惧的操纵），且对风险感知影响的持续性并不长久。早在 1994 年，戴（Day）就提出事前预期不仅能帮助人们对即将发生的事件产生适当的心理准备，而且在预期的过程中，个体会形成行为策略，以适应充满变化和潜在威胁的环境。帕克及合作者（1996）的研究结果表明，当受到关于违规驾驶可能带来严重后果的教育后，驾驶员会提升对违规驾驶的风险感知，从而增强他们的安全驾驶行为。泽伦伯格与彼得斯（2004）发现，如果个体预期购买邮政彩票会产生差的结果并诱发负性情绪，那么他们会控制自己的购买欲望。由前期的行为学研究可见，事前预期能够对风险感知和决策产生影响。此外，影响风险感知的因素还包括个体对风险事件的熟悉性与事件本身的风险程度（Vassie et al.，2005；Dyer et al.，2020）。个体对事件的控制感也可以影响个体的风险感知，缺乏控制感会导致个体产生高风险感知。例如，有研究发现，过度自信和控制错觉降低了个体风险感知，使个体倾向于冒险（Simon，2000）。

四、完美主义倾向与风险决策的关系

完美主义（perfectionism）作为一种稳定的人格特征，是个体对高标准的积极追求，同时伴随过度在乎错误、担心失败等消极心理（Edition，2013），其特征是努力实现无助和制定过高的绩效标准，并伴有对自己行为进行过度的批判性评价。基于个人在“追求高标准”过程中反应程度的不同，可以将完美主义分为适应性完美主义和非适应性完美主义。前者表现为积极追求目标并从中获得积极体验，后者表现为努力避免失败且伴随不良体验的困扰（Altstotter-Gleich，Bergemann，2006）。

完美主义是影响个体风险决策的潜在因素。研究者发现，若个体的标准过高，那么其在决策过程中可能会选择无风险的选择，从而避免错误决策的发生和负面结果的出现（Brand et al.，2007）。布兰德（Brand）和阿尔斯托特－格莱希（Altstotter-Gleich）（2008）在研究中发现，对失误决策的关注提高了参与者在决策任务中的表现。还有研究发现，完美主义倾向可能与强迫症和进食障碍等疾病的关系紧密（Altman，Shankman，2009）。例如，完美主义的两个特征，即对错误的关注和对行动的怀疑，在强迫症个体和进食障碍个体中都表现得较高（Lee et al.，2009；Sassaroli et al.，2008）。因此，有研究者探讨了强迫症和进食障碍患者的完美主义倾向与其决策表现之间的关系（Boisseau et al.，2013）。在研究中，对强迫症组、进食障碍组和健康对照组被试的完美主义倾向进行测量，且采用爱荷华赌博任务对三组被试的决策特点进行观测，观测指标为任务的净分数，即有利选择的数量减去不利选择的数量，得分越高表示决策越有利。结果发现，相比于健康对照组，强迫症组和进食障碍组被试都有着更高水平的完美主义倾向，并且在对行为怀疑程度这一完美主义特征上，强迫症组被试比进食障碍组被试更高，但在对错误的担忧程度这一完美主义特征上，强迫症组被试比进食障碍组被试更低。此外，对于强迫症组被试来说，其在爱荷华赌博任务中的净得分与对行动的怀疑呈显著负相关，但与对错误的担忧不相关。对于进食障碍组被试来说，其在爱荷华赌博任务中的净得分与对错误的担忧程度呈负相关，但与对行动的怀疑没有显著相关。

人格作为个体内部特质，一直在影响着人们的决策。除了上述的冒险倾向、感觉寻求、风险感知、完美主义倾向外，还有很多其他的人格特质与个体的风险决策行为有关系。虽然目前关于人格特质与风险决策之间的关系没有较为一致的结论，但随着研究的深入，我们相信个体人格特质与风险决策行为之间的关系会越来越清晰。

第四节　特殊人群的风险决策研究

从本章前三节的内容可以看出，风险决策是一个较为复杂的认知过程，与激素、情境、人格特质等因素均有关系。除此之外，个体的风险决策还受成瘾、抑郁、运动经验等因素的影响。接下来，对网游成瘾个体、抑郁个体、太极运动个体等特殊人群的风险决策研究进行介绍。

一、网游成瘾个体的风险决策

（一）网游成瘾简介

随着科技的发展和生活水平的提高，网络已经融入现实社会中的方方面面，成为人们在生活、学习和工作中不可缺少的技术手段。但是人们使用网络的时间增加、频率变快，逐渐对网络的使用过度并产生依赖，危害身心健康，给家庭、学校和社会造成极为严重的负面影响，这种现象被称之为“网络成瘾”（internet addiction disorder，IAD）。杨（Young）（1998）以赌博成瘾的理论为基础，提出网络成瘾是个体对网络的病态使用，属于冲动控制障碍的一种。网络成瘾被认定是行为成瘾的一种，它与赌博成瘾有着相似的诊断标准。

目前，研究者将网络成瘾分为三种类型：网络色情关注成瘾（internet sex addiction，ISA）、网游成瘾（internet gaming disorder，IGD）和网络交往成瘾（internet communication addiction，ICA）（Block，2007）。在网络成瘾的群体中，有超过半数的个体为网游成瘾（Kuss et al.，2013）。近年来，我国网络游戏用户的数量急速增长。根据中国互联网络信息中心发布的第 44 次《中国互联网络发展状况统计报告》显示，截至 2019 年 6 月，我国网络游戏用户规模达 4.94 亿，占网民整体的 57.8%。并且随着智能手机的普及，手机网络游戏因在时间和地点上均为网络游戏爱好者提供了很大的便捷，致使手机网络游戏用户规模高达 4.68 亿，占手机网民的 55.2%。调查发现，青少年和大学生是网络游戏爱好者的主要群体。

从以上信息可以看出，网游成瘾是网络成瘾最主要的类型，对个体的身心健康造成严重危害，集中体现在决策、控制等多方面，为日常生活带来严重的消极影响。网游成瘾是指个体重复和过度地沉浸网络游戏中的行为，并且该行为不受个体控制，对其家庭和社会功能造成严重危害，进而导致一系列负面后果的精神类疾病（Griffiths et al.，2014）。过度使用网络游戏，会使个体丧失控制力并造成负面影响，比如人际关系破裂、认知功能受损、降低对其他活动的兴致，甚至危害身心健康等等（Meng et al.，2014）。有研究报告表明，相较于正常的群体来说，网游成瘾者普遍在社会、家庭、经济和工作上遇到更多的困难（Achab et al.，2011）。而且网游成瘾者脾气暴躁、情绪低沉，在睡眠上也存在问题。调查表明，网游成瘾的青少年更是伴有严重的抑郁、焦虑倾向，他们恐惧社会交往，在学校里的表现较差（Gentile et al.，2011）。一般情况下，赌博、物质成瘾者等行为和物质成瘾者患有注意力涣散、抑郁及焦虑等精神障碍症状，网游成瘾者同样如此（Ng，Wiemer-Hastings，2005；Han et al.，2015）。网络游戏成瘾给人们造成显而易见的负面影响，因此如何解释网游成瘾形成的机制及怎样制定预防和干预的手段等问题受到了世界各地的关注。

由于网游成瘾是行为成瘾的一种，与其他类型的成瘾和障碍，如赌博成瘾、药物依赖等，同样表现出戒断、情绪变化等相似的症状（Leung，2004）。鉴于网络游戏成瘾造成的严重负面影响，2013 年美国精神卫生协会（American Psychiatric Association，APA）发布的《精神疾病诊断与统计手册》第五版（Diagnostic and Statistical Manual of Mental Disorder，DSM-5）的附录中提到了网游成瘾，并将其作为一种精神疾病症状，希望得到人们更多的实证和临床研究。2017 年，世界卫生组织（World Health Organization，WHO）将网游成瘾障碍列入国际疾病分类（International classification of diseases，ICD），正式将其归类为一种精神类疾病。

在《精神障碍诊断与统计手册》第五版第三部分中提到了 9 条网游成瘾的诊断标准，分别是：（1）渴求症状（preoccupation），指个体对网络游戏有强烈的渴求感，会花费大量时间沉浸于网络游戏中；（2）戒断症状（withdrawal），当个体不能继续游戏行为时，会出现愤怒、焦虑或者抑郁等不良情绪；（3）耐受性（tolerance），个体在游戏中收获了满足感、愉悦感，但是随着时间的推移，对这些获得的东西不敏感了，为了追求乐趣，他们会增加投入网络游戏的时间来满足自身需要；（4）停止无能（unsuccessfully reduce/stop），个体无法控制自己，不能减少上网行为或玩网络游戏的时间；（5）失去兴趣（loss of interests），除了网络游戏之外，对以前的爱好和娱乐失去兴趣；（6）过度使用（excessive use），尽管知道存在心理问题，但仍持续过度玩网络游戏；（7）欺骗（deception），个体故意向他人隐瞒自己在网络游戏上的娱乐时间；（8）逃避负性情绪（escape adverse moods），个体利用网络游戏来逃避或缓解现实生活中的消极情绪，如迷惘、焦虑或抑郁等；（9）失去机会（jeopardize/lose opportunities），个体过度沉浸网络游戏中，导致人际关系破裂、工作学习效率降低或职业发展机会丢失等等（Griffiths et al.，2014）。有研究发现，12 个月内，如果个体反复参与、过度使用网络游戏，在生活中受到较大的损伤与痛苦，并符合这 9 项症状中的 5 项或 5 项以上即可被诊断为网游成瘾（Petry，O'Brien，2014）。

目前，网络游戏种类繁多，而这些游戏设计的初衷就是要吸引大量玩家进行游戏以期取得一定的经济效益。一项针对澳大利亚不同年龄段学生和不同设计特点游戏的调查发现，游戏的设计特点与网游成瘾有关（Thomas，Martin，2010）。另外，父母的教养方式对孩子的网游成瘾行为也有重要影响。具体表现为在专制型教导下的中学生网游成瘾倾向更强（王盼 等，2006）。从人格特质来看，杨（1998）的研究表明，自尊水平较低、性格内向不愿和人交流的个体更易网游成瘾。赵璇等人（2012）的研究则发现，相比于健康对照组，网游成瘾组被试的孤独感程度更高。从动机角度看，过量游戏使用的主要动机为应对消极情绪、在网上寻求虚拟伙伴关系、在游戏中不断得到刺激和奖赏、获得掌控感等（King et al.，2011；Hsu et al.，2009）。综上，造成网游成瘾的因素众多，不仅与游戏本身有关系，还与个体的家庭、人格特质、孤独状态等因素有关系。

（二）网游成瘾个体的风险决策研究

异常的冒险行为是网游成瘾者的一个明显特征（Ko et al.，2010；Yao et al.，2015）。网游成瘾者经常面对的问题是开始或者停止玩游戏，对于正常人群来说，经过多方面衡量，是否继续玩游戏取决于带来的后果是否是正面的，而网游成瘾者的选择通常不顾虑损失，而注重游戏带来的奖赏，因此会造成冒险且负面结果。

研究人员试图通过探索网游成瘾者异常冒险行为的潜在机制，从而为网游成瘾的治疗铺平道路。研究发现，网游成瘾者在延迟折扣任务及概率折扣任务中的行为表现均异常。在延迟折扣任务中，被试会在两种虚拟奖赏中做出选择，其中一个选择是现在就可以得到的但是数量比较小的即时奖赏，还有一个是需要等待一段时间才可以得到但是数量比较大的延迟奖赏。例如，“现在 500 元或 1 个月 5000 元”，意思被试是在现在可以得到的 500 元奖赏与 1 个月之后可以得到的 5000 元奖赏之间做出选择。实验过程中即时奖赏与延迟奖赏的数量以及需要等待的延迟时间都可以根据实验目的发生变化。通过结合延迟折扣任务和功能性磁共振成像技术，Wang 等人（2016）在研究中发现，与控制组相比，网游成瘾者的折扣率更高，出现延迟选项时的选择反应更慢，大脑的基底节网络和执行控制网络的功能连接增强。这些都表明了网游成瘾者会花费较长的时间、投入更多的精力和认知资源来对延迟选项进行评估，可是付出更多的努力却没有做出合适的判断。在概率折扣任务中，被试在不同概率的奖赏之间做出选择，一个是大概率获得比较小的奖励，另一个是小概率获得比较大的奖励。Lin 等人（2015）发现在概率折扣任务中网游成瘾者的折扣率低于控制组，选择反应时间会更短，被试中央前回和额下回等脑区的激活程度降低，这表明网游成瘾者对风险概率的评估并不全面，为了更迅速地做出决策，他们忽略风险，对潜在的损失不敏感。另外，Dong 等人（2015a）为了探究网游成瘾者的风险决策特点，使用了包含三个阶段的实验任务，这三个阶段分别为冒险阶段（做出决定）、赌博阶段（进行风险决策）和结果反馈阶段。实验结果表明，网游成瘾者颞上回和额下回区域的激活程度降低，而且他们在赌博阶段做出决定的时间更短，这意味着风险情境下的网游成瘾个体更为冲动。还有研究者利用骰子游戏任务发现，相比于对照组，网游成瘾者不能优化自己的选择，做出了更多不利的决定，决策能力下降（Yau，Potenza，2014）。

基于网游成瘾者决策行为较为冒险这一问题，研究者通过实验研究尝试从不同的视角对该问题进行回答。目前，研究者认为与网游成瘾者异常决策行为有关的原因主要有以下几个方面。从风险评估方面来看，一项风险决策研究发现，网游成瘾者选择涉及概率计算的选项时反应时更短，额下回等前额区域皮层激活水平较低，这说明其对于风险选项概率的评估可能存在一定问题（Lin et al.，2015）。这意味着网游成瘾者的风险感知能力可能受到损害，所以行为表现上更为冒险并且导致较差的决策结果。从奖赏系统来看，奖赏系统在风险决策中主要涉及对结果的预期及价值评估，Dong 等人（2015b）通过静息态功能连接的研究发现，网游成瘾者涉及奖赏系统的脑区与对照组相比展现出更强的功能连接。这表明该群体对奖赏可能更为敏感并且对奖励的渴求更强烈。从对行为结果的敏感程度来看，Liu 等人（2017）使用杯子任务发现，网游成瘾者在风险评估阶段中，双侧背外侧前额叶和顶下小叶（inferior parietal lobe，IPL）对损失的反应更弱，而在结果阶段网游成瘾者的腹侧纹状体、腹内侧前额叶皮质和眶额叶皮层对收益有更大的激活反应，这表明网游成瘾者可能对奖励有高度的敏感，而对损失较为不敏感。从执行控制方面来看，Ding 等人（2014）通过 Go/No-go 任务进行的一项功能性磁共振成像研究发现，在抑制（No-go）条件下，网游成瘾者在背外侧前额叶、眶额叶皮层等脑区激活异常，并且与对照组相比抑制表现较差。另外，在一项被迫中断游戏的研究中，与对照组相比，网游成瘾者在游戏意外终止而被迫休息后无法抑制自己的游戏渴望，且前扣带回皮层背外侧前额叶等脑区激活降低（Zhang et al.，2020），这说明网游成瘾者的执行控制能力差，而执行控制功能与个体风险决策联系紧密。

除以上讨论的原因外，研究表明，错失机会不仅仅可以诱发负面情绪（Loomes，Sugden，1982；Liu et al.，2016；Liu et al.，2017），还是塑造人类行为的一个重要因素（Yechiam，Busemeyer，2006；Brassen et al.，2012）。例如，在连续风险决策任务中，若被试在当前试次由于决策过于保守而错失机会，那么被试往往表现出后悔情绪，在后续的决策行为中更加冒险，并且当前试次错失机会越多，后悔程度越强，后续决策行为冒险程度越高。虽然，错失机会在冒险行为中起着关键作用，但到目前为止，网游成瘾者的异常冒险行为是否与他们对错失机会的反应有关还不得而知。解决这个问题可能会帮助人们清楚地理解为什么网游成瘾者不顾广为人知的风险继续玩网络游戏。为了研究网游成瘾者的冒险行为与对错失机会的反应之间的关系，Liu 等人（2022a）利用连续风险决策范式并结合功能性磁共振成像技术，探讨了网游成瘾者对错失机会的情绪及脑活动反应在风险决策过程中的作用。研究者招募网游成瘾组和健康对照组被试，两组被试均完成连续风险决策任务，且在任务过程中进行功能性磁共振成像扫描。实验结果发现，相比于健康对照组，网游成瘾组被试平均开箱个数更多，即更加冒险；且相比于健康对照组，网游成瘾组被试在面对错失机会时的后悔程度更强。功能性磁共振成像结果发现，相比于对照组，网游成瘾组被试在面对错失机会时，额上回、腹侧纹状体、腹侧前扣带回和内侧前额叶皮层等脑区的激活程度更强，并且腹侧纹状体－丘脑和腹侧纹状体－中扣带回的功能连接也更强。进一步的脑－行为相关分析发现，网游成瘾组被试在面对错失机会时额上回的激活程度越强，那么其平均开箱个数就会越多，也即冒险程度越大。该研究初次揭示，网游成瘾者在风险决策过程中的冒险行为有可能与其对错失机会过于敏感有关系。也就是说，相比于健康个体，网游成瘾者更加有可能不能容忍错失机会，因此其在连续风险决策任务中打开过多的箱子，以减少错失机会结果的发生。这一结果与之前的研究结果一致，即网游成瘾者与健康对照组相比，不能下调他们的负面情绪体验。与此类似的是，黄浦江等人（2021）也发现，与健康对照组相比，网游成瘾者对错失机会更敏感。在之前的研究中，腹侧纹状体、腹侧前扣带回和内侧前额叶皮层作为“奖赏系统”的一部分被反复揭示（Biele et al.，2011；Haber，Knutson，2010）。具体来说，通过使用相同的连续风险决策任务，先前的研究观察到，与包含错失机会的非最优结果相比，无错失机会的最优结果在腹侧纹状体、腹侧前扣带回和内侧前额叶中引发了更强的激活。有着较多错失机会的结果包含较少的奖励信号，因此与奖励相关的大脑区域应该有较弱的激活。然而，网游成瘾者对错失机会表现出更强的情绪反应的行为结果一致，他们在与奖励相关的大脑区域，即腹侧纹状体、腹侧前扣带回和内侧前额叶中也表现出比健康被试更强的激活，表明网游成瘾者在对错失机会进行加工时奖赏网络存在异常。

除了探究任务状态下网游成瘾者的脑活动模式，也有研究者探讨了静息状态下网游成瘾者的脑活动模式。例如，陈静等人（2020）在研究中利用静息态功能性磁共振成像技术，采用功能连接分析方法探究了网游成瘾者大脑前额叶和其他脑区间的功能连接与网游渴求程度之间的关系。行为结果发现，网游成瘾组的网游应用情况调查问卷得分、网游成瘾诊断量表得分、玩网游时间以及网游渴求度量表得分均显著高于健康对照组。脑成像结果发现，网游成瘾组额上回和丘脑的功能连接显著强于健康对照组。此外，在健康对照组中发现，额上回和丘脑的功能连接程度与个体对网游的渴求程度呈显著正相关，而在网游成瘾组中没有发现该相关。研究者进一步对两组被试网游渴求度量表变异系数进行计算，结果发现，网游成瘾组的变异系数远小于健康对照组，也就是说，网游成瘾组被试的网游渴求程度普遍都很高且被试间变异也小。因此，网游成瘾组中没有发现额上回和丘脑的功能连接程度与网游渴求度量表得分的相关，可能是由于其网游渴求度量表得分的变异较小。黄浦江等人（2021）借助静息态功能性磁共振成像技术，探究网游成瘾者对错失机会的情绪敏感度及在静息状态下与错失机会加工相关的脑机制。研究结果发现，相比于健康对照组，网游成瘾组被试腹侧纹状体和额上回的功能连接显著增强。腹侧纹状体和额上回的功能连接程度与被试对错失机会的情绪敏感度的相关分析发现，健康对照组的功能连接程度与对错失机会的情绪敏感度呈显著正相关，即在健康对照组中，腹侧纹状体和额上回的功能连接越强，个体对错失机会就越敏感。而网游成瘾组中没有发现该相关，这有可能是由于网游成瘾者腹侧纹状体－额上回功能连接异常。

从上述研究可以看出，网游成瘾者在风险决策过程中常常表现出过于冒险的行为，研究者们结合不同的脑成像技术，从不同侧面对网游成瘾者冒险行为的内在机制进行探讨，使得网游成瘾者冒险行为的原因愈发清晰。但是，目前关于网游成瘾者的研究还存在一些问题，例如，研究中所招募被试往往为在校大学生，他们的网游成瘾状态符合研究者通常所使用的判定标准，在生活或学习中确实受到了难以自控的过量游戏所带来的影响，但被试群体还相对较为单一，网游成瘾的程度还较轻。未来研究可以考虑招募一些需要医疗手段或心理咨询介入的网游成瘾患者，以期对网游成瘾者的行为及脑机制获得更加全面的认识。

二、抑郁个体的风险决策

（一）抑郁症简介

抑郁症是生活中常见的精神疾病之一。我国心理健康蓝皮书《中国国民心理健康发展报告（2019—2020）》显示，2020 年青少年的抑郁检出率为 24.6%，其中，轻度抑郁的检出率为 17.2%，高出 2009 年 0.4 个百分点。重度抑郁为 7.4%，与 2009 年保持一致。Lu 等人（2021）在研究中根据我国不同年龄、性别、工作状态、教育水平、婚姻状况、居住地等社会人口学特征，对终身抑郁障碍与 12 个月抑郁障碍的患病率进行了统计，统计结果显示，我国成人抑郁障碍终生患病率为 6.8%，12 个月抑郁障碍患病率为 3.6%。长期的抑郁可能导致一系列的生理问题（Vanderlind et al.，2020）。此外，抑郁也会造成情绪加工缺陷、注意力下降、记忆减退、执行功能障碍及决策功能障碍等一系列认知和心理问题（Mcintyre et al.，2017；Baune，Air，2016）。例如，弗里泽（Vrieze）等人（2013）的研究表明，抑郁症患者在基于奖励的任务中表现欠佳，部分重症患者甚至无法客观、有效地权衡利弊，最终做出不利的决定，如拒绝进行诊治或自杀等（Szanto et al.，2015）。抑郁症不仅会对患者本身造成严重伤害，还会给患者的家庭与社会带来巨大的负担。因此，如何有效治疗抑郁症是目前亟待解决的现实问题。越来越多的研究者关注抑郁症的病理机制，以期找到治疗抑郁症的有效方法。

大量研究发现，抑郁症个体认知功能受损最明显的特征之一是对情绪刺激的加工异常。例如，凯洛（Kellough）和同事（2008）结合眼球追踪技术和自由观看任务（free-viewing task），探究了抑郁症个体对情绪刺激的选择性注意。在这项任务中，抑郁症个体观看了四种情绪图片（焦虑、威胁、积极和中性）。结果显示，抑郁症个体观看负性图片的时间明显多于观看积极图片的时间。一些系统的综述也表明，与没有抑郁症的个体相比，抑郁症个体对消极刺激表现出更大的注意偏向，而对积极信息表现出更少的注意偏向（Peckham et al.，2010；Vanderlind et al.，2020）。

（二）抑郁个体的风险决策研究

除了对情绪刺激的加工出现异常，还有一部分研究者发现抑郁症个体在风险决策中也表现出了障碍。例如，墨菲（Murphy）等人（2001）采用剑桥赌博任务探讨了抑郁个体的风险决策特点，在这项任务中，参与者被要求在两个选项间选择自己觉得正确的选项，每个选项均有一定的概率得到奖赏或惩罚，并对自己做出的每个决定进行“下注”以赢得更多的收益。结果发现，相比于非抑郁症个体，抑郁症个体在做决策时的思考时间更慢，累积的收益更少以及“下注”时使用的策略更差。西凯拉（Siqueira）等人（2018）发现，患有重度抑郁症的个体在爱荷华赌博任务中更多选择低奖赏 / 低风险的卡片，而较少选择高奖赏 / 高风险的卡片，即在风险决策过程中过于保守，从而导致他们在任务中获得的奖励较少。

风险决策通常都伴随着一定的金钱奖赏或惩罚卷入，这是因为金钱具有一定的社会属性，能够最大程度地提供与现实相近的风险决策情境。抑郁症的一个诊断特征是对奖赏的快感缺失，即无法从正常奖励活动中获得快乐（Solnek，Seiter，2002），这一特征被认为是导致抑郁症个体决策障碍的关键因素。以往的研究表明抑郁症个体在风险决策过程中对奖赏的加工异常。例如，福布斯（Forbes）及其同事（2007）发现，患有抑郁症的个体无法区分奖励大小，表明抑郁症可能影响了个体的奖惩加工系统，导致其在决策任务中的行为异常。除此之外，在概率选择任务（probabilistic selection task）和付出努力的决策任务（effort-based decision-making task）中，研究者发现，相比于控制组，抑郁个体选择高奖赏的概率更低，并且抑郁个体更不愿意付出努力去得到奖赏，这与负责认知控制功能的额中回（middle frontal gyrus）、前扣带回等脑区有关（Yang et al.，2016）。其实，有一种观点认为，在抑郁个体中对正常奖励活动参与的减少可能与他们对从事这些活动所涉及的努力成本的主观评估增加有关。例如，特雷德韦（Treadway）等人（2012）的研究结果表明，抑郁症与对需要付出高努力的高奖励的偏好呈显著负相关，而与对需要付出低努力的低奖励的偏好没有相关。综上，抑郁症个体的风险决策障碍有可能与其对奖赏的快感缺失有关，即抑郁症个体不愿在决策过程中通过消耗过多的认知资源来获取高额奖赏。

抑郁症个体的决策障碍还体现在对厌恶刺激（如风险）的回避上。例如，斯摩斯基（Smoski）等人（2008）考察了抑郁症个体在风险决策任务中的风险回避表现。结果发现，抑郁症个体会比对照组参与者更快地学会风险回避的反应，即随着时间的推移，选择风险牌的数量显著减少。贝克（Baek）等人（2017）采用了一项金钱决策任务（monetary decision-making task）并结合功能性磁共振成像技术，来探究抑郁个体在决策任务中的风险规避和损失厌恶及其背后的神经机制。研究者招募抑郁组被试和对照组被试。两组被试均完成金钱决策任务，其中包含两个子任务，其中一个是风险规避任务，另一个是损失厌恶任务，这两种任务的顺序在被试内进行了平衡。在风险规避任务中，有收益和损失两种情境，在收益情境下，被试需要在有固定金钱收益选项和有一定概率获得更大金钱收益且有一定概率不获得金钱收益的选项之间进行选择；

在损失情境下，被试需要在有固定金钱损失的选项和有一定概率遭受更大金钱损失且有一定概率不遭受金钱损失的选项之间进行选择。在任务中，没有结果反馈界面，被试不会知道自己每轮游戏究竟收益 / 损失了多少金额。在损失厌恶任务中，被试在非赌博选项和赌博选项之间进行选择。非赌博选项指被试固定获得 0 美元，赌博选项指被试有 50% 的概率收益，50% 的概率损失。研究者对赌博任务中损失和收益的程度进行操纵，将任务分为高风险情境和低风险情境，高风险情境中收益和损失的金额都很大，低风险情境中收益和损失的金额都很小。在数据分析时，研究者通过建立模型，对被试在风险规避任务和损失厌恶任务的风险规避指标和损失厌恶指标进行计算。实验结果发现，与对照组被试相比，抑郁组被试表现出更大的风险规避和损失厌恶，且抑郁组被试的风险厌恶和损失厌恶呈显著正相关。脑成像结果发现，在风险规避任务中的损失情境下，抑郁组被试的岛叶皮层激活程度显著低于控制组；而在损失厌恶任务中，当选择赌博选项时，抑郁组被试膝下前扣带皮层的激活程度显著低于控制组。这些大脑区域涉及对刺激的价值评估（Dombrovski et al.，2013；Tom et al.，2007），说明抑郁个体对风险和损失的回避行为可能与其对刺激的价值评估能力受损有关系。关于抑郁个体的价值评估，福布斯等人（2007）在研究中也发现了类似的结果，即抑郁个体在区分涉及大小可能性的奖赏选项方面存在缺陷。福布斯等人（2007）在研究中，招募了抑郁组被试和对照组被试。两组被试均需要完成一项决策任务，在这项任务中，被试必须在两个选项之间进行选择，其中一个选项为 50% 的概率获得 10 美分，另一个选项为高（66%）/ 低（33%）概率获得高（80 美分）/ 低（20 美分）奖励。做出选择后，给予被试结果反馈。实验结果发现，在高概率获得奖励的条件下，抑郁组选择高奖赏的次数显著少于控制组；而在低概率获得奖励的条件下，抑郁组和控制组在任务中的行为无显著差异，该结果表明，抑郁个体可能无法区分涉及大奖励或小奖励的选项。紧接着研究者们追踪了这群被试一年后的抑郁状况，他们使用回归分析发现，被试在之前选择高概率获得高奖励选项的频率可以负向预测一年后的抑郁症状，即频率越高，抑郁更轻。该研究不仅说明了抑郁个体在价值评估方面存在缺陷，更为价值评估缺陷会加重抑郁症状提供了直接证据。

关于抑郁个体对厌恶性刺激的回避在动物模型中也有体现。波索尔特（Porsolt）等人（1977）采用了强迫游泳实验法（forced swimming test，FST），探究小鼠的回避习得行为。在该实验中，通过将小鼠置于一个局限的环境中（如水中），小鼠在该环境中拼命挣扎试图逃跑但又无法逃脱，从而提供了一个无可回避的压迫环境，一段时间后，小鼠即表现出典型的“不动状态”，观察并记录小鼠产生绝望的“不动状态”过程中的一系列参数。研究者测量了当小鼠被置于水中而无法到达平台时的体力消耗以及在实验中固定不动的时间。结果发现，未经过抗抑郁药物治疗的有抑郁倾向的小鼠努力回避厌恶性结果的行为意愿更弱。探究抗抑郁药物效果的研究发现，在强迫游泳测试中，抑郁小鼠固定不动时间的减少是抗抑郁药物有效性的一个预测因子（Cryan et al.，2005），这表明决定从抑郁中恢复的神经化学变化可能与个体愿意付出的努力水平的改变有关。

综上，抑郁个体的风险决策障碍有可能与其对奖赏的快感缺失及对风险的异常回避有关。这两点其实都引出了一个共同的问题，即抑郁个体对奖惩的价值估计有异常。目前关于抑郁个体的奖惩的价值估计的研究较少。在今后的研究中可以就这一话题展开深入讨论。其次，这些研究结果还引出了另一个问题，即抑郁个体不愿意在获得奖赏上付出太多的努力，其实这一话题与抑郁个体的兴趣减退、对刺激缺乏反应等特征相呼应。或许正是因为抑郁个体对于奖赏或者有吸引力的事物兴趣减退，从而导致了在风险决策任务中的奖赏快感缺失以及不想付出努力。此外，抑郁个体还有一个特点是精力缺乏，做决策的过程中是需要个体消耗认知资源的，这就伴随着一定的精力消耗，在付出努力的过程中，抑郁个体精力损耗比非抑郁个体更快也更多（Diamanti et al.，2013），因此抑郁个体表现出了一定程度的决策障碍。最后，大部分的研究还都是聚焦于抑郁如何影响决策过程，较少研究对抑郁个体在决策过程中的脑活动进行讨论。虽然，认知神经科学研究提高了研究者对健康群体决策过程的神经机制的理解，但目前关于抑郁对决策神经机制影响的证据有限。因此，关于抑郁个体的风险决策研究还有很大的探索空间，期待在日后研究中获得更多有趣的发现。

三、太极运动个体的风险决策

（一）太极运动简介

作为一种历史悠久的锻炼形式，太极运动是中华优秀传统文化的一部分。作为我国国家级非物质文化遗产，这项运动在 2020 年成功列入联合国教科文组织人类非物质文化遗产代表作名录。太极运动能够将个体的身体、认知、社交和冥想的成分结合在一起（Wei et al.，2021），其冥想成分不仅强调身体的放松，还强调在心理方面，个体通过自我调控练习，不纠结于外部的干扰因素，将注意力集中于当下状态（Bernardi et al.，2017）。研究发现，太极这种身心运动除了有助于个体的身体健康外，还可以改善个体心理状况，如焦虑、抑郁等（Song et al.，2014）。在当今社会，无论是在东方还是西方，太极已经成为一种越来越受欢迎的运动形式。

太极运动对人们生理方面的影响表现为以下几点：（1）太极运动可以促进人体血液循环，增强心血管舒张能力，从而预防心血管动脉硬化、高血压、冠心病等疾病（Wen，Su，2021）。Sun 等人（2019）在一项纵向追踪的研究中将肥胖的老年人分为太极组和对照组。太极组老年人进行六年的太极运动，对照组则不进行太极运动，且在六年期间检测两组老年人的一系列生理指标。经过六年的随访调查，结果发现，太极组老年人的心脏指数以及肺功能水平显著好于对照组，且太极组老年人心脑血管疾病的发病率低于对照组。也就是说，太极运动可以改善老年人的心肺功能以及降低心血管疾病和其他慢性病的发病率；（2）太极运动可以扩大器官的张力及消化和吸收的能力，提高消化系统的效率（Wang，Zhang，2021）；（3）太极运动可以改善人体下肢的平衡，提高肌肉力量（Penn et al.，2019）；（4）太极运动对骨密度的改善有效，能够预防骨质疏松症（Zhou et al.，2021）；（5）太极运动可以改善个体先天免疫系统和适应性免疫系统中免疫细胞的水平，从而提高机体的免疫能力（Xu et al.，2021）。例如，Liu 等人（2012）对一个由中年参与者组成的太极运动训练小组展开研究，小组成员练习太极拳六个月，每周四次，每次 60 min；结果发现，与对照组相比，太极组的自然杀伤细胞（natural killer cell）百分比显著增加，自然杀伤细胞是机体重要的免疫细胞，该结果表明，太极运动可以提高免疫力，增强人体的抗病毒能力。

除了对人的生理方面有极大的益处之外，太极运动还有助于个体的心理健康。太极运动是一种潜在的大脑衰老的调节器，可以延缓人类衰老过程中神经系统的衰退（Yue et al.，2020）。长期进行太极运动可以帮助大脑重塑海马结构，从而提高记忆能力（Tao et al.，2016）。研究发现，太极运动不仅可以有效地改善抑郁个体的负面情绪，如减轻压力、缓解焦虑等，同时还可以优化患者的心率状况（Wang et al.，2014）。太极这项运动适合于各个年龄段的群体。对于正处在人生探索阶段的青少年群体而言，进行太极运动有利于其培养自我意识，提高注意力（Converse et al.，2014），增强自尊心和自信心，以及塑造良好性格（You et al.，2021）。对于大学生群体而言，长期进行太极运动有利于提高身体素质和改善人际关系（Wang et al.，2020）。还有研究发现，太极运动可以帮助大学生治疗网络成瘾（杨翠英，曾国凡，2017）。就老年人而言，太极运动对于情绪调节策略使用有积极作用，能使其更加偏向于使用积极的情绪调节策略，提高情绪的调节能力，降低负面情绪，从而保持良好的心态面对生活（Liu et al.，2020a；Zhang et al.，2019）。此外，太极运动还有助于缓解老年群体中常见的精神和认知疾病。例如，经常进行太极运动的中老年群体，其焦虑程度会明显降低（Yin，Dishman，2014）；太极运动能够提高中老年人的睡眠质量，且能延缓随着年龄增长而导致的记忆衰退现象（Fogarty et al.，2016）；此外，倘若长期进行规范的太极运动，可以帮助患有帕金森疾病的老年人缓解运动障碍的症状（Liu et al.，2019）。从上述研究可以看出，太极运动对个体的生理及心理健康均有助益。

（二）太极运动个体的风险决策研究

近年来，Liu 及其团队开展了系列研究，从行为、自评报告、脑结构、静息态脑活动、任务态脑活动等方面探讨长期进行太极运动与老年人风险决策及相应情绪的关系，在中华传统文化视域下对老年人的成功老化进行探索（Liu et al.，2018b；2019；2020a）。在研究中，研究者根据有无太极运动经验将招募到的老年人分为太极运动组和健康对照组。其中太极运动组老年人太极运动经验为十年左右，健康对照组老年人没有太极运动经验，但是有进行其他形式的运动，比如慢跑、游泳和广场舞等。太极运动组和健康对照组老年人均无精神病或神经系统疾病史，均属于右利手且视力或矫正视力正常。此外，两组老年人在性别、年龄、受教育程度等人口统计学信息上均无差异。实验中，太极运动组和健康对照组老年人完成连续风险决策任务，在任务的每一试次中，首先有八个箱子呈现出来。其中七个箱子中装的是金币，一个箱子装的是魔鬼，魔鬼的位置是随机的。箱子只能从左往右依次打开，在每一阶段，被试均有 2000 ms 的时间考虑是要打开箱子或是停止打开箱子收集金币。如果打开的箱子里面是魔鬼，那么就会结束当前试次并且会损失掉在本试次中获得的金币。如果主动选择停止，那么在结果界面，被试不仅能看到自己在本试次获得了多少金币，并且还可以看到鬼的位置，也就是说可以看到还有多少个本能打开的箱子没打开。在被试决定停止收集金币或者打开箱子遇到鬼之后，会紧接着一个 1800 ～ 2250 ms 的时间间隔。在结果界面，如果被试主动选择停止并收集金币，那么屏幕上会有一个蓝色的长方形把结果框起来；如果被试遇到鬼并且损失了本试次所获得的金币，那么屏幕上会有一个红色的长方形把结果框起来。结果呈现 3000 ms。每个试次的结果有两种情况：（1）收益情境，即被试没有遇到鬼，获得了一些金币；（2）损失情境，即被试遇到了鬼并且本轮得到的金币都损失了。最后，被试被要求在一个九点评分量表上评定他们的主观感受，评分从 −4 到 4，−4 为极其后悔，4 为极其欣慰，评分界面呈现 3000 ms。

在任务态功能性磁共振成像研究中，两组老年人在磁共振成像扫描仪中完成连续风险决策任务。行为结果发现，太极运动组和健康对照组老年人在冥想量表，如五因素冥想问卷及正念注意觉知量表上表现出差异，即太极运动组的冥想分数显著高于对照组。太极运动组和健康对照组老年人在情绪反应上也表现出了差异，具体来说，相比于健康对照组，太极运动组在错失机会过多（决策结果差）时后悔程度更低，在无错失机会（决策结果最优）时欣慰程度更低。进一步的回归分析表明，相比于健康对照组，太极运动组的情绪随决策结果变化而产生的波动程度较小，即整体上太极运动组的情绪稳定性更强，不太容易受决策结果的影响。此外，相关分析发现，太极运动组老年人冥想分数与其情绪稳定性呈现正相关，即冥想水平越高，情绪稳定性越强；而健康对照组没有发现该相关。行为结果还表明，太极运动组和健康对照组老年人在决策行为上也表现出差异，相比于对照组，太极运动组在连续风险决策任务中，平均开箱个数较低，遭遇损失结果的概率较低。个体在任务中的平均开箱个数和遇鬼概率往往作为其冒险程度的客观指标，因此，太极运动组老年人的决策行为相比于对照组来说更保守。总的来说，行为结果表明，长期进行太极运动的老年人冥想水平更高，情绪稳定性更强，决策更谨慎。任务态功能性磁共振成像研究的脑结果发现，在收益情境中随着客观结果越来越好，两组均有双侧纹状体激活，而前扣带回只在对照组中激活。此外，结果还发现，相比于对照组，当错失机会较多（决策结果差）时，太极运动组腹侧纹状体与前额叶（如额下回、额中回和额上回）的功能连接更强；进一步的中介效应分析结果发现，在太极运动组中，当冥想水平和腹侧纹状体与前额叶功能连接共同预测被试对客观结果情绪敏感程度时，腹侧纹状体与前额叶功能连接的预测系数不显著。该结果表明，在太极运动组中，腹侧纹状体与前额叶功能连接对结果情绪敏感程度的影响受到冥想水平的完全中介。研究中还探讨了两组老年人大脑激活对后续风险决策行为的影响，结果发现，随着下一试次冒险程度的降低，太极运动组和健康对照组老年人在当前试次激活的脑区是不同的：只有在健康对照组中，上一试次前扣带回的活动能够预测下一试次的决策行为，即前扣带回激活程度越强，后续决策行为越保守，而在太极运动组中没有发现该结果。

静息态功能性磁共振成像研究发现，相比于对照组，太极运动组在静息状态下背外侧前额叶与左侧丘脑、左侧纹状体、右侧额中回的功能连接更弱；相关分析表明，太极运动组执行控制网络的关键脑区即背外侧前额叶与右侧额中回的功能连接越弱，情绪稳定性越强；对照组没有发现此相关。进一步的中介效应分析发现，太极运动组冥想水平与情绪稳定性的关系，受到静息状态下执行控制网络功能连接的调节。因此，静息态脑功能连接表明，太极运动组在静息状态下执行控制网络的功能连接较弱，且该功能连接能够在冥想水平与情绪稳定性的关系中起到中介作用。另外，吴雨嫣（2020）等人探讨了长期太极运动老年人在静息状态下大脑低频振幅值与其情绪稳定性的关系，结果发现长期太极运动老年人的额中回和额下回的低频振幅值与其在连续风险决策任务中的情绪稳定性呈显著负相关，即长期太极运动老年人额中回和额下回的低频振幅值越大，在连续风险决策任务中的情绪稳定性越弱。

基于体素的形态学结果发现，相比于对照组，太极运动组丘脑和海马的灰质体积更大。进一步的相关发现，太极运动组被试丘脑的灰质体积越大，冥想水平就越高，并且情绪稳定性就越强；而对照组没有发现上述相关（Liu et al., 2019）。所以基于体素的形态学分析表明，太极运动组冥想水平和情绪稳定性与其丘脑灰质体积是有关系的，长期的锻炼有助于促进老年人的情绪稳定，减缓丘脑和海马体中的灰质萎缩。也就是说，长期的太极运动对延缓老年人脑灰质萎缩、改善情绪稳定和成功衰老具有保护作用。

综上，研究者们采用任务态功能性磁共振成像、静息态功能性磁共振成像和结构磁共振成像技术，从脑活动、脑功能连接、脑结构等多模态的视角揭示了长期太极运动老年人的决策更加谨慎，对决策结果的情绪稳定性更强及其相应脑机制。这些研究成果对现实生活中老年人的身心健康发展是有重要启示意义的。例如，随着年龄增大，老年人身体的各个器官功能下降，平衡感降低，极易发生跌倒，而长期太极运动使老年人决策更加谨慎的结果可能也表明太极运动能够使老年人在日常生活中不那么冒进，进而有可能在预防跌倒以及减少跌倒次数中发挥作用。此外，在 2012 年，《科学》杂志上的一项研究发现，相比于成功老化的老年人，非成功老化的老年人（主要是患有抑郁症的老年人）在面对错失机会时后悔程度更强。众所周知，长时间沉浸在后悔这一负性的、包含自责成分的情绪体验中，会对个体心理健康产生影响，诱发诸如抑郁症和焦虑症等精神疾病。特别地，随着老化程度的增大，老年人认知控制能力逐渐衰退，依赖于认知资源的情绪调节策略对他们而言比较困难。因此，如何帮助老年人成功老化，降低其后悔情绪，进而提升他们的主观幸福感，受到研究者的广泛关注。而太极运动是一个能够帮助老年人降低负性情绪、提升主观幸福感的有效方法。

第四章 风险决策脑机制的经典研究

传统心理学研究中的行为学测量方法只能帮助研究者探查个体风险决策的外部行为表现及特点，而这些表现及特点的内在机制却不清楚。为了揭示风险决策的内在机制，研究者们开展了大量的工作，从最初脑损伤个体的风险决策研究，到后来借助各种非侵入的认知神经科学技术的脑功能研究，这些研究正在慢慢揭开风险决策内在脑机制的神秘面纱。正是得益于研究者们的不懈努力，人们对风险决策内在脑机制的了解日益清晰。本章将对风险决策脑机制的经典研究进行介绍，主要包括脑损伤个体的风险决策研究、风险决策的相关脑活动研究以及脑活动对风险决策的预测研究。

第一节　脑损伤个体的风险决策研究

在早期，研究者们通过脑损伤个体在风险决策过程中的行为表现，来推测风险决策的脑机制。比如，在针对动物的研究中，研究者们发现额叶皮层受损会影响动物的目标导向行为（Gremel， Costa， 2013； West et al.， 2011）。大量针对人类的研究也发现，人类的眶额叶皮层、腹内侧前额叶皮层等前额叶区域受损会导致决策中的行为异常（Heyman， 2009； Strauss et al.， 2014）。脑损伤个体的风险决策研究能够非常直观地呈现出脑损伤部位与风险决策行为之间的对应关系，是探究风险决策脑机制的一种有效研究方式。本节内容将介绍三个经典的风险决策脑损伤研究，它们分别为徐（Hsu）等人（2005）进行的眶额叶皮层受损个体的风险决策研究、克拉克（Clark）等人（2008）开展的腹内侧前额叶皮层受损个体的风险决策研究以及卡米尔等人（2004）进行的眶额叶皮层受损个体的风险决策和相应情绪研究。

一、眶额叶皮层受损个体的风险决策研究

（一）研究背景

人们常常需要在不确定情境下做出决策。如果不确定情境中各个选项的概率信息是明确的，那么这类决策往往被称为风险决策；但是，若各个选项的概率是不明确的即模糊的，那么这类决策往往被称为模糊决策。而眶额叶皮层受损个体在风险决策和模糊决策中的行为特点是怎样的还不清楚。基于此，徐等人（2005）发表在《科学》杂志上的研究探讨了眶额叶皮层受损个体在风险决策和模糊决策任务中的行为表现。

（二）研究方法

研究者共招募 12 名脑损伤被试，其中有 5 名被试［3 名男性，2 名女性，平均年龄（54 ± 12）岁］的眶额叶皮层受损，作为实验组；7 名被试［4 名女性，

3 名男性，平均年龄（52 ± 9）岁］的颞叶受损，作为对照组。在 5 名实验组被试中，1 名被试双侧眶额叶皮层及额极损伤，1 名被试右侧眶额叶皮层及右岛叶损伤，1 名被试右侧眶额叶皮层及额极损伤，2 名被试右侧眶额叶皮层损伤。在 7 名对照组被试中，3 名被试左侧前颞叶皮层损伤，3 名被试右侧前颞叶皮层损伤，1 名被试左侧后颞叶皮层损伤。实验组和对照组被试损伤的脑区都是由于疾病而不得不通过手术切除的，两组被试脑损伤区域的整体大小没有显著差异。此外，研究者利用韦氏成人智力测验第 III 版（Wechsler adult intelligence scale III，WAIS-III）对被试的语言表现和智商（IQ）进行测量，利用广泛成就测验（wide range achievement test，WRAT）算术子测验对被试的计算能力进行测量，利用威斯康星卡片分类测验（Wisconsin card sorting task，WCST）对被试抽象思维和记忆能力进行测量，通过韦氏记忆量表（Wechsler memory scale）对被试的记忆力进行测量。结果发现，两组被试在年龄、言语智商测试得分、计算能力得分、抽象思维和记忆能力得分等方面差异均不显著；但是，实验组被试的操作智商测试得分高于对照组被试（具体见表 4–1）。

表 4–1　对照组和实验组人口统计学信息

	OFC	Control	t
Age	54	52	0.31
	（12）	（9）	
VIQ	110	100	1.00
	（21）	（9）	
PIQ	117	100	2.35
	（11）	（14）	
FSIQ	114	100	1.65
	（17）	（10）	
MATH	102	98	0.71

续表

	OFC	Control	t
	(10)	(9)	
WCST	6	4.9	1.45
	(0)	(2)	
MEMORY	110	100	1.09
	(7)	(12)	

OFC—眶额叶皮层组；Control—颞叶损伤对照组；Age—年龄；VIQ—言语智商测试得分；PIQ—操作智商测试得分；FSIQ—全量表智商测试得分；MATH—广泛成就测验算术子测验得分；WCST—威斯康星卡片分类测验得分；MEMORY—韦氏记忆量表3，通用记忆索引测试得分。

（资料来源："Neural systems responding to degrees of uncertainty in human decision-making"）

两组被试均完成纸牌任务。在任务中，被试需要在确定和不确定选项之间进行选择。若被试选择确定选项，那么在本试次会获得较小奖励；若被试选择不确定选项，那么在本试次可能获得更大奖励，也可能不获得奖励。研究者将确定选项的奖励设置为五种情况，分别为15个代币、25个代币、30个代币、40个代币和60个代币。不确定选项根据选项的概率信息分为模糊情境和风险情境。具体来说，在模糊情境中，会给被试呈现20张有两种颜色的纸牌，被试需要选择一种颜色的纸牌，如果被试选择纸牌的颜色与最后结果呈现纸牌的颜色一致，则被试将获得100个代币奖励，反之则没有代币奖励。然而，被试并不了解两种颜色纸牌的比例，也就是说，被试进行纸牌选择时概率是未知的、模糊的。在风险情境下，同样会给被试呈现20张纸牌，纸牌同样有两种颜色，但是每种颜色的纸牌有10张，也就是说，被试在两张纸牌中进行选择时，获得100个代币奖励的概率有50%，不获得代币奖励的概率也有50%，即概率信息是明确的。例如，在图4-1中，左侧为模糊情境，两种颜色纸牌的概率信息不明确；右侧为风险情境，两种颜色纸牌的概率信息是明确的，均为10张。

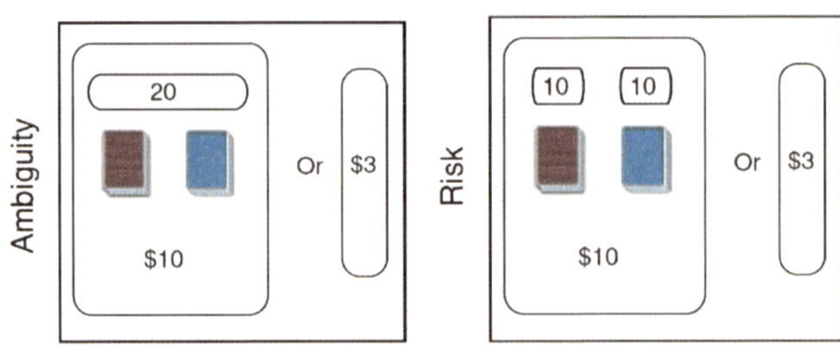

Ambiguity—模糊；Risk—风险。

图 4–1 实验任务示意图

（资料来源："Neural systems responding to degrees of uncertainty in human decision-making"）

数据分析时，研究者首先对两组被试在任务中选择确定选项的概率进行统计。在任务中，因为确定选项的奖励为 15 个代币、25 个代币、30 个代币、40 个代币和 60 个代币五种情况，因此，理论上来说，对于模糊厌恶或风险厌恶的个体，随着确定选项代币奖励个数的增加，其选择确定选项的概率应该增大。其次，研究者基于被试在任务中的选择行为，建立了一个选择模型，以分析被试对风险厌恶和模糊厌恶的程度。模型会输出两个参数 ρ 和 γ，其中参数 ρ 表示被试对风险厌恶的系数，参数 γ 表示被试对模糊厌恶的系数。若风险厌恶系数 ρ 等于 1，表示被试是风险中立（risk neutral）的；ρ 大于 1，表示被试是风险寻求（risk preferring）的；ρ 小于 1，表示被试是风险厌恶（risk averse）的。同样的，若模糊厌恶系数 γ 等于 1，表示被试是模糊中立（ambiguity neutral）的；γ 大于 1，表示被试是模糊厌恶（ambiguity averse）的；γ 小于 1，表示被试是模糊寻求（ambiguity preferring）的。在获得两组被试的风险厌恶程度系数和模糊厌恶程度系数后，对系数进行分析。

（三）研究结果

实验结果发现，随着确定选项的代币奖励程度变化，实验组和对照组被试选择确定选项的概率见表 4–2。从表中很明显可以看出来，实验组被试和对照组被试在任务中的选择模式是完全不同的。具体来说，随着确定选项的代币奖励程度增大，无论是在模糊情境还是在风险情境中，对照组被试选择确定选项的概率依次增大；而实验组被试只有当确定选项代币奖励为 40 和 60 时才会选择确定选项。该结果表明，实验组被试即眶额叶皮层受损被试的决策过程有可能是异常的。

表 4–2　实验组和对照组被试的决策行为

Lesion	Certain amt	Ambiguity	Risk
Control	15	0.2857	0
	25	0.2857	0.1429
	30	0.5714	0.2857
	40	0.7143	0.5714
	60	0.7143	0.8571
OFC	15	0	0
	25	0	0
	30	0	0
	40	0.2	0.2
	60	0.4	0.6

Lesion—脑损伤；OFC—眶额叶皮层组；Control—颞叶损伤对照组；Certain amt—确定选项的奖励程度；Ambiguity—模糊情境下被试选择确定选项的概率；Risk—风险情境下被试选择确定选项的概率。

（资料来源："Neural systems responding to degrees of uncertainty in human decision-making"）

通过建立模型获得实验组和对照组被试的风险厌恶程度系数（ρ）和模糊厌恶程度系数（γ），并对系数进行分析（图 4–2）。实验结果发现，实验组被试的风险厌恶程度系数（ρ）和模糊厌恶程度系数（γ）大小均与 1 是差异不显著的，也就是说，实验组即眶额叶皮层受损被试无法成功区分不确定性的程度，即没有对模糊或风险表现出厌恶或偏好。而对照组被试的风险厌恶程度系数（ρ）是显著小于 1 的，模糊厌恶程度系数（γ）是显著大于 1 的，也就是说，对照组被试在任务中表现出了对风险和模糊的厌恶。该结果进一步说明，眶额叶皮层受损个体的决策行为是异常的。

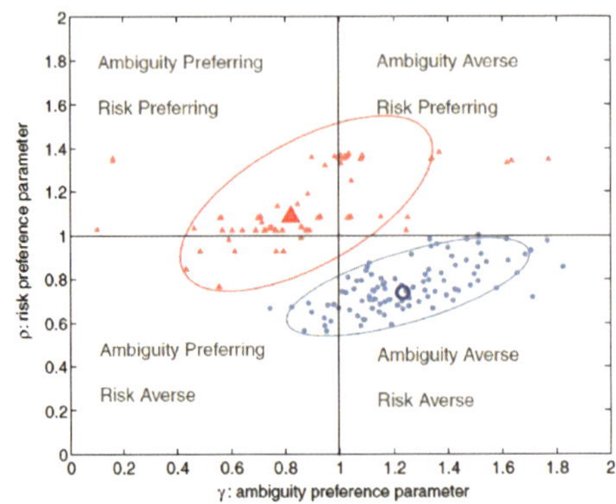

此图的横轴为模糊寻求程度（γ， ambiguity preference parameter），纵轴为风险寻求程度（ρ， risk preference parameter）。模糊中立线（γ =1）和风险中立线（ρ =1）将此图划分为四个区域，并在图上展示被试的决策。左上区域代表模糊偏好（ambiguity preferring）且风险偏好（risk preferring），左下区域代表模糊偏好且风险厌恶（risk averse），右上区域代表模糊厌恶（ambiguity averse）且风险偏好，右下区域表示模糊厌恶且风险厌恶。图中三角形表示眶额叶皮层受损被试，圆形表示对照组被试。

图 4–2　模型分析结果

（资料来源：“Neural systems responding to degrees of uncertainty in human decision-making”）

通过徐等人（2005）的研究可以发现，眶额叶皮层受损个体在决策过程中，没有表现出对风险或模糊的厌恶，也即随着确定选项代币奖励个数的增加，选择确定选项的概率显著小于对照组个体，这说明眶额叶皮层受损个体在决策过程中不能很好地对风险和价值等信息进行评估，这也暗示了眶额叶皮层有可能与风险决策过程中的价值评估有关系。

二、腹内侧前额叶皮层受损个体的风险决策研究

（一）研究背景

徐等人（2005）在研究中揭示眶额叶皮层受损个体在不确定情境中进行模糊决策和风险决策时的行为模式是异常的，即眶额叶皮层在风险决策中发挥关键作用。先前研究发现，除了眶额叶皮层外，腹内侧前额叶皮层（包含眶额叶皮层的内侧部分）也与风险决策密切相关。有研究探讨了腹内侧前额叶皮层损伤个体的

决策特点（Bechara et al.， 1994； Berlin et al.， 2004），但是这些研究主要集中于结果概率信息是模糊情境下的决策。剑桥赌博任务是一种典型的风险决策研究范式，其结果的可能性可以被明确地呈现出来，从而最大限度地减少额外的学习和工作记忆需求，能够使被试在进行风险决策时较少地受额外因素的干扰。克拉克等人（2008）发表在《大脑》（Brain）杂志上的研究基于剑桥赌博任务揭示了腹内侧前额叶皮层受损个体的风险决策行为特点，此外还考察了岛叶受损个体在风险决策任务中的行为表现，并对腹内侧前额叶皮层受损个体和岛叶受损个体在风险决策中的相似性及差异性进行了探讨。

（二）研究方法

研究者共招募45名脑损伤的被试，其中有20名被试［11名男性，9名女性，平均年龄（54.2 ± 14.3）岁］的腹内侧前额叶皮层受损，13名被试［7名男性，6名女性，平均年龄（57.3 ± 11）岁］的岛叶受损，分别作为两个脑损伤实验组；12名被试［6名男性，6名女性，平均年龄（59.2 ± 14.3）岁］的背外侧（dorsolateral）或腹外侧（ventrolateral）前额叶受损，作为脑损伤对照组。此外，研究还招募了41名没有脑损伤的被试［21名男性，20名女性，平均年龄（50.7 ± 10.9）岁］作为健康对照组。在20名腹内侧前额叶皮层受损实验组被试中，受损区域包括双侧眶内侧/腹内侧前额叶皮层和额极，10名被试双侧混合性受损，6名被试右侧混合性受损，4名被试左侧混合性受损；岛叶皮层损伤组的受损区域包括岛叶皮层的前部和后部以及邻近的次级躯体感觉皮层（图4-3）。脑损伤对照组的背外侧前额叶和腹外侧前额叶均有单侧受损，但岛叶皮层、次级躯体感觉皮层、眶内侧/腹内侧前额叶皮层和额极没有受损，脑损伤实验组和脑损伤对照组被试损伤的脑区主要是由于疾病不得不通过手术切除的。实验组和对照组被试的受教育年限以及三组脑损伤被试遭受脑损伤的年限没有显著差异（具体见表4-3）。

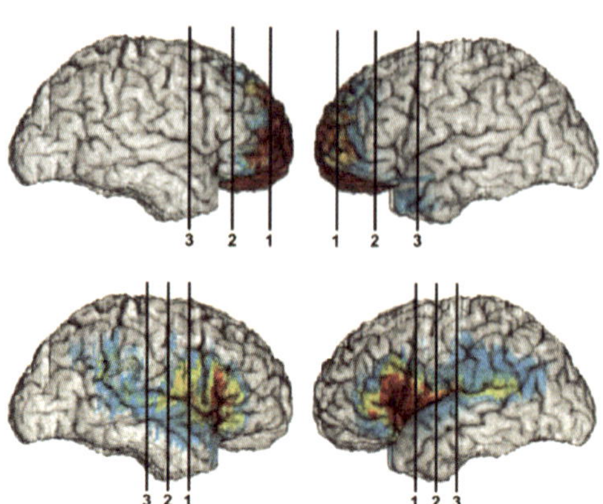

上图表示腹内侧前额叶皮层受损实验组的脑损伤示意图，下图表示岛叶皮层受损实验组的脑损伤示意图。

图 4–3 实验组脑损伤示意图

（资料来源："Differential effects of insular and ventromedial prefrontal cortex lesions on risky decision-making"）

表 4–3 对照组和实验组人口统计学信息

	Controls	vmPFC	Insular	Lesion controls
N	41	20	13	12
Age	50.7（10.9）	54.2（14.3）	57.3（11.0）	59.2（14.3）
Gender	21M:20F	IIM:9F	7M:6F	6M:6F
Education	14.4（2.9）	13.2（1.9）	13.5（2.8）	15.7（5.1）
Years pst-lesion	—	9.9（9.3）	15.8（13.1）	11.6（12.9）

Controls—健康对照组；vmPFC—腹内侧前额叶皮层损伤实验组；Insular—岛叶损伤实验组；Lesion controls—脑损伤对照组；N—被试数量；Age—年龄；Gender—性别；Education—受教育年限；Years post-lesion—脑损伤年限。

（资料来源："Differential effects of insular and ventromedial prefrontal cortex lesions on risky decision-making"）

四组被试均需完成剑桥赌博任务。每名被试共进行四轮实验，每轮分为八个组块，每个组块包含九个试次，实验任务如图 4–4 所示。每个实验试次中，均在电脑屏幕上给被试呈现 10 个小方格，其中一些小方格是红色的，一些是蓝色的。红色小方格与蓝色小方格的数量设置有 9 ∶ 1、8 ∶ 2、7 ∶ 3、6 ∶ 4 四种情况，且两种颜色的小方格数量以伪随机顺序呈现。在这 10 个小方格中，有一个小方格的背面放有代币奖励，但是被试不知道代币具体隐藏在哪种颜色的小方格背面。首先，被试需要通过选择屏幕下方的红色或蓝色方块来猜测代币是在红色方格背面还是蓝色方格背面。然后，被试需要为刚才的选择下赌注，赌注是以点数形式表示的，在每个组块开始前，被试的初始点数都会被设定为 100。被试需要在五种比率（5%、25%、50%、75%、95%）中选择一个，作为当前赌注的点数；这里的比率是指占当前点数的百分比，例如，若当前点数为 100，被试选择 25%，则表示被试下赌注的点数为 25。其中，四个组块的赌注比率以升序呈现，即 5%、25%、50%、75%、95%；四个组块的赌注比率以降序呈现。在被试选择完所要赌注的点数后，给其反馈选择的结果。如果代币隐藏在所选择颜色的小方格背后，则被试选择正确，会在被试现有点数基础上增加所下赌注的点数；如果代币没有藏在所选颜色的小方格背后，则被试投注错误，会在被试现有点数基础上减去所下赌注的点数。在任务中，被试被要求尽可能多地赢得点数。如果在一个组块中，被试的总点数跌至 1 点，那么该组块将强制结束，重新开始下一个组块。强制结束的组块被称为“破产”（bankruptcy）组块。

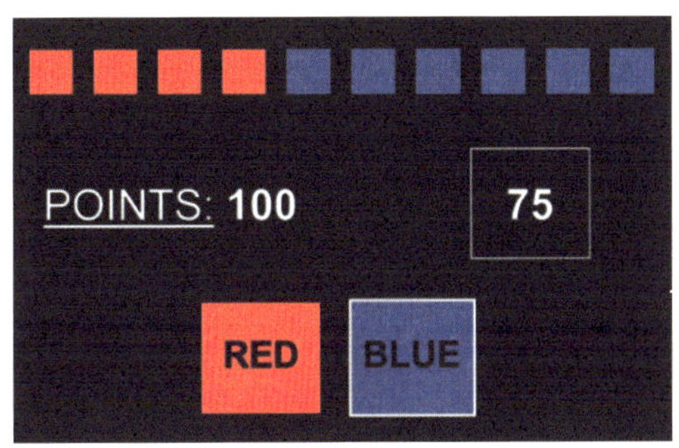

屏幕上方为呈现的两种颜色的方格，屏幕中部左侧为当前所持有的点数（Points），屏幕中部右侧显示赌注的比率。屏幕下方为两种颜色的方块，被试需要通过选择其中一个来猜测代币出现在哪种颜色方格的后面。Red—红色；Blue—蓝色。

图 4–4　实验任务示意图

（资料来源：“Differential effects of insular and ventromedial prefrontal cortex lesions on risky decision-making”）

在数据分析时，研究者对被试选择颜色占多数的方格时所下的赌注进行分析，一种是对红蓝方格个数比例为 9 ∶ 1、8 ∶ 2、7 ∶ 3、6 ∶ 4 四种情况下的赌注比率分别进行分析，另一种是将四种情况的赌注比率合并进行分析。在对每种情况下的赌注比率进行分析时，还可以考察随着红蓝方格个数比例的变化，即随着风险的变化，被试赌注比率的变化，根据被试在不同风险情况下的赌注情况，研究者计算出了被试的风险调整（risk adjustment）能力。此外，研究者还对被试在任务中的“破产”组块进行分析。

（三）研究结果

对四种情况（9 ∶ 1、8 ∶ 2、7 ∶ 3、6 ∶ 4）的赌注比率合并进行分析发现，腹内侧前额叶皮层受损组被试和岛叶受损组被试所下的赌注比率要显著高于脑受损对照组（背外侧 / 腹外侧前额叶受损）和健康对照组，并且腹内侧前额叶皮层受损组被试与岛叶受损组被试在所下赌注的比率上没有显著差异（图 4–5）。该结果表明，腹内侧前额叶皮层受损组被试和岛叶受损组被试在风险决策过程中均是较为冒险的，不能很好地对赌注价值进行评估。此外，结果还表明腹内侧前额叶皮层和背外侧 / 腹外侧前额叶在决策过程中所发挥的作用是不同的。

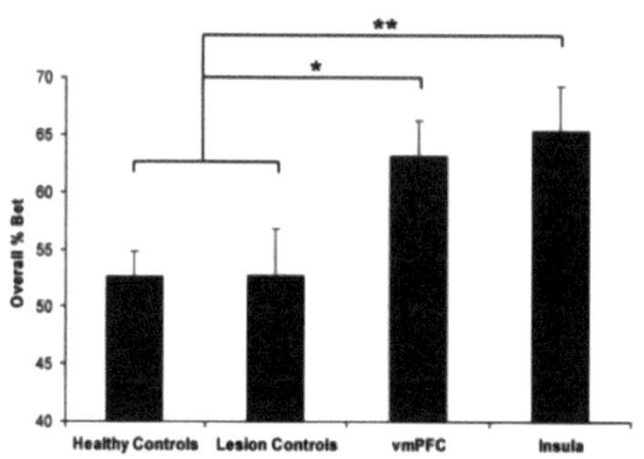

Healthy controls—健康对照组；Lesion controls—脑损伤对照组；vmPFC—腹内侧前额叶皮层受损组；Insular—岛叶受损实验组；Overall % bet—四种情况的赌注比率。* 表示 $p<0.05$，** 表示 $p<0.005$。

图 4–5　四组被试所下的赌注比率情况

（资料来源：“Differential effects of insular and ventromedial prefrontal cortex lesions on risky decision-making”）

对被试的风险调整能力进行分析发现，腹内侧前额叶皮层受损组被试、脑受损对照组被试和健康对照组的风险调整能力要显著高于岛叶受损组被试，腹内侧前额叶皮层受损组被试、脑受损对照组被试和健康对照组的风险调整能力没有显著差异（图 4–6 左）。该结果表明，岛叶受损组被试不能根据风险的不同来调整自己的赌注程度，也就是说，即使在风险程度很高的情况（如 6 ∶ 4 情况）下，岛叶受损组被试不会通过下调自己的赌注点数来降低损失的程度，这与先前研究所发现的岛叶与风险厌恶的关系相一致。此外，针对被试“破产”组块次数的分析发现，岛叶受损组被试的“破产”组块次数显著多于健康对照组，腹内侧前额叶皮层受损组被试、脑受损对照组被试和健康对照组的“破产”组块次数没有显著差异（图 4–6 右）。岛叶受损组被试的“破产”组块次数较多，有可能与其较差的风险调整能力有关。

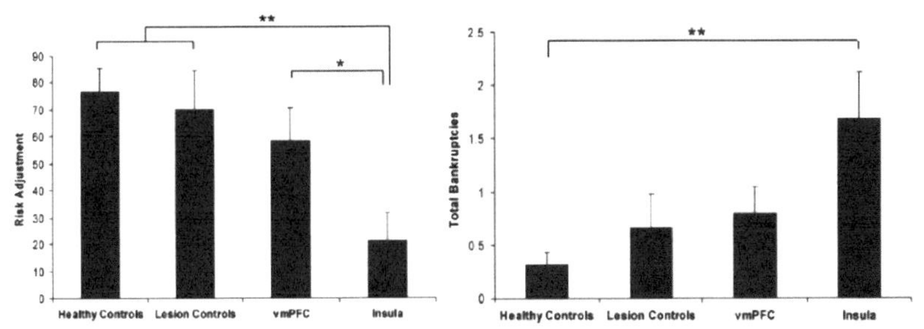

Healthy controls—健康对照组；Lesion controls—脑损伤对照组；vmPFC—腹内侧前额叶皮层受损组；Insular—岛叶受损实验组；Risk adjustment—风险调整；Total bankruptcies—破产总数。* 表示 $p<0.05$，** 表示 $p<0.005$。

图 4–6　四组被试的风险调整和破产情况

（资料来源：“Differential effects of insular and ventromedial prefrontal cortex lesions on risky decision-making”）

综上，克拉克等人（2008）的研究发现，若个体的腹内侧前额叶皮层受损或岛叶受损，那么其在风险决策过程中，不能很好地对赌注价值进行评估，进而导致较多的冒险行为，并且岛叶受损个体不能根据风险的不同来调整自己的决策行为，即使在风险程度很高的情况下，仍然较为冒险。

三、眶额叶皮层受损个体的风险决策及相应情绪研究

（一）研究背景

上述两个研究分别通过不同的脑损伤区域探讨了脑损伤个体的风险决策特点。除了对风险决策特点进行研究，还有学者对脑损伤个体风险决策所诱发的情绪特点进行了探讨。在风险决策过程中，后悔是人们常常体验到的一种情绪。后悔情绪产生于个体当前决策结果比已放弃选项结果要差的反事实思维（counterfactual thinking），具有反思性认知的特点。因此，后悔可被视为由反事实思维所导致的情绪后果，或者说它是由“假如我做了另外的选择，那么可能会发生什么”的反事实思维所驱动的（Coricelli，Rustichini，2010）。后悔是在进化上产生较早且被频繁体验到的一种情绪。卡米尔等人（2004）发表在《科学》杂志上的研究就探讨了眶额叶皮层受损个体在决策任务中的行为表现及相应的后悔情绪特点。

（二）研究方法

卡米尔等人（2004）在研究中招募了5名眶额叶皮层受损的被试［其中4名男性，1名女性，平均年龄（49 ± 6.8）岁］，作为实验组。此外，还招募了18名没有脑损伤的被试［其中5名男性，13名女性，平均年龄（43.7 ± 10.9）岁］，作为对照组。在5名实验组被试中，2名被试左侧眶额叶皮层损伤，1名被试右侧眶额叶皮层损伤，2名被试双侧眶额叶皮层损伤（图4-7）。实验组被试损伤的脑区都是由于疾病或外伤而不得不通过手术切除的。此外，研究者利用stroop任务、连线测验（trail making test，TMT）、语言流畅性测验（verbal fluency test）、威斯康星卡片分类测验、韦氏成人智力测验第III版和马蒂斯痴呆评定量表（Mattis dementia rating scale）等对实验组被试的整体认知表现进行测量。结果发现，实验组和对照组被试在认知表现上没有显著差异。

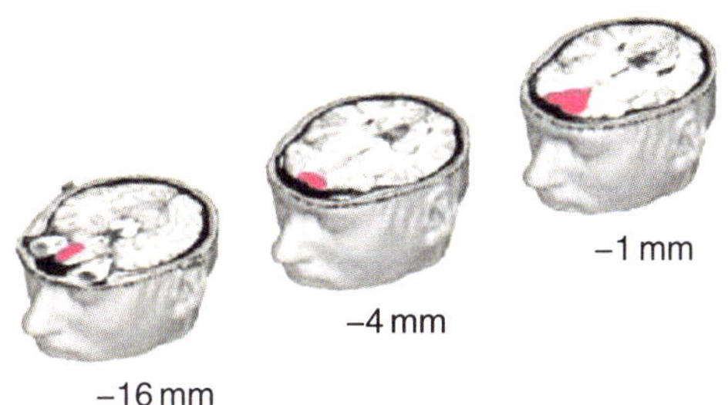

图 4–7 眶额叶皮层受损区域立体解剖切面图

（资料来源："The involvement of the orbitofrontal cortex in the experience of regret"）

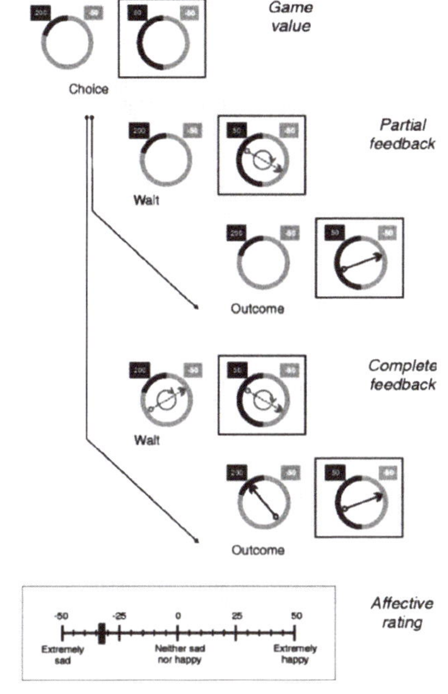

Game value—转盘上不同颜色代表不同数值；Partial feedback—部分反馈条件；Complete feedback—完全反馈条件；Affective rating—情绪评分。

图 4–8 幸运转盘任务示意图

（资料来源："The involvement of the orbitofrontal cortex in the experience of regret"）

两组被试均需完成幸运转盘任务（图 4–8）。在任务中，被试首先会看到两个转盘，每个转盘都有两种颜色，每种颜色代表不同的数值（如 –200、200、–50、50），颜色的多少代表获得相应数值概率的大小。例如，若选择图中左边的转盘，那么被试有 75% 的可能性损失 50 元，有 25% 的可能性获得 200 元；如果选择右边的转盘，则被试有 50% 的可能性输掉 50 元，50% 的可能性赢得 50 元。被试在两个转盘中做选择之后，转盘中的箭头会旋转并最终停止在一个位置，箭头所指向的数值即为结果。实验中有两种操纵，一种是只给被试呈现自己选择转盘的结果，称为部分反馈。另一种则是给被试同时呈现已选转盘和未选转盘的结果，称为完全反馈。在每个试次结束时，被试都需要使用一个由 −50 分到 +50 分的情绪评分量表，对自己做出决策后引发的情绪状态进行评估，−50 分表示非常悲伤，+50 分表示非常高兴。在两组被试进行任务的过程中，还对其皮肤电导反应（skin conductance response，SCR）进行记录，记录皮肤电导反应的电极置于被试的非优势手上。

在数据分析中，首先，研究者对两组被试的情绪评分进行分析，具体来说，研究者认为在部分反馈条件中，由于被试只知道自己的结果，因此通过获得结果与期望结果之间的比较，被试可以体验到失望和满意两种情绪。例如，当所选择转盘两个颜色对应数值分别为 −50 和 200 时，若箭头指在 −50 所对应的颜色部分，由于被试只知道选择转盘的结果，那么被试体验到失望情绪。在完全反馈条件中，如果被试所选转盘得到的收益比未选转盘的收益差，则被试会体验后悔情绪；反之，则会体验到欣慰情绪。例如，若选择转盘的箭头指在 −50 所对应颜色部分，未选择转盘箭头指在 200 所对应颜色部分，那么被试体验到后悔情绪。其次，研究者对被试的皮肤电导反应进行分析。最后，研究者通过建立模型，探究两个转盘的期望价值和预期后悔情绪对被试后续决策行为的影响。

（三）研究结果

实验结果显示，在部分反馈情况下，对于健康对照组被试来说，当获得的结果一定时（如 −50），未获得结果的值越大，情绪评分越小，即越失望，如图 4-9（a）所示；对于眶额叶皮层受损组被试来说，当获得的结果一定时，未获得结果的值越大，情绪越小，即越失望，如图 4–9（b）所示。在完全反馈情况下，对于健康对照组被试来说，当所选转盘获得的结果一定时，未选转盘结果的值越大，情绪越小，即越后悔，如图 4–9（c）所示；对于眶额叶皮层受损组被试来说，当所选转盘获得的结果一定时，未选转盘结果的值的多少并不会对情绪评分产生影响，也即并不会对被试的后悔情绪产生影响，如图 4–9（d）所示。上述结果表明，健康对照组个体可以通过比较已选选项结果和未选选项结果来体验到后悔情绪，而眶额叶皮层受损个体则不能。

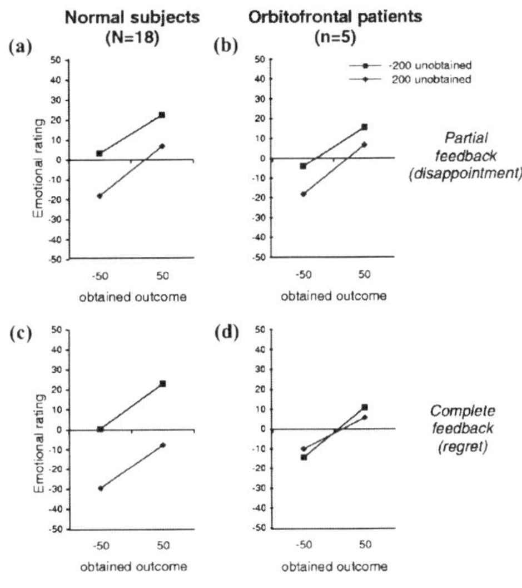

Normal subjects—健康对照组被试；Orbitofrontal patients—眶额叶皮层受损被试；Partial feedback—部分反馈条件；Disappointment—失望情绪；Complete feedback—完全反馈条件；Regret—后悔情绪；Obtained outcome—获得的结果；Unobtained—未获得；Emotional rating—情绪评分。

图 4–9　实验组和对照组被试在任务中的行为结果

（资料来源："The involvement of the orbitofrontal cortex in the experience of regret"）

对皮肤电导反应的测量结果（图 4–10）显示，健康对照组被试在完全反馈条件下的皮肤电导反应显著高于部分反馈条件，这反映了他们在完全反馈条件下有更强烈的情绪唤醒水平；而眶额叶皮层受损组被试的皮肤电导反应在完全反馈条件和部分反馈条件之间没有显著差异。

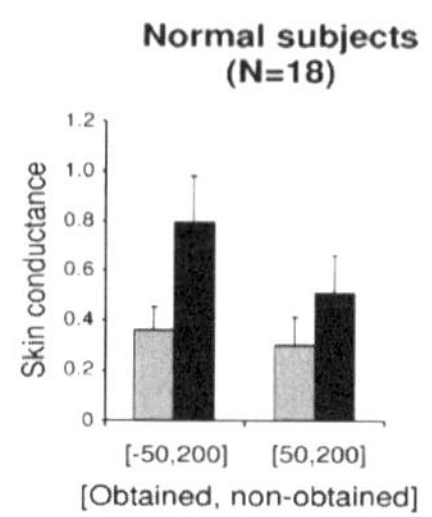

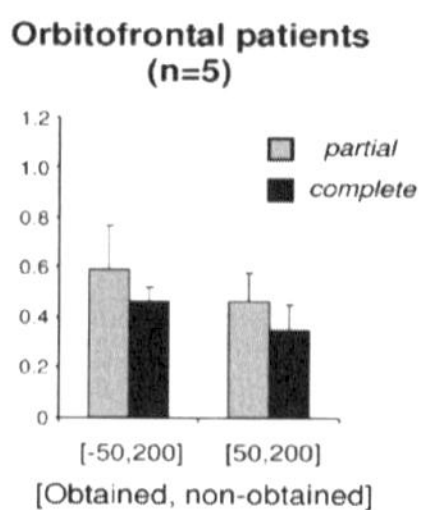

Normal subjects—健康对照组被试；Orbitofrontal patients—眶额叶皮层受损被试；Partial—部分反馈条件；Complete—完全反馈条件；Skin conductance—皮肤电信号波幅；Obtained—被试已获得的结果；Non-obtained—被试未获得的结果。

图 4-10　实验组和对照组被试的皮肤电导反应结果

（资料来源："The involvement of the orbitofrontal cortex in the experience of regret"）

研究者进一步通过模型探讨了两个转盘的期望价值和预期后悔情绪对被试后续决策行为的影响。结果发现，眶额叶皮层受损组被试后续的决策行为主要是根据转盘的期望价值来进行的，而健康对照组被试后续的决策行为主要是基于预期后悔情绪来完成的。此外，结果还发现，眶额叶皮层受损组被试在实验结束时获得的总收益较少，具体来说，眶额叶皮层受损组被试的总收益为 −110，健康对照组被试的收益平均值为 366.66。研究者认为，健康对照组被试能够正常体验后悔情绪，并且能够对后悔情绪进行预期，因此会不断地调整决策行为来选择对自己有利的转盘；而眶额叶皮层受损组被试由于不能体验后悔情绪和预期后悔情绪，进而在后续决策中不会调整自己的决策行为来选择对自己有利的转盘。

第二节　风险决策的相关脑活动研究

一、风险决策的任务态脑活动研究

（一）风险决策中损失厌恶的神经机制

1. 研究背景

相比于收益，人们通常对损失是更加敏感的（Tversky，Kahneman，1992；Abdellaoui et al.，2007）。研究发现，在面对可能存在损失和收益的风险选项时，如果获得收益和损失的概率是相等的，那么人们通常会选择拒绝该选项，除非该选项可能获得的潜在收益至少是潜在损失金额的两倍，例如，个体通常需要至少100 元的潜在收益来弥补 50 元的潜在损失。在风险决策脑机制的研究方面，先前研究主要关注在决策过程中对结果的预期以及对决策结果体验相关的脑活动上。特别是对结果的预期同时包含着对潜在收益的预期和对潜在损失的预期。那么，在决策过程中，哪些大脑区域负责潜在收益的加工，哪些大脑区域负责潜在损失的加工还不清楚；另外，负责潜在收益和潜在损失加工的脑区是否存在重叠，以及对潜在收益和损失加工的脑区活动程度与被试的风险决策行为有什么关系仍不清楚。汤姆（Tom）等人（2007）开展实验研究对上述问题进行了探讨。

2. 研究方法

研究者共招募了 16 名健康被试［其中 7 名男性，9 名女性，平均年龄（22 ± 2.9）岁］。在进行正式实验前至少一周，研究者给予每名被试 30 美元，作为他们实验报酬的一部分，以减少正式实验中被试为了获得收益可能引发的潜在风险寻求。正式实验包括三部分，每部分实验包含 85 ~ 86 个试次。在每一个实验试次中，被试需要决定是否参与一个博弈游戏，在博弈游戏中有 50% 的概率获得收益，50% 的概率遭受损失，游戏中收益和损失的程度是成对给被试呈现的，可能获得的收益为 10 ~ 40 美元（以 2 美元递增），可能的损失为 5 ~ 20 美元（以 1 美元递增）。因此，在任务中，被试面对的收益和损失共有 256 种可能的组合，如图 4-11（a）所示。在看到博弈游戏中收益和损失的组合后，被试需要从强烈接受、接受、拒绝、强烈拒绝四种反应中选择一个，作为自己是否参与本次博弈游戏的态度。被试在进行实验任务的同时接受功能性磁共振成像扫描。

在行为数据的分析中，研究者将图 4-11（a）中的 16（潜在收益种类）×16（潜在损失种类）矩阵合并为 4×4 的矩阵。基于合并后的潜在收益和潜在损失的大小，以及被试的行为反应，研究者建立模型计算出被试对潜在损失和潜在收益的敏感程度，结合对潜在损失和潜在收益的敏感程度，研究者进一步计算出了衡量被试损失厌恶的程度参数（λ），λ 越大表示被试的损失厌恶程度越高。

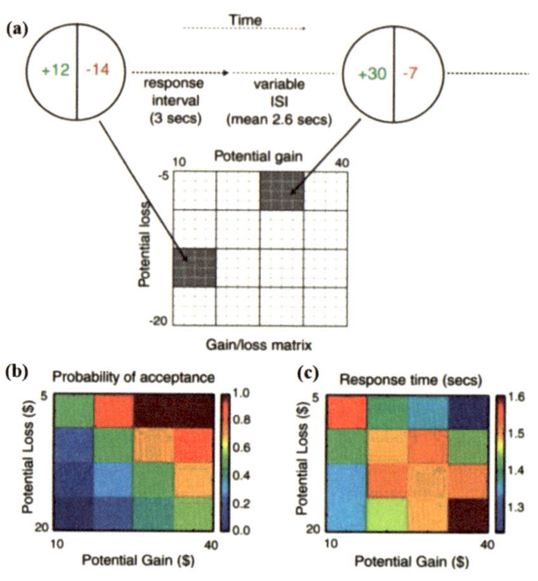

（a）图为赌博实验任务示意图，Response interval—被试的反应间隔；Variable ISI—变量时间间隔；Potential gain—潜在收益；Potential loss—潜在损失；Gain/loss matrix—所有潜在收益/损失组成的矩阵。（b）图为接受博弈的概率编码热图，Probability of acceptance—愿意接受赌博的概率。用不同颜色表示在每个收益和损失水平上接受赌博的概率。（c）图为被试博弈的反应时编码热图，Response time—被试的反应时。用不同颜色表示在每个收益和损失水平上反应时的长短。

图 4-11　赌博实验任务示意图及被试行为结果

（资料来源：“The neural basis of loss aversion in decision-making under risk”）

在功能性磁共振成像数据的分析中，为了探究在决策过程中，哪些大脑区域负责潜在收益的加工，哪些大脑区域负责潜在损失的加工，研究者进行了参量分析，从而获得随着潜在收益和潜在损失变化的脑活动。此外，为了探究负责潜在收益和潜在损失的加工的脑区是否存在重叠，研究者进行了联合分析，来揭示随着潜在收益和潜在损失程度变化的相同脑区。为了探究对潜在收益和损失加工的脑区活动与被试的风险决策行为，研究者计算了随着潜在收益增加脑活动变化快慢的指标（β_{gain}）以及随着潜在收益损失增加脑活动变化快慢的指标(β_{loss})。β_{gain}和β_{loss}分别表示被试脑活动对潜在收益和潜在损失的敏感程度，并且将 $-\beta_{gain}$（$-\beta_{loss}$）的值作为神经层面对损失厌恶的参数，之后，将该参数与被试在行为层面的损失厌恶参数（λ）进行相关分析。

3. 研究结果

行为结果显示，被试在博弈中平均获得 23 美元收益。其中 10 名被试在博弈中是收益金钱的，最大收益为 70 美元；3 名被试在博弈中是损失金钱的，最大损失为 12 美元。其余 3 名被试在任务中都选择了拒绝博弈，所以没有获得额外收益。由于实验开始前每名被试都获得 30 美元报酬，因此实验结束时所有被试都获得了 18 ~ 100 美元不等的净收益。此外，结果发现被试损失厌恶（λ）的平均值为 1.93，印证了前人研究的结果，即对于个体而言，潜在收益的主观价值约等于潜在损失主观价值的两倍。针对被试选择行为的结果发现，当潜在收益程度与潜在损失程度的比值大于 2 时，被试倾向于接受博弈，且比值越大，接受博弈的概率越高；而当比值小于 2 时，被试倾向于拒绝博弈，且比值越小，拒绝博弈的概率越高，如图 4-11（b）所示。针对被试选择反应时的结果发现，当潜在收益程度与潜在损失程度的比值等于 2 时，被试决定是否接受赌博的反应时较长，而当比值变大或变小时，被试反应时减小，表示被试不需要很长的考虑时间就能决定，如图 4-11（c）所示。

功能性磁共振成像结果发现，随着潜在收益的增加，背侧和腹侧纹状体、腹内侧和腹外侧前额叶皮层、前扣带回皮层、眶额叶皮层等区域的激活程度增强。随着潜在损失的增加，纹状体、腹内侧前额叶皮层、腹侧前扣带回和内侧眶额叶皮层的激活程度降低，如图 4-12 所示。

联合分析结果发现，随着潜在收益增加和潜在损失减少，纹状体和腹侧前额叶皮层激活均显著增强，如图 4-13（a）所示。这一结果证明大脑对潜在收益和潜在损失的编码机制是相同的。此外，研究还发现，当潜在收益程度与潜在损失程度的比值增大时，纹状体和腹内侧前额叶皮层的激活均增强，如图 4-13（b）所示。

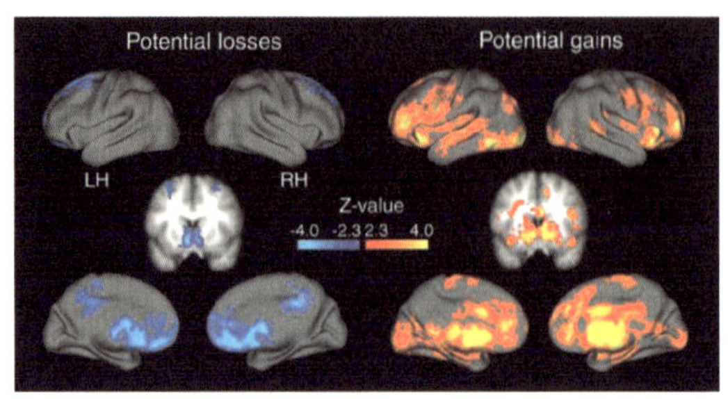

Potential losses—潜在损失；Potential gains—潜在收益；LH—左半球；RH—右半球。

图 4-12　参与潜在损失和潜在收益加工的脑区

（资料来源："The neural basis of loss aversion in decision-making under risk"）

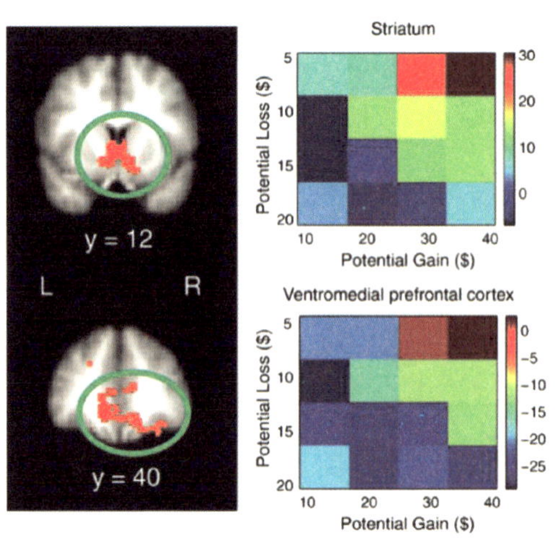

L—大脑左半球；R—大脑右半球；Striatum—纹状体；Ventromedial prefrontal cortex—腹内侧前额叶皮层；Potential losses—潜在损失；Potential gains—潜在收益。

图 4-13　联合分析结果

（资料来源："The neural basis of loss aversion in decision-making under risk"）

脑数据和行为数据的相关分析发现，纹状体和腹内侧前额叶皮层活动的损失厌恶参数，与被试行为层面的损失厌恶参数呈现显著正相关。该结果表明，负责潜在损失和潜在收益加工的纹状体和腹内侧前额叶皮层，在个体风险决策行为中发挥关键作用（图 4-14）。

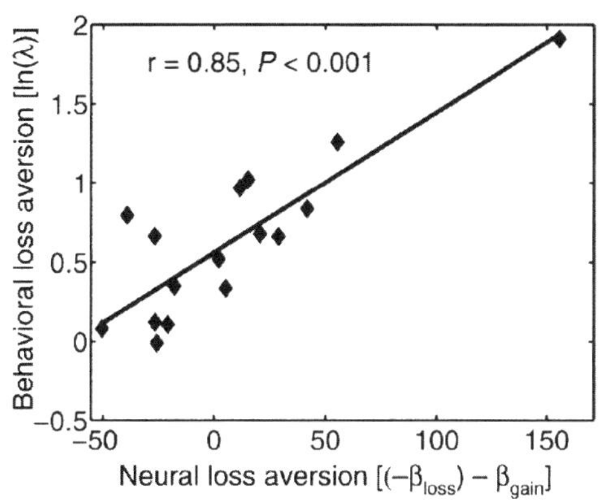

Neural loss aversion ［（$-\beta_{loss}$）$-\beta_{gain}$］—神经层面损失厌恶参数；

Behavioral loss aversion ［ln（λ）］—行为层面损失厌恶参数。

图 4-14　神经与行为损失厌恶的相关

（资料来源：“The neural basis of loss aversion in decision-making under risk”）

（二）内侧前额叶皮层的不同区域对风险和奖赏的加工存在分离

1. 研究背景

在进行购买彩票或保险这样的风险决策时，每个备择选项都有不同的概率带来不同的结果，决策的过程就是对各备择选项的风险和价值进行评估的过程。当冒险能带来奖励时，人们往往去选择高风险选项；而当保守能带来奖励时，人们往往去选择保守选项。因此，风险决策行为非常依赖于对选项价值和风险的评估。已有研究发现，内侧前额叶皮层的活动与不确定决策中的冒险行为存在密切的关系，但是与决策中的风险倾向有关的神经活动还不清晰。另外，虽然一些研究发现内侧前额叶皮层损伤的患者会过分冒险（Fellows，Farah，2007；Weller et al.，2007），却无法分别阐明决策过程中决策者对风险和价值的评估过程。

神经经济学的研究主要关注风险决策中决策者对奖励的加工，且发现中脑边缘多巴胺（mesolimbic dopaminergic）系统在计算决策结果的价值方面发挥着重要的作用，该系统包括腹内侧前额叶皮层和腹侧纹状体 / 伏隔核。具体表现为，当收益变大时，该系统的激活增强；而当损失变大时，该系统的激活减弱（Tom et al.，2007）。针对腹内侧前额叶皮层损伤病人的研究发现，他们在偏好判断任务中无法做出一致的选择，也即没有表现出对于某类选项稳定的偏好（Fellows，Farah，2007）。此外，与健康被试相比，这些腹内侧前额叶皮层损伤病人对于奖赏的敏感性以及对风险的评估存在异常（Tanabe et al.，2007）。虽然上述研究有一定的解释力，但是仅仅用奖赏加工的机制无法解释在腹内侧前额叶皮层损伤的病人身上观察到的现象，即他们能够对奖赏进行加工，但是却无法进行合理的决策。因此，这一现象可能是其他因素导致的，例如，上述病人有可能对风险的敏感程度存在异常。基于此，Xue 等人（2008）借助功能性磁共振成像技术，探究决策者在二择一风险决策中对风险和奖励的评估过程及内侧前额叶皮层的不同区域在该过程中发挥的作用。

2. *研究方法*

研究者招募健康被试 13 名［其中 8 名男性，5 名女性，平均年龄（23.6 ± 6）岁］，被试在进行杯子任务时获取其功能性磁共振成像数据。在杯子任务中，被试既要进行收益类型的决策，也要进行损失类型的决策。收益类型的决策意味着两个决策选项都可能带来收益，但是收益的金额是不同的，被试要尽可能多地赚钱；而损失类型的决策意味着两个决策选项都可能造成损失，但是损失的金额是不同的，被试要尽可能少地损失钱。每一试次都会出现两个选项供被试进行选择，其中一个是安全选项（在收益类型的决策中选择该选项意味着有 100% 的概率赚 $1；在损失类型的决策中选择该选项意味着有 100% 的概率损失 $1），另一个是风险选项（在收益类型的决策中选择该选项意味着分别有 20%、33% 或 50% 的概率赚 $2、$3 或 $5，也有可能没有收益；在损失类型的决策中选择该选项意味着分别有 20%、33% 或 50% 的概率损失 \$2、\$3 或 \$5，也有可能没有损失）。无论是在收益还是损失类型的决策中，两个选项的期望价值（expected value，EV）都有三种形式。第一，两个选项的期望价值都是相同的（equal expected value，EQEV）；第二，风险选项的期望价值比安全选项高（risk advantageous，RA）；第三，风险选项的期望价值比安全选项低（risk disadvantageous，RD）。每一试次中，电脑屏幕上都会出现左右两摞杯子，其中一摞中只有一个杯子，表示安全选项；另一摞中可能有 2 个、3 个或者 5 个杯子，表示风险选项。并且每一摞杯子上方都会用“+”或者“−”号和数字来表明可能的收益或者损失，如图 4−15（a）和图 4−15（b）所示。被试只需要按左边或者右边的按键来选择相应的选项即可，并且做出选择后会立即反馈给被试本试次的收益或者损失结果。

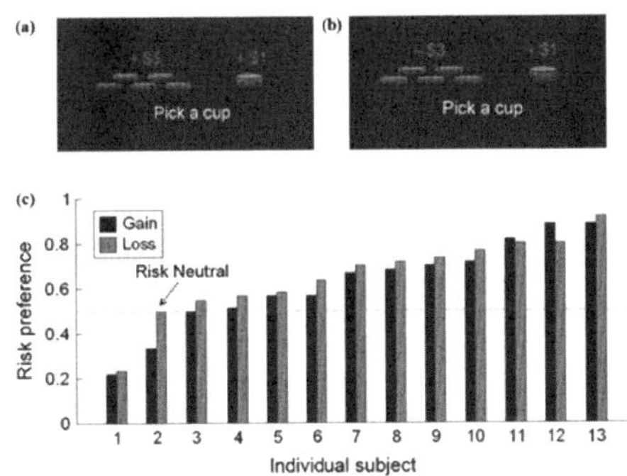

Pick a cup—选择一个杯子；Individual subject—个体被试；Risk preference—风险偏好；Gain—收益；Loss—损失；Risk Neutral—风险中性，即选择风险选项和保守选项的概率均为 50%。

图 4−15 任务示意图和行为结果

（图片来源：“Functional dissociations of risk and reward processing in the medial prefrontal cortex”）

3. 研究结果

1）行为结果

结果发现，被试对于选项期望价值的变化表现出了一定的敏感性，即在 RA 试次中选择风险选项的概率显著高于 EQEV 和 RD 试次，而在 RD 试次中选择风险选项的概率显著小于 EQEV 和 RA 试次。可见，该研究中，被试在 EQEV

试次中选择风险选项的概率能够很好地反映其本身的风险偏好。行为结果还发现，在收益类型的决策中，不同的被试在 EQEV 试次中选择风险选项的概率不同（范围从 0.22 到 0.88）；在损失类型的决策中，不同的被试在 EQEV 试次中选择风险选项的概率也不同（范围从 0.23 到 0.92），如图 4-15（c）所示。之后，研究者们综合了收益和损失类型决策中被试选择风险选项的概率作为被试的风险偏好指标，并探究内侧前额叶皮层中与其相关的脑区活动。

虽然，在收益和损失类型的决策中，被试的风险偏好没有表现出显著差异，但是在两种类型的决策中研究者都发现，RD 试次中被试做出选择的反应时显著长于 RA 试次中的。并且研究者还进一步发现，在 RD 和 EQEV 试次中，被试在面对损失类型的决策时，反应时都比面对收益类型决策时长，而在 RA 试次中两种类型决策中的反应时没有出现这一差异。该结果表明，被试需要更长的时间来让自己选择安全选项，克服自己的风险偏好，尤其是在面对损失类型的决策时。

2）与风险及决策结果相关的脑活动

研究者首先进行了参量分析，发现背内侧前额叶皮层和丘脑的活动强度与被试体验到的风险呈正相关。右侧顶叶皮层（parietal lobule）也表现出了与上述脑区相同的活动模式；腹内侧前额叶皮层的活动与决策结果存在相关，表明这一脑区与奖赏的加工有关。此外，结果还发现眶额叶皮层、后扣带皮层（posterior cingulate cortex）和双侧前扣带皮层的活动强度都受到决策结果的影响。

为了验证上述发现，研究者分别探索了收益或者损失的决策类型中，被试选择风险或者安全选项后，获得了赢或者输结果时的脑活动。结果发现，无论是在收益还是损失的决策类型中，被试选择风险选项时背内侧前额叶皮层的激活强度都显著大于选择安全选项时的，与参量分析结果一致。且无论是在收益还是损失的决策类型中，选择了安全或者风险选项后，被试在面对赢的结果时腹内侧前额叶皮层和前扣带回皮层的激活强度都显著大于面对输的结果时。

3）与个体的风险偏好相关的脑活动

上述研究结果表明，背内侧前额叶皮层的激活强度与风险信息的编码有关，而腹内侧前额叶皮层的激活强度与奖赏信息的编码有关。接下来，研究者想探究这两个脑区与个体风险偏好的关系。研究者假设，如果背内侧前额叶皮层和腹内侧前额叶皮层与个体的风险偏好存在相关，那么风险偏好强的被试在选择风险选项时，背内侧前额叶皮层的激活强度会弱于选择安全选项时的，且这些被试在获得了赢的结果时，腹内侧前额叶皮层的激活强度会强于获得了输的结果时，而风险偏好弱的被试则不然。为了验证这一假设，研究者进行了相关分析，结果发现，背内侧前额叶皮层的激活强度在“选择风险选项 - 选择保守选项”条件间差值越大的被试，其风险偏好越弱，如图 4-16 中（a）和（b）所示；而腹内侧前额叶皮层的激活强度在“获得赢的结果 - 获得输的结果”条件间差值越大的被试，其风险偏好越强，如图 4-16 中（c）和（d）所示。这一结果支持了研究者的假设，进一步表明了背内侧前额叶皮层与腹内侧前额叶皮层的活动与不同类型的信息编码有关。

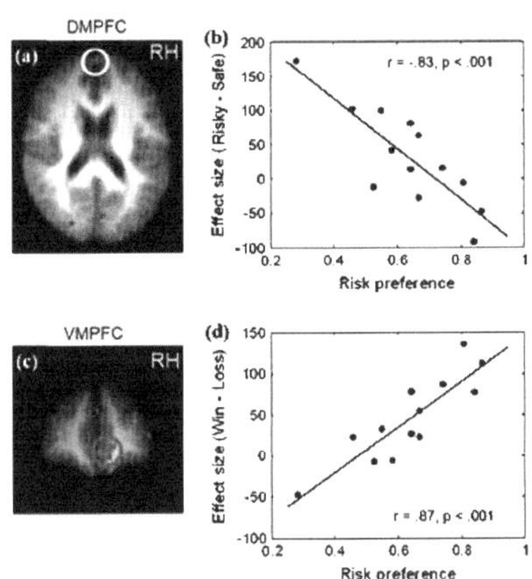

DMPFC—背内侧前额叶皮层；VMPFC—腹内侧前额叶皮层；Risk preference—风险偏好；Effect size—效应量；Risky—风险；Safe—安全；Win—赢；Loss—输。

图 4-16　与风险偏好相关的脑区

（图片来源：“Functional dissociations of risk and reward processing in the medial prefrontal cortex”）

总的来说，该研究通过结合高空间分辨率的功能性磁共振成像技术以及风险决策任务，在前人的研究基础上，更加细致地区分了内侧前额叶皮层不同区域的激活与风险决策中不同类型信息之间的关系。发现背内侧前额叶皮层的活动与风险信息的加工有关，而腹内侧前额叶皮层的活动与奖赏信息的加工有关，该结果进一步阐释了人们在决策中对风险和不确定性加工的脑机制。

二、风险决策的静息态脑活动研究

（一）风险决策的静息态脑机制研究

1. 研究背景

社会困境是指个人利益和群体利益之间存在冲突的情景，渔业过度捕捞、过度依赖汽车而导致温室气体的累积等都是常见的社会困境。社会困境中的风险决策实质是对合作和背叛两个选项的抉择，具体而言，个人利益的最大化会导致集体利益的损害，这即为背叛行为；相反，对集体利益的选择会损失个人利益，这是合作行为。人作为社会性动物，在生活中会产生与他人的交互，在此交互过程中则不可避免受到他人的影响，社会评价就是影响的方式之一。社会评价威胁是一种负性社会评价，它指的是关于品格、学术能力、社交技能或人际关系的负反馈（Hughes，Beer，2013）。前人研究发现，社会威胁会对个体产生消极影响，人们受到威胁时会采取一些策略来降低或消除消极影响（Canessa et al.，2013），采取合适的行为去平衡奖赏的获得与威胁的避免（Bublatzky et al.，2017）。由此推测，社会评价威胁可能会对社会困境中的决策行为尤其是合作行为产生影响。

个体在决策中为了做出适当的选择，会对选择进行基于奖赏价值的评估。研究发现，眶额叶皮层与纹状体都参与到了决策过程的价值评估，眶额叶皮层能够对输入的刺激进行价值编码，结合已有信息，对预期奖赏进行价值评估，从而指导未来的行为（Padoa-Schioppa，Conen，2017；Liu et al.，2016）。纹状体不仅参与对已获得奖赏的加工，还能对未来奖赏有预测作用。研究发现，社会困境中，尽管合作行为不是使个体经济利益最大化的方式，但合作行为会带来比背叛更高的眶额叶皮层和纹状体的激活，此外，从对合作和背叛两个行为的情绪评分上看，选择合作的高兴程度比背叛更高（Rilling，2002）。这些发现都被认为是合作行为本身是一种奖赏的有力证据，社会困境中选择合作可能是因为比起背叛，合作行为的奖赏价值更高。由以上研究可知，在神经层面上，眶额叶皮层和纹状体都参与了决策过程的奖赏价值评估，且与奖赏价值大小有关。

对于社会评价威胁条件下社会困境中的决策行为，眶额叶皮层和纹状体是如何参与其中、与行为有何联系，目前仍缺乏深入研究。静息态功能性磁共振成像常用于研究大脑静息状态时的特征。局部一致性（regional homogeneity，ReHo）和低频振幅（amplitude of low-frequency fluctuation，ALFF）是描述静息态功能性磁共振成像信号的重要指标。其中，局部一致性可以反映大脑自发活动的同步性（Zang et al.，2004），而低频振幅可以反映出大脑神经元自发活动的强弱（Han et al.，2011），因此，两者均可用于表示大脑静息状态时的局部特征，这些局部特征能够用来探究个体在行为上产生差异的神经机制。陈卓等人（2018）采用社会困境研究中常用的囚徒困境（prisoner's dilemma，PD）任务，探讨个体静息状态下眶额叶皮层和纹状体的活动情况与人们在遭受社会评价威胁后的风险决策行为有何联系。

2. 研究方法

该研究招募 60 名右利手被试［男 22 名，女 38 名，平均年龄（22.9 ± 2.17）岁］，随机分为威胁组和非威胁组。所有被试身体健康，视力或矫正视力正常，无任何精神疾病或精神系统疾病史。

实验任务由磁共振扫描和行为实验组成。所有受试者需先进行磁共振扫描，再完成行为任务，以避免行为任务对静息态扫描造成影响。行为任务改编自囚徒困境任务。在经典的囚徒困境任务中，共有甲乙两名参与者，参与双方均有合作和背叛两个选择，因而可能形成四种结果：双方均合作、双方均背叛、甲方合作乙方背叛、甲方背叛乙方合作。这四种结果给甲方带来的收益大小顺序如下：甲方背叛乙方合作＞双方均合作＞双方均背叛＞甲方合作乙方背叛。本实验在此基础上，加入社会评价威胁这一变量。在进行囚徒困境任务前，受试者会先接受社会评价，再进行囚徒困境任务。行为实验分 2 天进行。在第一天，会让被试提供一张本人照片，并告知被试，陌生人将对此照片中的人进行喜爱程度的评价，评价结果会在实验当天反馈给被试。实验第二天，被试会被告知以下信息：（1）他们会参与一项任务，任务中他们会遇到来自同一学校的 30 ~ 50 名不同的陌生搭档。（2）在每轮实验任务中，他们会看到选择界面，需要在该界面选择该次任务中是合作还是背叛，选择完成后，系统会呈现双方共同选择的结果，每轮任务的搭档均不同。（3）这些搭档在当天并未来到实验室，但已经提前采集好他们在任务中的选择。（4）他们及搭档的报酬是由双方共同选择的结果决定。（5）陌生人对被试做出的评价已经收集完成。该评价的内容是让陌生人判断照片中的人是否友善，是否喜欢该人，是否愿意与其成为朋友。（6）陌生人的评价在他们完成任务过程中分三次反馈，每次均由系统从总评价中随机抽取 10 条评价呈现。（7）在该评价反馈中，他们并不是只能被评价的被动者，实验结束后，他们也有机会对别人进行评价。

本研究采用混合设计，分为三个组块。在一个组块中，被试会先看到 2s 系统正在抽取评价的提示，然后会呈现 4s 评价反馈界面。评价以饼图方式呈现，饼图中绿色和红色的扇形面积大小分别代表评价中“是”和“否”的个数在 10 个评价中所占比例大小，并显示对应的人数。饼图上方是 10 个评价人的照片，照片选自中国情绪面孔图片库。接下来被试需要完成囚徒困境任务。在囚徒困境任务决策过程中，受试者要在 6s 内决定是否与搭档合作。最后 4s 的结果界面会向受试者呈现双方最终的选择结果。每个组块包含 14 次囚徒困境任务，总计 42 次囚徒困境任务。

3. 研究结果

对两组被试的合作率进行 2（评价威胁：威胁、非威胁）×3（组块：第一个组块、第二个组块、第三个组块）重复测量方差分析。方差分析结果表明组块主效应显著，第二（0.48 ± 0.03）、三（0.44 ± 0.03）两个组块的合作率与第一个组块（0.61 ± 0.02）的合作率均有显著差异。威胁组（0.47 ± 0.16）和非威胁组（0.54 ± 0.15）的评价威胁主效应不显著。条件和组块的交互作用显著，事后检验表明，威胁组的组块效应显著，进一步分析表明，第一、二个组块合作率差异显著，第一、三个组块合作率差异显著，第二、三个组块合作率差异不显著；非威胁组的组块效应不显著。另一个方向的简单效应分析表明，威胁组和非威胁组的合作率在第一个组块、第二个组块差异不显著，在第三个组块差异显著。综上可看出，威胁组和非威胁组在第一个组块时合作率并无差异，但威胁组随着威胁次数的增多，合作率从第二个组块开始显著下降，威胁组和非威胁组的合作率在第三个组块差异显著。

静息态功能性磁共振成像数据分析发现，在威胁条件下，右侧眶额叶皮层的局部一致性值和低频振幅值均与总合作率呈负相关，与第一、二个组块的合作率不相关，与第三个组块的合作率呈负相关。在威胁条件下，纹状体的低频振幅值与总合作率呈负相关，与第一、二个组块的合作率不相关，也与第三个组块的合作率呈负相关。

综上，本研究利用基于静息态功能性磁共振成像的局部一致性和低频振幅的方法，从个体层面上探讨了眶额叶皮层和纹状体的活动情况与受到社会评价威胁后社会困境中决策行为的联系。行为结果表明，受到社会评价威胁后的个体，在社会困境中的合作行为与未受到社会评价威胁的不同，且这种不同随着威胁次数增加会表现得更显著；未受社会评价威胁的个体在社会困境中的合作行为变化差异不显著。静息态功能性磁共振成像的结果表明，在受到社会评价威胁后，个体在社会困境中的决策行为存在差异，该差异与脑区的局部特征值相关。其中，眶额叶的局部一致性值和低频振幅值与合作率呈负相关，纹状体的低频振幅值与合作率呈负相关。在非威胁条件下未发现与合作率呈显著相关的脑区。

（二）网游成瘾者风险决策的静息态脑机制研究

1. 研究背景

随着互联网用户数量的迅速增加，网游成瘾已经成为全球范围内一个日益严重的心理健康问题。网游成瘾被定义为即使知道有负面影响，也会强迫和不受控制地沉迷于网络游戏（Petry et al.， 2014）。先前的研究表明，网游成瘾可能导致身体依赖，最终导致心理、社会和工作困难。换句话说，网游成瘾会对个人的健康状况和学习成绩产生负面影响。因此，为了预防和治疗网游成瘾，对其心理和神经机制进行探究是十分必要的。

研究人员发现，与健康对照组相比，网游成瘾者在决策中表现出行为和神经活动的异常，特别是在风险决策中。例如，通过使用爱荷华赌博任务，Sun 及其同事（2009）发现，当被试在高收益、高亏损的冒险决策和低收益、低亏损的保守决策之间做出选择时，网游成瘾者通常比健康对照组表现出更多的冒险行为。通过使用杯子任务，Yao 等人（2014）发现，与健康对照组相比，网游成瘾者总体上也表现出更高的冒险行为。尽管研究人员认为网游成瘾者在风险决策方面存在缺陷，但关于网游成瘾者风险决策受损的神经机制仍存在未解的问题。

先前的研究表明，眶额叶皮层是参与决策时价值计算的重要脑区。而有关网游成瘾者的决策行为的神经影像学研究发现，相比于健康对照组，网游成瘾组的眶额叶皮层和前额叶区域均出现异常改变（Lee et al.，2018；Liu et al.，2017）。例如，Liu 等人（2017）发现，与健康对照组相比，在进行风险决策时，网游成瘾者表现出更强的眶额叶皮层激活。在一项对网游成瘾者进行的大样本研究中，Dong 等人（2015a）发现，网游成瘾者的前额叶区域表现出异常活动。Dong 和波坦察（Potenza）（2016）还调查了网游成瘾者和健康对照组对冒险行为的神经反应的差异。结果发现，与健康对照组相比，网游成瘾者表现出更多的冒险行为和额下回异常激活。总而言之，先前的研究表明，网游成瘾者在眶额叶皮层和前额叶区域表现出异常激活，那么网游成瘾者眶额叶皮层和前额叶区域间的功能连接是否存在异常呢？

此外，先前研究表明，个体的认知风格如反思与其冒险行为关系密切。反思，被定义为不断自我关注的想法，与开放的体验有很大关系。研究者发现，个人的反思水平与他们的冒险行为呈正相关，即反思水平越高，冒险行为越多（Burks et al.，2009）。然而，到目前为止，网游成瘾者眶额叶皮层和前额区脑活动与其冒险行为、反思水平之间的关系尚不清楚。基于此，Liu 等人（2022）结合静息态功能性磁共振成像和连续风险决策任务，考察静息状态下网游成瘾者眶额叶皮层和前额叶区域的功能连接是否存在异常，以及该功能连接与风险决策行为之间的关系，并探究这一关系是否受到个体认知风格（如反思水平）的影响。

2. 研究方法

Liu 等人（2022）对网游成瘾组和健康对照组被试的筛选，采用的是研究者通常使用的网游应用情况调查问卷和网游成瘾诊断量表结合的方式。满足以下条件的被试被定义为网游成瘾者：（1）网游应用情况调查问卷得分不小于 50 分；（2）网游成瘾诊断量表（共九个项目）有不少于五个项目选择“是”；（3）平均每天玩网络游戏的时间不少于 2 个小时且从开始玩网游到现在已经超过 1 年。这三个条件均不满足的被试被分到健康对照组。最终本研究共招募网游成瘾组被试与健康对照组被试各 28 名，两组人在年龄、性别以及受教育程度上均没有显著差异［网游成瘾组：12 名女性，平均年龄为（23.04 ± 2.43）岁；

健康对照组：13 名女性，平均年龄为（23.36 ± 2.78）岁］。所有的被试均为右利手，视力或矫正视力正常，从未有行为成瘾、滥用药物等情况，且无磁共振禁忌证、精神病或其他重大疾病史。

所有被试在磁共振扫描前都填写纸质版网游应用情况调查问卷和网游成瘾诊断量表，以确保被试的网游成瘾状态与筛选阶段在线填写时的一致性。之后，被试被告知，需要先填写沉浸反思问卷和领域特异性风险承担量表。沉浸反思问卷测量了个人自我意识的反思和沉思成分，每个成分有 12 个条目。反思和沉思分量表都是 5 分制，从 1 分（强烈不同意）到 5 分（强烈同意）。在本研究中，使用沉思－反思问卷中的反思分量表对参与者的反思水平进行评分。该量表在中国大学生（N=1226）中的内部信度为 α=0.837（Yuan et al.，2010）。领域特异性风险承担量表用 30 个条目来评估行为意图，即受访者从事源自五个生活领域（道德、金融、健康 / 安全、社交和娱乐风险）的危险行为的可能性，评分范围从 1 分（极不可能）到 7 分（极有可能）。样本项目包括"向别人透露朋友的秘密"（道德）、"将年收入的 5% 投资于投机性很强的股票"（金融）、"不系安全带开车"（健康 / 安全）、"承认自己的口味与朋友不同"（社交）、"春天去高水位的激流漂流"（娱乐风险）。个人得分越高，表明其冒险倾向越强。该量表在中国具有良好的结构效度和同时效度（Highhouse et al.，2017）。

完成量表后，被试进行静息态功能性磁共振扫描，扫描结束后完成连续风险决策任务，且被试被告知，在该任务中所获得的收益与实验报酬有关。在连续风险决策任务每一轮中被试会看到八个箱子，其中七个箱子分别装着一个金币，另外一个箱子装着鬼，鬼的位置随机。被试需要从左到右依次决定打开箱子或停止。若被试选择停止打开箱子，那么为被试呈现本轮任务的结果界面，显示本轮任务中被试所获金币个数、鬼的位置和错失金币个数（收益结果）。若被试选择继续打开箱子，而打开的箱子里是鬼，那么本轮任务结束，被试会损失掉本轮任务中已经获得的金币，即该轮任务中获得的金币个数记为零（损失结果）。每一轮任务的最后是评分阶段，被试对于本轮的结果进行由 -4（极其后悔）到 4（极其欣慰）的情绪评分。

3. 研究结果

两组被试在年龄和性别等人口学特征上无显著性差异；网游成瘾组的网游应用情况调查问卷和网游成瘾诊断量表得分均显著大于健康对照组；网游成瘾组的领域特异性风险承担量表得分显著高于健康对照组，而两组被试在沉思 - 反思问卷中得分没有显著差异。进一步对两组被试在连续风险决策任务中损失结果的概率进行独立样本 t 检验以探究两组的冒险性的差异。结果表明网游成瘾组损失结果的概率显著大于健康对照组。此外，对任务中的冒险性和沉思 - 反思问卷得分的相关分析发现，网游成瘾组的反思水平和损失结果概率呈显著正相关，而健康对照组没有发现这一相关。

以眶额叶皮层为种子点进行全脑分析，结果显示网游成瘾组眶额叶皮层和额下回、额中回区域的静息态功能连接显著增强（图 4-17），而在健康对照组没有发现与眶额叶皮层功能连接增强的脑区。

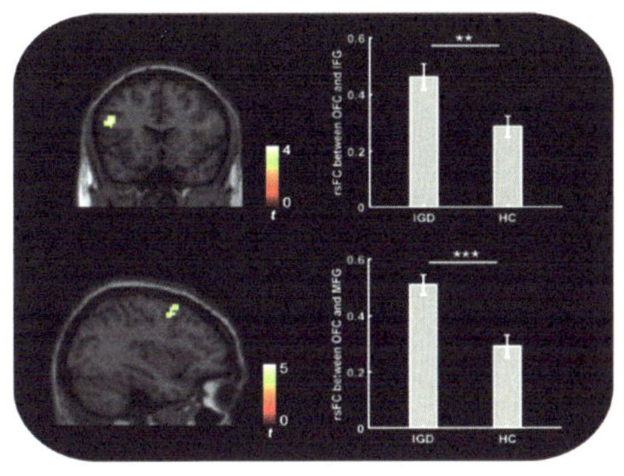

rsFC between OFC and IFG—眶额叶皮层和额下回之间的静息态功能连接；rsFC between OFC and MFG—眶额叶皮层和额中回之间的静息态功能连接；IGD—网游成瘾组；HC—健康对照组。

图 4-17　功能连接程度

（资料来源："Resting-state functional connectivity within orbitofrontal cortex and inferior frontal gyrus modulates the relationship between reflection level and risk-taking behavior in internet gaming disorder"）

基于上述两组功能连接的差异，进一步进行脑－行为相关分析，结果发现网游成瘾组眶额叶皮层和额下回的静息态功能连接系数与冒险性（损失结果的概率）呈显著正相关、与领域特异性风险承担量表呈显著正相关，而在健康对照组没有发现这些相关。这表明对于网游成瘾个体，其眶额叶皮层和额下回的功能连接越强，任务中损失的概率和冒险性就越高。此外，相关分析结果表明网游成瘾组额叶皮层和额下回的静息态功能连接系数与反思水平呈正相关，而健康对照组没有发现这一相关。

为了进一步探究冒险性、反思水平以及眶额叶皮层和额下回功能静息态连接系数的关系，研究者进行了中介分析。结果发现，当加入眶额叶皮层和额下回功能静息态连接系数后，反思水平对冒险性的作用不显著了（图 4–18）。这一结果表明，在网游成瘾组中，眶额叶皮层和额下回静息态功能连接系数在反思水平与冒险行为间起完全中介作用。

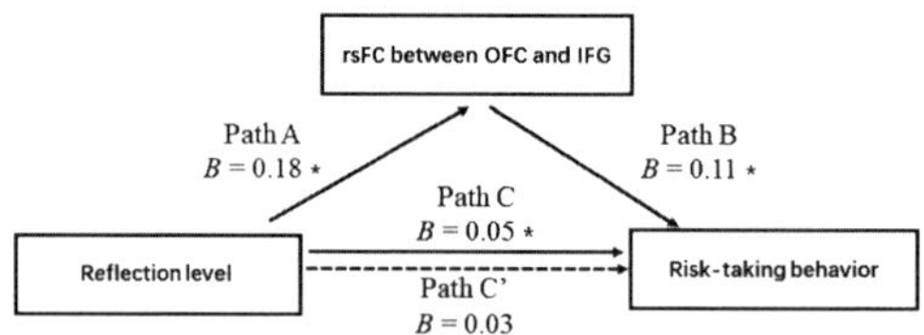

Reflection level—反思水平；rsFC between OFC and IFG—眶额叶皮层和额下回之间的静息态功能连接；Risk-taking behavior—冒险行为。* 表示 $p<0.05$。

图 4–18　中介效应

（资料来源："Resting-state functional connectivity within orbitofrontal cortex and inferior frontal gyrus modulates the relationship between reflection level and risk-taking behavior in internet gaming disorder"）

综上，该研究结合静息态功能性磁共振成像和连续风险决策任务，考察网游成瘾者静息态脑区功能连接、反思水平、冒险性之间的关系。行为结果显示，相比于健康对照组，网游成瘾组冒险性更高，且冒险性与反思水平之间呈正相关。脑结果显示，相比于健康对照组，网游成瘾组眶额叶皮层和额下回静息态功能连接增强。此外，中介效应分析显示，对于网游成瘾组，眶额叶皮层和额下回静息态功能连接在反思水平和冒险性之间表现出完全中介作用。上述发现为更清楚地理解网游成瘾者冒险行为的神经机制提供了启示。

第三节　脑活动对风险决策的预测研究

一、脑活动程度对后续风险决策行为的预测

（一）研究背景

在风险情境中，人们总会遇到各种各样的两难困境。例如，在黑杰克（Black Jack）卡牌游戏中，多拿一张牌有可能增大手中牌的点数，也有可能抽到一张点数更小的牌，导致赢面降低。在这种情境中，决策者常常会受到先前决策的影响，例如，在获得大量收益后决策者可能变得更冒险（Thaler，Johnson，1990），或在接近最大收益却未得到时，表现出更强的赌博倾向（Clark et al.，2009）。若决策所面对的底层结构都是相同的，那么上述先前决策对当前行为的影响是有益的，如典型的强化学习情境。但是，在面对类似黑杰克卡牌游戏这种具有赌博性质的情境时，人们根据先前决策结果做出当前决策行为是不合理的，不利于决策的优化。

在黑杰克卡牌游戏中，个体在决策后仅能知道已选选项带来的结果，但是在很多决策情境中，人们不仅能够了解自己所选选项带来的结果，还能知道未选选项的结果。当所选选项的结果比未选选项的结果差时，人们意识到错过了更好的机会，此时可能会体验到后悔（Bell，1982；Sommer et al.，2009）。理论上来讲，每次决策都是相互独立的，因此未选选项的结果不应该影响后继决策行为。然而，人类都具有风险规避的倾向，已有研究显示，当人们在进行后继决策时，不仅会受到当前真实结果的影响，在某些情境下也会受到未选选项的结果的影响（Yechiam，Busemeyer，2006）。

为了探究未选选项的结果，即错失机会，以及其神经活动如何预测后继风险

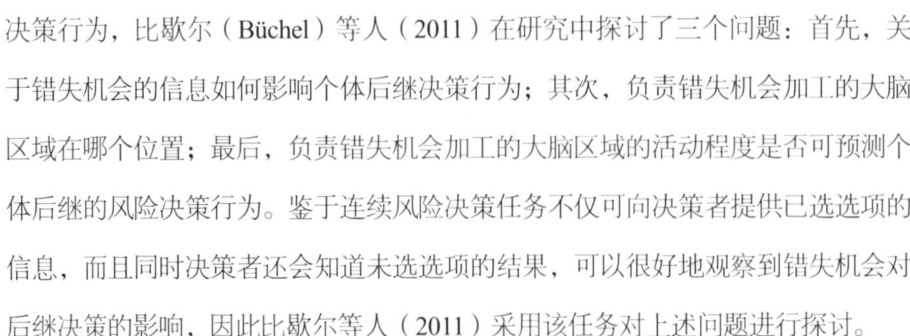
决策行为，比歇尔（Büchel）等人（2011）在研究中探讨了三个问题：首先，关于错失机会的信息如何影响个体后继决策行为；其次，负责错失机会加工的大脑区域在哪个位置；最后，负责错失机会加工的大脑区域的活动程度是否可预测个体后继的风险决策行为。鉴于连续风险决策任务不仅可向决策者提供已选选项的信息，而且同时决策者还会知道未选选项的结果，可以很好地观察到错失机会对后继决策的影响，因此比歇尔等人（2011）采用该任务对上述问题进行探讨。

（二）研究方法

在连续风险决策任务中，随着打开箱子个数的增多，被试打开箱子中是鬼的概率逐渐增大。同时，被试在本轮次的收益也随开箱个数的增多而增多。安全打开第 i 个箱子的概率 P 用如下公式表示：

$$P_i = \frac{n_{\text{boxes}} - 1}{n_{\text{boxes}}} \tag{4-1}$$

基于公式（4-1），安全打开这八个箱子而不遇到鬼的概率分别为 87.5%、75%、62.5%、50%、37.5%、25%、12.5% 和 0%。安全打开箱子对应的奖励值从第一个箱子到第八个箱子递增，那么对于第 i 个箱子的期望价值，也就是第 i 个箱子对应的奖励概率和奖励值的乘积为：

$$\text{EV}_i = \frac{n_{\text{boxes}} - i}{n_{\text{boxes}}} \times i \tag{4-2}$$

由此，每个位置对应的期望价值分别是 0.875、1.5、1.875、2.0、1.875、1.5、0.875 和 0，因此本任务的最优策略是打开前四个箱子，然后停止开箱。

在数据分析时，研究者首先梳理了以下四种情况：（1）被试连续两试次未遇到鬼（keep_keep 试次）；（2）被试在本试次中未遇到鬼，在下一试次中遇到鬼（keep_bust 试次）；（3）被试在本试次中遇到鬼，在下一试次中未遇到鬼（bust_keep 试次）；（4）被试连续两试次遇到鬼（bust_bust 试次）。然后，通过回归分析，研究者探讨了损失和错失机会数对后续决策行为的预测效力。这一回归分析是

为了用 t 试次中行为指标的组合解释 t+1 试次中的开箱个数（即风险行为）。具体来说，对于 keep_keep 试次，研究者探讨了 t+1 试次中的风险行为（即 t+1 试次中的开箱个数）是否可以被 t 试次中的错失机会数和打开箱子个数预测。为了控制因个体风险偏好差异导致的错失机会呈偏态分布，研究者根据所有被试错失机会的均值（1.19 ± 0.08），将错失机会数定义为二分变量，当错失机会大于 2 时记为 1，否则记为 0。

$$\text{risk}_{t+1}=c_0+c_1\text{missed\_opportunity}+c_2\text{risk}_t \tag{4-3}$$

对于 bust_keep 试次来说，不存在错失机会数量这一变量，因此，回归方程如下所示：

$$\text{risk}_{t+1}=c_0+c_1\text{risk}_t \tag{4-4}$$

对于回归系数 c，研究者通过单样本 t 检验来检验其显著性。

（三）研究结果

行为结果显示，对于 keep_keep 试次，被试在 t 试次的错失机会数量能够显著预测其在 t+1 试次的开箱行为，具体来说，如图 4-19 所示，当 t 试次错失机会较多时，在 t+1 试次的决策中，被试倾向于打开更多箱子。

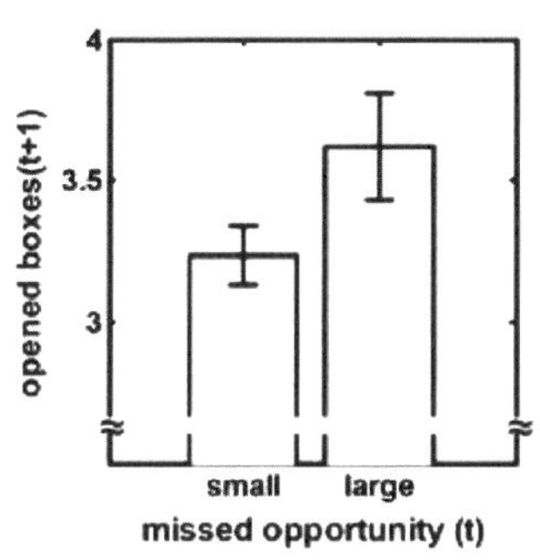

Missed opportunity（t）—当前试次错机会；Opened boxes（t+1）—下一试次打开的箱子；small—错失机会较少；large—错失机会较多。

图 4-19 错失机会与决策行为的关系

（图片来源："Ventral striatal signal changes represent missed opportunities and predict future choice"）

与错失机会数对后继决策的预测相反，在 keep_keep 试次中，当前试次打开箱子个数对下一试次开箱个数的预测不显著。此外，在 bust_keep 试次中，当前试次鬼所在的位置也不能预测下一试次的开箱个数。

功能性磁共振成像结果显示，纹状体激活程度与错失机会个数显著相关，如图 4-20 所示，当错失机会较多时，纹状体负向激活增强。

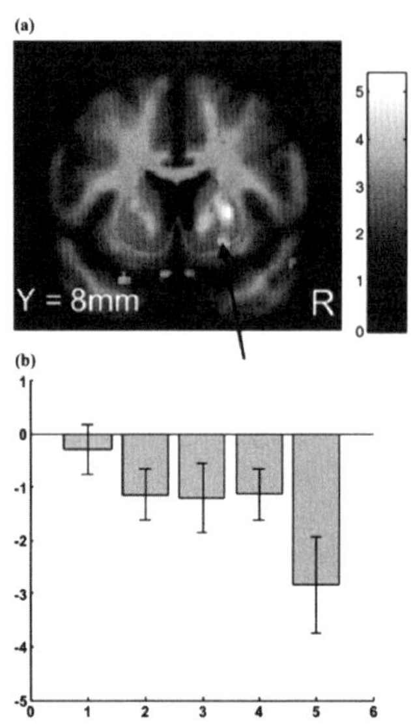

（a）箭头所指的脑区为腹侧纹状体，R—右侧；（b）错失机会越多（横坐标），被试腹侧纹状体负激活越强（纵坐标），误差线代表标准误。

图 4-20　错失机会与纹状体激活模式的关系

（图片来源：“Ventral striatal signal changes represent missed opportunities and predict future choice”）

最后，研究者探究了纹状体激活变化是否能够直接预测个体的后继决策，即在 keep_keep 试次中将当前试次的脑活动信号与下一试次开箱个数进行相关分析。结果发现，纹状体的激活强度能够预测被试的后继决策；具体来说，如图 4-21 所示，当前试次中纹状体负向活动的程度越强，那么在下一试次中被试打开的箱子个数越多。

综上，该研究采用连续风险决策任务并结合功能性磁共振成像技术，发现纹状体的激活程度能够显著预测个体后续的风险决策行为，即纹状体负向激活的程度越强，个体后续决策中的冒险程度越高。

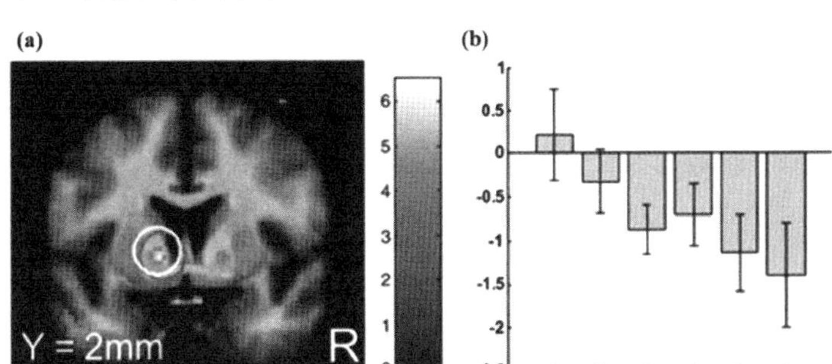

（a）纹状体的活动，R—右侧；（b）下一试次中开箱个数（横坐标），当前试次中纹状体的激活程度（纵坐标），误差线代表标准误。

图 4–21　纹状体激活程度对后继决策行为的预测

（图片来源："Ventral striatal signal changes represent missed opportunities and predict future choice"）

二、脑活动模式对后续风险决策行为的预测

（一）研究背景

在日常生活中，人们常常需要进行既包含风险选项又包含稳妥选项的风险决策。其中稳妥选项往往带来的结果是已知的且收益 / 损失程度较小，而风险选项伴随的结果往往是未知的且收益 / 损失程度较大。人们在很多时候，倾向于放弃稳妥选项，而选择风险较高的选项。尽管有一些风险选项的结果可能会严重损害人们的健康、降低人们的幸福感，例如，决定是否要酒驾或者是否要试一试毒品等等。那么，是什么导致人们会放弃稳妥选项，而去选择风险选项？这是研究者们一直想要解答的问题。大量研究工作关注了与冒险行为有关的神经活动。然而，在这些研究中，大多数都将风险定义为经济决策结果的变化（Schonberg et al.，2012）。但是在真实生活中，人们所面临的风险不仅仅是结果可能发生变化，而且结果可能是负面的。因此，一些研究者发现被试在风险决策任务中的表现往往与真实生活中的冒险行为无关（Fox，Tannenbaum，2011）。为了探究人们在生活中进行风险决策时的认知活动，赫尔芬斯坦等人

（2014）使用了气球模拟风险任务来模拟生活中真实的风险决策情境。

（二）研究方法

如图 4–22 所示，在该任务中，每一试次都会出现一个气球，被试需要通过给气球充气来获得奖励。每充一次气，被试本试次的临时账户里就会增加固定数额的收益，但是每一次充气也可能会引起气球爆炸，气球一旦爆炸被试本试次的临时账户就会清零。因此，被试可以在气球爆炸前随时选择停止充气，那么这一试次就结束了，临时账户里的收益将计入被试的总收益。在这个任务中，每一次决定是否充气都是一个风险决策，被试可能获得奖励也可能失去本试次已经得到的奖励。在气球模拟风险任务中，被试做出连续风险决策后会得到一个反馈，这与真实生活中的决策场景十分相似。在每一试次中，随着充气次数的增多，每一次充气所带来的奖励或者损失的概率也是在不断变化的，这也更契合"风险"的定义。此外，已有研究表明，被试在气球模拟风险任务中所表现出来的冒险倾向与其自我报告的冒险程度（Aklin et al., 2005）和真实生活中的冒险行为（Lejuez et al., 2003）一致。因此，被试在完成气球模拟风险任务时的认知活动与在真实生活中面对风险决策时的认知活动是具有相似性的。

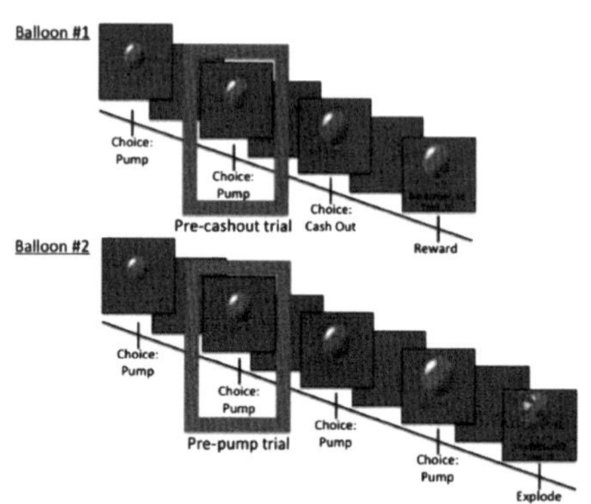

Balloon—气球；Choice—选择；Pump—充气；Cash out—现金支出也即停止充气；Reward—奖赏；Explode—爆炸；Pre-cashout trial—停止充气前的试次；Pre-pump trial—充气前的试次。

图 4–22 气球模拟风险任务示意图

（图片来源："Predicting risky choices from brain activity patterns"）

在该研究中，赫尔芬斯坦等人（2014）除了关注与风险相关的神经活动外，还关注随着风险或者与风险相关的因素（如不确定性、模糊性等）发生变化而变化的脑活动。以往研究发现，包括脑岛、前额叶皮质、纹状体、扣带皮层、丘脑和顶叶在内的很多脑区都对风险很敏感（Engelmann，Tamir，2009；Schonberg et al.，2012）。但是还有一些问题没有解释清楚，如当面对风险决策时，被试决定选择风险选项和选择保守选项前的脑活动有什么差异？找出这一问题的答案是十分有必要的，因为通过回答这一问题，可以推断出是什么样的信息、怎样的认知过程决定了风险决策行为。以往研究找出了被试在做出冒险决策的试次和做出保守决策的试次间激活有差异的脑区（Lee et al.，2008；Xue et al.，2009），但是由于使用的实验任务中，做出决策和对结果进行预期这两个认知活动在时间上存在重叠，因此很难判断这些脑区激活的差异到底是因为决策前判断选择冒险或是稳妥选项引起的，还是决策后对两个结果的预期引起的。

为了探究在做出冒险决策前和保守决策前，哪些脑区的活动会存在差异，赫尔芬斯坦等人（2014）采集了被试在完成气球模拟风险任务过程中的功能性磁共振成像数据，并使用了分类分析，区分被试做出冒险决策和保守决策的试次，并尝试是否能够通过机器学习来区分并识别这两种试次前的脑活动。由于气球模拟风险任务是一个连续风险决策任务，也即无论被试在当前试次做出的决策是冒险还是保守，在做出这一决策前被试都面对着风险情境，因此研究者使用了被试做出冒险决策试次和保守决策试次前的脑数据，而不是冒险决策试次和保守决策试次的脑数据。此外，被试在做出冒险决策和保守决策的试次中，决策时的情境、按键、面对的决策结果都是相同的，这样就排除了运动和结果的预期对脑活动产生的影响，也即保证了在冒险决策试次和保守决策试次前的脑活动差异仅仅是因为被试决定接下来是要冒险还是要保守引起的。综上，研究者想要解决的问题为：第一，探究被试在做出冒险决策和保守决策前的神经编码活动是否有差异；第二，导致这些差异的具体脑区是哪些；第三，在找到具体的脑区后，探究脑区的神经编码活动是否能提供足够的信息来预测被试接下来会做出冒险决策还是保守决策。

（三）研究结果

共有108名被试参与了该研究，所有被试在所有试次中平均充气3.889次，而在选择停止充气的试次中平均充气4.438次。为了探究先前脑活动对后续决策行为的影响，研究者将连续两次充气的试次和充气后选择停止的试次纳入了分析，比如，在充了两次气后继续充了第三次的试次（冒险决策）和在充了两次气后选择停止充气的试次（保守决策）。关于反应时的结果发现，被试选择继续充气即冒险决策的反应时（546.3 ms）显著短于选择停止充气即保守决策的反应时（689.2 ms）。

研究者首先对第一个问题进行探究，即被试在做出冒险决策和保守决策前的神经编码活动是否有差异。为了回答这个问题，研究者使用了支持向量机分类算法（support vector machine classification algorithm），对冒险决策和保守决策之前的全脑激活模式进行区分。结果发现，做出冒险决策前的脑活动和做出保守决策前的脑活动被成功区分开，并且正确率达到了71.8%，显著高于随机水平（50%）。

接下来，研究者对第二个问题进行探究，即究竟是哪些脑区的激活模式存在差异。研究者使用了探照灯分析（searchlight analysis）方法，发现双侧顶叶、运动区、前扣带回、双侧脑岛、双侧背外侧眶额叶皮层的脑活动模式在冒险决策和保守决策前能够被成功区别开，如图4-23所示。这些脑区都是与执行控制过程有关的，表明了这一执行控制相关脑网络的活动模式在被试做出冒险决策和保守决策前存在差异。

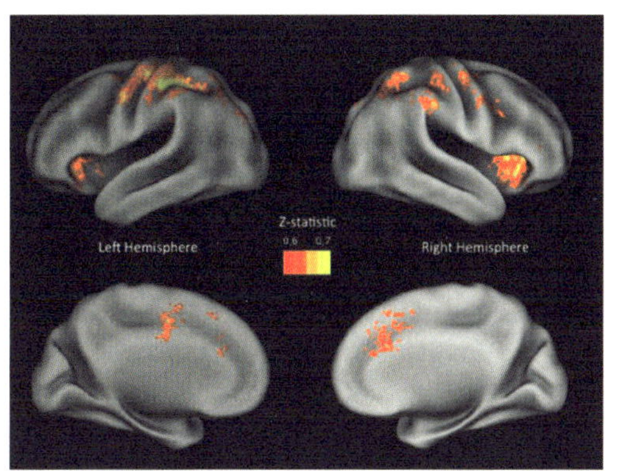

Left hemisphere—左侧大脑半球；Right hemisphere—右侧大脑半球。

图 4–23　探照灯分析结果

（图片来源：“Predicting risky choices from brain activity patterns”）

之后，研究者对第三个问题进行了探究，即上述脑区的活动是否能够预测被试接下来会做出冒险决策还是保守决策。研究者将这些脑区的激活程度进行对比分析，分别找出在进行冒险决策前激活更大的脑区和在进行保守决策前激活更大的脑区，也即找到了与风险寻求有关的特异性脑区和与风险回避有关的特异性脑区。之后使用与之前相同的支持向量机分类算法，对两种脑区的激活模式进行分析。结果发现，与风险寻求有关脑区的活动模式在冒险决策前和保守决策前是显著不同的（正确率达到 56.7%），与风险回避有关脑区的活动模式在做出两种决策前也是显著不同的（正确率达到 59.0%）。

最后，研究者进一步探究了探照灯分析中得到的脑区和风险寻求相关特异性脑区及风险回避相关特异性脑区之间的重叠程度。结果发现，相比于和风险寻求相关特异性脑区之间的重叠，探照灯分析中得到的脑区和风险回避相关特异性脑区之间的重叠更大，表明了探照灯分析中得到的执行控制网络中的脑区在个体想要回避风险时激活更大，也即在被试想要回避风险时，大脑会对行为进行更多的认知控制。因而，在个体表现出风险寻求的时候，可能就是大脑的认知控制没能很好地发挥作用。

适当回避或者寻求风险的能力对产生适应性行为至关重要，对人类的健康也会产生巨大的影响。在该研究中，赫尔芬斯坦等人（2014）通过气球模拟风险任务模拟真实生活中的风险情境，发现人脑在决策前的激活模式能够预测接下来将做出冒险还是保守的决策。并且不仅仅全脑的激活模式，某些特定脑区的激活模式，包括双侧顶叶和运动区、前扣带回、双侧脑岛、双侧背外侧眶额叶皮层，也具有预测作用。总的来说，本研究表明个体在选择冒险或者保守前，大脑的激活模式是存在差异的，这种差异不仅仅在全脑激活中反映出来，也在某些特定的、与认知控制有关的脑区中反映出来。并且在个体想要回避风险时，会出现更多与认知控制有关脑区的激活。这为风险决策脑机制的探讨打开了新思路。

第五章 风险决策脑机制的研究进展：神经计算

随着风险决策脑机制研究的深入，研究者们不再满足于仅仅揭示与风险决策相关的脑活动强度，越来越多的研究者采用多元模式分析的方法，探究风险决策的神经活动模式。特别是近年来，一些研究者尝试采用高时间分辨率的技术手段，在神经活动时间进程上找寻与风险决策过程中的价值计算和反应选择两个阶段相关的脑活动模式，旨在从更深层次的神经计算视角探究风险决策的脑机制。本章将首先介绍灵长类动物和人类的风险决策神经计算研究，然后结合风险决策两阶段理论，介绍基于风险决策两阶段理论的神经计算研究。

第一节　风险决策的神经计算研究

一、灵长类动物风险决策的神经计算研究

（一）研究背景

在面对决策时，大脑会计算每个选项的价值并将其进行比较，从而进行选择（Padoa-Schioppa，2011；Rangel et al.，2008；Rushworth et al.，2009）。已有研究者从行为层面找到了证据，即在面对决策时，决策者会有一个对选项进行快速思考的、动态的过程（Dai，Busemeyer，2014），然而，在神经生理层面尚未找到直接的证据。但间接证据方面以不同物种为实验对象的研究都证明了，眶额叶皮层在基于价值的决策中起到对选项价值进行评估的作用（Jones et al.，2012；Rudebeck，Murray，2014；Wallis，2012）。由此可知，眶额叶皮层的活动可能是决策前思考过程的神经基础。

测量决策过程动态变化的一个难点在于，评估和决策都是看不见的认知过程，并且这些过程很可能在面对每一个决策时都会发生变化。例如，当对 A 和 B 两个选项进行评估时，有的决策者可能先对选项 A 进行评估，然后对选项 B 进行评估。但是，有的决策者可能就与之相反，即先评估选项 B，再评估选项 A。此外，对每个选项的评估时间也会因决策者的内在因素而不同（Doya，2008），这些内在因素可能包括对决策结果的了解程度（Sugrue，Corrado，2004）、信心（Lak et al.，2014）、注意（Krajbich et al.，2010）和动机（Bouret，Richmond，2010）等。可以说，神经反应有很大的随机性，因此许多研究往往通过将试次平均的方法来减小随机性带来的影响。但是，在决策过程中神经反应的随机性有可能也携带着一些特有的信息，因此将试次平均的方法往往会忽略掉很多重要的细节（Churchland et al.，2007）。基于此，瑞迟（Rich）和沃利斯（Wallis）在研究中（2016）采用颅内植入电极的方法，将电极植入猴子的眶额叶皮层，在时间维度上记录猴子根据自身偏好进行决策活动时单个神经单元的数据和局部场电位（local field potential，LFP），通过在时间进程上对眶额叶皮层

的数据进行解码，来揭示猴子面对特定选项时的神经活动模式和神经计算过程。

（二）研究方法

该研究是基于两只恒河猴开展的，研究者在实验前对这两只恒河猴进行了任务训练，任务中给恒河猴呈现一系列图片，每张图片都代表了不同的奖励，一种奖励是果汁；一种奖励是条件强化物，即屏幕中蓝色的进度条，实验结束后累积的蓝色进度条越长，被试获得的果汁奖励就越多。无论是果汁奖励还是条件强化物奖励，奖励程度有 1、2、3、4 共四个等级，1 表示奖励最小，4 表示奖励最大。在训练任务中，研究者使恒河猴掌握了每张图片所对应的奖励价值。在正式实验中，设置两张图片情境和单张图片情境。在两张图片情境的每一试次中，首先呈现一个 450 ms 的注视点，之后给恒河猴同时呈现两张之前训练任务中的图片，恒河猴需要从两张图片中选择一张并注视所选择的图片 450 ms；之后呈现一个线索，恒河猴要根据线索做出向左或向右操纵手柄的反应，如果操纵成功，那么将获得所选择图片对应的奖励。单张图片情境中的实验流程与两张图片情境实验流程一致，区别在于注视点之后仅给恒河猴呈现一张图片。实验流程如图 5-1 所示。在实验过程中，研究者在恒河猴的眶额叶皮层放置了 16 个电极来记录决策过程中该脑区的活动，电极放置的具体位置是通过前期的功能性磁共振成像数据确认的。此外，研究者还给恒河猴佩戴眼动设备，对其在实验过程中的眼动数据进行收集。

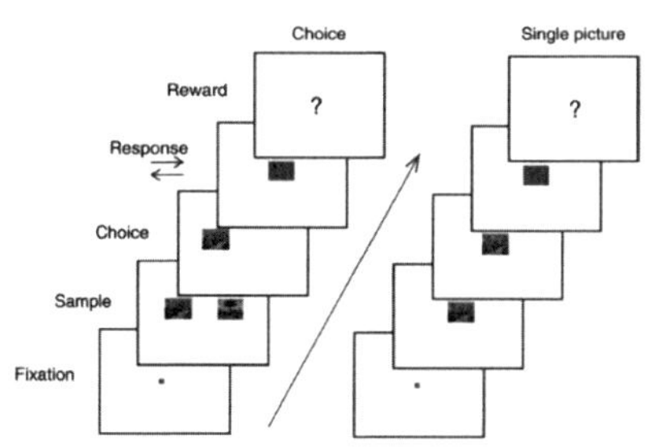

Fixation—注视点；Sample—样本即图片；Choice—选择；Response—反应；Reward—奖励；Single picture—单张图片。

图 5-1　实验流程示意图

（图片来源："Decoding subjective decisions from orbitofrontal cortex"）

（三）研究结果

行为结果发现，如图 5-2 所示，两只恒河猴均倾向于选择奖励价值较大的图片，随着图片所对应奖励程度的增加，两只恒河猴选择相应图片的概率逐渐增大，且随着图片所对应奖励程度的增加，两只恒河猴选择相应图片的反应时逐渐减小。

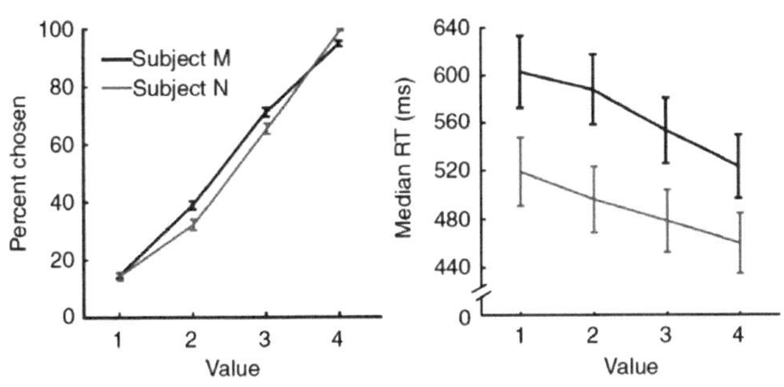

Subject M—被试 M；Subject N—被试 N；Percent chosen—选择概率；

Median RT—反应时的中位数；Value—价值。

图 5-2　选择概率和反应时

（图片来源："Decoding subjective decisions from orbitofrontal cortex"）

研究者对只呈现一张图片的试次进行了分析。通过线性判别分析（linear discriminant analysis， LDA）算法来识别与四种程度（也即从 1 到 4）的奖励价值有关的神经活动模式，从而区分每张图片出现时眶额叶皮层的活动模式。对单个神经元活动和局部场电位进行解码分析发现，主观决策中神经活动会随着每次面对的决策选项不同而发生变化，不同价值的选项所引起的神经活动是能够区分开的，且在每一试次中，与编码两个不同价值的神经活动交替达到最强。上述结果表明，大脑在决策时会依次评估每个选项的价值。但是这些结果也引起了研究者的进一步思考：不同的神经活动模式和选择过程有关吗？在对价值进行解码时，是否依赖于脑网络的表征？这些解码出来的状态和单个神经元有关吗？

问题 1：不同的神经活动模式和选择过程有关吗？

针对不同的神经活动模式是否与选择过程有关这个问题，研究者解码了面对空间位置不同（出现在视野左边或者视野右边）的图片时，眶额叶皮层的活动模式。结果发现，面对价值相同但出现位置不同的图片，眶额叶的活动模式没有显著差异，表明眶额叶中发生的价值编码是与选项的空间位置无关的，这与已有研究结果一致（Grattan，Glimcher，2014）。之后，研究者通过回归分析探究已选选项的价值与未选选项的价值分别与神经活动之间的关系。结果发现，眶额叶皮层的活动既与已选选项的价值有关，又与未选选项的价值有关，但是未选选项的价值在图片出现后约 120 ～ 250 ms 才对眶额叶皮层的活动发生影响。因此，解码的眶额叶皮层的活动既反映了已选选项的价值，也反映了未选选项的价值。进一步的分析发现，对于猴子迅速做出选择的试次（反应时较短试次）来说，在图片出现 150 ms 后，眶额叶皮层对已选选项的编码开始强于对未选选项的编码，但是对于经过思考才做出决策的试次（反应时较长试次）来说，眶额叶皮层对两个选项的编码强度差异非常小。因此，对选项编码强度的差异大小能够反映决策对于猴子来说的难度。也就是说，不同的神经活动模式和选择过程是有关系的。

问题 2：在对价值进行解码时，是否依赖于脑网络的表征？

在该研究中，猴子需要在两个独立的图片之间做出决策，在分析时将图片的奖励价值当作了类别变量。然而从概念上来说价值应该是连续变量，因此研究者将线性判别分析算法得到的结果与纳入连续变量进行计算的一般线性模型的结果进行了比较，发现两个模型对只呈现一张图片时的解码结果是大致相同的，一般线性模型的结果稍稍逊色于线性判别分析算法的结果。也就是说，即使当不同类别之间的差异非常小的时候，线性判别分析算法依旧能够进行区分。研究者设定了一个标准，来判定线性判别分析算法的输出是否为稳定的价值表征（稳定的价值表征也叫作脑网络状态）。该标准为，至少 4 个连续的组，输出的解码价值是相同的，并且解码正确率都要高于随机水平 50%。这样就可以排除噪音对解码输出的影响。研究结果发现，在面对两个价值不同的图片时，以每 20 ms 的数据为一个组来进行神经解码，解码出与已选选项价值相关的脑网络状态的组显著更多。也就是说，在面对两个选项时，相比于未选选项，眶额叶皮层花在加工已选选项上的时间更长。接下来，研究者量化了从对一个选项进行编码转换到对另一个选项进行编码的脑网络状态。结果发现，相比在起始脑网络状态表征的是未选选项价值的试次，如果在起始脑网络状态表征的是已选选项价值的试次，那么在这一试次中脑网络状态发生转化的次数会更少。相比于做了正确的决策即选择了价值更大的图片，在猴子做了错误决策即选择了价值更小的图片的试次中，脑网络状态发生转化的次数会更多。此外，在猴子做了正确决策的试次中，已选选项的价值越大，脑网络状态转化的次数就越少；而未选选项的价值越大，脑网络状态转化的次数就越多。上述结果表明，对价值的解码是依赖于脑网络的表征的。

问题 3：解码出来的状态和单个神经元有关吗?

研究者认为，如果解码出的脑网络状态是由某一个神经元活动引起的，那么在使用线性判别分析算法计算的过程中，这个起到关键作用的神经元的活动应该会导致解码结果出现显著的变化。基于这个假设，研究者重复进行了多次判别分析算法的计算，并且每次计算中，都会将某个神经元的信号排除在外，每次排除的神经元信号都不同。结果发现，无论将哪个神经元的信号排除，解码的结果都没有出现显著的变化。为了进一步量化这一结果，研究者将每次排除一个神经元信号得到的解码结果与纳入所有神经元信号得到的解码结果进行了相关分析。结果发现，所有排除了一个神经元信号得到的解码结果都和纳入所有神经元信号得到的解码结果存在非常显著的正相关。这也就表明，解码出的脑网络状态不是由某一个神经元单独的活动引起的。

综上可知，该研究使用了一种新的解码方法，发现在面对二择一的决策时，眶额叶皮层会出现两种状态，分别对应着对两个选项价值的编码。并且无论是整体的脑网络状态还是单个神经元的活动，都表明了在选项出现到做出决策的这段时间内，大脑会交替地、反复地对两个选项的价值进行编码。这一神经生理层的证据支持了眶额叶皮层在基于价值的决策中起到的重要作用（Rudebeck，Murray，2014）。以往实证研究表明，在决策中眶额叶皮层的活动与已选选项的价值有关（Hosokawa et al.，2013）。相关理论模型也认为，在面对决策时，大脑中不同的神经元分别编码各选项的价值，并且在做出选择前，这些神经元会相互竞争（Hunt et al.，2012； Jocham et al.，2012）。但是该研究发现，神经元之间并不是竞争的关系，而是对每一个选项进行编码时都会呈现出不同的状态，并且这些状态在决策者做出选择前会不停切换，反映了个体对已选选项价值和未选选项价值的编码是交替进行的。除此之外，该研究还发现解码得到的脑网络状态不仅反映了决策选项的价值，还预测了决策者做出选择的时间，即决策者在做出选择前是否需要仔细思考。如果不同脑网络状态的强度差异很小，就表明决策者在做出选择前需要时间进行思考。

眶额叶皮层与皮层下很多区域的关联都很紧密，例如感觉加工区域等，因此该研究中观测到的眶额叶皮层脑网络状态的转换可能与很多预测决策结果的脑区活动有关。已有研究提出的皮层微电流模型认为大脑的状态会在时间维度上发生变化（Habenschuss et al.，2013），并且这一变化与该研究的发现非常相似。结合已有的关于眶额叶皮层的研究，可以推断眶额叶皮层可能参与了在众多选项中做出最佳选择的过程。该研究结合颅内电极的方法和神经解码方法对猴子决策过程中的基于价值的神经计算过程进行了探讨，呈现了一种新的揭示风险决策脑机制的研究路径。

二、人类风险决策的神经计算研究

（一）风险决策的神经计算

1. 研究背景

在足球场上，当球向球门靠近的时候，为了阻止球进门，守门员需要在很短的时间内决定向左移动还是向右移动。球场上积累的经验会帮助守门员判断球接下来的运动方向，也即会帮助计算向左或者向右移动分别带来的价值，从而更好地对接下来的动作做出决策。经济学、心理学、计算神经科学的研究者普遍认为，人在做出选择前会首先计算每个选项的价值，然后基于价值进行选择。决策神经科学的研究者们就此提出了两个问题：（1）究竟是大脑的什么区域对这些价值进行了编码？（2）大脑的什么区域及怎样对这些价值进行比较进而做出了选择？

近来，决策神经科学领域渐渐发现，生物体在做出简单的决策前，往往需要进行大量的价值计算。就拿守门员对自己接下来该往哪个方向移动来举例。面对不断靠近的球，守门员首先需要判断往每个方向移动可能带来的结果，也就是每种动作的价值，而研究表明无论个体最终是否做出了某个动作，都会对该动作的价值进行编码，这就是决策过程中的"输入"（Samejima et al.，2005；Lau，Glimcher，2007）。接下来，守门员需要对这些动作的价值进行比较从而做出选择。最终选择的动作的价值就是"已选价值"，对于决策者发生强化学习有着重要的作用。具体来说就是，通过将决策结果的价值与已选价值进行比较，决策者会出现预期误差（prediction error），这个预期误差会更新已选选项的价值。要注意的是，虽然决策者是在做出选择前对每个动作的价值进行计算的，这种已选价值与决策结果的比较却是在做出选择后进行的。

越来越多的研究发现了与价值编码有关的神经活动，然而大脑怎样编码动作的价值及怎样比较每个动作的价值还是未知的，二者对理解大脑怎样做出动作决策至关重要。例如，有研究在眶额叶皮层和内侧前额叶皮层（Hampton et al.，2006）以及杏仁核中（Gottfried et al.，2003）发现了与编码已选价值有关的神经活动。但是研究中发现的这些神经活动只是与决策者最终选择选项的价值有关，而与对每个选项价值的计算无关。与之相似，有研究在基于眼跳的决策中（被试通过眼跳，注视某一个选项进行决策）发现，外侧顶内皮层（lateral intraparietal cortex，LIP）的活动不仅仅反映了对价值的编码，还包含了思考接下来是否选择这一动作的过程（Sugrue et al.，2004；2005）。也就是说，这些脑区的活动反映的不是对输出价值的比较，而是决策中即将输出的动作或者价值。还有一些研究发现了眶额叶皮层编码了不同选项的价值（Hare et al.，2008；Padoa-Schioppa，Assad，2006），但是这些研究使用的实验任务是基于刺激的决策，也就是说被试在做出选择后还要通过动作（如按键）去实现这个选择，这样一来就产生了混淆。基于上述研究背景，文德利希（Wunderlich）等人（2009）开展了实验研究尝试对下列问题进行回答：第一，人脑中对不同动作价值是怎样进行编码的？第二，大脑是怎么比较各个动作可能带来的价值，又是哪一脑区与最后输出的决策有关？

2. 研究方法

在研究中，文德利希等人（2009）让被试在功能性磁共振成像扫描仪中完成一个二臂赌博机任务，如图 5-3 所示。该任务的特点在于，每次决策都需要被试选择完成一个动作从而获取该动作可能带来的金钱奖励，而这两个动作是完全不同的：要么通过移动眼球去看屏幕右边的注视点（也即完成“眼跳”的动作），要么用右手按键（也即完成“按键”的动作）。根据前人研究，这样就能够区分被试在准备做出眼跳或者按键动作前不同的脑活动（Fujii et al.，2002）。研究者希望借助高空间分辨率的功能性磁共振成像技术，分别找到表征这两个动作价值的脑区。这两个动作带来奖励的概率是相互独立的，且随着时间动态变化，这样一来就保证了评估两个动作价值的过程互不干扰，进而帮助研究者分离表征这两个动作价值的脑区。

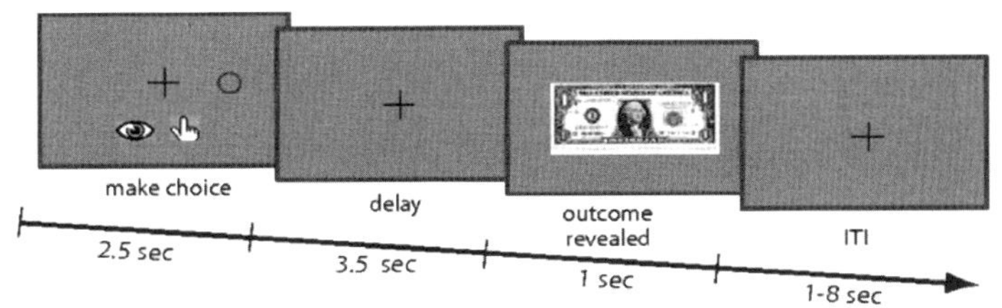

Make choice—做决策；Delay—延迟；Outcome revealed—结果呈现；ITI—时间间隔。

图 5-3 任务示意图及行为结果

（图片来源："Neural computations underlying action-based decision making in the human brain"）

为了达到研究目的，研究者首先对每一试次中，每一个动作选项的价值进行了量化。研究者使用强化学习模型，来更新每一试次产生的预期偏差，并假设被试的选择是在评估了每个动作价值的基础上遵循了 softmax 函数的原则（Daw et al., 2006）。之后，为了找到大脑中表征两个动作价值的脑区，将模型输出的选项价值作为回归因子，并结合脑成像数据建立一般线性模型。在全脑分析的基础上，研究者还重点关注了前人研究中发现的与完成某个动作前的准备有关的脑区，包括辅助运动皮层（supplementary motor cortex）、外侧顶叶皮层（lateral parietal cortex）。除此之外，研究者还想找到与比较两个动作价值这一活动有关的脑区。前期研究发现前扣带回和背侧纹状体（dorsal striatum）的活动与这一过程有关（Kennerley et al., 2006; Tricomi et al., 2004; Yin et al., 2005），因此研究者也关注了这些脑区。

3. 研究结果

1）与动作价值相关的脑活动

结果发现，如图 5-4（a）所示，辅助运动区（SMA）的活动与"按键"的价值有关系，通过感兴趣区分析，研究者还进一步发现左侧辅助运动区的活动与"眼跳"的价值无关，如图 5-4（b）所示。此外，研究者还发现外侧顶内皮层、前扣带回、背侧壳核（dorsal putamen）的活动也与"按键"的价值存在相关。而辅助运动内前侧区域（presupplementary eye fields，preSEF）的活动与"眼跳"的价值相关，同样进行感兴趣区分析发现，这一区域的活动与"按键"的价值无关。

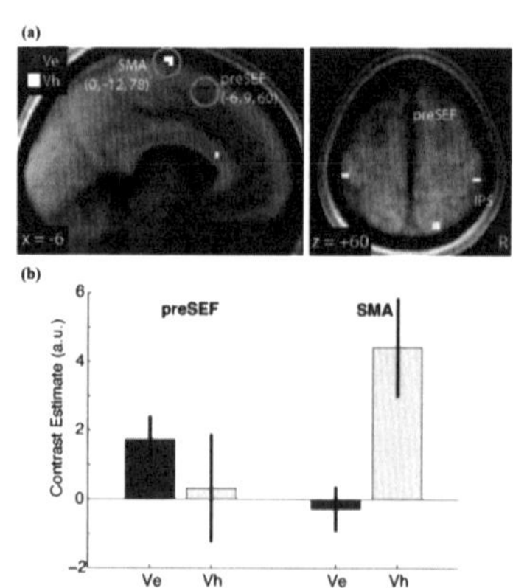

Ve—眼跳动作；Vh—按键动作；preSEF—辅助运动内前侧区域；SMA—辅助运动区；Contrast estimate—比较估计。

图 5–4　与动作价值相关的脑活动

（图片来源：“Neural computations underlying action-based decision making in the human brain”）

2）与已选选项价值相关的脑活动

接下来，研究者进一步探究与被试已选选项的价值有关的脑活动，而不区分这个选择是执行哪种动作。结果显示，已选选项的价值会影响腹内侧前额叶皮层、内侧眶额叶皮层和顶叶皮层（parietal cortex）的活动。此外，研究者还分别探究了当已选选项为“眼跳”或者“按键”时，哪些脑区的活动会出现差异。有趣的是，研究者发现中 – 腹内侧前额叶皮层的活动只在已选选项为“按键”时出现了激活，而后 – 腹内侧前额叶皮层的活动只在已选选项为“眼跳”时出现了激活。

3）对选项价值的比较：决策中的价值计算

比较选项价值大小最直接的方法就是计算二者之间的差值。因此，研究者首先计算每一试次两个动作价值的差值，然后去探究与这些差值有关的脑活动。而由于研究者前期对比较的方向没有假设，因此分别对“选择选项价值 – 未选选项价值”比较和“未选选项价值 – 选择选项价值”比较都进行了分析。结果发现，没有与“选择选项价值 – 未选选项价值”比较有关的脑区，但是发现了前扣带回皮层、背内侧前额叶皮层的活动与“未选选项价值 – 选择选项价值”比较有关。

综上，该研究揭示了在涉及动作的风险决策过程中，分别负责动作价值、选项价值和选项价值比较加工的脑活动，具体来说，辅助运动皮层不同的激活模式能够反映出在包含两个不同动作的决策中对两种动作价值的编码，腹内侧前额叶皮层和顶内沟的活动与已选动作的价值有关，前扣带回皮层、背内侧前额叶皮层负责决策中价值的比较和计算。总的来说，该研究厘清了涉及动作的风险决策过程中大脑神经计算所发挥的作用及相应功能区。

（二）群体情境下风险决策中的神经计算

1. 研究背景

在生活中，个体常常需要在群体环境中做决策，决策结果将影响集体的利益。在这种情境中，个体对于决策结果的不确定程度往往会受到他人决策的影响，这就使得研究人们社会决策中的神经计算机制变成了一项非常困难的事情。当人们在群体环境下进行决策时，不免要进行是否将个人的资源贡献给集体的决策，而这种个人的贡献通常要达到一定的数量才会产生对集体有利的结果，例如，资源循环利用、投票选举等。在这样的决策中，将自己个人资源贡献出来的志愿者会使群体中每个人的状况得到改善（Seo，Lee，2016）。但是，一方面如果群体中愿意做出个人贡献的志愿者太多，他们的资源会被浪费掉；另一方面如果志愿者太少，贡献的总数太少就不会产生对集体有利的结果。上述这种两难的社会现象被称为“志愿者困境”（volunteer's dilemma）（Archetti，2009）。在志愿者困境中，每个个体的决策能发挥多大的作用很大程度上取决于他人的决策。当在某一个群体中，大家持续进行多次决策时，对于群体中的个体来说，根据他人每一次实际做出的决策，对他人可能做出决策的预期进行实时更新是至关重要的。此外，每个个体不仅需要计算在当前决策中自己可能获得的利益（即个体效用），还需要计算在剩余的集体决策中整个群体能获得的利益（即群体效用）。因此，在每个个体的大脑中都需要权衡个体效用和群体效用，进而选择一个让总利益最大化的策略。虽然，社会中人们经常会面临在群体情境下进行风险决策，但是人们是

怎样在大脑中将个体效用和群体效用进行比较从而制定决策策略的，也即大脑神经计算的特点还不清楚。在与决策有关的神经科学领域中，有一个重要的研究问题就是在重复发生的、包含社会交互的决策中，大脑是怎么根据对他人决策的预期来制定决策策略的，是在某一个特定的脑区中计算的，还是在不同的脑区中计算的？经过计算之后，又是怎么执行这一决策策略的？为了探究上述问题，帕克（Park）等人（2019）采用了带阈值的公共物品博弈任务（threshold public-good-games，PGG），并结合功能性磁共振成像技术开展了一项研究。

2. *研究方法*

在带阈值的公共物品博弈任务中，被试需要重复地在同一个群体中完成一定次数的集体决策，在每一次决策中只有当贡献出自己资源的人数达到一定阈值后，整个群体才能够得到奖励。这个规则引导参与决策的个体制定适当的策略，来决定什么时候做出贡献，什么时候只搭便车（free-ride），即决策群体中的个人不贡献自己的资源，只享受别人贡献出的资源所带来的群体奖励。这就意味着群体中的每一位成员要根据他人实际做出的决策不断更新对他们即将做出决策的预期，从而动态地调整自己的决策策略（Barraclough et al.，2004；Seo et al.，2014）。

任务流程具体如下：在研究中被试需要在磁共振扫描仪中完成带阈值的公共物品博弈任务，具体如图 5-5（a）所示。每个被试需要完成 12 次任务，每次任务中包含 15 轮，也就是说被试会遇见 12 个不同的群体，并在每个群体中和大家一起完成 15 次集体决策。每个群体中包含 5 名成员，在每次决策中大家都要做出“贡献自己的资源”或者是“保留自己的资源只搭便车”的决策，个体贡献出的资源不会返回给他们，但是如果贡献出的资源达到了一定的阈值（k），就会带来群体利益，且群体利益会均分给该群体中的每一个成员。每次一个新的群体形成后，被试会在进行决策前被告知在接下来的 15 轮决策中 k 是多少。

研究者通过设置不同的 k 来操纵志愿者困境的水平（k=2 或者 k=4）。当 k=2 时，意味着需要两个或两个以上的成员贡献出自己的资源才能换来群体利益（2MU），这时可以选择搭便车的人应该不多于三个（nF ≤ 3）；当 k=4 时，意味着需要四个或四个以上的成员贡献出自己的资源才能换来群体利益（4MU），这时可以选择搭便车的人应该不多于 1 个（nF ≤ 1），如果这一个本可以搭便车的成员也贡献出了自己的资源，也就意味着他的资源浪费掉了。但是，当 k=2 时成员所做出的贡献被浪费掉的概率会更大，因此在本研究中，k=2 也被称为“强志愿者困境”，而 k=4 则称为“弱志愿者困境”。为了保证在实验时集体决策中除被试以外其余成员决策行为的合理性，并避免被试猜测到他人的潜在动机，每一组中除被试以外其余成员的决策行为都是由计算机随机生成的，具体的设置如图 5–5（b）所示。

3. 研究结果

首先，研究者探究被试在不同水平的困境中的贡献率是否有差异。结果发现，如图 5–5（c）所示，被试在强志愿者困境（k=2）中的贡献率比在弱志愿者困境（k=4）中的更低，表明被试在弱志愿者困境中更愿意贡献出自己的资源，也即困境的水平越强，被试越不愿意贡献出自己的资源，越依赖他人的贡献。也就是说，被试在任务中出现了决策策略的变化。

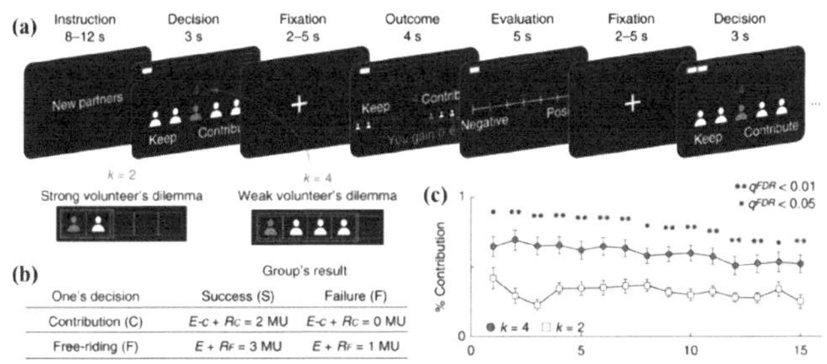

Instruction—指示；Decision—决定；Fixation—注视点；Outcome—结果；Evaluation—评估；New partners—新搭档；Keep—保持；Contribute—贡献；Strong volunteer's dilemma—强志愿者困境；Weak volunteer's dilemma—弱志愿者困境；One's decision—一个人的决策；Contribution—贡献；Free-riding—搭便车；Group's result—群体结果；Success—成功；Failure—失败。

图 5–5　实验任务示意图以及行为结果

（图片来源：“Neural computations underlying strategic social decision-making in groups”）

之后，研究者使用回归分析，探究在 t 试次中被试决定是否贡献会不会受到其他因素的影响，例如，搭便车（nF）的人数、自己前一次的决策（D）、是否成功得到了群体奖励（S/F）及赢－保持和输－转换的策略（Ws/Ls）。研究者将 t 试次的前三个试次中（t−1、t−2、t−3）的上述因素都纳入了分析，结果发现，搭便车的人数增加或者成果得到了群体奖励都不会使被试做出更多贡献。这表明被试并不是根据之前是否成功得到了群体奖励来单纯地重复之前的决策，而应该是根据某个模型来制定决策策略的。

模型的机制具体如下：

1）模型建立及比较

在志愿者困境中，个体需要对个人短期利益和集体长期利益进行权衡。具体来说，某个个体如果选择搭便车，那么当下会给自己带来可观的收益；但是从长期来看，这种行为会使他人贡献出自己资源的概率降低，进而损害群体间合作共赢。研究者通过建立四个不同的计算模型，探究个体对他人决策预期的更新是怎样影响其权衡个体效用和集体效用，从而影响其制定决策策略的。

第一个模型是社会学习模型（social-learning model）。该模型认为被试在做出决策前是分别考虑决策可能带来的个体效用和群体效用的。在 t 试次中被试决定是否贡献取决于决策价值（Q），决策价值则是个体效用（I_t）和群体效用（G_t）的总和。其中 I_t 反映了 t 试次中个体做出贡献和搭便车这二者能够得到的利益的相对价值。根据前期阿尔凯蒂（Archetti）（2009）的研究，研究者在这个模型中纳入了利他奖励，表示在决策中个体考虑到自己的行为能够对他人产生的影响，从而给群体中其他成员带来利益，也就是说，在本实验中群体中成员的合作程度越高，每个个体能够获得的奖励就越多。根据前期旺德（Wunder）等人（2013）的研究，群体效用反映了被试对剩余试次中能够获得的群体奖励的总期望。个体效用和群体效用都会受到被试在决策过程中对他人决策预期（γ_t）变化的影响。因此，这个模型反映了被试从之前的结果中进行学习，并更新对他人决策预期的过程。

第二个模型是无远见模型（myopic model），该模型认为被试在决策前仅仅考虑自己的短期利益，即个体效用，而不是像社会学习模型所认为的那样，被试在决策前会综合考虑个体效用和群体效用。

第三个模型是有远见模型（forward-looking model），该模型认为被试在决策前仅仅考虑群体的长期利益，即群体效用。

第四个模型是不平等厌恶模型（inequity aversion model），该模型认为被试有一定的概率会选择贡献自己的资源，直到整个群体得到群体利益。在不平等厌恶模型中，当被试感到自己的贡献没有得到公平对待，也就是出现了搭便车的人时，其决策更容易发生改变。

研究者用上述四种模型分别拟合被试的行为数据，并使用贝叶斯信息标准（Bayesian information criteria，BIC）来判断模型拟合的优良。结果发现，社会学习模型对于本实验中被试行为的拟合是最好的。接下来研究者还使用贝叶斯模型选择（Bayesian model selection，BMS）来判断模型拟合的优良，该指标也表明社会学习模型的结果是最优的。

总的来说，上述分析表明，社会学习模型能够较为准确地表示被试在志愿者困境中的决策行为。根据社会学习模型，被试会在决策中计算个体效用、群体效用、个体效用和群体效用的总和、对他人接下来行为的预期以及相应的预期偏差。接下来，研究者结合社会学习模型来探究群体决策中的神经机制。

2）个体效用和群体效用的神经计算编码

首先，研究者根据行为数据分析的结果，探究在集体决策中某个行为特征有关的脑区。通过建立一般线性模型，用被试在 $t-1$ 试次中的脑活动来预测其在 t 试次中的决策行为，结果发现，$t-1$ 试次中的腹内侧前额叶皮层和前脑岛中的活动强度与 t 试次中的个体效用呈现负相关。结合个体效用反映的是 t 试次中个体做出贡献和搭便车这二者能够得到的利益的相对价值，该结果表明，腹内侧前额叶皮层编码了在 t 试次中，被试认为选择搭便车能够带来的价值。

在找到了与个体效用有关的脑区后，研究者进一步探究与群体效用有关的脑区。结果发现，在决策结果呈现时，$t-1$ 试次中的外侧额极皮层（lateral frontopolar cortex，IFPC）、楔前叶（precuneus）和双侧顶下小叶（inferior parietal lobule，IPL）编码了 t 试次中的群体效用。结合群体效用反映了被试对剩余试次中能够获得的群体奖励的总期望，根据 t 试次中得到了群体奖励的概率来看，上述脑区中的活动越强，被试在接下来的决策中改变策略，将自己的资源贡献出来以获得更大的群体奖励的可能性就越大。接下来，研究者试图找出与对他人决策预期，即被试认为在 t 试次中他人选择搭便车的可能性有关的脑区。结果发现，前扣带回的活动与对他人决策预期有关。

3）与决策策略转换有关的神经机制

本研究中的一种决策策略是从决定搭便车以获得个体效用转换到决定贡献自己的资源以获得长期的群体效用，因为这样可以使群体中的成员也受到影响，从而贡献出自己的资源以得到更多的集体利益；另一种策略则与之相反，是从决定贡献自己的资源以获得长期的群体效用转换到决定搭便车从而使自己的个体效用最大化。为了探究上述决策策略转换背后的神经机制，研究者比较了两种情况下 t 试次中决策结果出现时的脑活动，一种是 t 试次中的选择与 $t-1$ 试次中的选择相同（即保持），一种是 t 试次中的选择与 $t-1$ 试次中的选择不同（即转换）。结果发现，相比于保持的试次，腹外侧前额叶皮层和前扣带回的活动在转换的试次中更强。因此，这两个脑区可能与决策策略的转换有关。

接下来，研究者进一步探究了被试选择的概率怎样影响与决策策略转换有关的脑区和与编码效用的脑区之间的交互作用。研究者假设决策策略转换有关脑区的活动强度会与编码个体效用的脑区活动强度存在一致性的变化。为了验证这个假设，研究者进行了心理生理交互分析（psychophysiological interaction，PPI）。该分析中的生理变量是决策结果呈现时与决策策略转换有关脑区（腹外侧前额叶皮层和前扣带回）的活动强度，心理变量是通过 t 试次中决策价值（Q_t，

在 t 试次中被试选择了贡献个人的资源）和 t−1 试次中决策价值（Q_t−1）的差值（δQ）建立的模型中对被试改变决策策略概率的预测值。也就是说，当个体更可能改变决策策略去选择贡献的时候，δQ 与预测的概率呈正相关；而当个体更可能改变决策策略去选择搭便车的时候，δQ 与预测的概率呈负相关。结果发现，腹外侧前额叶皮层和前扣带回与编码群体效用的右侧外侧额极皮层之间的功能连接增强，而腹外侧前额叶皮层和前扣带回与编码个体效用的腹内侧前额叶皮层之间的功能连接减弱。即当个体选择改变决策策略去选择贡献时，外侧额极皮层和决策策略转换有关的脑区之间的功能连接增强；而当个体选择改变决策策略去选择搭便车时，腹内侧前额叶皮层和决策策略转换有关的脑区之间的功能连接增强。上述结果表明，在社会交互中，编码个体效用和群体效用的脑区与腹外侧前额叶皮层和前扣带回之间的关系是不同的。

当在群体中进行决策时，群体中的成员既需要估计决策可能给自己带来的利益，又需要估计决策可能给群体带来的利益（Hilbe et al.，2018）。在志愿者困境中，个体想要使个体利益最大化时使用的决策策略与想要使群体利益最大化时使用的决策策略是不同的。该研究将带阈值的公共物品博弈任务与功能性磁共振成像技术相结合，并设置了强、弱两种水平的志愿者困境，使用社会学习模型对被试的行为进行拟合，揭示了志愿者困境中个体决策的神经机制。研究的结果发现，前扣带回和颞顶联合区的活动反映了个体对他人决策行为预期的更新。研究者还进一步探究了腹内侧前额叶皮层和外侧额极皮层中的活动与个体权衡个体效用和集体效用这一认知过程的关系。结果发现，当被试认为更换策略能够获得更大的利益时，前扣带回和腹外侧前额叶皮层与腹内侧前额叶皮层和外侧额极皮层的功能连接发生了变化，其中前扣带回和腹外侧前额叶皮层参与了决策策略的转换，腹内侧前额叶皮层和腹外侧前额叶皮层参与编码策略带来的效用。总的来说，上述结果揭示了在群体情境中个体风险决策策略的神经机制。

第二节　基于风险决策两阶段理论的神经计算研究

一、基于风险决策两阶段理论的脑机制研究

（一）研究背景

当你想吃甜品时，会选择苹果馅饼还是草莓蛋糕呢？这类问题往往没有正确答案，人们只是根据自己的偏好来进行选择，偏好也就是个体赋予各选项的主观价值。当前的经济学决策模型认为，这种基于价值的选择包含了两个不同的阶段：阶段一是对所有选项的价值进行计算（价值计算阶段），阶段二是选择一个选项（反应选择阶段）（Kahneman，Tversky，1979；Rangel et al.，2008）。但是在关于这一模型的研究中，反应选择阶段通常被简化为一个非常短暂的过程。因此，与价值－选择有关的脑研究也大多集中于探究价值计算阶段的神经活动特点（Levy，Glimcher，2012；Padoa-Schioppa，2011；Wallis，2007）。虽然这些研究发现了腹内侧前额叶与价值计算阶段有着非常紧密的联系，但是目前人们对人脑中与反应选择阶段有关的神经活动仍然知之甚少。

从数学计算的角度来看，在比较各选项的主观价值之后，才能选择出最有价值的那一个，而这个过程就是将主观价值这一连续变量转化为选项这一类别变量（Rangel et al.，2008）。如此一来，基于价值的选择过程就和漂移扩散模型所描述的过程非常相似了。漂移扩散模型就是将不同主观价值的选项整合为一个抽象的决策变量，这一决策变量有一个起点，在漂移扩散过程中朝着两个边界中的某一个移动（Ratcliff，McKoon，2008）。这两个边界就是对于选项的决策阈限，因此当决策变量到达某一个边界时，决策结果也就自然明了了。如图 5-6 所示，用漂移扩散模型来描述选择行为时有两个关键的参数，一个是在时间进程上对输入的选项价值的整合，另一个是当神经活动累积到某个阈限时输出的选择结果（Smith，Ratcliff，2004）。在很多基于价值的决策任务中，漂移扩散模型都

可以很好地解释被试对选项的选择概率和反应时之间的复杂关系（Philiastides，Ratcliff，2013），进而模型输出的参数可以用来预测决策任务中观察到的脑活动（Simen，2012）。

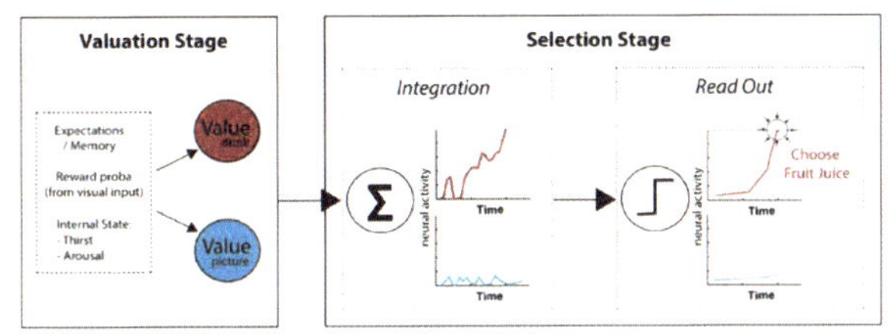

Valuation stage—价值计算阶段；Selection stage—反应选择阶段；Expectations/Memory—预期 / 记忆；Reward proba—奖赏概率；Internal state—内部状态；Thirst—口渴；Arousal—性兴奋；Integration—整合；Read out—读出。

图 5–6　决策的价值计算阶段和反应选择阶段

（图片来源："The neuro-computational architecture of value-based selection in the human brain"）

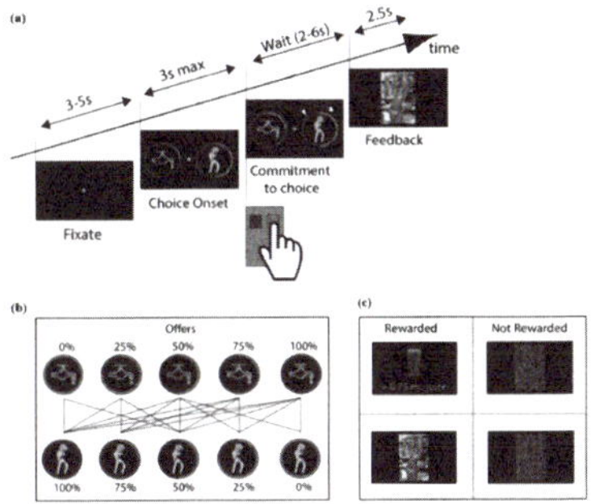

Fixation—注视点；Choice onset—开始选择；Commitment to choice—承诺选择；Feedback—反馈；Offers—供应；Rewarded—奖励的；Not rewarded—没有奖励的。

图 5–7　实验任务示意图

（图片来源："The neuro-computational architecture of value-based selection in the human brain"）

已经有一些研究提出了针对基于价值 - 选择的神经网络结构理论，这些理论大致可以被分为两类，一类认为价值整合与产生选择这两个阶段涉及不同的神经活动（Hanks et al.，2015；Park et al.，2014；Simen，2012），另一类则认为不然（Boerlin，Denève，2011；Wang，2012）。一些神经影像学研究发现了一个可能与计算和价值比较有关的脑网络，该脑网络包括腹内侧前额叶、背外侧前额叶和后顶叶皮层。例如，背外侧前额叶、后顶叶皮层、背内侧前额叶和前脑岛中血氧水平的变化与漂移扩散模型所预测的脑活动较为一致（Hare et al.，2011）。此外，还有研究表明，编码损失和收益进而产生基于价值的选择这一过程是在腹内侧前额叶中完成的，且后顶叶皮层的活动可以反映信号在腹内侧前额叶中的累积过程（Basten at al.，2010）。

然而，上述研究所涉及的每一个脑区，尤其是漂移扩散模型参数可以预测的那些脑区，分别精确地负责哪些计算过程尚且未知。某个单一脑区，如背外侧前额叶或者腹内侧前额叶，是否可以独立地完成基于价值选择的漂移扩散过程，或者如果负责这一选择是由很多空间上不同的脑区相互协作完成的，那么在这一过程中这些脑区是否各自有独立的功能，而后通过信息整合形成了一个功能网络呢？为了解决这一问题，将漂移扩散模型和功能性磁共振成像技术结合，有可能阐明基于价值的选择的神经计算结构。在漂移扩散模型和功能性磁共振成像技术结合的研究中，一般通过将选择过程中大脑血氧水平的变化和漂移扩散模型做出的预测进行相关分析来阐明基于价值的选择过程。但是这种方法忽略了在选择过程中神经活动在多维度上的动态性，并且已有研究证明这种方法会产生一些无法控制的混淆（Harvey et al.，2012；Park et al.，2014；Stokes et al.，2013；Wang，2012）。为了打破这一局限，多梅内克等人（2017）使用时间维度的多元模式分析方法，通过在时间维度上对与决策相关的脑区活动进行解码，以获得脑区的血氧水平在空间上的变化模式，进而从这一模式中抽取与即将做出的选择有关的神经活动信息。

（二）研究方法

多梅内克等人（2017）在研究中设计了一个新的实验任务。实验任务流程如图 5-7 所示，在任务的每一个试次中，被试需要在选项中进行选择。其中一个选项有一定的概率带来看诱惑性图片的奖励（该选项为图片选项），另一个选项有一定的概率带来喝 0.75 mL 果汁的奖励（该选项为饮料选项）。图片选项和饮料选项分别在屏幕的左右两边用图标表示，两个选项的位置是随机的，同时用饼图来表示每个选项可能带来奖励的概率。每个选项带来奖励的概率在每个试次中都是变化的（P=0.25，0.5，0.75，1），在实验中总共有 31 种选项组合。此外，还有 4 种额外的选项组合，每个组合中一个是不会带来奖励的，而另一个有可能带来奖励（P=0.5，1）。上述的每种选项组合重复 8 次。在该实验任务中，每个选项给被试带来的奖励类型是不同的，且每个选项所对应的可以获得的奖励概率也是不同的。另外，在该任务中，不涉及金钱或者与金钱有关的选项。面对所呈现的选项和其相应的奖励，被试通过比较自己给两个选项赋予的主观价值，来选择自己更想要的那一个，这样一来，简单的漂移扩散模型就可以准确地描述被试的选择行为。被试在进行实验任务的同时接受功能性磁共振成像扫描，获取其脑活动数据。

（三）研究结果

1. 行为结果

在任务的每一试次中，被试都需要在两个图片选项和饮料选项之间进行选择，选择之后有一定的概率获得图片和果汁奖励，也有一定概率没有奖励。在实验中观察到，被试的选择与被试的主观偏好有关，即与每个选项可以带来奖励的概率以及两个选项之间的相对价值有关。

为了探究被试是怎样做出决策的，首先对每个被试的行为反应进行回归分析，来探究相比于图片（picture，P）选项，被试对于果汁（drink，D）选项的偏好程度。在回归分析中，用饮料选项带来奖励的概率、图片选项带来奖励的概率、试次数以及截距构成的函数来表示选择饮料选项的比例。用回归模型中饮料选项带来奖励的概率的回归系数与图片选项带来奖励的概率的回归系数两者的比值来表示被试对果汁选项的偏好，以得到对于每个被试来说，多少滴饮料与图片的价值是相等的。分析发现，接近一半的被试（42.8%）认为这个比例是大于 1 的，

也就是说，这些被试对图片有更强的偏好。在正式实验任务前和完成实验任务后，都测量了被试对于果汁的渴望程度，测量的结果与回归模型得到的结果是一致的。

接下来，将果汁选项的主观值从图片选项的主观值中减去，得到每个被试对于每一试次的决策价值（decision value，DV）。这样一来，就可以用相同的尺度去衡量每一个试次的选项价值。图 5-8（a）展示了实验中三名被试的选择模式，这三名被试的数据可以清晰地展现决策价值和选择概率之间关系的的变化。可以看到的是，有些被试总是会选择比主观期望价值低的选项［图 5-8（a）左侧］，而有些被试总是选择比主观期望价值高的选项［图 5-8（a）右侧］，因此该研究中用选择不确定性曲线的半宽高来量化被试的选择效率。此外，与前人研究一致的是（Grinband et al.，2006），选择的不确定性越高，被试的反应时越长［图 5-8（b）］，表明决策价值与主观价值接近时，选择速度会变慢。总的来说，上述结果表现了决策价值、选择概率和反应时之间的复杂关系，这些因素的相互依赖性很有可能反映经济决策中最基础的计算。

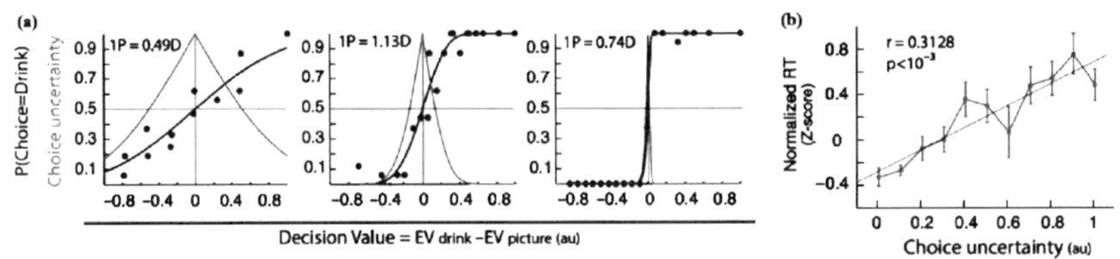

P—图片选项；D—饮料选项；Choice uncertainty—选择不确定性；Decision value—决策价值；EV_{drink}—饮料选项的期望价值；$EV_{picture}$—图片选项的期望价值；Normalized RT—标准化的反应时。

图 5-8 行为结果

（图片来源：“The neuro-computational architecture of value-based selection in the human brain”）

为了探究风险决策背后的计算机制，研究者使用漂移扩散模型来拟合每个被试的行为数据。漂移扩散模型曾被应用在许多基于价值的决策任务中，并很好地解释了反应概率和决策时间的关系（Krajbich et al.，2010）。图 5-9 展现了漂移扩散模型对行为数据的拟合：决策变量始于上、下阈限之间（分别代表图片选项和果汁选项），在经过决策潜伏期（非决策时间，图 5–9 中的 Tnd）之后，决策价值开始推动决策变量往其中一个阈限移动。当决策变量到达这一阈限时，被试便做出决策行为（输出选择）。通过模型的拟合，会获得一个增益参数，该参数描述了决策价值驱动漂移扩散过程的内部噪音或者稳定性，就相当于用漂移扩散模型描述知觉推理研究中所获得证据的质量（Ratcliff，2008；Ratcliff et al.，2009）。相关分析发现，增益参数可以完全解释被试间决策效率的变化，而决策阈限与决策效率无关。也就是说，研究者在行为层面的发现支持了大脑在风险决策中的漂移扩散过程是由选项的决策价值驱动的这一观点。

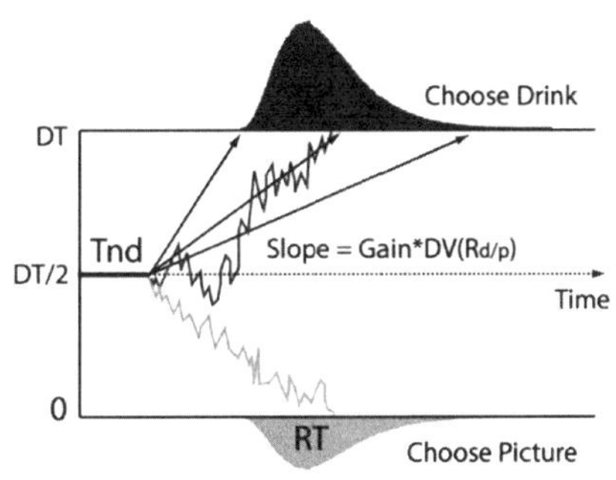

DT—决策变量的上限；Tnd—非决策时间；RT—反应时；Slope—斜率；

Choose drink—选果汁；Choose picture—选择图片；Time—时间。

图 5–9　漂移扩散模型

（图片来源："The neuro-computational architecture of value-based selection in the human brain"）

2. 功能性磁共振成像结果

该研究的目的是探究大脑以怎样的方式完成决策中的价值计算和反应选择，这两个阶段相关脑区是否有重叠。因此，研究者先对眶额叶皮层进行探究，该脑区在以往的研究中被证明与价值表征和强化学习有关，但是究竟是哪一种功能在决策过程中起到了作用还是存在争议的（Grabenhorst，Rolls，2011；Padoa-Schioppa，2011；Wallis，2007；Wilson et al.，2014）。研究者以眶额叶皮层为感兴趣区、以决策价值为参量进行了参量分析。结果发现，右外侧眶额叶皮层和双侧腹内侧前额叶皮层的活动与“图片选项的期望价值－果汁选项的期望价值”正相关（图 5-10）。而只采用饮料选项的期望价值作为参量进行分析后，没有发现其他属于眶额叶皮层的区域与这一参量有相关。此外，在决策界面出现时，随着图片选项带来奖励的概率上升，腹内侧前额叶皮层和外侧眶额叶皮层的激活增强；而随着果汁选项带来奖励的概率下降，其激活也下降。在反馈界面，相比于期望有图片奖励但是图片却没有出现的情况，得到了图片奖励时眶额叶皮层的活动会更大；但是相比于期望有果汁奖励但是果汁却没有出现的情况，得到了果汁奖励时眶额叶皮层的活动会更小。这一结果表明，眶额叶皮层具有编码选项价值差异的作用。

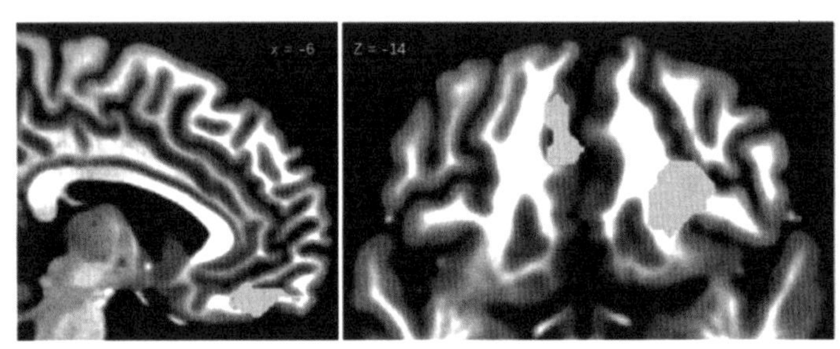

图 5-10　眶额叶皮层

（图片来源：“The neuro-computational architecture of value-based selection in the human brain”）

在分析中建立了一般线性模型，将已选选项的价值纳入模型，发现只有外侧眶额叶皮层的活动与其相关，而腹内侧前额叶皮层与这一指标不存在相关。该发现表明眶额叶皮层将本不能直接进行比较的选项进行了价值编码，使选项的价值处于同一维度，从而可以进一步比较各选项之间的价值。

接下来，为了进一步探究外侧眶额叶皮层和腹内侧前额叶皮层在决策中发挥的不同作用，将脑区的血氧信号与漂移扩散模型的参数进行了相关分析。结果发现，增益参数和决策呈现界面腹内侧前额叶皮层的活动呈现显著正相关，而增益参数和外侧眶额叶皮层的活动没有相关。在漂移扩散模型中，增益参数表征了价值信号漂移扩散的特征。因此，这一脑 - 行为相关结果表明腹内侧前额叶皮层参与了决策过程。基于不同的脑区分别参与价值计算阶段和反应选择阶段的假设，上述结果进一步表明腹内侧前额叶皮层可能推动了反应选择阶段的扩散过程。

研究者进一步假设，如果腹内侧前额叶皮层在反应选择阶段为漂移扩散过程输入了信息，那么在决策形成的过程中，与反应选择过程有关的脑区和腹内侧前额叶皮层之间的功能连接应该会增强。基于这一假设，研究者进行了生理心理交互分析，分别探究两个眶额叶皮层区域在决策形成的过程中与其他脑区之间功能连接的变化。结果发现，腹内侧前额叶皮层和右外侧脑网络（包括后顶叶皮层、背外侧前额叶皮层和前脑岛）的功能连接在决策形成的过程中显著增强。此外，没有发现与外侧眶额叶皮层功能连接增强的脑区。

在发现了额 - 顶网络和腹内侧前额叶皮层的功能连接在决策形成过程中出现显著增强之后，该研究进一步探讨这一脑网络中的血氧水平变化是否包含了漂移扩散过程中的典型神经活动特征。之前以猴子为被试的电生理研究发现，每一个相互抑制的皮层都分别整合了一个选项的决策证据，最后引起神经元活动的快速增强（Simen，2012；Wang，2012），这个神经活动快速增强的过程与证据累积的斜率接近。因此，有研究者推测神经元活动的增强速度与血氧动力响应存在线性耦合（Lee et al.，2010），编码漂移扩散过程中决策价值脑区的活动会随着信息整合时间变长而增强，随着整合速度变快而减弱。分析发现，右侧背外侧前额叶皮层的活动强度与证据累积速度呈负相关。此外，这一脑区的活动强度还和反应时正相关。总的来说，上述结果支持了基于价值的风险决策包含两阶段的假设，且在这一过程中背外侧前额叶皮层整合了来自腹内侧前额叶皮层的决策价值信号，并且通过比较每个选项的主观价值，做出了最优决策。该研究还发现背外侧前额叶皮层和后顶叶皮层在决策过程中属于同一个功能性脑网络，这与顶－额网络是决策过程信息中心的观点一致。此外，这两个脑区在决策过程中发挥了不同的作用，表明了背外侧前额叶皮层整合了决策价值的信息，但后顶叶皮层具有其他功能。

3. 多元模式分析结果

根据漂移扩散模型中存在双神经元群的理论（Simen，2012），在决策过程中有两组神经元发挥了作用，一组神经元完成整合决策证据并越过决策阈限后，另一组神经元开始激活。根据上述理论，研究者假设，后顶叶皮层应该也参与了反应选择阶段，具体来说，在背外侧前额叶皮层整合了来自腹内侧前额叶皮层的价值信号，当信号逐渐累积达到决策阈限之后，后顶叶皮层读取并输出这一信息。基于这一假设，解码腹内侧前额叶皮层的活动得到的神经活动模式应该是在决策的早期上升到峰值并保持，这一模式反映了在短时间内编码了决策价值的过程；而解码背外侧前额叶皮层和后顶叶皮层的活动得到的神经活动模式应该是随着决策的形成，其活动逐渐增加，这一模式反映了证据累积直到达到决策阈限的过程。但是，根据在漂移扩散模型中存在双神经元群的理论，背外侧前额叶皮层活动增强的起始点应该早于后顶叶皮层。

为了验证上述假设，研究者进行了时间维度上的多元模式分析，以期通过这一分析探究之前分析中提到的腹内侧前额叶皮层、背外侧前额叶皮层和后顶叶皮层血氧信号的变化模式是否与研究得到的决策中两阶段模式相一致。通过解码上述三个脑区的活动，发现腹内侧前额叶皮层（图 5-11 左侧）和背外侧前额叶皮层（图 5-11 中间）的解码正确率在选项呈现后 4 s 开始显著高于随机水平，而后顶叶皮层的解码正确率直到选项呈现后 6 s 才开始显著高于随机水平（图 5-11 右侧）。该结果表明，从参与决策的先后顺序上来说，腹内侧前额叶皮层和背外侧前额叶皮层先于后顶叶皮层。此外，背外侧前额叶皮层和后顶叶皮层的解码正确率在整个决策的思考过程中都显著高于随机水平且在选项呈现后 4 ～ 8 s 内逐步上升，而腹内侧前额叶的解码正确率在 4 s 之后就和随机水平差异不显著了且选项呈现后 4 ～ 8 s 内没有显著变化。

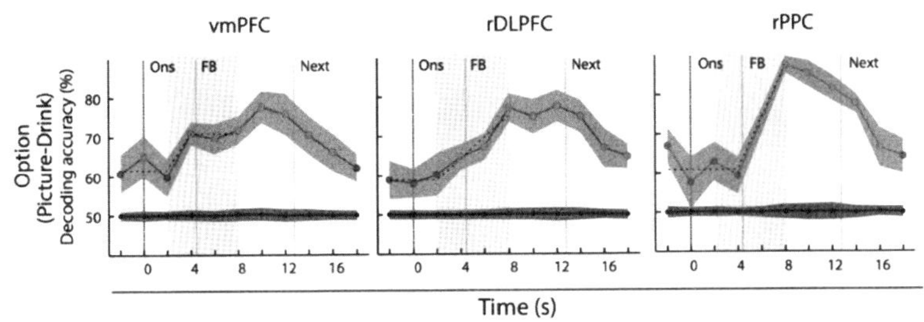

Decoding accuracy—解码正确率；vmPFC—腹内侧前额叶皮层；rDLPFC—右侧背外侧前额叶皮层；rPPC—右侧后顶叶皮层。

图 5–11　多元模式分析解码结果

（图片来源：“The neuro-computational architecture of value-based selection in the human brain”）

之后，研究者建立了两个针对决策中思考过程的时间动态模型：（1）阶梯模型，即解码正确率从基线断断续续上升至峰值的阶段；（2）上升模型，即解码正确率从基线开始呈线性上升。思考过程定义为在决策速度快和慢两个条件下对背外侧前额叶皮层中的脑活动进行解码，得到的解码正确率高于随机水平的时间窗。之后分别将背外侧前额叶皮层、后顶叶皮层和腹内侧前额叶皮层的解码正确率进行拟合。结果发现，上升模型能够解释背外侧前额叶皮层和后顶叶皮层的活动模式，而阶梯模型可以解释腹内侧前额叶皮层的活动模式，该结果与预期一致。此外，还发现相比于后顶叶皮层开始编码决策信息，背外侧前额叶皮层开始活动的时间更早，表明在基于价值进行选择的计算过程中，后顶叶皮层是在背外侧前额叶激活之后才发挥作用的。也就是说，背外侧前额叶皮层在思考阶段整合了决策价值，而腹内侧前额叶皮层没有参与反应选择阶段。

此外，顶 – 额网络也参与了思考阶段，主要是后顶叶皮层在背外侧前额叶皮层活动之后开始激活。其他关于顶 – 额网络功能的理论认为，这一脑网络推动了抽象的决策向实际行为的转化，并且这一理论在先前以猴子为被试的电生理研究中得到了证实（Padoa-Schioppa，2011；Cai，Padoa-Schioppa，2014）。但是，在以人类为被试的功能性磁共振成像研究中却发现，当完成知觉决策任务时，无论反应模式是什么样的，顶－额网络都出现了激活（Heekeren et al.，2006），并且顶－额网络推动抽象的决策向实际行为的转化是通过后顶叶皮层激活，再向前运动区发出信号，才使得决策过程能够完成（Hare et al.，2011）。为了探究顶－额网络的活动是发生在抽象决策形成时，还是发生在决策行为产生时，又或是推动了二者之间的转化，研究者在两个选择动作（按下左边或者右边的按键）的条件之间和两个选择的选项（图片或者饮料）条件之间分别对思考阶段后的时间窗内右侧后顶叶皮层和右侧背外侧前额叶的活动进行了解码。结果发现，两个选择的选项之间的解码正确率显著高于随机水平，而两个选择动作之间的解码正确率则没有高于随机水平，表明了顶－额网络的活动发生在抽象的决策形成时，而排除了这一脑网络推动了抽象的决策向实际行为转化的可能性。

综上，该研究的结果证明了在决策的漂移扩散过程中，不同的脑区是在不同的阶段发挥作用的，具体表现为，后顶叶皮层输出了背外侧前额叶皮层中整合的价值信息，这与许多已有理论模型一致（Simen，2012；Wang，2012）。

4. 动态因果模型结果

最后，该研究使用了动态因果模型探究漂移扩散中的关键计算（整合和输出）是否是在背外侧前额叶皮层和后顶叶皮层完成的，从而说明顶－额网络中不同脑区的活动在决策过程中是否存在特异性。据此，研究者假设，推动漂移扩散过程的价值信号应首先在顶－额网络中的背外侧前额叶皮层进行整合。此外，根据已有观点，选项之间的价值越接近，越难以区分负责信息整合的神经元活动和负责输出的神经元活动（Simen，2012；Hanks et al.，2015）。因此研究者假设，从背外侧前额叶皮层到后顶叶皮层的正向连接应随着决策价值的绝对值变化而产生变化。最后，研究者还假设从后顶叶皮层到背外侧前额叶皮层的反向连接可能也包含了所选选项的价值，从而反映了决策后的脑机制。为了验证上述假设，研究者建立了动态因果模型来探究脑区之间所有可能的连接，包括了输入的类型（持续输入、随着价值变化的输入）、信息进入的脑区（右侧背外侧前额叶皮层、右侧后顶叶皮层）以及背外侧前额叶皮层－后顶叶皮层连接的调节因素（已选选项的价值、决策价值的绝对值）。此外，还考虑到了脑区之间的连接与价值无关这一可能性，因此模型也探究了顶－额网络是否可以不依赖于选项价值自主指导决策行为，或者依赖于其他脑区的信息来指导决策行为。分析结果发现，顶－额网络通过背外侧前额叶皮层接收的输入信息（即决策价值），并且活动强度随着决策价值的变化而变化。结果还发现，背外侧前额叶皮层和后顶叶皮层之间的连接方向不是对称的，决策价值的绝对值调节了决策呈现时背外侧前额叶皮层对后顶叶皮层产生的影响，而已选选项的价值调节了做出选择时两个脑区间相互产生的影响。综上，动态因果模型的结果支持了顶－额网络中不同的脑区的活动在决策过程中存在特异性，具体表现为背外侧前额叶皮层的功能主要是整合价值信息，而后顶叶皮层的功能是输出选择。值得注意的是，价值信号的整合和输出并不是全程都在顶－额网络中完成的，而是有部分依赖于其他脑区（如腹内侧前额叶）的活动，从而推动了漂移扩散过程。

综上，该研究发现，腹内侧前额叶、背外侧前额叶和后顶叶皮层的活动分别表征了决策过程的不同阶段：腹内侧前额叶的活动与价值计算阶段有关，背外侧前额叶的活动与整合价值信息有关，后顶叶皮层的活动与选择行为的编码有关。具体来说，腹内侧前额叶编码了决策价值的信号，这一信号是漂移扩散过程的驱力。顶－额网络负责选择的过程，在这一网络中背外侧前额叶整合了来自腹内侧前额叶的价值信号，之后后顶叶皮层负责解读和输出背外侧前额叶做出的选择。总的来说，本研究表明顶－额网络在决策行为形成中发挥着关键作用。

二、基于风险决策两阶段理论的神经计算研究

（一）研究背景

日常生活中，人们需要不断地做出决策以适应持续变化的、充斥着不确定性的环境。研究发现，大脑对于风险和收益的神经计算是做出合理决策的重要前提（Kelly et al.，2021；Park et al.，2019）。然而，仅仅依靠对于风险和收益的神经计算得到的选项价值很难形成一个完整的决策，大脑还需要在具有不同价值的选项中进行选择。大脑如何进行选项价值的计算及随后的选择以完成一个决策还不清楚。此外，值得注意的是，人类决策并不总是仅仅通过计算选项对应的风险和收益并选择价值最大的选项，还会受到一些非理性因素（如情绪）的影响。因此，通过分离基于价值的计算过程和反应选择过程，可以厘清非理性因素对决策的作用究竟是通过影响价值计算过程还是影响反应选择过程进行的。

先前研究通过功能性磁共振成像技术，在二择一任务中探讨了人类风险决策过程中的神经计算。结果发现，前额叶区域的激活与对选项的价值计算和评估有关，并通过比较不同选项的价值形成最终决策（Park et al.，2019；Wunderlich et al.，2009）。决策的相关理论认为，一个完整的决策过程包含大脑对每个选项的价值的评估（价值计算阶段）及通过比较各个选项的价值做出一个选择（反应选择阶段）两个阶段。因此，风险决策过程中前额叶区域的激活既可能与价值计算有关，也可能与反应选择有关。多梅内克等人（2018）采用功能性磁共振成像技术,并在实验任务中设置价值计算和反应选择两个阶段，以区分价值计算和反应选择这两阶段的脑活动。但是，受限于功能性磁共振成像技术较低的时间分辨率，该研究很难准确反映与风险决策有关的神经活动的时间进程，也无法精确分离价值计算和反应选择两阶段的神经活动。对此，可以采用具有毫秒级时间分辨率的、非侵入性的测量神经活动产生的电 / 磁场的脑电和脑磁技术，从时间进程角度探究人类风险决策过程的神经活动模式，并

通过对脑电和脑磁信号进行时间维度的多元模式分析，利用解码正确率峰值对应的时间点来区分价值计算和反应选择两个阶段。这种通过解码正确率峰值对应时间点区分信息加工不同阶段的方法，已经在先前研究中被证实是有效的，即解码正确率峰值对应的时间点代表着先前阶段信息加工的完成（Cichy et al., 2014）。具体来说，在齐希等人（2014）的研究中，研究者向被试呈现人类和非人类的面孔和身体的图片，以及自然和人工物体的图片。接着，研究者对被试看这些图片时候的脑磁信号进行时间解码，探测解码正确率峰值对应的时间（具体为 102 ms），并通过相关分析发现，峰值前（79 ～ 102 ms）的脑磁信号与初级视觉皮层激活有关，而峰值后（152 ～ 303 ms）的脑磁信号与颞下回（inferior temporal cortex）激活有关。因此，研究者以解码正确率峰值所在时间点为分界线，将反映早期视觉处理的峰值时间前的脑磁信号与反映后期信息处理的峰值时间后的脑磁信号进行区分。借用多元模式分析的方法或许可以在时间进程上对风险决策过程中的价值计算和反应选择两个阶段进行分离。

在分离价值计算和反应选择两阶段的基础上，可以进一步探讨非理性因素如何影响风险决策，即非理性因素究竟是影响风险决策中的价值计算阶段，还是影响反应选择阶段。先前研究采用连续风险决策任务发现，非理性因素（如后悔情绪）会影响个体决策行为。在该任务中，可通过解码两个连续的高风险开箱反应和低风险开箱反应之间的神经活动模式的差异并结合峰值检测方法分离价值计算和反应选择两阶段。

基于此，Liu 等人（2022）结合脑电 / 脑磁技术和连续风险决策任务，分离风险决策过程中价值计算和反应选择两阶段的神经活动，并在此基础上探讨非理性因素对风险决策的影响究竟发生于价值计算阶段还是反应选择阶段。具体来说，通过时间维度的多元模式分析，研究者首先解码不同风险的选项（箱子）间的神经活动模式，并通过峰值检测的方法探测解码正确率峰值所在时间点。

基于先前研究证明的大脑在解码正确率达到峰值的时间点完成前一阶段的信息加工这一结论（Cichy et al.，2014），研究者采用解码正确率峰值时间点作为价值计算和反应选择两个阶段之间的分界线，以分离基于价值的神经计算的大脑活动与后续选择过程的大脑活动。此外，该研究还对行为数据进行分层漂移扩散模型（hierarchical drift diffusion modeling，HDDM）分析，得到漂移率（代表证据累积速度）和非决策时间，并分析漂移率和非决策时间与神经活动模式的关系，进一步验证分离价值计算和反应选择两阶段的有效性。此外，结合磁共振结构像重构出的三维头模与脑磁数据的配准，对脑磁信号进行较为精准的溯源分析，并在大脑皮层水平探究哪些脑区与价值计算和反应选择阶段有关，进一步提供两阶段脑活动分离的证据。最后，研究者通过线性回归模型探究非理性因素究竟作用于风险决策过程中的价值计算阶段还是反应选择阶段。

（二）研究方法

该研究中所有被试均为右利手,视力或矫正视力正常,没有精神或心理疾病。脑电实验（实验 1）招募 38 名被试［19 名女性，平均年龄为（21.42 ± 2.86）岁］，脑磁实验（实验 2）招募 38 名被试［19 名女性，平均年龄为（22.82 ± 2.55）岁］。

1. 实验流程

本研究的实验任务为连续风险决策任务（Büchel et al.，2011；Brassen et al.，2012；Liu，et al.，2020b）。如图 5-12（a）所示，实验开始前，会向被试介绍任务并告知他们在任务中的目标为尽可能多地赚取代币（金币）。被试被告知可获得实验报酬的金额取决于完成实验任务中所获得金币的数量。之后，被试完成 15 试次的练习以熟悉该任务。

练习之后，进入正式实验，实验 1 同步收集被试的脑电数据，实验 2 同步收集被试的脑磁数据。实验任务分为两个阶段完成，每个阶段包含 50 试次，两阶段之间被试可以休息。在每一试次中，首先呈现注视点“+”并持续 1.0 s。

注视点消失后屏幕上并排呈现八个箱子，七个箱子中装有收益（一枚金币），一个箱子中装有损失（魔鬼）。被试需要从左到右依次打开箱子，并在自己觉得适当的位置选择停止，以收集本试次已打开箱子中的金币。对每个箱子来说，被试需要在 2.0 s 之内做出开或者停的决策，并按下对应的按键。被试每一次按下开箱的按键后，会有一个空屏呈现，并持续 0.3 s，之后会呈现刚刚打开的箱子中是金币还是魔鬼。一旦被试选择了停止开箱，该试次中已打开箱子中的金币就会计入总收益（该试次为收益试次）。如果被试打开了装有魔鬼的箱子，该试次中已打开箱子中的金币就会清零，即被试损失了该试次已获得的金币（该试次为损失试次）。之后，屏幕上会呈现一个空屏并持续 0.5 s。接下来，屏幕上会呈现结果反馈界面并持续 3.0 s，显示本试次魔鬼所在的位置，以告知被试本试次获得的金币数量以及错过的金币数量或者本试次损失的金币数量。最后，进入情绪评分阶段，被试需要在 3.0 s 内通过一个九点量表评估在看到决策结果后的情绪反应，量表范围为 −4 到 4，其中 −4 表示极其后悔，4 表示极其欣慰。

2. 数据分析

研究者首先分析了连续风险决策任务中的行为数据。对于每个箱子来说，被试都需要做出开或者停的决策。为了量化被试的决策行为，计算了开箱的概率（OR）和打开箱子的反应时（RT）。对于第 i 个箱子（B_i）来说，开箱率 OR_i 为：

$$OR_i = \frac{NO_i}{NO_i + NS_i} \tag{5-1}$$

公式（5−1）中 NO_i 为被试打开第 i 个箱子的试次数，而 NS_i 为被试在第 i 个箱子停止开箱的试次数（$i = 1,\ 2,\ 3,\ 4,\ 5,\ 6,\ 7,\ 8$）。

由于被试在所有试次中均会打开第一个箱子，而均不会打开最后一个箱子，OR_1 和 OR_8 分别为 1 和 0。因此，后续分析中只纳入了从第二个箱子到第七个箱子的开箱率。

根据前人研究（Büchel et al.，2011；Brassen et al.，2012），计算了每个箱子的期望价值（EV_i），该指标反映了每个箱子的风险和收益。每个箱子的收益，也即箱子中收益的大小和可能获得收益的概率，第 i 个箱子的收益计算方式为：

$$\text{Benefit}_i = 1 \times \left(1 - \frac{d_i}{\sum_1^8 d_i}\right) \tag{5-2}$$

公式（5-2）中 d_i 为魔鬼在第 i 个箱子中的试次数的总和（$i=1$，2，3，4，5，6，7，8）。

第 i 个箱子的风险计算方式为：

$$\text{Risk}_i = (i-1) \times \frac{d_i}{\sum_1^8 d_i} \tag{5-3}$$

综上，对于第 i 个箱子来说，其期望价值（EV_i）的计算公式为：

$$\begin{aligned} \text{EV}_i &= \text{Benefit}_i - \text{Risk}_i \\ &= 1 \times \left(1 - \frac{d_i}{\sum_1^8 d_i}\right) - (i-1) \times \frac{d_i}{\sum_1^8 d_i} \\ &= 1 - i \times \frac{d_i}{\sum_1^8 d_i} \end{aligned} \tag{5-4}$$

之后，对连续风险决策任务中的决策行为建立了预测模型[见公式（5-5）]。在模型中，研究者推测除了期望价值外，先前经验（$t-1$）试次中魔鬼的位置、决策结果、情绪反应以及被试的风险偏好（risk-taking propensity，RTP）都会影响被试的开箱决策。也即，在预测模型中将当前收益试次（t）的开箱个数（I）定义为因变量，将当前试次（t）第 i 个箱子的期望价值 EV_i、先前经验、领域特异性量表所测的风险偏好得分（RTP）定义为自变量。其中先前经验包括 $t-1$ 试次中的决策结果（1 表示受益，0 表示损失）、对决策结果的后悔情绪评分、得到的或者损失的金币个数（NC）以及最后一个开或停反应的反应时（LRT）。

先前研究表明当前试次被试的开箱个数会受到上一试次被试能够打开的箱子的个数的影响（Brassen et al.，2012；Liu et al.，2016），因此模型还纳入了上一试次魔鬼的位置这一自变量。此外，先前研究也发现了反应时和情绪的交互作用会对因变量产生影响（Joseph et al.，2009），因此该模型也纳入了这一交互项作为自变量之一。

$$I_t=\beta+\beta_1 EV_{it}+\beta_2 Devil_{t-1}+\beta_3 Outcome_{t-1}+\beta_4 Emotion_{t-1}+ \beta_5 RTP+\beta_6 NC_{t-1}+\beta_7 LRT_{t-1}+\beta_8 (RTP\times Emotion_{t-1})+\varepsilon \quad (5-5)$$

（三）研究结果

1. 行为结果

研究者分别对实验1和实验2中不同箱子间的开箱率和反应时进行了分析，总体来说，如图5-12（b）和5-12（c）所示，随着箱子的位置往后，被试的开箱率逐渐减小且反应时逐渐增大。为了描述被试在任务中的冒险行为，计算了每个被试在收益试次中的平均开箱个数（Pleskac，2008；Liu et al.，2017）。结果表明，两个实验中所有被试在收益试次中的平均开箱个数为（3.96 ± 0.99）。如图5-12（d）所示，被试打开第四个箱子的频率最高（44.54%）。也就是说，在大多数情况下，被试会在打开四个箱子后停止。

基于先前研究（Büchel et al.，2011；Brassen et al.，2012），本研究中计算了第 i 个箱子的期望价值（EV_i）［见公式（5-2）至（5-4）］。第1至8个箱子的期望价值依次为0.98、0.76、0.51、0.22、−0.21、−0.91、−2.50、−7.00。对于第 i 个箱子的期望价值来说，大于零表示该箱子的理论收益大于理论损失，因此打开期望价值大于零的箱子是较好的策略。由此可见，最优的开箱策略是打开4个箱子后停止。有趣的是，被试在收益试次中的平均开箱个数为3.96，与理论最优值非常接近。

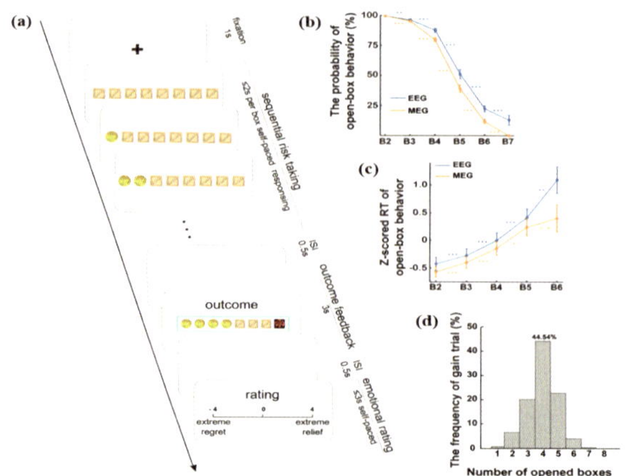

Fixation—注视点；Sequential risk taking—连续风险；Outcome feedback—结果反馈；Emotional rating—情绪评分；Extreme regret—极其后悔；Extreme relief—极其欣慰；The probability of open-box decision—开箱决策的概率；RT of open-box decision—开箱决策的反应时；The frequency of gain trial—收益试次的频率。

图 5-12 连续风险决策任务示意图及行为结果

（图片来源：“Dissociating value-based neurocomputation from subsequent selection-related activations in human decision-making”）

上述结果发现，被试倾向于开到最后一个期望价值大于零的箱子，表明了期望价值对决策行为的影响。除了受到期望价值的影响之外，决策行为还会受到其他非理性因素的影响。因此，基于任务中的决策行为，研究者建立了预测模型［见公式（5-5）］。结果发现，除了 $t-1$ 试次所得到或者损失的金币个数外，其他所有自变量均能够对 t 试次的开箱个数产生显著影响，包括 $t-1$ 试次的决策结果和情绪评分、风险偏好得分以及 $t-1$ 试次的情绪评分和风险偏好的交互项。之后，用模型的系数对每个被试的平均开箱个数进行了预测，并将其与观测值进行比较。结果发现，如图 5-13（a）所示，预测值与观测值高度一致。更有趣的是，当把模型中的期望价值和先前经验随机化之后，该一致性消失了，如图 5-13（b）所示。这一结果表明该模型能够有效拟合所有被试的行为指标。

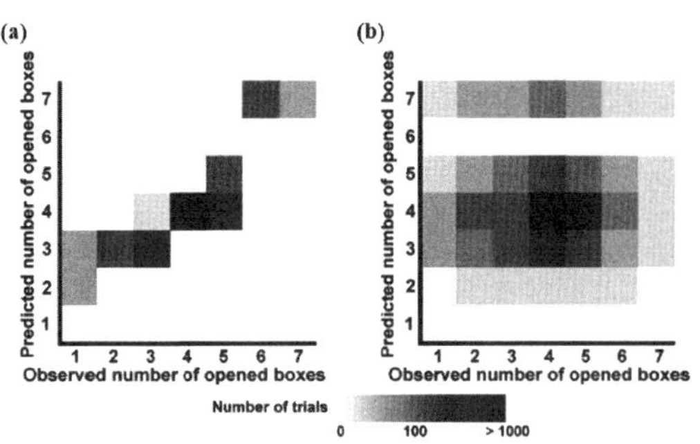

Predicted number of opened boxes—预测的打开箱子个数；

Observed number of opened boxes—观察到的打开箱子个数。

图 5–13　模型输出的预测值与观测值的比较

（图片来源："Dissociating value-based neurocomputation from subsequent selection-related activations in human decision-making"）

2. 脑结果

为了探究在打开相邻的两个箱子前神经活动的差异，研究者比较了 B_i 和 B_{i+1}（i = 1，2，3，4）条件下的波形差异。B_6、B_7 和 B_8 没有纳入这一配对比较，因为打开这些箱子的试次数过少（平均每个被试小于 10 个试次）。脑电数据（实验 1）分析发现，F3 电极在每个条件下均出现了一个正波，脑磁数据（实验 2）分析也发现了与 EEG 数据相似的正波［如图 5–14（a）所示］。其中，打开 B_{i+1} 箱子前的正波波幅显著大于打开 B_i 箱子前的（i = 1，2，3，4）。

之后，通过时间维度的多元模式分析，对打开相邻的两个期望价值不同的箱子前神经活动模式的差异进行解码，结果发现，如图 5–14（b）所示，在脑电实验和脑磁实验中 B_i 和 B_{i+1} 的解码正确率均显著高于经验概率，表明对期望价值不同的 B_i 和 B_{i+1} 来说，开箱决策前的神经活动具有显著差异。

为了检验眼动带来的噪音是否会影响解码正确率，纳入眼电电极（EOG）重复上述流程，再次进行了时间维度的多元模式分析，并将获得的解码正确率与未纳入眼电电极得到的解码正确率进行了比较。结果发现，纳入眼电电极后，脑电实验中 B_i 和 B_{i+1} 的解码正确率以及脑磁实验中 B_3 和 B_4、B_4 和 B_5 都没有出现显著差异，且实验 2 中 B_1 和 B_2、B_2 和 B_3 的解码正确率甚至更低，表明眼动信号并未对解码正确率产生影响。

接下来，为了揭示神经活动模式在时间维度上的动态变化，进行了时间泛化分析。基于决策过程包含着不同的阶段，研究者推断开箱决策前的神经活动模式会随着时间推进发生持续变化。因此，预期该分析中会出现明显的“对角线”分布。如图 5-14（c）所示，结果发现与预期一致对角线的正确率是最大的，对角线的两边正确率逐渐下降，表明这一解码过程确实是随着时间动态变化的。

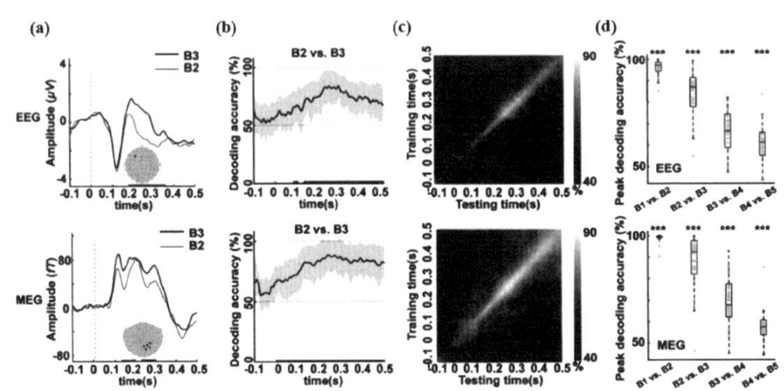

EEG—脑电；MEG—脑磁；Amplitude—波幅；Decoding accuracy—解码正确率；Training time—训练时间；Testing time—测试时间；Peak decoding accuracy—解码正确率峰值。

图 5-14　波形和时间维度多元模式分析结果

（图片来源：“Dissociating value-based neurocomputation from subsequent selection-related activations in human decision-making”）

之后，对每个被试在时间维度上的解码正确率进行峰值检测。具体方法为，分别在 0.16 ~ 0.42 s（实验 1）和 0.15 ~ 0.44 s（实验 2）的时间窗内搜索 B_i 和 B_{i+1}（i=1，2，3，4）解码正确率最大值所在的时间点，搜索的时间窗是根据波形来确定的。然后对最大值所在的时间点前后共 0.10 s 内的正确率进行平均，得到该条件正确率的峰值。结果发现，在两个实验中每个条件下解码正确率的峰值都显著高于经验性概率水平，再次表明了两个期望价值不同的相邻箱子之间是可以被解码的。此外，研究者还对正确率的斜率进行了检验，结果发现，从 B_1 和 B_2 到 B_4 和 B_5 的解码正确率是显著下降的。

3. 价值计算和反应选择阶段的分离

大量文献表明，决策过程包括价值计算和反应选择两个阶段（Rangel et al.，2008；Domenech et al.，2017）。根据已有研究，解码正确率达到峰值的时间点为大脑加工决策相关信息完成的时间点（Cichy et al.，2014），因此研究者将该时间点作为区分上述两阶段的时间点。也即，从时间零点至解码正确率峰值出现为价值评估阶段（T_1），从解码正确率峰值出现至做出开箱反应为反应选择阶段（T_2）。为了证明该方法的有效性，研究者通过广泛使用且被证明有效的层级漂移扩散模型对行为数据进行了拟合，模型输出了两个重要参数：表征证据累积过程的漂移率，即本研究中的价值评估过程；表征非决策时间，即反应选择阶段的时间。之后，研究者使用了线性混合模型探究上述两个参数和价值计算阶段（解码正确率峰值和 T_1）与反应选择阶段（T_2）之间的关系。在第一个混合线性模型中，将漂移率和非决策时间作为自变量，解码正确率峰值作为因变量；在第二和第三个模型中，分别将 T_1 和 T_2 作为因变量。结果表明，只有漂移率能够显著预测解码正确率峰值，而只有非决策时间能够显著预测选择阶段（T_2）。可见，研究中通过解码正确率峰值的时间点，将开箱决策前的神经活动分为价值评估和反应选择的两阶段是有效的。

接下来，研究者进一步探究价值评估阶段的时间（T_1）和反应选择阶段的时间（T_2）在不同箱子上是否发生了变化。结果发现，如图 5-15（a）所示，从 B_1 和 B_2 到 B_4 和 B_5，T_1 没有出现显著差异，但是 T_2 逐渐变长。

在证明了决策前神经活动两阶段区分的有效性后，研究者进一步探究该两阶段是否分别受到理性因素（如当前试次的期望价值）或者非理性因素（如前一试次的决策结果、后悔情绪等）的影响。为了解决这一问题，研究者运用前述的预测模型对每个被试的行为数据进行了拟合，从而得到了各因子的系数，之后进行各系数与两阶段指标的相关分析，发现期望价值的系数和解码正确率的斜率出现显著正相关［如图 5-15（b）所示］，但是没有发现非理性因素与解码正确率的斜率或者与 T_1 之间的相关，该结果表明解码正确率与理性的期望价值有关，而不受到非理性因素的影响。除此之外，研究者还发现 B_5（该箱子的期望价值小于零）的 T_2 与非理性因素存在显著相关，包括与先前决策结果和与后悔情绪的相关［如图 5-15（c）所示］，表明非理性因素会对风险选项决策的反应选择阶段产生影响。

研究者进一步探究了参与上述两阶段的关键脑区。基于该研究已有发现和前人文献，研究者推测参与价值计算的眶额叶皮层的激活强度（Padoa-Schioppa，Conen，2017；Rich et al.，2018；Ballesta et al.，2020）有可能与本研究中的期望价值的系数存在相关。此外，基于前人文献，额上回的活动（superior frontal cortex，SFG）与行为和反应抑制有关（Tanabe et al.，2007；Kruschwitz et al.，2012），因此研究者还推测额上回的激活强度可能与反应选择阶段的参数有关。为了验证上述假设，研究者计算了 B_i 和 B_{i+1} 解码正确率峰值出现时间点前后共 0.1 s 的平均溯源差异图。实验 1 和实验 2 中均发现，除了视觉皮层和颞叶部分区域外，前额区域在 B_i 和 B_{i+1} 出现了显著差异，具体为内侧眶额叶皮层和额上回。之后对内侧眶额叶皮层和额上回进行分析，发现从 B_1 至 B_5 内侧眶额叶皮层激活的斜率与解码正确率的斜率呈现显著正相关［如图 5-15（e）所示］；额上回在 B_4 和 B_5 条件间激活的差异与 B_5 条件下的 T_2 呈显著正相关［如图 5-15（f）所示］。上述结果表明，与理性计算有关的内侧眶额叶皮层参与了决策的价值评估，且该阶段只受到期望价值的影响；而在面对高风险选项时，非理性因素会对决策产生影响且额上回参与了相关的反应选择。

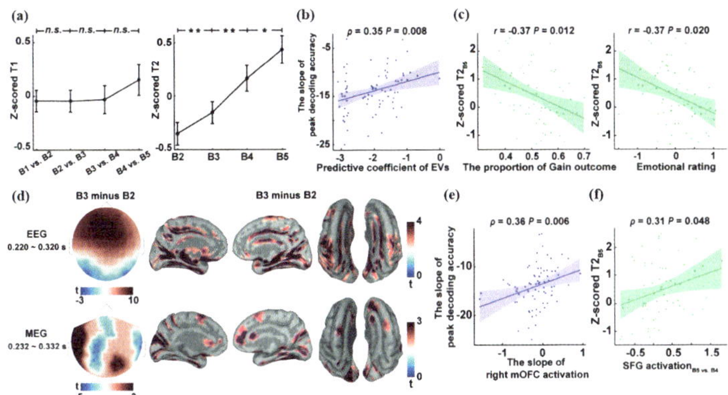

Predictive coefficient of EVs—期望价值的预测系数；The proportion of Gain outcome—收益结果的概率；Emotional rating—情绪评分；The slope of peak decoding accuracy—解码正确率峰值的斜率；The slope of right mOFC activation—右侧内侧眶额叶皮层活动的斜率；SFG activation—额上回的活动。

图 5–15　两阶段分离的结果

（图片来源："Dissociating value-based neurocomputation from subsequent selection-related activations in human decision-making"）

综上，该研究探讨了风险决策过程中价值计算和反应选择两个阶段的神经活动模式。通过对脑电和脑磁数据在时间维度上进行多元模式分析，结果发现，在做出相同的开箱决策之前，神经活动对不同风险的反应是可以解码的，并得到解码正确率的峰值。根据解码正确率峰值所在时间点，研究者分离了风险决策过程中价值计算阶段和反应选择阶段，眶额叶皮层参与了价值计算阶段的加工，额上回参与了反应选择阶段的加工。此外，研究者还发现情绪等非理性因素影响风险决策的反应选择阶段而不是价值计算阶段。

第六章 风险决策与人工智能

风险决策的研究与人工智能技术关系紧密，风险决策的诸多研究成果被应用于人工智能技术中，反过来，人工智能技术的发展推动了自动驾驶、医疗等领域风险决策问题的解决。可以说，风险决策与人工智能是相辅相成的关系。在本章中，将首先对人工智能进行简介，之后探讨基于风险决策研究成果的人工智能，最后对人工智能如何赋能风险决策进行介绍。

第一节　人工智能简介

一、人工智能的源起

1956 年 8 月，在美国达特茅斯学院（Dartmouth College）举行了第一次人工智能夏季研讨会（summer research project on artificial intelligence）。LISP 语言创始人麦卡锡（Mccarthy）、人工智能与认知学专家明斯基（Minsky）、信息论的创始人香农（Shannon）、计算机科学家纽厄尔（Newell）、诺贝尔经济学奖得主西蒙（Simon）等科学家聚在一起，讨论“用机器来模仿人类学习及其他方面的智能”这一主题。会议足足开了两个月的时间，虽然有一些内容并没有达成共识，但是却为会议讨论的内容起了一个名字：人工智能（artificial intelligence，AI）。后人将 1956 年作为人工智能元年，自此人工智能开始了蓬勃发展。其实，在此之前也有一些学者关注了人工智能的相关内容。接下来，我们将对人工智能发展的几个关键时期进行介绍，以便清楚地了解人工智能的发展脉络。

人工智能的思想萌芽可以追溯到 17 世纪的帕斯卡（Pascal）和莱布尼茨（Leibniz），他们较早萌生了智能机器的想法。帕斯卡发明了人类历史上第一台机械式计算器，被称为帕斯卡计算器。但是帕斯卡计算器的功能是有限的，只能做六位以内的加减法。后来，数学家莱布尼茨在帕斯卡计算器的基础上，提出了一种只用 1 和 0 两个数字来表示运算的二进制算术方法，并给出了二进制语言的定义。可以说，在构思上，莱布尼茨是历史上第一个接近人工智能的人，他认为逻辑总是能被理性地简化到其骨干，如果逻辑能够被分解为一连串的二元判定，即便这样的二元判定树无限延伸，那么不用人也可以执行。莱布尼茨梦想着将所有逻辑思维简化为机械运算，发明了能进行乘除运算的机械式计算器。19 世纪 20 年代，英国科学家巴贝奇（Babbage）在观察、分析并总结了工

业革命中机械生产环节频发的人为计算错误后认为，只要是人为的就没有完美的。为了提高生产效率，同时减少分工模式中最底层的错误，他设计了一台“计算机器”，它被认为是人工智能硬件的前身。计算机器的问世，使人工智能的研究真正成为可能。

人工智能在漫长的发展过程中，经历了三次浪潮的浮沉。第一次浪潮是从20世纪50年代到60年代。1950年10月，图灵（Turing）提出了人工智能的概念，同时构思出一项用来测试人工智能的方法，旨在为智能提供一个令人满意的可操作的定义：如果一个人类提问者在提出一些书面问题后不能区分这些书面的回答到底是来自人还是计算机，那么这台计算机就被认为通过了“测试”。这一测试后来也被称为“图灵测试”（Turing test）。在图灵测试提出仅仅几年之后，人们就看到了计算机通过图灵测试的曙光。1966年，心理治疗机器人ELIZA诞生，机器人ELIZA可以与人们进行交互式对话和聊天。机器人ELIZA的实现逻辑其实非常简单，就是一个内容有限的对话库，当心理疾病患者说出某个关键词时，机器人ELIZA就开始在话库里搜索该关键词，并回复该关键词所对应的特定语句。在那个年代，人们对机器人ELIZA的评价很高，相比于真人，有些心理疾病患者甚至更喜欢跟机器人ELIZA聊天和交流（Weizenbaum，1966）。

可以看出，在人工智能发展的第一次浪潮中，并没有使用很多新时代的技术，而是用一些技巧让计算机看上去“拟人化”，其本身还没有智能化学习的能力。研究者普遍认为，机器如果想完全通过图灵测试，就需要具备以下六种能力，即自然语言处理（natural language processing，NLP）、知识表示（knowledge representation）、自动推理（automated reasoning）、机器学习（machine learning，ML）、计算机视觉（computer vision）以及机器人学（robotics）（Marcus et al.，2016）。为了提升机器通过“图灵测试”的能力，研究者们不断努力，开发出了自动语音识别（automatic speech recognition，ASR））和专家系统（expert system）。众多如 DENDRAL 化学质谱分析系统、MYCIN 疾病诊断和治疗系统、PROSPECTIOR 探矿系统、Hearsay-II 语音理解系统等专家系统的研究和开发，将人工智能引向了实用化，使人工智能研究出现了新高潮，即第二次浪潮。

1997 年，诞生了一个轰动性的新闻，由国际商业机器（international business machines， IBM）公司生产的名叫深蓝（Deep Blue）的机器，利用超强的计算能力和搜索技术在国际象棋比赛中战胜了当时的国际象棋世界冠军卡斯帕罗夫（Kasparov）。这场比赛在世界各地掀起了轩然大波，似乎预示着一个机器驾驭人类的新时代的到来。但是，当时一些研究者认为，人工智能如果要在复杂度更高的项目中获胜，还需要很长时间。然而，仅经过短短 20 年的发展，DeepMind 公司就基于深度学习的方法，在大量的数据集上进行训练，研发出了围棋智能机器人阿尔法狗（AlphaGo），AlphaGo 先后在 2016 年以 4 ： 1 的总比分战胜了围棋九段棋手李世石，在 2017 年以 3 ： 0 的总比分战胜了世界围棋冠军柯洁。通过在一系列比赛中的胜出，围棋界普遍认为 AlphaGo 的棋力已经超过了人类职业围棋的顶尖水平。2022 年，《自然》（Nature）杂志上的封面文章报告称，基于神经网络驱动程序设计的人工智能机器人 Gran Turismo Sophy，能够在遵循比赛规则的同时，展现超凡的行驶速度、操控能力和驾驶策略，该人工智能机器人在赛车对战游戏 Gran Turismo（GT 赛车）中战胜了世界冠军级的人类玩家（Wurman et al.， 2022）。这一件接着一件的人工智能战胜人类事件的发生，充分显示出人工智能性能的强大，人工智能研究也因此迎来了第三次浪潮。

近年来，互联网行业的飞速发展形成了海量数据，同时数据存储的成本也快速下降，使得海量数据的存储和分析成为可能；此外，图像处理器的不断成熟提供了必要的算力支持，提高了算法的可用性，降低了算力的成本。在各种条件成熟后，深度学习发挥出了强大的能力，在语音识别、图像识别、神经语言程序学（neuro-linguistic programming）等领域不断刷新纪录。例如，一项名为高斯脸（GaussianFace）的算法使计算机以 98.52% 的人脸识别准确率首次击败了人眼 97.52% 的识别率（Lu，Tang，2015）。在特定环境中，基于数据集的电话对话语音识别错误率也降到了 6% 的低水平（Saon et al.，2015）。谷歌在 2018 年提出的一种预训练的语言表征模型（bidirectional encoder representation from transformers，BERT），在句子关系判断及分类、命名实体识别等 11 项任务中的表现超过了人类（Devlin et al.，2018）。可以说，在第三次浪潮中，人工智能产品真正达到了可用的阶段。

目前，互联网技术的成熟及大数据、云计算等人工智能支撑技术的完善让人工智能发展得越来越快。人工智能已经被广泛地运用到生活中的各个领域，在衣、食、住、行等方面给人们带来了极大便利。随着经济社会的不断发展、科技水平的不断提升，人工智能将会越来越深刻地影响我们的生活。

二、实现人工智能的主要方式

神经元是一种特殊的细胞，是生物体大脑构成的基础，它们相互连接在一起形成了神经网络。可以说，正是因为神经网络，生物体才有了智能。因此，神经元可以认为是生物体智能的来源。一般来说，神经元的数量越多，生物体就越聪明。就拿章鱼举例来说：章鱼是一种非常聪明的软体动物，有 5 亿个左右的神经元，大约几百万年前从鹦鹉螺进化而来（Damassino，Novelli，2020）。在地球上所有智慧生物中，章鱼的大脑结构可能跟人类大脑的差异最大，章鱼共有九个大脑，其中一个正脑和八个分别分布在八条腕足上的副脑。章鱼这么多的大脑，使它的聪明程度极高。比如，章鱼特别擅长从狭小的空间中逃脱，还可以拧开瓶子的盖取出里面的食物；在一些食物比较匮乏的海域，某些种类的章鱼甚至会协同捕猎（Hettige，Karunananda，2015）。

相比于章鱼，人类的神经元数量更多。研究发现，人类的神经元数量大约有 860 亿个（Huang et al.，2020）。人类实现人工智能，是从模仿神经元开始的。20 世纪 40 年代，美国心理学家麦卡洛克（McCulloch）和数学逻辑学家皮茨（Pitts）通过模仿神经元的结构和工作原理，提出了一个关于神经元的数学模型，即麦卡洛克－皮茨模型（McCulloch-Pitts model，MP model）。到 20 世纪 50 年代，心理学家罗森布拉特（Rosenblatt）在此基础上提出了被称为感知机（perceptron）的、像人类心智一样“可感觉、可识别、可记忆和可反应”的人工神经网络（Rosenblatt，1958）。从神经网络的连接来看，人工神经网络一般有比较明显的层次划分，并且通常层次的数量比较多。而相比之下，生物体神经网络的连接则更加复杂，并且神经元之间的连接会随着时间的推移而发生变化，有些连接会加强，而有些连接则会减弱。为了使人工神经网络更加趋近于生物体神经网络的特征，研究者们尝试采用各种各样的办法。其中，机器学习（machine learning）是常用的方法之一。机器学习就是用算法解析数据、不断学习，对世界中发生的事件做出判断和预测的一项技术（Naqa，Murphy，2015）。机器学习通过大量的数据来进行训练，从而学习如何完成任务。比如，当人们在某些平台观看短视频时，经常会出现一些人们感兴趣的内容，这是平台根据人们以往浏览的内容和相应时间，识别出哪些种类的视频是人们感兴趣的，通过这样的方式，平台能够不断推送人们感兴趣的内容，进而增加人们花费在短视频平台上的时间。

如果将人工智能比喻成大脑，机器学习就是让大脑掌握认知能力的过程。可以说，人工智能是目的和结果，而机器学习则是方法和工具。机器学习是人工智能的一种途径或子集，它强调“学习”而不是计算机程序本身。一台机器使用复杂的算法来分析大量的数据，识别数据中的模式，并做出一个预测，这个过程不需要人类在机器的软件中编写特定指令。深度学习（deep learning）则是一种实现机器学习的技术，作为一种特殊的机器学习技术，深度学习适合处理大数据。正因如此，深度学习使得机器学习能够应用于更加广泛的场景，同时拓展了人工智能的研究范围。目前，通过参考人工神经网络的思想，深度学习已经发展出很多模型，最常用的包括卷积神经网络（convolutional neural networks，CNN）（Fukushima，Miyake，1982）、递归神经网络（recursive neural network，RNN）（Socher et al.，2011）、深度置信网络（deep belief network，DBN）（Hinton，Osindero，2006）等。其中，长短期记忆网络（long short-term memory，LSTM）和门控循环单元（gate recurrent unit，GRU）是深度置信网络最常用的两种算法（Fu et al.，2016）。

人工智能的目标是使计算机来模拟人的思维过程和智能行为（如学习、推理、思考、决策等），制造类似于人脑智能的机器。基于对神经网络的模拟和机器学习，特别是深度学习的发展，人工智能各领域的研究成果已广泛应用于互联网、计算机视觉、自然语言处理、金融、交通、生物、医学、游戏等领域，并且仍在快速地发展。技术的发展会对人类社会产生巨大的影响，也许在未来，人工智能将渗透到人类社会的方方面面，人们会处在一个与人工智能共生的世界。

三、人类智能在人工智能中的作用

按照目前对智能化水平的通行划分标准，人工智能的发展可分为弱人工智能、强人工智能和超人工智能三个阶段。目前，人工智能仍处于发展的早期，属于弱人工智能阶段，即只能按照人给定的逻辑框架或规则，通过学习已标记的数据集训练神经网络参数，最后才能在实际中应用（Strelkova，2017）。虽然当前的人工智能仍处于弱人工智能阶段，但其已经对经济、社会、军事、政治等领域产生了全方位影响。人工智能归根结底是人类智能的产物，人工智能若要实现从弱人工智能阶段到强人工智能阶段的飞跃必须借助人类智能的相关研究。我们有理由相信在心理学等人类智能相关领域研究不断取得巨大进展的背景下，弱人工智能会不断克服目前发展遇到的瓶颈和难题，并终将朝着强人工智能的方向演进。接下来，简要介绍人类智能在人工智能发展中的作用。

在人工智能领域，最常遇到的问题就是虽然能够明确检测到输入端和输出端的信息，但是往往输入端和输出端的中间过程是一个黑箱（black box）（Castelvecchi，2016）。打开或不打开这个黑箱的研究究竟对理解人工智能以及推动人工智能发展有没有帮助呢？其实，在心理学历史上也曾有类似的争论，这一争论涉及刺激和行为之间关系。行为主义的研究最早是由著名生理心理学家巴甫洛夫（Pavlov）开展的。巴甫洛夫通过实验发现，条件反射组成了动物行为的基础，若每次在给狗食物之前摇动铃铛，一段时间之后不给食物，只摇动铃铛，狗也会增加唾液分泌，这便是动物的条件反射机能。该实验中有明确的刺激输入（即摇晃铃铛）和行为反应输出（即分泌唾液），至于狗的大脑里面发生了什么，当时大家认为不重要，当成黑箱就好（Ziafar，Namaziandost，2019）。这一观念从 20 世纪 30 年代一直到五六十年代都占据着心理学的主要地位，称为行为主义心理学。行为主义心理学代表人物华生（Watson）曾认为，给他一打健康的婴儿，一个由他支配的特殊环境，让他在这个环境里养育婴儿，不论婴儿父母的才干、倾向、爱好、职业、种族如何，他都可以按照自己的意愿把婴儿训练成任何一个人物（Skinner，1959）。后来，研究者们提出了更高的要求，认为只有关注黑箱内部发生了什么，即刺激和行为之间连接的法则，才能揭示智能体内部的发展规律。

美国生理心理学家加西亚（Garcia）则用生物准备性（biological preparedness）的概念来对行为主义进行了进一步完善。生物准备性的核心有两点：第一，不是所有的刺激都能和反应建立联结；第二，有机体的学习潜能都被其生物学基础所约束（Garcia，Koelling，1966）。也就是说，黑箱里面的东西制约了刺激和反应联结的形成。科学家开始逐渐尝试把大脑中的黑箱打开，知识表征、注意力等概念就是认知科学在研究大脑机制时提出的认知概念。以前行为主义观点认为，人只是环境的产物。现在人们发现，人不仅仅是环境的产物，而且也是环境的创造者，人有其自身的内部加工过程。同样，黑箱内部的表征与算法也必然影响刺激与行为的联结，也必然决定其智能的形态和本质。近几十年来，认知科学和神经科学建立联系，产生了认知神经科学这一交叉学科领域，研究者们开始逐渐揭示黑箱内部的发生过程及生物学基础。例如，基于认知神经科学过去二三十年的工作，研究者开始理解视觉的产生机制：首先，是初级视觉过程，人们对物体的线条、颜色、对比以及运动等特征进行初步分析；接下来，是中级视觉过程，人们把物体从局部的信息整合成形状、表面、深度信息；最后，是高级视觉过程，人们把这些信息整合起来，以实现物体识别等（Born， Bradley， 2005）。

在认知神经科学的发展中，产生了一系列实用的工具、方法以及实验范式，有助于人们深入了解深度神经网络的内部特征和模块，从而解析出可解释、可预测的深度神经网络。进一步来说，认知科学、神经科学和智能科学的深度交叉形成的认知神经智能科学，为揭示智能的本质提供一个新的视角。具体而言，研究智能的理想化模式是借助神经科学的研究，探究大脑工作的机制，并根据认知科学对该机制进行认知建模（cognitive modeling），然后利用人工智能相关的技术来开发出算法，从而解决具体的现实问题。研究者们基于情绪、理解、推理、注意、记忆以及决策等方面的研究，发展出了情感计算（affective computing）（Kratzwald et al.，2018）、知识图谱（knowledge graph）（Wang et al.，2017）、图像理解（image understanding）（Biederman，1987）、知识推理（knowledge reasoning）（Wang et al.，2018）、自然语言理解（natural language understanding）（Dong et al.，2019）、自动化知识工程（automated knowledge engineering）（Yarlagadda，2018；Dibowski，Gray，2020）等关键技术，极大地促进了人工智能的发展。接下来对一些技术在人工智能领域的应用进行简要介绍。

情绪在人类社会交互中起着核心作用。来自神经科学和认知心理学的大量实验研究都表明，情绪在人类诸如注意、面部识别、决策、记忆、学习等方面均起着重要作用（Lerner et al.，2015）。然而，机器不会像人类一样可以在不同的情境下产生相应的情绪，如恐惧情绪、愤怒情绪等。同样，在人工智能发展的早期，机器人也不能对这些情绪进行识别。但是，随着人工智能技术的不断进步，逐渐发展出了情感计算等手段（Cambria et al.，2017），通过计算科学、心理学与认知神经科学的结合，赋予计算机像人类一样识别、理解、产生和表达情感的能力，主要涉及人脸表情、语音、肢体语言、文字语言等形式。其主要实现路径是从生理学角度出发，通过各类传感器获取脉搏、表情、声音等信号，进行模式化识别，然后将这些识别到的生理信号转化为情感信号。例如，有研究者设计了社交辅助机器人，该机器人可以表现出同理心，向人类表达同情感，结果发现，在临床上，这种机器人可以帮助接受静脉置管治疗的儿童减少疼痛和恐惧（Trost et al.，2020）。除了情绪情感的表达，近年来情感计算逐渐向大数据、多模态计算等方向发展，并将模式识别、计算机视觉等研究成果运用于情感识别和理解，集文字、语音、肢体语言、表情等多种交流途径为一体，集中处理各类信息，实现情感的综合理解与表达。随着情感计算技术的快速发展，基于人脸表情、声音识别等的人工智能技术，已经在客户服务、智能营销、课堂教学与心理咨询等领域得到广泛应用，并在此基础上涌现出了一系列智能系统。例如，Beyond Verbal 系统（Garcia et al.，2017），该系统创建的算法可以通过识别音域变化，从而分析出诸如愤怒、焦虑、幸福或满足等情绪，并且心情、态度的细微变化也能被识别出来；又如研究情感识别技术的 Affectiva 系统（Kulke et al.，2020），该系统将情绪监控引入智能驾驶，一旦识别到驾驶员出现嗜睡、过度焦虑或愤怒等状态，自动驾驶系统就会及时接管汽车，防止发生意外，最大程度保证驾驶者和路人的安全。

思维是人类认识的高级阶段，作为人脑对客观现实概括的和间接的反映，是在感知基础上实现的理性认识形式（Anderson，2016）。而机器是没有大脑的，更别说思维这一高级活动了。为了使机器能够拥有理解文字、图像等客观信息，实现对信息产生“思考”的能力，研究者们借助思维领域的研究成果发展出了一系列新技术。例如，图像理解技术，该技术让机器学会用自然语言描述图像的内容，是对图像内容的语义理解，通过这一技术，就能研究并判断出图像中的目标、目标间的相互关系、图像场景以及如何应用这些场景等（Agrawal et al.，2018）。近年来，随着神经网络技术的发展和大数据的不断成熟，视觉和语言能够更好地融合进图像理解中，图像理解也因此成为人工智能研究的焦点之一（Cleeremans，Dienes，2008）。另外，图像理解技术中也逐渐加入了注意力机制、视觉哨兵机制等经典模型，在图片理解和视觉图像的自然语言回答上都有出众的表现（Kafle，Kanan，2017）。目前，图像理解技术已在自动驾驶、医疗影像、图像检索、旅行导览、虚拟现实等领域得到了广泛应用，极大地便利了人们的生活，同时，图像理解技术的使用也使视力受损等特殊人群的生活辅助更加便捷、无障碍服务更加人性化。

推理作为一种根据一般原理推出新结论，从具体事物或现象中归纳出一般规律的思维过程，需要更强的大数据分析和逻辑判断能力。人类智能的推理主要分为演绎推理即根据一般原理推出新结论的思维过程，以及归纳推理即从具体事物或现象中归纳出一般规律的思维过程（Bonacina，2017）。为了在机器上模拟人类心理活动的推理方式，研究者们提出了知识推理技术。通过运用知识推理技术，机器可以推断实体之间潜在或者还未揭示的关系，产生新知识并形成与既有知识的深度融合。知识推理还能应用于知识补全，即通过算法补全知识图谱中缺失的属性或者关系。此外，知识推理还能纠正实际构建的知识图谱中可能存在的错误知识，进而进行推理问答等（Shi，Weninger，2018）。知识推理技术的应用已经出现在越来越多的生活场景中，如根据消费者在平台的历史购物行为信息预测用户的购买偏好，进而进行商品的智能推荐等。

总而言之，基于人类开展的心理学研究所揭示的人类心理特点和行为规律，在人工智能的发展中发挥着十分重要的作用。例如，施瓦廷（Schwarting）等人（2019）将心理学研究中所提出的社会价值取向这一概念整合到自动驾驶车辆的决策过程中，提出了一种预测多个诸如汽车等智能体相互作用的方法，这种方法允许自动驾驶的车辆观察人类驾驶员，估计其社会价值取向，并实时生成自动控制策略，最大化保证行驶安全。人类智能不断推动人工智能的进步和发展，人工智能作为高效的辅助工具，也为人类智能认识和探索世界提供了更广阔的空间和无限多的可能。

第二节　基于风险决策研究的人工智能

风险决策的相关研究成果在人工智能中发挥着重要作用，基于风险决策的理论模型推动了人工智能算法的优化，促使人工智能更趋近于人类智能。该部分将介绍期望效用理论、马尔可夫决策模型、贝叶斯决策模型、决策树、多准则决策模型等在人工智能中的应用。

一、期望效用理论在人工智能中的应用

期望效用理论是早期分析风险决策行为的经典理论，被普遍认为是理性选择的规范理论。期望效用理论的观点为，人们在决策过程中会同时考虑各个备择选项的收益及获得该收益的概率，最终选择二者乘积值即期望效用值最大的选项。该理论运用数理推导和公理化假设，以理性人为前提，建立不确定条件下的决策框架，以简洁的形式阐述了人们在进行不确定性决策时的行为，并使得期望效用最大化成为在风险与不确定性下进行行为分析的重要假设（Bell，1982）。作为早期传统经济学决策领域的重要理论，期望效用理论在人工智能

领域发挥着重要作用。

在自动驾驶领域，基于期望效用理论决策模型的基本思想是依据最优化的决策准则，在多个备选方案中选择出最优的驾驶策略或动作（Russell，Norvig，2002）。为了评估每个驾驶动作的好坏程度，基于期望效用理论的决策模型定义了效用函数，根据某些准则属性定量地评估驾驶策略符合驾驶任务目标的程度，对于自动驾驶任务而言，这些准则属性可以是安全性、舒适度也可以是行车效率等，效用可以由其中单个属性决定也可以由多个属性决定（Chen et al.，2014）。心理学中的社会价值取向理论认为，同一目标对不同行为偏好的个体来说，对应的期望效用也是不同的。社会价值取向能够量化个体利己或利他的程度，按程度具体可分为利己（egoistic）、利他（altruistic）以及亲社会（prosocial）三种。这三种社会价值取向分别对应三种不同的期望效用。利己个体以自我效用最大化为目标，利他个体以他人效用最大化为目标，而亲社会个体则会对自我和他人效用最大化进行平衡。基于社会价值取向理论和期望效用最大化原则，施瓦廷（Schwarting）等人（2019）将自动驾驶车辆与其他车辆之间的交互过程建立为一个最佳响应的博弈模型，使自动驾驶车辆能基于预期效用最大化原则，更好地预测其他车辆的行动，实现不同驾驶场景中的互动与合作。该研究通过纳什均衡来解决动态驾驶场景，如合并车道或无保护左转情境中的车辆博弈问题，通过反向强化学习（inverse reinforcement learning，IRL）使自动驾驶车辆学习人类驾驶员的奖励规则，然后根据真实驾驶场景的数据集，对计算得出的结果进行校准后转化为模仿人类驾驶的预期决策行为。例如，在高速公路车道合并的场景中，车辆在做出决策行为时会考虑上述的安全性、舒适度、行车效率等影响自我效用的因素。利己的驾驶者只会以自我效用最大化为目标，因此完全不会考虑自动驾驶车辆未来的行驶意图和轨迹，加速驶过并道位置，迫使自动驾驶车辆降低车速以保持安全距离，牺牲了自动驾驶车辆的效用。而利他的驾驶者在行驶至并道位置时会充分考虑自动驾驶车辆的并道意图，立即降低车速并变更到邻近车道，允许自动驾驶汽车直接合并车道且不用等待或降低车速，通过牺牲自己的效用来保证自动驾驶车辆的期望效用最大化，从而导致自身驾驶舒适度的下降和到达目标位置时间成本的增加，进而降低该车辆的效用值。而亲社会的人类驾驶车辆则会将自己的效用与并道的自动驾驶车辆的效用进行权衡。若自动驾驶汽车与人类驾驶者都以亲社会的社会价值取向做出驾驶决策，则安全性、舒适度、行车效率等方面都能获得最优结果，即通过合作实现共同效用最大化的决策目标。基于该研究提出的算法，自动驾驶系统能通过在线测量和计算推测出可能性最高的人类驾驶者的社会价值取向，并在这一判断的基础上识别人类驾驶者的行驶意图，动态调整车辆的行驶轨迹直至完成并道。总而言之，该算法提高了自动驾驶车辆的性能，并把对人类驾驶车辆轨迹预测的误差降低了 25%，从而实现了自动驾驶这一决策场景下多个车辆期望效用最大化的目标。从该研究可以看出，将期望效用和社会价值取向理论应用于人工智能中的自动驾驶系统，可以大幅提升预测其他车辆意图行为以及做出决策的准确性，并在一定程度上降低道路驾驶风险，提升整体行车效率。

二、马尔可夫决策模型在人工智能中的应用

在生活中，很多事物的状态是在不断发展变化的，且当前状态均与其先前状态有关。那么，可以假设这样一个系统，系统的当前状态只与其前一个状态有关，而与其更早之前的状态无关，这就是马尔可夫系统（Markov system）。也就是说，在马尔可夫系统中，一个智能体（agent）的运作其实是不需要依靠先前所记录的、关于系统的大量历史信息数据的，只需对系统当前的状态数据进行观测，就可以对其下一步的动作或状态进行预测。系统的当前状态向下一个状态转移变化的过程常被研究者称为马尔可夫链（Markov chain）或马尔可夫过程（Markov process）（Norris，1998）。在马尔可夫过程中，当前状态是固定的，

而所要转移的下一个状态具体是什么则是有一定概率的，因此，马尔可夫决策过程其实是状态与转移概率的组合（Douc et al.，2018）。为了达到未来最优的状态，势必要确定最优的转移策略也即决策策略。为了达到该目的，研究者们构建了马尔可夫决策模型（Markov decision model），来探寻最优的决策策略。马尔可夫决策模型是围绕指向于未来的、所有的决策行动展开的，可以说该模型考虑了一个代表决策过程中所有行动的集合。在马尔可夫决策模型中，当智能体在某一个特定的环境中进行决策时，有多个动作策略可以进行选择，每个选择都对应有一个即时的收益反馈，即在该环境状态下对该动作进行选择所得到的收益。智能体的目的是最大化自己的长远回报，因此其在做决策时不能只选择那些能够得到最大立即回报的动作（刘峰，2015）。那么怎样才能对长远回报进行计算呢？其实，智能体的长远回报依赖于一个决策序列，马尔可夫决策过程就可以对该决策序列问题进行计算和求解。因此，马尔可夫决策理论为结果不确定情境中的决策及其规划提供较为丰富的数学基础。

20 世纪 90 年代，马尔可夫决策过程首次运用在人工智能领域，其基本思想是用随机系统来模拟多个动作规划，形成一个动作规划域，通过概率分配函数的模拟，每个动作规划均对应一个结果即期望效用，规划结果体现为对各状态的动作执行策略（Kaelbling et al.，1995）。在现代社会中，复杂的人工智能技术已经越来越多地被用到医疗、金融、互联网等领域。可以说，人工智能是对理性的最优行为的研究（Marwala，2014），因此，通过决策和动作等一系列相关行为来实现价值最大化的目标是人工智能的研究热点。通常情况下，通过智能体来对行动计划进行执行，智能体可以是一套决策系统、一个机器人等。在许多实际应用问题中，智能体往往需要完成多步决策，这就涉及序列化决策（sequential decision making）的问题（Egorov et al.，2017）。在需要进行多步决策的系统中，智能体要不停地做出决策动作，通过决策动作影响系统当前的状态，获得新的状态，并根据新的状态选择新的决策动作，再次引起系统状态的改变，如此反复进行决策动作的选择和系统状态的更新，直至达到目标。因此，在上述系统中，实现目标的过程就是产生一个决策序列，智能体按照这个决策序列执行动作，直至完成指定的任务、实现目标的进程。例如，在有多个节点的连通图中寻找最短路径就需要序列化决策，序列化决策的目标是找到一个节点序列，使得从起点到终点的路径最短（Alagoz et al.，2010）。然而，在大多数的实际应用中，系统环境往往是不确定的，因此智能体决策动作的结果并不确定，其对系统环境的观察也不准确，甚至连系统的初始状态是怎样的都不确定。这些不确定性大大增加了智能体决策时的难度，需要对多种可能的情况进行分析和考虑。马尔可夫决策模型可以为在需要序列化决策的、充满不确定性的环境中进行高效率的决策规划提供智能算法。马尔可夫决策模型的优势在于它完全是基于随机性建模的，不需要对初始状态进行确定，决策行动之后结果中的奖励信息可以在任意时间点给出。在这种序列化决策环境中，马尔可夫决策模型的目标就是让各个决策行动结果中的奖励信息之和的期望最大化。因此，通过使用马尔可夫决策模型，智能体只需确定当前时间点所要执行的决策行动，而不用指定后续时间点的决策行动，就能保证所有决策行动结果奖励综合的期望最大化（Osogami，2015）。在充满不确定性的社会环境中，人们需要花费大量时间不断根据当前新的环境信息调整自己的决策行为，马尔可夫决策模型的提出有助于人们进行高效的序列决策，是非常有现实意义的。

在序列化决策问题中，智能体不断地与环境进行交互，并通过执行决策动作来实现规划目标。当智能体处于环境状态完全可知的时候，规划相对简单，马尔可夫决策模型就能高效地解决很多实际问题（Grau et al.，2016）。但是，马尔可夫决策模型假设智能体所处的环境是完全可以被观察的，也就是说，马尔可夫决策模型假设智能体在每一步都确切地知道当前环境所处的状态。然而，现实世界中周围环境不断发生变化，智能体往往只能观察到周围环境的部分状态，不能够直接知道自己所处的具体状态，只能对自己所处环境的状态进行一个大概的推测。为模拟在周围环境部分可观察时进行决策，研究者提出部分可观察的马尔可夫决策模型（partially observed Markov decision processes，POMDP）（Rao，2010）。部分可观察的马尔可夫决策模型是基于马尔可夫决策模型构建起来的，也被视为一种特殊的马尔可夫决策模型。基于对环境部分可观察的马尔可夫决策模型，可以用来解决大部分不确定环境下的决策问题（Krishnamurthy，2016）。部分可观察的马尔可夫决策模型假设周围环境由马尔可夫决策模型所决定，其包含所有定义在对应的马尔可夫决策模型的状态集合上的概率分布，这些概率分布表现了智能体对周围环境的信念状态，也就是说，虽然不能确切地知道周围环境所处的状态，但是智能体有对周围环境的信念状态（Kurniawati，Yadav，2016）。由于能够很好地对环境的不确定性、决策动作等进行建模，部分可观察的马尔可夫决策模型在人工智能领域中受到了越来越广泛的关注，是充满不确定性环境中的主要决策规划模型（Oliehoek，Amato，2016）。到目前为止，部分可观察的马尔可夫决策模型已被投入运用到许多领域，例如，在自动驾驶领域的实际道路环境下，部分可观察的马尔可夫决策模型能为该环境下的行为决策问题提供通用的数学框架，因此正逐渐应用于构建无人驾驶车辆的行为决策系统（Schwarting et al.，2018）。还有研究发现，通过部分可观察的马尔可夫决策模型能够确定自动行驶车辆沿预先规划的路径的最佳加速度的策略。在这一场景中，部分可观察的马尔可夫决策模型通过模拟汽车的决策行动对周围其他行驶车辆的影响，并通过预测更多的未来信息实现更好的决策行动，如是要通过减速来推迟合并车道的决策，还是通过加速来尽快完成合并车道的决策。此外，部分可观察的马尔可夫决策模型还能够较好地预测周围环境中不确定性更高的行人，从而实现刹车减速等决策。目前，除了自动驾驶领域，部分可观察的马尔可夫决策模型还广泛应用于其他领域，包括科学（如机器人控制、机器视觉等）（Chen et al.，2016）、军事（如移动目标搜索、机器人搜索营救、目标识别及武器资源分配等）（Bravo et al.，2019）和社会（如对话系统、教育及医疗诊断等）（Young et al.，2016）等方面。胡布曼（Hubmann）等人（2019）提出了一个可适应城市驾驶的各种场景的通用部分可观察的马尔可夫决策模型。通过在交叉口使用多辆车以及静态和动态物体造成遮挡的模拟场景，针对各种未来场景进行了优化，为未来可能出现的场景提供了相应的最佳操作，并开发了一个规划器以考虑其他车辆不确定的纵向运动概率，并在整个规划范围内证明了该模型的优良性能。这一运动和交互集成模型能大大提高自动驾驶汽车行驶的安全性、可控性和稳定性，减少对目标识别和行驶路况的判断失误，防止产生决策偏差。

三、贝叶斯决策模型在人工智能中的应用

在充满不确定性的情境中，当决策者进行风险决策时，往往会根据先前的历史资料数据来判断每一种决策结果出现的概率，这种判断只是对可能出现结果的近似估计，并不是对未来事件的准确描述。在一般情况下，决策者可以根据已获得的历史资料数据以及经验、知觉等主观知识，对未来事件发生的概率做出主观估计，从而获得一个主观的先验概率。然而，这一先验概率较难准确地反映真实的客观现实，此外，历史资料数据和由主观判断得到先验概率的准确性是没有经过实验数据验证的，这势必会给决策带来一定的风险。为了降低这种风险，决策者需要准确地掌握和估计这些先验概率，通过调查、统计分析等方法获得较为准确的情报信息，以对先验概率进行修正，并以此确定出各个选项的期望损益值，从而拟定出可供选择的决策方案，以协助决策者做出正确的决策（Ma，2019；Yoe，2019）。在这种背景下，贝叶斯决策模型（Bayesian decision models）则较为适用（Verykios et al.，2003）。作为现代风险决策方法

中较为常用的一种，贝叶斯决策指的是个体在对未来所要发生事件有一个主观的先验分布后，利用目前已知的信息，根据贝叶斯定理对部分未知信息进行概率估计，获得后验概率，对先验分布进行修正，获得包含信息更多的后验分布，从而依据后验分布进行决策的方法（Rescorla，2015）。也就是说，在贝叶斯决策中，决策者需要根据历史的数据来学习变化的规律，掌握其变化的可能状况及各种状况的分布情况，从而预测未来最有可能发生的变化。

贝叶斯决策模型的优点在于，它能有机地将决策者的先验主观概率和通过观测得到的客观数据这两种信息结合起来，较好地保持先验主观信念和观测数据之间的平衡，进而可以避免产生对某种预测结果的非理性偏好和倾向，保证预测结果不完全由先验的主观概率决定。因此，贝叶斯决策模型常常能够得出较为准确的结论。也就是说，贝叶斯决策模型能够很好地将主观信念、基于观测的数据表征以及信念转换为决策的过程结合起来。贝叶斯决策模型对实际生产生活也具有很强的指导意义，这是由于人类决策和人工智能决策是存在相似之处的，体现在两者均是基于不完全的有限信息，不断利用先验概率和观测到的数据，对后验概率进行更新和修正，从而基于更新后的后验概率做出决策的过程。

贝叶斯决策模型提供了一种修正先验概率的科学方法，对信息掌握不完备或者存在主观判断的情境中的决策问题解决非常有效，是风险测量的常用方法。贝叶斯决策模型被广泛运用于系统工程、金融保险、言语理解（Goodman，Frank，2016）等各个领域的决策研究中。例如，在房地产领域，房地产投资者在选择投资方案、确定投资项目时，常常既希望获得投资效益的最大化，又希望尽可能降低投资的风险。但是，在通常情况下，投资的效益和风险是呈反向关系的，即投资的效益越高，其伴随的风险往往也越大。那么在这种情况下，投资者究竟应该选择投资预期收益高的项目，还是选择投资预期风险低的项目，一般取决于投资者对风险的偏好。有研究建立了以贝叶斯风险的期望最小值为决策准则，以影响房地产投资收益的三个主要因素，将经济发展状况和国家宏观政策、国家的房地产开发相关政策、市场繁荣度与供求影响三种因素，作为决策指标，构建房地产投资贝叶斯风险决策模型，在最大程度上保证房地产企业投资收益率的同时，降低了其风险决策的风险值，因此有助于投资者规避房地产投资风险，从而提高投资效益和投资决策水平（Dorndorf et al.，2016）。

此外，贝叶斯决策理论在决策专家系统的发展中也发挥着关键作用。决策专家系统是指由相关领域专家参与，结合数据分析技术，辅助决策者和其他人员进行决策活动的一种信息支持系统。早期医学专家决策系统中的常见策略是按照似然性的顺序排列各种可能的诊断，并报告可能性最大的诊断结果。然而，测试或者确定治疗方案的决策实际上应取决于各种诊断的概率和效用。贝叶斯决策网络能反映智能体的偏好以及可得证据，加快了研发推荐最优决策的专家系统进程。而目前的医疗专家系统能够考虑信息价值以推荐各种检查项目，从而进行不同的诊断（Hashi，Zaman，2017）。一个决策理论专家系统的创建过程基本由以下步骤组成（Shortliffe，Sepúlveda，2018；Salem，Shmelova，2021）：首先，需要创建一个因果模型来确定可能的症状、失调、治疗和效果。然后，将其简化成一个定性决策模型，决策模型会通过评估因果知识，并直接编码到模型的贝叶斯网络结构中，用贝叶斯网络推理算法进行诊断推理，且在诊断推理时，需要分配各种可能的诊断结果的效用，当可能的结果数很少时，可以使用简单枚举的方法并进行评价，将其他结果也放入这个尺度范围内，并通过专家或患者参与以更好地结合不同主体间的偏好差异，而如果有指数级数量的结果，则需要使用多属性效用函数将其结合。之后，需要验证和改进模型，为了评价决策系统，需要一组正确的输入－输出对以及一个用于比较的“黄金标准”。对于医疗专家系统，这通常意味着将病例分配给组合最好的医生，询问他们的诊断结果和推荐的治疗方案，检验系统与专家推荐之间匹配程度如何，若系统表现很差，则尝试分离那些出错的部分并且修正它们。最后，需要执行敏感性分析，这一重要环节通过系统地改变决策参数并再次运行评价过程，从而检验最佳决策对分配的概率和效用的微小变化是否敏感。如果输入差异较大参数仍能导致相同的决策结果，那么说明决策结果具有很高的确信程度和稳定性。但如果细微变化就会导致截然不同的、偏离预期的决策结果，那么则需要花费更多的资源以收集更准确的数据，从而进行更高质量的决策。在此基础上还有研究探索了人工智能在癌症诊断中的应用，对于晚期恶性肿瘤患者，有 20% ~ 40% 的概率可能发生脑转移，更好地理解这种疾病的风险将有助于医生找到更合适的治疗策略。这一研究提出了一个利用贝叶斯网络预测肺癌脑转移患者短期生存能力的概率模型，在显示肺癌脑转移影响因素之间关系的透明度和能力方面非常有效，它允许专家决策者在诊断证据和患者信息不完全的情况下计算出脑转移的风险及概率，且该模型的灵敏度是所有标准机器学习方法中最高的（Peng et al.，2016）。

在自动驾驶场景中，贝叶斯决策思想也得到了越来越广泛的运用。例如，伊贝拉肯（Iberraken）等人（2018）在研究中，将贝叶斯决策思想应用于不确定性场景中高速行驶自动驾驶车辆的决策规划选择，这里的不确定性主要是指周围环境中存在其他车辆且对周围车辆意图或行动缺乏准确感知。研究者提出了一种基于两序列决策网络的多级贝叶斯决策方法，该方法显著提高了自动驾驶车辆的决策质量，尤其是在车辆变换车道过程中，显著提高了车辆的安全性。此外，研究者还发现，即使是在非常危险的情况下，该决策方法仍然表现出了对自动驾驶汽车整体结构的良好控制性能。

四、决策树及其相关模型在人工智能中的应用

与贝叶斯决策方法类似，决策树（decision tree）也是一种在不确定情境下进行决策的方法，它通过树状图的方式来对决策方案未来发展状况的可能性进行估计，因此可以使多层次决策问题直观易懂，便于计算和分析。制定决

策树的过程其实就是对各种选择方案进行拟定，进而对未来可能发生的各种条件进行预测的过程，也是对决策问题进行逐级探究的过程。决策树于 1963 年由摩根（Morgan）和桑奎斯特（Sonquist）提出。它包含一个类树结构，结构中有非叶节点、分支和叶节点，其中，每个非叶节点代表一个特征属性上的测试即决策方案，每个分支代表这个特征属性在某个值域上的输出，而每个叶节点存放一个类别即决策结果。使用决策树进行决策的过程就是从根节点开始，测试待分类项中相应的特征属性，并按照其值选择输出分支，直至到达叶子节点，将叶子节点存放的类别作为决策结果的过程。

自动驾驶和医疗决策是决策树应用最广泛的两个领域。在自动驾驶领域，常用的模型包括基于规则的系统（rule-based system）、端到端的深度学习（end-to-end deep learning）以及两者的混合。在基于规则的系统中，包含了较多的行为规则，这些行为规则在风险推理方面具有一定的可解释性和透明度（Paden et al.，2016），但是其规则的复杂性也限制了算法的进一步改进。在端到端的深度学习中，学习是通过数据来驱动，比如车辆的转向、速度等动作是通过对场景信息的感知学习到的（Hecker et al.，2018），但是这种学习在风险水平评估时的可靠性一般。可靠的风险预测可以提高不确定性决策的可信度，识别早期的潜在风险能够赋予自动驾驶车辆先进的智能。基于决策树的集成学习算法在自动驾驶车辆风险预测的可靠性方面表现出了优势，例如，Liu 等人（2021）发现，基于 XGBoost 的增强决策树进行集成学习的算法，能够对环境中的风险水平进行等级划分并进行聚类分析，从而可以准确预测车辆行驶过程中各种情境的风险级别。也就是说，将决策树集成到自动驾驶系统中，可以对风险水平进行准确预测，进而确保合适行为决策的制定。此外，近几十年来，决策树模型也一直用于评估诊断以进行医疗决策，其中决策树定义的类别可以是致病的风险因素以及疾病的各类临床亚型，也可以是患有疾病的概率或者患者能接受的不同治疗方法。例如，Song 等人（2015）在一项为期四年的研究中构建了决策树模型来分析与重度抑郁症相关的 17 个潜在的风险因素，包括性别、年龄、吸烟、高血压、教育、就业、生活事件等。分析的目的是从中找出最重要的风险因素，研究的对象通过不同的分枝从根节到叶节被分成 28 个亚组，患抑郁症的风险从 0% 到 38% 不等。然后使用这些对象的历史信息来训练数据集，并构建决策树模型，使用验证数据集来决定树的适合大小，从而获得最优模型。通过使用这种类型的决策树模型，研究者确定了构成感兴趣条件的最高（或最低）风险的因素组合。通过将导致重度抑郁症的风险因素可视化，有助于专家对重度抑郁症患者进行临床研究和治疗。劳滕贝格（Rautenberg）等人（2020）将流行病学概念与决策树框架联系起来，将两种标准的决策分析方法用于决策树建模诊断。第一种方法称为基于测试的建模方法，即在事先不知道谁患有该疾病的情况下进行诊断测试；第二种方法被称为基于疾病的建模方法，即从已知疾病状态的患者队列开始，基于黄金标准或参考进行测试。该模型结构是基于试验前已明确的疾病流行率进行估计的，以模拟随机试验中的情况。通过决策树建模，增强了对模型使用者的直观吸引力，并对诊断决策分析的基本概念提供了直观的解释，其形式有利于专家将其专业技能应用于诊断，显著减小了对患者疾病诊断假阳性的概率，提高了诊断测试准确性，拓展了决策树的应用深度和应用场景广泛程度。

五、多准则决策模型在人工智能中的应用

多准则决策（multiple criteria decision making，MCDM）是决策理论的一个重要组成部分，是指对具备多个准则的有限方案依据某个规则进行选择、排序、评估等的一种决策分析方法。马萨姆（Massam）（1988）借鉴决策模型中的效用理论，提出多准则效用理论并进行了系统性的探索。多准则决策大致可以分

为两个步骤，即计算准则权重和确定方案排序，精准有效地确定准则的权重是解决多准则决策问题的重点，尤其是面对不确定性环境和专家群体时，如何从不确定信息中挖掘有效信息、整合专家群体的权重意见具有非常重要的意义。

当前，很多研究者都将多准则决策方法应用到了自动驾驶场景中。例如，拉马纳森（Ramanathan）等人（2021）在研究中先从候选动作集中对刹车距离、转弯角度等多个属性的效用值进行加权计算，然后得到行动效用表，最终筛选出最优的驾驶动作，提高了自动驾驶汽车的行驶效率和可靠度。此外，富尔达（Furda）和弗拉西奇（Vlacic）（2011）同样基于多准则决策理论，探讨了自动驾驶汽车在给定的城市道路交通条件下决定最合适的驾驶决策的问题。该研究通过将决策任务分为两个连续的阶段来给出车辆实时决策的解决方案。第一个决策阶段是安全准则阶段，主要是选择可行、安全的驾驶机动方案；第二阶段则关注非安全准则驾驶目标，如提高乘客舒适性和效率。研究给出了基于在线数据的第一决策阶段的解决方案，设计并开发了多准则模型，将其应用于第二决策阶段。第一阶段利用多准则决策方法，根据交通系统专家判断的各种驾驶目标的重要程度，确定多准则决策模型的属性及多个驾驶目标的权重，包括可能存在冲突的目标，如与前车保持距离、避免快速变道、避免急刹车等，从而为三交叉路口、多障碍道路、前车急刹车等复杂动态的城市交通条件提供了一个强大而灵活的解决方案，并最大程度地兼顾了安全性与效率。

还有研究针对组织决策提出了一种结合直觉和人工智能的多准则决策模型，该模型沿用了多决策模型的中心思想。具体来说，在组织决策中，若有较多的决策方案，且第一阶段决策搜索空间的特异性较高，第二阶段决策搜索空间的特异性较低时，适合采用人工智能 - 人类智能决策序列。研究认为，人工智能算法在有良好结构的决策搜索空间内更为有效。研究总结了两种不同的方法，第一种方法被称为确认性方法，即决策者首先做出直观判断，然后使用人工智能来确认是否改变最初的决定。第二种方法被称为探索性方法，即决策者首先使用人工智能识别潜在的决策选项，然后根据直觉做出决定（Vincent，2021）。这一决策过程充分融合了人工智能能力与人类专家的直觉，从而提高了决策过程的效率。

第三节　人工智能赋能风险决策

上一部分详细介绍了风险决策研究成果在人工智能中的应用，比如期望效用理论、贝叶斯决策、马尔可夫决策、决策树、多准则决策模型等，这些研究成果极大地促进了人工智能领域的发展。其实，风险决策与人工智能是相互促进的关系，人工智能反过来也能帮助人们做各种各样的风险决策。例如，人工智能帮助提高风险决策的理性程度，规避人类决策的劣势；人工智能帮助提高风险决策效率，节省人力物力；人工智能辅助或代替人类在一些危险系数较高的场景中完成任务，如航空航天、海上救援等。本节将对人工智能是如何帮助人们进行风险决策的进行阐述。

一、人工智能提升决策的理性程度

风险决策是一个非常复杂的过程，它受到多种认知和情感因素的影响。大量研究发现，人们在进行风险决策时会受收益损失框架、经验、情绪等因素的影响。而人工智能算法基于大数据集和超强的算力，能够进行复杂高效的运算，且每次运算都遵循相同且较为固定的程序，不会像人类风险决策一样受诸多因素的影响。因此，相比人类决策者而言，人工智能在进行决策时存在更少的偏差（Schildt，2017）。也就是说，人工智能可以帮助人们做出更客观的判断，减少主观层面的非理性偏差，从而在帮助人们进行风险决策发挥出显著的优势。

人工智能在风险决策领域的应用引起了研究者的广泛关注，风险决策领域正经历一系列创新变革。人们所处的社会充满风险和不确定性，在风险和不确定情境中进行决策时，人们常常顾此失彼，难以将决策收益最大化。作为一种新兴的风险预测技术，人工智能可以精准地对风险进行评估，提高决策过程中的风险感知能力，进而能够有效地对风险进行预警（Kouziokas，2017）。可以毫不夸张地说，人工智能技术打破了时间与空间限制，能够完成人们无法高质量完成的任务，已成为一种帮助人们进行风险决策的有效工具（Khalil et al.，2008）。除了对个人在金融投资等方面的风险决策提供帮助外，人工智能技术还可以对社会中的风险进行有效的分析、预测和预控。比如，人工智能技术可以监测公共交通和疾病传播等方面的风险，从而有效改善公共安全。虽然，目前的人工智能技术已经帮助人们解决了很多曾经无法解决的决策难题，但研究者仍在不断发展更新一代的技术，并逐步推动人工智能演进为超级人工智能。例如，通过使用网络计算和虚拟工具等新技术的超级人工智能软件，能够精准识别恐怖分子的语音、图像、邮件、社交媒体中威胁目标及信息，为风险治理提供高效的信息映射与通信工具。研究者预测，随着人工智能技术不断发展，它几乎能够完成所有风险治理任务，并进一步帮助人们实现较为优化的风险决策（周利敏 等，2021）。

建立安全可靠的人工智能系统依靠的核心技术是可信机器学习（trustworthy machine learning），其中，公平性是可信机器学习考虑的重要因素之一。公平性强调人工智能在决策时对个人或群体不存在因固有或后天属性引发的偏见。在组织决策中，已有许多研究者尝试将人工智能算法逐步引入企业的管理和决策过程中，通过更多地使用大数据驱动的统计模型或决策规则算法辅助决策，以规避人类决策者的固有偏见，从而实现决策的程序公平（Schildt，2017）。例如，组织期望算法就能够在时间和资源有限的条件下依靠大数据进行理性客观决策，使员工对决策的过程感到满意和公平。当前已有众多研究从公平表征、公平建模和公平决策三个角度出发，基于公平机器学习理论，在计算机视觉、自然语言处理、信息检索、多智能体系统等领域建立了具备公平决策能力的人工智能算法，将机器自主代理与人类远程控制相结合，融合了人类智能与人工智能的决策优势，从而可以进一步减少由于人为因素导致的不公平决策（Zhang，Shah，2014）。

相比于人工智能，人类风险决策需要耗费大量的时间与资源，且一种风险决策模式往往只能适用于特定的决策环境和背景，重要的是，还更容易受到固有权力结构（Kasy，Abebe，2021；Li et al.，2021）、人际因素（Alhawamdeh，Alsmairat，2019）、性格因素（Crossan et al.，2013）以及文化背景（Yates，Oliveira，2016）等因素的影响，从而产生决策偏差。而人工智能算法有望减少决策偏差，且提高决策效率。例如，彼得森（Peterson）等人（2021）在研究中就比较了人工智能与人类风险决策的差异，研究者基于一万多个包含大规模数据集的风险决策问题以及人类在这些问题中做出的最终决策来训练深度神经网络，之后发现，这种基于深度神经网络的人工智能能够以非常高的准确率模拟人类决策，并且其表现显著优于人类风险决策。

人工智能在医疗领域的决策中发挥了巨大作用。新冠疫情的大爆发扩大了不同人群接受的医疗条件的差距，这些差距一方面是由于不同地区医疗水平造成的，另一方面也有可能是由于医生对一些少数群体的筛查不细致、诊断和治疗不足等人为因素造成的。塔亚拉尼（Tayarani）（2020）在研究中发现，人工智能可以帮助医疗工作者提高新冠病毒的诊断效率和诊断准确率。还有研究发现，人工智能技术有助于改善新冠病毒患者的治疗效果（Ardon，Schmidt，2020）。最近的研究还发现，人工智能可以准确预测新冠病毒患者发展为重症的风险，能够帮助医生根据病人症状的严重程度进行及时的分诊决策，通过将呼吸机和医疗专家等稀缺资源用于急需救助的患者，可以优化医疗资源分配，使医疗资源发挥最大作用，大大节省医疗系统的人力物力（Vaishya et al.，2020；Liang et al.，2020）。在医疗决策场景中，人工智能算法通常比人类产生更少的偏差，即使出现差错也更容易通过算法改进进行纠正。不论复杂或简单的决策过程，机器都会始终遵循决策规则，而不像人类决策者那样普遍依赖直觉和主观偏好（Shea et al.，2020）。但遗憾的是，人们普遍反对利用算法在医疗保健等领域做出重要的道德决策，这削弱了人工智能在医学领域可发挥的效用。有研究者就在新冠病毒爆发的社会背景中探讨了影响患者对人工智能决策接受程度的因素。结果表明，强调不公平决策的社会威胁及与人类决策相关的负面结果，能够显著提高人工智能在医疗保健领域的接受程度（Bigman et al.，2021）。

人工智能在经济金融领域的风险决策中也发挥着重要作用。借助人工智能，从业者可以把握细微和敏感的市场变化，实现风险识别、风险评估、风险预防和风险控制四方面的主要任务。具体来说，借助人工智能算法，从业者能够对客户进行信用风险分析评价、提供信贷和金融产品建议、预测金融趋势、模拟投资者行为、进行资产组合管理、预测违约和企业破产行为等高风险行为。与人类决策相比，人工智能决策系统具有持久性、可重复性、高效率、证据完整性、及时性及决策范围广、一致性高等特点和优势，并在很多方面展现出了优于金融行业工作者的表现和业绩（Bahrammirzaee，2010）。

综上，与人类普遍依赖直觉和主观偏好进行决策不同，人工智能在进行决策时会始终遵循较为理性的决策规则，在风险评估、公平决策、医疗决策和金融决策等方面均发挥重要作用，帮助人们提高进行风险决策的理性程度，有助于人们实现决策优化。

二、人工智能提高决策效率

人工智能通过计算机来模拟人的思维过程和智能行为。正因人工智能是基于计算机建立起来的，它在数据分析和计算方面表现出了超乎人类最高水平的能力。在复杂且重复的决策情境中，人工智能可以帮助人们显著提高工作效率，极大地节省人力和物力。

从硬件设施来看，人脑神经元的工作频率最高可达 200 Hz，而当前人工智能微处理器的工作频率能达到 2 GHz，是人脑的一千万倍。此外，人脑神经元间的信号传输速度只有约 120 m/s，而计算机从理论上来说能够实现光速传输。从体积和存储能力来看，在当前进化水平，人脑的体积和构造基本已经固定，正常情况下在短时间内发生急速变化的可能性较小，而计算机的体积可以扩展到无限大，因此可以利用更多的硬件资源，得到更高容量和精度的随机存储器（random access memory，RAM）以及只读存储器（read-only memory，ROM）。从可靠性和耐力来看，计算机的晶体管比人脑的神经元更耐用，更不容易老化和衰退，且晶体管能够轻松地修补或替换。此外，人脑非常容易疲劳，因此需要放松和休息来维持正常运转，而电脑却不知疲惫，只要有相关环境和硬件支持，能够每周 7 天，每天 24 小时不间断地工作。在软件层面，计算机程序可编辑、便于升级和更新迭代，并且拥有更广的应用范围；而人脑虽具有发达的感知觉，但面对较为复杂的领域，则会表现得效率和准确性低下。从协作能力来看，人类虽然具有大规模的社会协作能力，但人工智能可以基于计算机，通过互联网随时随地把数据同步到全球每一个角落的其他计算机里；最重要的是，人工智能不像人类那样每个个体具有不同的目标、观点、兴趣及偏好，因此，不需要耗费高成本对个体进行组织和统筹规划，使得所有人工智能机器能够专注于一个共同目标来高效协作，节省了大量不必要的人力和物力资源。

由于当前医疗成本的快速增长，医疗成本与患者可承担的支出之间的差距越来越大。为了确保医疗成本处在可控的范围内，缓解医患沟通困难、专家资源的可用性和稀缺性等问题，效率高且准确的诊疗模式是需要的，在这些背景下，人工智能技术在医疗领域的应用越来越广泛。专家支持决策系统就是一个帮助医生提高决策效力的重要应用，下面以 IBM 公司开发的癌症诊断系统沃森（Watson）举例说明。沃森肿瘤解决方案（Watson for oncology）是为临床医生研发的一种工具，可以帮助医生从大量有关肿瘤的病例和文献的数据库中，锁定最有效果的治疗方案。该系统首先会从患者的医疗记录中提取其临床信息，如性别、年龄、癌症分期和类型、家族史、先前就诊记录及检测结果等，并提示医生对系统提取的临床信息进行验证及是否要添加其他相关信息。该系统可以高速检索来自 300 多种专业医学期刊和 200 多种教科书的大数据，同时借助纽约纪念斯隆－凯特琳癌症中心的癌症专家对计算机内置的算法输入的信息和数据进行分析和训练，进一步建立了有关肺癌、乳腺癌、直肠癌、结肠癌、胃癌和宫颈癌等 12 种癌症相关的诊断数据库，并生成一份附带相关临床证据链接的优先治疗方案清单。治疗方案以三种颜色进行编码，分为绿色、黄色以及红色。绿色表示推荐的治疗方案，黄色表示需要考虑的治疗方案，红色表示不推荐的治疗方案。每种方案还对应多个选项。对于每种治疗方案，沃森还提供了一些参考文献以供临床医生查阅。该系统还可以根据所处的特定地理环境生成特殊诊断方案，如为临床医生提供适应当地居民状况的临床指南及推荐药物的可得性。对于接受干预和治疗后的患者，还能自动生成预后数据并生成预后模型，以保证患者和医生对病情和注意事项的有效交流，进而提高患者下次复诊时的就诊效率。此外，沃森能从大量与患者关联的病例中发现隐匿的风险和可能发生的严重后果及并发症，如呕吐、腹泻、休克等信息，并根据最大化寿命的原则对治疗方案进行排序，为患者节省了咨询专家和考虑治疗方案的时间和宝贵资源，也为医生提供了最有价值且生存率最高的治疗决策（Choi，2017）。近年来，IBM 公司还与麻省理工学院及哈佛大学合作，利用人工智能算法的自然语言处理及其他认知推理能力的优势，研究对癌症药物产生抗药性的病例，并尝试厘清抗药性产生的原因，从而研发新一代抗癌药物和疗法。研究人员认为，与癌症对抗就像在棋局中进行博弈，当抗癌疗法向前进一步，癌症就会演变出新的形式来对抗这种药物。因此，解决问题的关键就是通过人工智能算法大量学习临床数据，从而更超前地预判癌症走出的下一步棋，以帮助医生对患者实施预防性的治疗决策方案，降低癌症进一步恶化的可能性（Strickland，2019）。

通过人工智能在医疗诊断中应用的例子可以看出，在人工智能的帮助下，原来需要花费大量时间的疾病诊断和决策工作，现在在较短时间内就可以完成，极大地节省了医疗资源。另外，在人工智能基础上所开发出的疾病诊断手段更加精确和更具可预测性，也进一步提高了医疗服务的质量。因此，人工智能帮助人们提高了决策的效率，极大地促进了医疗、自动驾驶、金融等与决策相关领域的发展。

三、人工智能完成高难度决策任务

在一些特殊场景中，人类往往无法发挥其自身的决策优势，仅依靠自身力量，难以克服众多障碍和困难。人工智能技术可以帮助人类完成高风险和高难度的决策任务，在短短几十年间就为这些特殊场景中的决策问题提供了解决方案，推动了航空航天、石油勘探、海上救援等领域的迅速发展。

在航空航天领域，利用人工智能和机器人技术的太空机械臂，为我国太空领域的载人航天事业发挥了非常重要的作用。2021 年执行航天任务的“神舟十三号”就向世界展示了中国空间站遥控机械臂系统（Chinese space station remote manipulator system）。该系统分为两部分，一部分是 10 m 长的核心舱主机械臂（core module manipulator），一部分是 5 m 长的实验舱副机械臂（experimental module manipulator），主机械臂的特点是能在大范围内完成重载荷操作，精度要求较低；而副机械臂则能在狭小的操作空间内以较高的精度完成操作。主副机械臂既可以模仿人类的左膀右臂，也可以串联在一起作为一个长机械臂来使用。该机械臂最大的特点就是灵活性高，通过多个高自由度的关节，能够随意爬行至空间站中的任意基座，并对空间站中需要组合的新组合舱进行抓取、对接和装配。此外，该机械臂还能支持航天员进行日常的舱外作业，如检修维护、载荷维护和操纵辅助等复杂的太空任务。机械臂系统能辅助宇航员完成一些曾经难以克服的高难度环节，是保障航天员在轨安全，辅助航天员执行舱外高风险任务决策的重要工具。机械臂的应用有利于延展空间站的有效载荷和使用寿命，给国家带来更高的经济效益和更广阔的科学视野（Liu，2014）。

此外，在石油勘探领域，人工智能也扮演着越来越重要的角色。由于石油资源的钻井过程非常烦琐，且井下情况复杂多变，充满不确定因素，因此作业风险较高。人工智能技术正推动石油钻井朝着自动化、智能化的方向演进。例如，人工智能可以代替石油工人对钻机控制系统的安全漏洞进行检测，进行常规维护和性能优化。此外，通过传感器对井下钻头的偏移量数据进行分析，能够对采集到的数据进行实时、闭环的运行监控，识别并预测出潜在的风险和异常；然后，使用可靠的指标标记，并及时向地上工作人员反馈当前钻井过程中遇到的障碍和问题，进一步为钻井系统提供有关新勘探方向及钻井深度的决策方案。人工智能技术的广泛运用，不但改变了当前钻井作业人员必须深入钻井平台实地勘探的现状，有力保障了钻井工人的人身安全，解放了他们的双手；还能确保他们远程监测多口钻井，专注于监测钻井性能和可持续开采能力，进一步降低了钻井成本，保证了石油能源的开采效率（Nunoo，2018）。

随着海洋经济的发展，海上交通越来越拥挤，海上事故也越来越频繁。虽然海上搜救技术不断发展，但搜救工作仍存在高不确定性、高风险性等特点，以及搜救效率低、响应速度慢等问题。因此，基于人工智能的海上搜救决策的研究是非常必要的。艾（Ai）等人（2019）在研究中结合人工智能技术，提出了基于最优搜索理论的海上搜救决策系统。研究者对海上搜救决策过程中包含的三个重要概念，即海上遇险目标包含概率（probability of containment）、目标发现概率（probability of detection）和救援成功概率（probability of success）进行了分析，通过对目标包含概率和目标发现概率两变量的计算方法进行改进，完善了海上最优搜索理论。该种智能决策系统将救生作为优先考虑因素，优化了救援资源的调度方案，使救援者制定的应急决策预案更加合理，提高了救援者对事故进行快速响应的能力，从而提高了搜救的成功概率，显著减少人员伤亡和财产损失。

从上述人工智能在航空航天、石油勘探和海上救援领域的应用可以看出，人工智能借助其独特优势，可以帮助人们完成高风险和高难度的决策任务，减少了人员伤亡事故发生率，促进了航空航天、石油勘探和海上救援等特殊领域的发展。

第七章 人工智能中的风险决策场景

人工智能在社会和经济生活中发挥的作用越来越重要，我国人工智能产业发展也成果显著，这一方面得益于创新能力不断增强，图像识别、智能语音等技术达到全球领先水平，人工智能研究和专利数量居全球前列；另一方面产业规模持续增长，京津冀、长三角、珠三角等地形成了完备的人工智能产业链；更重要的是融合应用不断深入，智能制造、智慧交通、智慧医疗等新业态、新模式不断涌现，对行业发展的赋能作用也进一步凸显。本章将介绍自动驾驶、智能医疗、智能军事、智能司法等人工智能领域中的风险决策场景。

第一节　自动驾驶中的风险决策场景

在自动驾驶领域中，人工智能需要依据感知系统获取的信息来进行决策判断，确定适当的工作模型，并制定相应的控制策略。例如，在车道保持、车道偏离预警、车距保持、障碍物警告等系统中，人工智能需要预测本车与车道、其他车辆、行人等在未来一段时间内的状态。因此，行为决策系统的优劣在很大程度上反映了自动驾驶汽车的智能化水平，作为自动驾驶汽车的大脑，行为决策系统决定了自动驾驶车辆的可行性和安全性（张效宇 等，2020）。目前，自动驾驶汽车中包含许多辅助驾驶员并旨在增加安全性的智能系统，如防锁制动系统、电子稳定性控制系统、防撞系统、盲点检测系统等。这些智能系统可以帮助驾驶员优化决策，减少事故发生率，提升行车安全。自动驾驶是人工智能应用最广泛的领域之一，接下来将对自动驾驶及该领域中的风险决策进行介绍。

一、自动驾驶简介

自动驾驶或无人驾驶（automatic driving/self-piloting）技术主要是通过计算机系统实现汽车的自主行驶，让汽车摆脱人类驾驶员的操作（Ma et al.，2020；Schwarting，Alonso-Mora，2018）。换句话说，自动驾驶汽车就是依靠人工智能、视觉计算、雷达、监控装置和全球定位系统等协同合作，让计算机在没有任何人类主动的操作下，自动安全地操作机动车辆。早期（半）自动驾驶中各个系统的目标是通过减少与人类驾驶员有关的误差，使一些车辆系统能够自动化地适应周围环境，并不断自我改进以提高安全性（Yang et al.，2017）。由于早期的自动驾驶过程中仍要求驾驶员执行各种任务，因此这些系统被视为较低的自动化水平（1 级和 2 级）（Taeihagh，Lim，2019）。研究者们认为，随着自动驾驶系统的优化、人类驾驶员参与的减少，自动驾驶系统将进入有条件的自动化（3 级）、高自动化（4 级），并最终进入全自动化（5 级）（Williams，2021）。高自动化的车辆能够在复杂环境情况下自行行驶，这种高自动化的驾驶水平要求智能系统必须像人类驾驶员一样具有“感知”“思考”和“推理”等能力（Shadrin，2018）。基于此，研究者们认为，自动驾驶的关键技术可以分为环境感知（environmental perception）、行为决策（behavior decision）、运动规划（motion planning）和反馈控制（feedback control）四大部分（Atakishiyev et al.，2021； Kiran et al.，2021）。

（一）环境感知

环境感知就是对车辆周围环境信息和车内信息的采集与处理，是智能车辆自主行驶的基础和前提（Broggi et al.，2016； Wang et al.，2021）。对周围环境信息的获取需要传感器来完成，如对道路边界的检测、对周围车辆的检测、对行人的检测等等。自动驾驶中的感知系统对多种类型传感器所感知到的环境数据进行处理，通过多种定位设备与地图实现精准定位，并利用高精度地图获取路径与交通信号灯等信息，最终整合各类信息以实现对当下行驶场景的理解。

目前，自动驾驶中用到的传感器一般有激光测距仪、摄像头、车载雷达、速度和加速度传感器等。由于每个传感器各有局限和优势，因此单个传感器满足不了各种情况下的精确感知。为了实现车辆对周围环境的精确感知，就需要多传感器的相互配合。例如，研究者设计、构建和集成了光条扫描仪（light-stripe scanner），可以在户外的适度范围内使用（Aufrère et al.，2003）。具体来说，当行驶过程中遇到道路边缘时，光条扫描仪可以在大约一个车道宽度的范围内找到道路边缘；通过系统处理，就可以检测出环境中常见的道路边缘种类。此外，通过集成路缘测量值和车辆随时间变化的运动模型，还可以创建道路边缘位置的轨迹并估计车辆当前的航向，如图 7-1 所示。

图 7-1　光条扫描仪对道路边缘的感知

（资料来源："Perception for collision avoidance and autonomous driving"）

（二）行为决策

自动驾驶的行为决策系统可以帮助减少因人为决策不及时或非理性而引发的事故，从而提高道路安全。行为决策系统根据传感器数据和环境感知提供的中间特征或参数，按照一定的决策算法，输出车辆当前时刻各种反应的决策值，通过决策值之间的比较，根据最大决策值对车辆进行控制，完成类似驾驶员的决策控制行为（Schwarting，Alonso-Mora，2018）。例如，根据感知系统所提供的周围环境的信息数据，决策系统对加速反应和减速反应各进行赋值，若加速反应的赋值高于减速反应的赋值，则自动驾驶车辆进行加速决策；反之，进行减速决策。目前，根据对环境感知数据的处理方式，自动驾驶车辆的决策方法可分为间接感知方法（mediated perception）、直接感知方法（direct perception）、深度强化学习方法（deep reinforcement learning）和端到端决策方法（end-to-end control）（Bing et al.，2020；温建锋 等，2020）。

1. 间接感知型的自动驾驶决策方法

目前，大多数自动驾驶系统的决策是基于间接感知型的方法。基于间接感知型的自动驾驶决策可以分解为多个决策子任务，包括目标检测、场景重建、语义分割、目标跟踪等，通过子任务获取环境感知信息，提取中间特征变量，如车道线、交通灯、行人等信息，再利用这些中间特征结合决策算法获取车辆的控制参数（Kim et al.，2020）。

间接感知型的自动驾驶决策方法有很多经典案例。例如，城市街道中车道标记的实时检测方法，该方法根据道路的俯视图，使用定向的高斯滤波器进行滤波，再通过线性拟合及处理，最终可以检测街道中的所有车道，以实现车辆的车道选择（Aly et al.，2008）。再如，实时道路边缘检测方法，可自动分割道路信息并使用激光雷达检测道路边缘，从而为车辆决策算法提供实时可靠的道路边缘建模信息（Zhang et al.，2018）。另外，有研究者通过三维城市场景建模算法，来预测环境中的物体、标志以及交通模式的高级语义。该算法无须依赖导航、激光雷达或高精度地图，仅利用图片中的视觉特征，包括消失点、语义场景标签、场景流等信息，对交通场景进行建模，就可以显著增强整体场景估计效果，并提升车辆与车道关联估计的准确性，从而为车辆决策提供可靠的环境场景信息（Zhang et al.，2013）。还有研究者通过将一种目标候选区域生成方法与卷积神经网络结合，可实现自动驾驶中的三维立体目标的检测，该方法为车辆提供立体障碍物的坐标信息，可作为决策算法的环境信息输入，对智能车辆进行决策控制（Chen et al.，2017）。从这些研究可以看出，间接感知型的自动驾驶决策方法是自动驾驶研究中较为常用的。

2. 直接感知型的自动驾驶决策方法

直接感知型的自动驾驶决策方法可以说是上述间接感知型方法的升级版。直接感知型方法通过学习与自动驾驶相关性更高的关键指标，如汽车相对于道路的角度、汽车相对于车道线的距离以及与相邻车道中车辆的距离等指标，按照一定规则获得决策信息，从而使得决策阶段更容易进行（Yuan et al.，2018）。与间接感知型方法相比，直接感知型方法提取的中间特征更加直观可控，有利于降低自动驾驶系统的复杂性（Chen et al.，2020）。

有研究者提出了深度驾驶（deep driving）的直接感知型算法（图 7-2），

该算法训练一个卷积神经网络，可通过输入车辆摄像头采集的原始图像，映射得到与决策控制相关的多个中间指标，包括车辆与左右侧车道线的距离、与周围车辆的距离等（Chen et al.，2015）。通过这些关键指标，自动驾驶车辆采用一定的逻辑决策及控制方法来实现转向角和速度等对车辆的运动控制。虽然，直接感知型方法有上述优点，但研究者认为直接感知型方法在有效的中间指标选取上需要一定经验，且中间特征提取参数模型的训练需要大量标记数据，因此在使用时仍存在一些局限。

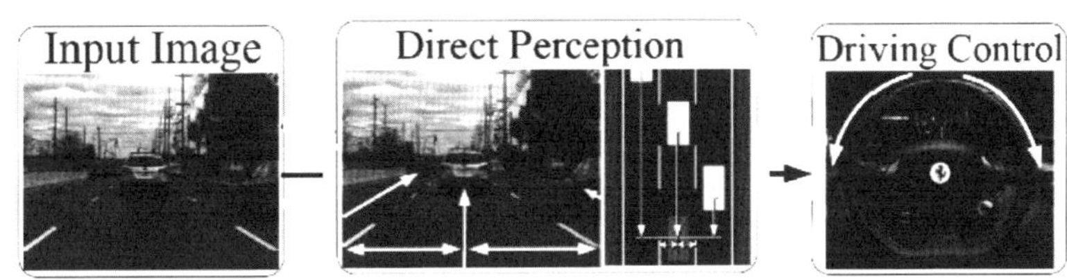

Input image—图像输入；Direct perception—直接感知；Driving control—驾驶控制。

图 7–2　直接感知型算法在自动驾驶中的应用

（资料来源："Deepdriving: Learning affordance for direct perception in autonomous driving"）

3. 基于深度强化学习的自动驾驶决策方法

深度强化学习融合了深度学习和强化学习两种学习模式，可以充分利用深度学习和强化学习各自的优势，拟合高维状态空间的函数，从而有效地预测出车辆决策中的驾驶动作。相对于间接和直接感知型的方法，深度强化学习方法可以使智能车辆与环境互动并通过自我激励进行不断学习，引入适当且抽象的奖励，让算法学习复杂的决策，并且无需大量人工标记数据集。

范妮（Fayjie）等人（2018）就采用深度强化学习的方法探讨了智能车辆的自适应巡航和避障功能，在城市场景下对车辆进行了驾驶模拟，结果发现，这种深度强化学习的方法能够使车辆模拟驾驶的状态良好。还有研究者基于深度强化学习方法让车辆与环境进行交互学习，在赛车仿真平台上对该方法进行了测试。测试结果表明，深度强化学习方法能够使决策更加高效和准确（Chopra et al.，2020）。自动驾驶系统往往会面临稀疏奖励（sparse rewards）问题，即自动驾驶不具备任何先验知识，只能通过不断犯错来感知周围的环境。针对稀疏奖励问题，Fang 等人（2018）采用了一种新的用于自动驾驶的深度强化学习方法，即经验回放（experience replay）算法，避免了自动驾驶网络训练过程中的稀疏奖励问题。通过使用经验回放算法可以使自动驾驶系统在奖励稀少的环境中积累和利用先前经验，从而实现对环境的快速感知。

虽然，基于深度强化学习的决策算法被研究者用来进行自动驾驶决策的制定，但是，基于深度强化学习的决策算法也有些缺点，例如，学习周期长、对激励函数定义要求高等（Dineva，Atanasova，2020）。因此，在使用基于深度强化学习的决策算法时，要全面考虑其优缺点，进而发挥该算法的最大功效。

4. 端到端的自动驾驶决策方法

基于端到端方法的自动驾驶决策方法将图像、雷达等传感器采集到的原始信息输入到神经网络中，通过神经网络模型，实现以原始数据为输入，以决策控制（如油门、转向和制动等）为输出的算法（Chen et al.，2015）。这种端到端的方法通过设计一个拟合能力强的神经网络结构，以传感器数据为样本、车辆决策值为标签进行训练，优化模型权重（Bojarski et al.，2020）。因此，端到端方法相较于其他决策方法更加高效，可操作性强，且可将感知与决策当作一个系统，整体进行目标优化（Ballé et al.，2016）。

（三）运动规划和反馈控制

在车辆行驶过程中，感知算法融合了各种传感器的数据后输出定位信息（即回答“我在哪里”）以及环境信息（即回答“我周围怎么样”）。确定上述信息后，运动规划模块计算出实现该目标的可行路径。最后，反馈控制算法输出实际指令来实现该可行路径。

运动规划是自动驾驶汽车根据地图及传感数据，在起点和终点之间生成行驶路线的能力。简单地说，就是给定环境、汽车模型指定规划目标（如无碰撞等），自动搜索出车辆运动路径。智能车辆的路径规划需要在环境信息感知及车辆位置信息的基础上，按照一定的搜索算法，找出一条可通行的路径，进而实现智能车辆的自主导航。路径规划的方法根据智能车辆工作环境信息的完整程度，可分为全局规划和局部规划两大类（姚君延 等，2018）。基于先验地图与完整环境信息的全局路径规划，属于静态规划（也称为离线规划）；例如，从上海到北京有很多条路，规划出一条作为行驶路线即为全局规划。基于传感器实时获取环境信息的局部路径，属于动态规划（也称为在线规划）；例如，在全局规划好的上海到北京的那条路线上会有其他车辆或者障碍物，想要避过这些车辆或者障碍物，需要实时转向调整车道或加减速等，这也是局部路径规划。

规划好了行驶路径，接下来就需要控制车辆沿着期望的轨迹行驶，也即反馈控制部分需要完成的内容。反馈控制包括横向控制和纵向控制，简单来说横向控制就是转向控制，纵向控制就是速度控制（Carsten et al.，2012）。通俗地讲，横向控制给定一个速度，通过控制转向达到车辆沿着预定轨迹行驶的目的；而纵向控制是为了满足车辆行驶过程中的速度要求，有时候在配合横向控制达到满足车辆轨迹跟踪的同时，还需要满足安全性、稳定性和舒适性的目的。道路周围环境是一个不断变化的复杂系统，因此，常常需要对智能车辆进行横向、纵向的协同控制。

二、自动驾驶中的风险决策

自动驾驶一直是人工智能的重要应用领域之一。在人工智能技术飞速发展的今天，如何将新的人工智能技术应用到自动驾驶模型的训练当中，已经成为人工智能研究的前沿问题。随着人们对人工智能的要求从感知型逐渐深化到决策型，人工智能在自动驾驶领域中的应用能力也成为衡量决策型人工智能技术发展的标准之一。在各种传感设备和先进计算水平的推动下，人工智能已成为自动驾驶车辆感知周围环境和在运动中做出适当决策的必要组成部分。厘清自动驾驶领域中的决策问题，进而有针对性地提升人工智能方法和技术，对自动驾驶领域的发展是很有必要的。基于此，该部分将对自动驾驶中的决策问题进行探讨。

（一）自动驾驶中的决策问题

自动驾驶需要融合多种传感信息，并在能安全避开可能存在的障碍物的前提下，通过一些特定的约束条件，规划出两点间多条备选的安全路径，并在这些路径中选择一条最优的路径作为车辆行驶轨迹。可以说，决策问题是自动驾驶的关键问题。然而，要实现正确的决策规划是一个复杂的系统工程，需要精准感知环境、理解交通参与者的意图，并能够在复杂的场景中实现稳定安全的无人驾驶。在真实道路环境中，车辆会面对路况中的大量不确定性，这种不确定性是贯穿行驶全程的，并且由于感知局限性、行为预测偶然性等，需要自动驾驶的车辆在不确定情境中做出大量的风险决策。

那么，在自动驾驶过程中究竟会面临怎样的风险决策问题呢？让我们先来看一些例子：2018 年 3 月，在美国亚利桑那州（Arjzona），优步（Uber）公司的自助驾驶测试车辆以 70 km/h 的速度撞上一名女子并致其身亡。事后，美国国家运输安全委员会（National Transportation Safety Board，NTSB）公布了车祸的细节，文件显示优步公司的自动驾驶车辆在发生碰撞前几秒就检测到了行人，但将其错误地识别为汽车，而后又将其归类为“其他物体”。正因为自动驾驶系统对障碍物的分类发生了混乱，致使其在“汽车”和“其他物体”之间摇摆不定，浪费了大量时间，车辆也因此没有及时进行刹车决策，最终酿成惨祸。另外，2021 年 3 月，一辆特斯拉自动驾驶车辆在美国底特律（Detroit）西南部一个十字路口撞上一辆白色卡车，该事故原因是由于特斯拉的自动驾驶系统将白色卡车的侧面与天空混淆了，导致没有及时进行刹车避让的决策。这些事故提醒我们，自动驾驶流水线式的决策规划系统存在弊端，即一旦上游模块感知精确度不够，下游的决策模块就会将错就错。目前，自动驾驶还远没有达到人类驾驶能力的水平。一方面，环境的动态特性和不确定性需要自动驾驶决策系统学会针对各种不同的场景给出最佳的决策，这是很难通过有限的数据集学习到的；另一方面，自动驾驶决策系统的输出会作用在运行的环境中，改变车辆的状态和未来的感知结果。基于此，研究者们尝试通过各种方法来提升自动驾驶技术的决策性能，以达到在复杂环境中做出最优决策的目的。

1. 风险评估

现实生活中的许多交通事故都是由于人类驾驶员错误的风险评估造成的。例如，对于车距过短可能导致碰撞的风险进行了错误的低风险评估，人类驾驶员选择与前车保持较短的车距，进而导致交通事故的发生。因此，准确的风险评估对于交通行驶安全是至关重要的。为了提高车辆在行驶过程中的安全性，自动驾驶系统需要对周围环境进行风险评估（risk assessment，RA），以便识别当前可能存在的风险并做出相应的决策（Patel et al.，2021）。

基于周围环境的实时感知数据，风险评估系统可以帮助自动驾驶系统计算当前周围环境中可能存在的风险，进而对各种可能存在的风险进行比较（Vijayakumar，Arun，2017）。例如，驾驶员注意力不集中是发生车祸的主要原因之一，基于此有研究者将机器学习方法用于风险识别，开发了基于机器学习的驾驶员注意力分散实时检测系统（Tango，Botta，2013），以对驾驶员注意力不集中这种风险进行识别（图 7-3）。具体来说，在实验中，研究者让人类被试在模拟驾驶过程中还执行一个替代视觉研究任务（surrogate visual research task，SURT），该任务可以吸引人类被试的注意力，以达到分心的效果。通过对模拟驾驶过程中驾驶参数和人类驾驶员的眼动数据进行建模分析，结果发现，支持向量机（support vector machines，SVM）的机器学习方法能有效地对驾驶员的分心即注意力不集中进行识别。通过这种风险识别的方法，在识别出驾驶员注意力不集中这一潜在风险后，可以及时对驾驶员进行提醒，以达到安全驾驶的目的。

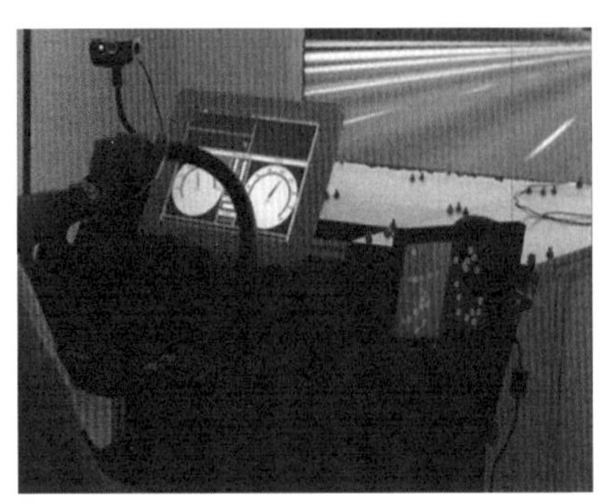

图中左侧显示屏为模拟驾驶器仪表盘，右侧显示屏呈现替代视觉研究任务。

图 7–3　驾驶员注意力分散检测实验

（图片来源："Real-time detection system of driver distraction using machine learning"）

为了确保自动驾驶车辆运行时的安全，对周围环境动态的风险评估是必不可少的，动态的风险评估可以让人工智能了解当前时刻的风险并做出相应的决策，而不是仅仅依赖于静态的风险评估来对最坏情况进行假设和预测。帕特尔（Patel）等人（2021）在研究中就提出了一个动态的风险评估（dynamic risk assessment，DRA）系统，对基于车载传感器的测量数据进行分析来识别风险的严重性和可控性程度。在对风险进行评估之后，该系统能够通过保持设定的速度和与前车的安全距离，实现对车辆的加速、制动和减速的决策。

虽然，动态风险评估系统已经成功地应用于真实路况环境，但是碰撞等交通事故仍然会发生，这有可能与风险评估的精确程度较低有关系。我们相信，在研究者们的努力下，风险评估系统的性能肯定会越来越精确且高效。

2. 基于交通环境建模的障碍预测和决策

在自动驾驶应用中，相比于耳熟能详的感知与规划控制，人们对障碍物行为预测稍显陌生。实际上，障碍物的行为预测对于自动驾驶车辆的安全和平稳行驶有着很重要的作用。在感知层面，通过借助激光雷达、摄像头、毫米波雷达等传感器设备以及复杂的处理算法，自动驾驶车辆往往能够较准确地感知周围环境；基于这些感知数据，规划控制算法会规划出一条无碰撞的安全路径，并控制车辆按照指定路线运动。在简单的场景下，这种“感知－规划控制”的模式可以保证无人车正常行驶；但面对复杂的交通与路况场景，往往会出现很多问题，最常见的有规划轨迹变化及碰撞问题，造成这些问题的本质原因在于规划算法缺乏对障碍物未来行为的预见性（Zhu et al.，2019；2020）。具体来说，当没有行人轨迹预测功能时，自动驾驶车辆会把行人当作静态物体，但由于每个时刻行人都会运动，导致自动驾驶车辆规划出来的行驶轨迹会随着时间不停地变化，加大了控制的难度，同时还可能产生碰撞的风险，这样违背了安全平稳行驶的目标。当自动驾驶车辆有行人轨迹预测功能时，自动驾驶车辆会预测周围行人的行驶轨迹，因此在规划自身行驶时会考虑到未来时刻行人的位置及是否会与行人碰撞，最终规划出来的轨迹更具有“预见性”，避免了不必要的轨迹变化和碰撞风险。

在复杂的交通环境中，障碍物的预测对驾驶决策的制定极为必要，不同研究者采用不同的方法进行了探索。有研究者采用马尔可夫决策过程来帮助自动驾驶车辆进行最佳决策，例如，班德亚帕德耶（Bandyopadhyay）等人（2012）在研究中对自动驾驶车辆与行人之间的交互作用进行建模，同时对行人的意图进行预测，而不是单纯地基于车辆和行人之间的距离进行预测。研究者通过在新加坡国立大学校园中的人行横道上对自动驾驶车辆进行测试，结果发现，即使乱穿马路的多个行人有不同意图，自动驾驶车辆仍能进行较佳的决策。也就是说，班德亚帕德耶等人（2012）在模型建模时考虑了交通环境中的行人的意图，提升了自动驾驶车辆决策的安全性和有效性。

博弈论也被研究者用来考虑交通环境中车辆之间的相互作用。例如，有研究者基于博弈论建立了交叉路口智能交通控制的方法，研究了多个自动驾驶车辆联合决策和群体行为扰动对系统状态的影响（Wang et al.，2020）。在交通信号灯控制的交叉路口，车辆的决策在大多数情况下只取决于信号配时。也就是说，当没有事故发生时，车辆遵循“红灯停、绿灯行”的交通规则；当信号配时设置合理时，交叉路口通常可以达到最佳状态。然而，在没有交通信号控制的交叉路口，每辆车都可以做出任何决策，以最大化各自的效用，这就形成了一个博弈。博弈论模型的复杂性与状态空间的维数和策略空间的维数有关。与交叉路口相比，平直道路更早地使用博弈论模型进行研究，直线道路上的车辆状态可用二维矩阵进行描述，策略空间只涉及纵向加速度（前进方向）和偏转加速度（换道）两种可能性。Wang 等人（2020）在研究中通过对交叉路口多个智能车辆联合决策的特征和可能的行为进行建模，描述车辆的决策过程以及不同车辆之间的相互作用，探究群体智能车辆决策行为对单个智能车辆决策行为的影响。结果表明，随机因素发生概率的增加、输入车辆数量的增加、车辆时间间隔的缩短等因素都会导致车辆拥堵和整体行驶速度的降低。在一定范围内，最大速度越大或者最小安全距离越小，平均行驶时间就会越短。因此，该研究基于博弈论构建的交叉路口智能交通控制方法认为，在无信号的交叉口，可以给自动驾驶车辆设定最大速度和最小安全距离，以使车辆快速通过交叉路口，降低拥堵发生的可能性。

（二）人工智能方法在自动驾驶风险决策中的应用

随着计算能力强大的人工智能技术的兴起，自动驾驶车辆可以高精度地感知周围环境信息、做出安全的实时决策，进而在没有人为干预的情况下安全可靠地运行（Atakishiyev et al.，2021）。为了实现全自动化的目标，了解人工智能在自动驾驶系统中的工作方式非常重要。然而，在所有驾驶环境下，在保证性能和安全性方面仍存在挑战。例如，需要在复杂的环境中提供安全和系统兼容性能的规划方法，同时对于其他参与者的不确定性交互进行建模。许多研究表明，人工智能方法可以为自动驾驶汽车遇到的一些具体问题和促使车辆做出适当决策提供解决办法。

在感知阶段，自动驾驶车辆需要对周围场景信息进行识别和判断，以便切换不同的驾驶模式。有研究者采用深度卷积神经网络（convolutional neural network，CNN）的方法，将车辆正面摄像机的原始图像直接映射到转向指令上（Bojarski et al.，2016；2017），三个摄像头安装在数据采集车的挡风玻璃后面。来自摄像头的时间标记视频与驾驶员驾驶过程中方向盘的转向数据会同时被获取。这些数据被输入卷积神经网络，卷积神经网络计算出一个建议的转向指令。然后，将建议的指令与所需转向进行比较，并调整卷积神经网络的权重，使卷积神经网络输出更接近实际需要。最终，通过该方法，只需少量的训练数据就可以使自动驾驶汽车在晴朗、多云和多雨的高速公路及居民区道路等条件下安全行驶。除了对感知信息的决策处理和感知过程的决策判断外，研究者也采用人工智能方法解决了很多其他问题。例如，有研究者使用大规模驾驶视频数据集来拟合端到端的全卷积长短时记忆网络，在基于任务的水平上可以预测多模式离散行为（如直线、停止、左转和右转）和连续驾驶行为（如方向盘角度控制），提高了自动驾驶车辆的灵活度（Xu et al.，2017）。

在道路行驶的过程中，判断所处环境的信息是必要的，但更为重要的是对道路上其他自动驾驶或人工驾驶车辆位置移动的判断。自动驾驶汽车的交通事故让我们更期待自动驾驶汽车能有和人类一样好甚至高于人类的“随机应变”的能力。我们相信，随着人工智能技术的不断发展，这一期待终将成为现实。

第二节 智能医疗中的风险决策场景

人工智能在医疗领域的应用极大地促进了医疗技术的革新和医疗服务的转变。人工智能正在悄然改变着医疗领域中决策的模式和结果，先由人工智能决策，再由医生验证复查的模式已成为医疗诊断中的常态。人工智能在医疗领域的应用和发展，提高了医疗工作的效率和准确性，减轻了医生的工作负担，也为患者带来更优质便捷的医疗服务。有学者对最容易受到人工智能影响的行业进行了排名，结果发现，医疗行业和汽车行业并列第一（李润生，史飚，2019）。近年来，人工智能在医疗领域的发展正不断深化，在医疗行业的多个环节发挥作用，如医学影像、健康管理、疾病风险预测、虚拟助理、临床诊疗等。人工智能在这些医疗行业的应用往往都涉及风险决策的问题，本节将对人工智能在医疗领域的应用及智能医疗中所面临的风险决策问题进行介绍。

一、智能医疗简介

在超级计算、大数据、移动互联网、脑科学等新技术、新理论以及经济发展的推动下，人工智能已经在各行各业初显身手，呈现跨界融合、人机协同、自主操控、深度学习等特征。人工智能在医疗领域的应用和发展，提高了医疗工作的效率和准确性，减轻了医生的工作负担，也为患者带来更优质便捷的医疗服务。

人工智能在医疗上的应用经历了基于知识驱动的智能医疗和基于数据驱动的智能医疗两个发展阶段（Lecun et al.，2015； Zhu et al.，2020）。在早期基于知识驱动的智能医疗中，研究者们对有经验医生的专业知识进行了整合，并结合电子计算机的逻辑因果推理能力，构建了专家知识库，来帮助临床疾病的诊断。但是，随着医疗数据的不断扩充和复杂化，这种基于知识驱动的智能医疗无法满足于日益复杂的现实医疗问题。基于数据驱动的智能医疗应运而生，且渐渐占据主流。基于数据驱动的智能医疗通过机器学习的方法，能够对数据进行强有力的整合，在智能诊疗、医学影像等方面发挥重大作用。目前，医疗资源在我国区域之间、城乡之间的分配是严重不均的，例如，优质医生资源分布不均衡，基层医院在重大疾病的诊疗方面经验不足，导致误诊漏诊率高，不利于保障广大人民群众的健康和生命安全。特别是，随着人口老龄化加剧、慢性病患者群体增加，上述问题越来越严重。而智能医疗则可以帮助缓解上述问题，我国对智能医疗有着迫切的现实需求。因此，国家层面非常重视智能医疗的发展，例如，在 2017 年 7 月，国务院发布的《新一代人工智能发展规划》中就提到，要将智能医疗作为重点支持的领域之一。

随着智能医疗研究的快速发展，智能医疗产品不断推陈出新。其中，人工智能辅助医疗决策系统被人们寄予厚望。例如，该系统能够辅助临床诊断，可以将临床医生从重复的、烦琐的数据处理和分析工作中脱离出来。精确的诊断工作是医疗决策的重要前提，现实生活中，有些患者常常由于疾病诊断错误而错失治疗的最佳时机，甚至有些患者付出了生命的代价。随着对临床疾病诊断精确性要求的提高，临床医生在进行疾病诊断时需要反复确认，大大增加了工作量和工作时间，导致医生心力交瘁。现在，借助人工智能辅助医疗决策系统，首先，通过人工智能对患者的疾病信息进行处理和分析，得出初步的诊断决策结果；然后，医生对诊断决策结果进行再次确认，得出最终结论。可以说，人工智能正在慢慢改变着医疗决策的过程及结果，这种人工智能决策并结合医生验证复查的疾病诊断模式逐渐成为常态。例如，现在大多数医院的电子病历系统中都配备有决策支持功能，在病人会诊与检查时，智能系统可以直接为医生提供治疗建议。先前需要耗费临床医生大量时间和精力的疾病诊断过程，如今在人工智能辅助医疗决策系统的帮助下，仅仅几分钟就可以完成，大大节省了医疗资源，提升了工作效率。

人工智能在医疗领域的应用带来的不仅有医疗服务模式的转变，还有医疗技术的革新，一系列数据挖掘和分析技术被应于外科手术以及揭示临床和诊断数据之间的关系上（Anooj，2012）。人工智能可以在医疗行业多个环节发挥作用，如医学影像、健康管理、疾病风险预测、虚拟助理、药物设计、临床诊疗、精神疾病诊疗、病理学和营养学研究等。目前，医疗活动中比较成功的人工智能应用包括影像人工智能、药物研发人工智能、医疗机器人和IBM沃森（Strickland et al.，2019；Bao et al.，2020）等，极大地促进了医疗水平的提高。接下来，我们将着重从临床辅助诊断、医学影像等方面，介绍人工智能在医疗领域的应用。

（一）临床辅助诊断

随着信息化时代的快速发展及疾病谱系的不断扩充，医学知识呈现出爆炸式增长的趋势，医生不得不面临大量的、病理机制不清楚的疾病，使得其临床决策能力面临着较为严峻的挑战。由于临床决策失误所导致的用药错误或处置方案不得当，是产生医疗差错甚至责任事故的主要原因之一（Cook et al.，2018）。实际上，医生对患者的疾病进行诊断的过程就是对各种数据进行分析及决策的过程，从基因测序到影像扫描，均会产生海量的数据，如此庞杂的数据仅仅依靠医生的分析，会使得工作效率大大降低。机器学习则可以提高医生疾病诊断的工作效率，通过人工智能分析技术与机器学习的相互结合，原来需要花费大量时间的疾病诊断工作，现在仅仅几分钟就可以完成，极大地节省了医疗资源。另外，在人工智能基础上所开发出的疾病诊断手段更加精确和更具可预测性，也进一步提高了医疗服务的质量。

医疗领域包含大量的患者疾病信息、处置方案信息等，但不幸的是，在早期，这些数据往往没有被分析挖掘出来，以发现其中所隐藏的重要信息，从而帮助医生做出更有效、更合理的决策（Anooj，2012；Saxena，Sharma，2016）。在临床上，早期的疾病诊断结果往往基于医生的知识经验和主观感知，而不是数据库中隐藏的知识和数据等信息，有时由于医生的专业背景知识或主观因素的影响，可能无法准确进行疾病的诊断（Anooj，2012；Saxena，Sharma，2016）。有研究者开发了基于人工智能的临床决策支持系统（clinical decision support system，CDSS），这是一种用来协助医生进行医疗诊断的交互式专家系统（Kohn et al.，2000；Bates et al.，1998）。近年来，随着临床决策支持系统的不断发展，其在临床上发挥的作用越来越大。大部分临床决策支持系统由知识库（knowledge base）、推理规则（inference rules）和沟通机制（mechanism to communicate）三部分组成。知识库中储存了大量的专业医学知识和医疗专家的成功案例经验，推理引擎根据知识库中的医学知识及专业经验，通过相应的推理规则，对患者疾病的相关信息数据进行分析和处理，最后经由沟通机制模块将分析结果发送给医生（Sutton et al.，2020；Purcell et al.，2005）。通过对患者的疾病信息进行推理，该系统能够基于患者的疾病情况，提供针对患者精细化的、个性化的治疗建议，最后由医生从中选取有用的信息并删除不当的建议。因此，医生也可以不断丰富知识库中的内容及修改相关推理规则，以提升决策支持系统后续疾病诊断的准确率。作为人工智能在医学领域的主要应用，决策支持系统也随着人工智能的发展而不断更新。目前，人们普遍认为，医疗领域中的临床决策支持系统是连接临床疾病观察与临床疾病知识、辅助临床疾病诊断决策及疾病治疗方案、改善临床治疗效果的系统（Musen et al.，2021）。2016 年初，深度思考健康（DeepMind Health）部门成立，该部门的目标是为临床医生提供工具，辅助处理庞大的信息流。该部门与英国国家医疗服务（National Health Service，NHS）体系合作，利用人工智能技术辅助临床决策研究，开发了流（streams）应用，这是一个针对急性肾损伤高风险人群的预警系统，在流应用辅助下，医生能在几秒钟时间查看存在急性肾脏损伤风险病人的验血结果，优化治疗方案（Powles，Hodson，2017）。法乌（Fauw）等人（2018）将深度学习方法应用于临床眼科疾病的三维光学相干断层扫描（optical coherence tomography，OCT），发现这种智能算法在提出转诊建议等方面的表现达到或超过一些视网膜疾病专家，且在眼部疾病的诊断方面准确率高达 94%。

目前，众多的临床决策系统各有侧重，但都基于丰富的知识库、有效的逻辑推理和友好的人机交互系统。由于医学大数据采集的标准不统一，现有数据还需进一步加工才能成为临床决策系统的原始学习样本，同时由于医学信息的复杂性，已训练好的机器也无法满足所有未知样本的检测和诊断，这也成为制约临床决策系统发展的重要因素。

（二）医学影像

随着计算机技术的飞速发展，出现了计算机断层摄影术（computed tomography，CT）、磁共振成像和正电子发射型计算机断层显像（positron emission computed tomography，PET）等医学影像技术，这些技术可以通过无创的方式实现人体内部器官和组织结构的成像，从而让医生在无创的情况下对患者身体内部的病情做出诊断。借助医学影像技术，医生能够扩大对患者的检查范围，提高疾病诊断水平。此外，医学影像技术还可以用来帮助治疗某些疾病，极大促进了治疗效率的提高。自从将人工智能和医学影像结合之后，推动了医学影像向智能化、精准化发展的步伐。医学影像诊断的主要信息来源和依据是图像中所包含的数据信息，例如，身体正常组织和病变组织所包含的数据信息不同，能够通过不同的灰度图像来展示两者的结构，基于灰度图像，医生可以根据自身的知识经验对检查结果进行分析和诊断，但是，由于受到所采集图像的质量以及自身知识经验的影响，医生会出现误诊的情况。

人工智能通过对大量影像图像进行训练学习，可以实现对图像的精准分析和诊断，并挖掘更深层次的信息，从而给医生提供可靠的诊断和治疗建议。作为一种人工智能机器学习的方法，深度学习在医学领域中的应用广泛。深度学习被设计成模仿人脑中的神经元来处理、分析和提取信息，可以使计算机在没有明确编程的情况下进行学习。基于深度学习的人工智能技术已经用于临床疾病的检测，包括对眼底图像进行学习来诊断视网膜疾病（Ting et al.，2017；Kermany et al.，2018；Burlina et al.，2017）、对胸片进行学习来诊断肺结核（Lakhani，

Sundaram，2017；Ting et al.，2018）和对皮肤图像进行学习来诊断恶性黑色素瘤（Esteva et al.，2017）等。例如，科尔曼尼（Kermany）等人（2018）提出了一种基于卷积网络的人工智能系统方法，卷积网络由多层神经元组成，每个神经元都连接到一个局部输入区域，以学习图像的特定特征。这种基于卷积网络的人工智能系统方法可以从患者的影像中检测多种疾病，包括糖尿病性黄斑水肿、脉络膜新生血管、德鲁森病和小儿肺炎，具有良好的诊断性能。此外，还有研究者指出，通过深度学习技术，机器能够对患者的病理图片进行迅速查阅，进而从病理图片中诊断出乳腺癌是否存在淋巴结转移的可能性（Golden et al.，2017）。该项研究表明，虽然目前人工智能方法还不能全面替代医生的工作，但是可以有效地提高病理诊断的速度，缓解医生的工作负担，提升患者治疗效果。也有国内研究者提出，通过影像归档和通信系统与人工智能的紧密结合，设置了计算机断层摄影技术诊断肺癌及肺结节的人工智能临床诊断试点，通过将大概500例人工智能的诊断结果与专业医生的诊断结果进行对比，结果发现，人工智能诊断的准确率超过90%，对辅助医生减少漏诊起到良好效果（赵一鸣 等，2018）。人工智能技术还可以用于辅助临床决策。例如，选择合适的用药剂量，制订安全有效的个体化治疗方案，其中最成功的辅助治疗案例之一是IBM公司的沃森系统在肿瘤辅助治疗方面的应用。沃森系统提供的肿瘤治疗方案能够汲取海量信息，同时沃森系统能在几秒内筛选数十年的上百万份患者病历和治疗效果，为医生提供可选择的循证治疗方案。国际商业机器公司的医用筛选（medical sieve）技术与沃森系统相结合，使原本仅擅长从文本信息中进行自我学习的沃森系统具有医学图像高速处理和分析的能力。

越来越多的研究者将人工智能方法应用于对脑部疾病的诊断上。例如，张振等人（2013）提出用近似熵和支持向量机的方法对癫痫信号进行分类，具体来说，利用非线性动力学的方法对癫痫信号进行处理，然后用支持向量机对信号进行分类，结果发现，对癫痫和非癫痫的分类正确率可以达到 93% ~ 99%，表明该种方法具有很好的泛化能力，为临床上自动识别癫痫脑电信号的系统研发打下理论基础。此外，还有研究者提出用从磁共振成像中提取的信息来辅助对阿尔茨海默病的诊断和分类，通过对功能性磁共振成像数据进行预处理、建模、特征提取、特征选择和分类，结果发现对非患者和患者的分类准确度可以达到 88%（Tripoliti et al.，2011）。人工智能算法的发展为脑科学中部分疾病的诊断提供了新的方法，同时也极大提高了疾病检测的准确性，并为后续的治疗提供合理的建议。

人工智能技术发展迅速，在很多研究项目上取得了重要的成果。然而，医疗行业不同于其他行业，它对于实验结果的可信度、可解释性的要求还是很高的。虽然研究者发现，对医学影像进行基于深度学习的数据分析，能够取得较高的准确率，但是模型本身属于“黑箱”，往往导致其结果缺乏判断依据。因此，人类医生和患者常常很难相信人工智能诊断结果的可靠性，导致产品难以投入实际应用。另外，很多人工智能方法都是针对单病种或者少量病种的分类及检测，多病种任务的人工智能方法还需要算法的进一步提升，在保证模型精度的基础上提高其本身的泛化能力。

（三）中医学

中医在我国有数千年的历史，它承载着中国古代人民同疾病作斗争的经验，是在长期的实践中逐步形成并发展起来的医学理论体系。在中医学中，对疾病的诊断往往是通过“望闻问切”的方式完成的，因此对医护人员的知识储备和实践经验要求非常高。要成为一名有经验的中医医生往往需要耗费大量时间，除了庞杂理论知识的学习外，还要经过长期的临床诊治经验。目前，有经验的中医医生相对较少，满足不了患者的就医需求。有研究者将人工智能引入到中医学中，尝试通过以智慧医疗的方式推动中医的进一步发展（滕文龙，2013；

杨海，2000）。例如，滕文龙（2013）探讨了智能中医医疗诊断系统；杨海（2000）通过结合中医理论知识与智能决策方法，完成了中医智能诊断支持系统的基础分析。从中可以看出，研究者们尝试将人工智能技术应用于中医领域中，以解决中医临床疾病诊疗过程中存在的问题。

在20世纪80年代，就有中国学者将人工智能应用在中医领域，研发出了中医专家系统。该系统对中医专家的诊治规则进行梳理，并基于一些中医专家的经验对相关疾病开出治疗药方。然而，早期的中医专家系统所储备的诊治规则及专家经验往往是有限的，且不能基于患者的情况创造性地实施新的应对方案。基于此，相关学者发展出了基于逻辑推理的中医专家系统（李开复，王咏刚，2018）。该系统同样构建了一个知识库，知识库中包含中医专家的中医知识、诊治经验等数据，然后根据患者的病情进行逻辑推理，最后模拟出中医专家的决策，以此减少中医专家的参与过程。近年来，随着计算机算力的提升，中医专家系统又进一步发展，系统的知识库中能够储存海量的专家知识和经验数据，并且借助于深度学习的方法，其逻辑推理能力更加趋近于人类专家，甚至在诊疗速度上远远超过了人类专家。

在基于深度学习的中医专家系统中，通过将患者的症状转变成数据，输入到人工神经网络模型中，人工神经网络根据以往的“经验”对数据进行综合分析和逻辑推理，从而提出相应的诊断方法。由神经元结构模型、网络连接模型、网络学习算法等要素组成的人工神经网络具有某些智能系统的功能，例如，图像识别、语言识别、反向传播神经网络（back propagation neural network）等。反向传播神经网络能学习带有正确答案的实例集，并自动提取“合理的”求解规则，具有自学习能力；同时，反向传播神经网络在局部神经元受到破坏后，全局的训练结果不会受到很大影响，也就是说系统即使受到局部损伤还是可以正常工作，即反向传播神经网络具有一定的容错能力（Wang et al.，2020）。

将隶属于人工神经网络的反向传播神经网络应用于中医学的诊断分析中，就可以对以往中医专家系统的临床观察、诊断方案等方面的信息进行分析与利用，确保中医学诊断方法的有效性（Shi et al.，2007；Qu et al.，2017）。

随着计算机技术及人工智能技术的发展，人工智能在中医学上的应用范围也随之不断扩大，中医专家系统的智能化程度也越来越高。智能化程度更高的中医专家系统有助于提高疾病的诊断率，可以为中医医生提供有针对性的诊疗建议，进而有助于缓解医疗资源在我国区域之间、城乡之间分配不均的问题，以实现卫生服务的均等化和优质化。

（四）健康管理和智能导诊

人工智能还被应用于智能导诊系统。智能导诊系统基于人工智能的引擎能力，通过人机智能对话、患者描述症状等方式，使患者获得匹配度最高的就医流程（陈曦 等，2017）。智能导诊系统在应用过程中有诸多优点，比如，它是解决医院导诊人数不足、导诊工作乏味、患者重复询问的主要方法之一。此外，智能导诊可以缩短患者整体就医流程，减少等待与就医时间。具体来说，智能导诊系统使患者避免了“知症不知病”“知病不知科”及“无法找到合适医生”等困扰。患者输入医生姓名即可直达该医生主页进行挂号，使有需求的患者可以快速找到医生。一部分智能导诊系统还同时具备识别初诊和复诊患者的功能，为复诊患者推荐同一医生，提高就医效率和体验。在呈现形式上，智能导诊系统可植入医院的网页端、应用端、公众号平台或小程序，也可通过机器人的形式为患者服务，但是此类机器人往往只能提供科室分布、指引带路、专家排班等基础信息。目前，国内较有代表性的得到落地应用的智能导诊系统为由广州市妇女儿童医疗中心、腾讯公司和广东百慧科技有限公司共同筹建的“妇女儿童健康人工智能发展联合实验室”开发的“导诊熊”，它将导诊服务从传统的按图找科室升级为精准找医生，穿透传统导诊只能到达科室的屏障，直接精准匹配到医生个人。

二、智能医疗中的风险决策

人工智能技术飞速发展，该技术与医学领域中的临床决策系统、医学影像以及中医学的结合，更体现出其不可替代的优势。人工智能应用于医疗领域已经成为现代科技热点，图像识别、深度学习和神经网络等关键技术的突破使人工智能进入新的发展阶段，这推动了人工智能与医疗行业更深层次的整合。如今，医疗行业的数据密集度和智能化程度日益增大，基于大量数据的人工智能算法为医疗服务提供了快捷、优化的途径，人工智能在医疗领域的应用带来的不仅有技术革新，还有医疗服务模式的转变。人工智能可以在医疗行业多个环节发挥作用，如医学影像、健康管理、疾病风险预测、虚拟助理、药物设计和临床诊疗等。在这些环节中，人工智能往往需要在具有不同风险的方案之间进行选择，本部分将对智能医疗中的风险决策进行介绍。

（一）智能医疗中的决策问题

疾病的精准诊断工作是做出正确医疗决策的前提，很多患者因为误诊而错过治疗的最佳时机，甚至付出生命代价。随着人们对精确性要求的提高，完成诊断工作所需的劳动量也成倍上升，智能化诊疗系统可以帮助医生高效地完成疾病诊断工作。智能化诊疗系统是由数据驱动的，这与传统的依赖医生的临床经验和直觉判断进行诊断形成鲜明对比。从病情分析到手术治疗，医生的工作现在越来越多地被智能化医疗决策支持系统（medical decision support system，MDSS）所接管，智能化医疗决策支持系统往往需要面对“手术还是保守治疗”“是否需要化疗”“哪种治疗方案更好”等风险决策问题，这些风险决策问题与患者的病情变化甚至生命安全息息相关。这里我们将从健康监测、临床诊断和治疗两个方面来描述智能医疗中的决策问题。

1. 健康监测

随着我国越来越严重的人口老龄化，医疗保健需求日益增加，老年人希望在饮食、运动、保养等方面得到合理的建议。同时，越来越多的年轻人工作压力大，身体处于亚健康状态，他们希望一些不太严重但是又影响工作的疾病能得到合理、准确、便捷、高效和费用低廉的医疗建议。面对这种需求，医院基础设施建设跟不上，满足不了就诊需求，而且会诊专家数量严重不足，医生需要花费大量时间阅读相同症状且冗余信息繁多的医疗病历，导致医疗费用昂贵，就诊时间长。所以，一些生了小病的人通常不去医院，身体健康状况令人担忧。由此可见，人们对医疗保健有很大的需求，而基于人工智能算法开发的健康检测系统可以根据人们的情况做出决策，给人们的健康管理提出意见。随着我国信息化进程的加速，人们对疾病的早期预防和健康全过程愈发关注，这样一来人工智能健康监测系统的应用越来越广泛。

有研究者研发了智能健康监测系统，针对社区居民开展身心健康状况调查，分析社区居民健康的影响因素，进而为社区居民制订科学的健康干预措施提供建议（孙宏玉 等，2020）。孙宏玉等（2020）对以往研究进行总结，发现以肉食为主、饮食偏咸、较高的饮酒频率和不运动等原因都是引发慢性疾病的因素。他们基于这些因素建立了智能健康监测系统，这种模式相较于传统数据收集方式具有高效、及时、动态的特点，系统在短期内就可以完成健康行为、生理及心理健康状况等数据的采集，同时还可以对接智能终端的监测数据，建立居民个性化电子健康档案。在智能健康监测系统中，往往需要在众多健康方案中做出决策，选择适合个人的个性化健康方案，方案选择的恰当与否是需要关注的一个决策问题。

2. 临床诊断和治疗

临床诊疗实质上是一个决策的过程。随着医院管理和临床医疗数据的大量积累，在医学领域中，研究者们开发出了能够利用患者数据和临床指南的计算机系统来模拟人类决策过程，加快实现临床医师推理和判断的自动化（Zikos，

DeLellis，2018）。近年来，国内外都投入了较大的人力物力进行研发，各种功能的医学辅助诊断专家系统随之不断涌现。此类系统的开发是一项复杂苛刻的多学科任务，需要整合临床领域的知识与决策经验来使得临床决策支持系统适应整个医疗实践工作。基于知识库的临床决策支持系统是利用自然语言处理技术来模仿专家的知识经验，通过构建专家系统做出诊断策略，包括疾病预测及给出相应的治疗方案（杨宇辉，2021）。随着近年来医学诊疗过程复杂度的加深，各个医学领域除了需要严格范式的临床决策，还需要临床决策支持系统提供各种诊疗方案，以便临床医生进行选择或修改（Wu et al.，2020）。机器学习和人工智能的突破性进展使临床决策支持系统对大量历史数据的信息挖掘更便利，在临床结果预测上更加准确和更具有针对性。而基于非知识库的临床决策支持系统是以大数据为基础，构建并训练分类模型或预测模型，然后进行疾病的识别诊断和风险预测。

由于医学理论的模糊性（Wu et al.，2020）和医疗诊断的经验性（Alizadehsani et al.，2019）等特点，目前存在的医学领域诊断专家系统的研究对象大多只是某一类或几个单独的病症的辩证推理（Koutkias，Bouaud，2018）。例如，研究者通过对慢性阻塞性肺疾病以往的诊断进行调查，发现对该疾病的评估和治疗并不理想（Lodewijckx et al.，2009）。基于此，有研究者开发了专门针对慢性阻塞性肺疾病（chronic obstructive pulmonary disease，COPD）的临床决策支持系统，该系统能够给出具有高度准确性的建议，以支持慢性阻塞性肺疾病的发现（Velickovski et al.，2014）。此外，为了解决诊断不足的问题，研究者还增加了早期疾病发现系统，以便在疾病发展的早期阶段为医务工作者提供建议。因此，整个系统实现了从病例发现到疾病诊断，再到病例分类的系列功能。病例发现即初步评估阶段，系统会根据支气管扩张前肺活量测定结果，来决定患者是否需要进行进一步检查来确诊有无患病；

疾病诊断即确诊病例的过程，系统会通过对患者的全面检查，做出患者是否患有慢性阻塞性肺疾病的决定；病例分类即判断病例的患病等级，系统会根据患者支气管扩张后肺活量测定结果和指数评分，将患者归类到不同的症状严重等级中，然后为每个等级中的患者选择相应的治疗方法。通过慢性阻塞性肺疾病的临床决策支持系统可以看出，在病例发现、疾病诊断和病理分类阶段均会面临不同的风险决策问题，可以说，风险决策问题贯穿于临床决策支持系统整个过程中。

（二）人工智能在医疗决策中的应用

随着信息技术的发展，医疗机构存储的海量临床检验、医学影像和电子病历等信息数据（Kumar，Kalra，2016），为智能诊断的研究提供了良好的数据支持。大数据分析等技术引入医疗领域，为人工智能辅助医疗决策系统的开发提供强大的技术支撑，使得医疗决策中的问题得到了很好的解决。人工智能辅助医疗决策系统被寄予厚望，这一部分将介绍人工智能方法在医疗决策中的应用。

1. 人工智能在临床诊疗风险决策中的应用

几乎在临床决策过程的每个阶段，都存在不确定性。不确定性的来源可能包括病人不能准确地描述发生了什么事或他们是如何遭受痛苦的，医生和护士不能准确地解释他们检测到的内容，实验室报告的结果可能有一定程度的错误，生理学家不能准确地了解人体是如何工作的，医学研究人员不能精确地描述疾病是如何改变身体的正常功能的，药理学家不能完全理解药物有效性的机制，也没有人能精确地预测一个患者后续病情的变化等等（Szolovit，1995；Kong et al.，2008）。智能临床诊断和治疗是采用人工智能技术来辅助临床疾病的诊断和治疗，系统地利用各种方法来汇集信息以应对不确定情境中的决策问题，这些方法包括神经网络、模糊逻辑规则、遗传算法等（Abbasi，Kashiyarndi，2006）。在建立智能临床诊断和治疗系统时，往往向计算机“传授”专家医生的医学知识，以此模拟专家医生的诊断推理过程，从而得出诊断结果并制定相应的治疗方案。智能诊断和治疗是人工智能在医疗领域最重要的应用之一。

在智能诊断和治疗过程中，研究者们常常关注的问题是在面对众多的诊断或治疗方案中，如何有效做出正确的决策。针对这个问题，研究者们开展了大量工作，为智能临床诊断和治疗开发了针对各类病型的临床决策支持系统，即可以直接帮助临床决策的软件。系统会将单个患者的特征与计算机化的临床知识库相匹配,并将针对患者的评估或建议提交给临床医生和患者,供其做出决定。

例如，有研究者针对老年痴呆症的诊断，设计了一个老年痴呆症临床决策支持系统，用于辅助医生对老年痴呆症进行诊断（叶枫 等，2009）。研究者对该老年痴呆症临床决策支持系统在临床科室中进行了评估。评估结果表明，系统对老年痴呆症的诊断有一定的决策辅助作用，有助于提高整体医疗水平，减少医疗差错，促进医疗服务质量的提高。通过采用该系统，老年痴呆症的诊断准确率相比传统的人工诊断有了较大的提高。但是，该系统仍存在一些不足，比如，在诊断标准较为模糊即不确定性较大时，老年痴呆症临床决策支持系统的诊断效果不够理想。针对诊断标准较为模糊的情况，国外有研究者使用加权模糊规则，并通过机器学习方法，让系统对规则进行学习以对冠心病进行风险预测（Anooj，2012），模糊规则具体而言是通过模糊集（fuzzy set，用来表达模糊性概念的集合）对输入信息的模糊性进行建模，通过将所建模型应用于冠心病（coronary heart disease，CHD）的风险评估，其预测的准确率达到91.58%。从中可以看出，采用机器学习方法对信息的模糊性和决策的不确定性进行建模，能够为疾病诊断提供更准确的结果。

2. 人工智能在医疗保健风险决策中的应用

人工智能和相关技术在社会各行业中的应用越来越普遍，在医疗保健领域中亦崭露头角，这些技术有可能改变患者护理的诸多方面。在医疗保健领域中，对患者的健康检测和进行及时的判断与预测是必不可少的，而人工智能的应用可以较好地帮助医疗工作者完成这些工作。

有研究者针对一种远程健康监测传感器系统，即无线身体传感器网络（wireless body sensor networks，WBSN）中患者健康风险监测的问题，提出了多传感器数据采样与决策融合的方法（Jaber，Idrees，2021），也就是说，在每个生物传感器中进行采样，并根据局部风险和全局风险调整采样速率，其中全局风险由协调器计算，数据在协调器中进行融合，融合的主要目的是将传感器数据和数据库内的信息、知识库等进行整合，从而获得对健康情况动态变化的描述。最后，根据患者的风险水平做出相应决策。通过这种方法，研究者不仅可以远程并连续地监控患者的健康状态，而且还可以根据患者的健康情况以及相应的生命体征值来调整不同传感器的风险权重，能在发现紧急情况时做出相应的决策。

已经有大量研究表明，人工智能在关键医疗任务（如诊断疾病）中的表现与人类一样好或更好。需要说明的是，人工智能的使用是有边界的，其应用不能超出合理的范围。尽管人工智能在医学领域取得了长足的进步，但其验证和实施仍处于早期阶段，需要更多的实践训练和尝试。

第三节　人工智能其他领域中的风险决策场景

人工智能除了在自动驾驶和智能医疗领域有广泛的应用之外，还在智能金融、智能军事、智能司法等领域中发挥至关重要的作用。本部分将对智能金融、智能军事、智能司法等领域中的相关风险决策问题进行介绍。

一、智能金融中的风险决策

在金融行业中，从业者总希望通过最少的经济投资来获得最大化的经济收益。那么，如何选择合适的投资方案是关乎成败的。其中，投资方案的选择便涉及风险决策和风险博弈问题。在金融行业中，风险决策过程中的博弈需解决局势判断和最优决策搜索这两个基本问题。相比于人类，人工智能可以更充分地学习有史以来的公开数据，且能够有效地利用离线时间，采用左右互搏来增强学习策略（Kelly et al.，2008）。因此，人工智能可以很好地解决博弈过程中的局势判断和最优对策搜索这两个问题，具有在确定规则下优化博弈策略的能力（Ponsen，Spronck，2004）。所以，人工智能在风险决策博弈环节的应用是一个必然的趋势。此外，人工智能可以通过对当前的数据进行建模和分析来预测未来的金融环境和潜在风险（Ravi et al.，2017）。也就是说，人工智能在时间维度上可以沟通现在和未来，识别跨越时间经济投资所带来的风险（Kasabov，2019），进而有效指导金融行业中的投资行为。基于人工智能技术的种种优势，智能金融（intelligent finance）应运而生。该部分内容将对智能金融、智能金融中的风险决策问题及人工智能对这些问题的解决方法等内容进行介绍。

（一）智能金融简介

在智能时代，人工智能技术给金融行业带来了一次又一次变革。智能金融具有处理复杂数据的能力，可以实现大规模商业交易的智能化、标准化和自动化，进而提高服务效率，降低成本。智能金融的出现在金融行业的前端、中端和后端均发挥巨大作用。比如，在前端，智能金融可以提升客户体验，使得服务更加个性化；在中端，智能金融可以支持各类金融交易决策，使得风险决策更加智能化；在后端，智能金融可以通过智能决策系统来进行风险识别和防控，使得管理更加安全和精细化。智能金融给整个金融业带来了巨大的变化，创造了一系列新的金融服务模式，如智能客服、智能投顾等等。

1. 智能客服

智能客服（intelligent contact service）是在大规模知识处理技术、自然语言理解技术、知识管理技术、自动问答系统、推理技术等基础上发展起来的，是人工智能一个非常形象的应用。智能客服不仅为金融行业与海量用户之间的交流沟通建立了一种基于自然语言的有效手段，而且还可以为金融行业提供精细化管理所需的统计分析信息。智能客服分为线上和线下两个方面。线上部分是指在线智能客服，可以实现远程客户业务咨询和办理，使客户能够及时获得答复，降低人工服务压力和运营成本，实现形式包括网页在线客服、微信、电话等（Chen et al.，2019）。线下部分指银行等金融系统大堂里的智能客服机器人，在很大程度上将工作人员从繁杂的工作中解脱了出来，同时节省了业务办理时间，提高了业务办理效率（Song et al.，2017）。

2. 智能投顾

智能投资顾问（robo-advisor，简称智能投顾）是一种将人工智能导入传统理财顾问服务的方法，也被称为理财机器人。智能投顾依据投资者的财务情况和个人偏好，通过计算机算法对海量数据进行分析，对投资者的个人财富进行精算配置，从而在储蓄、投资和养老保险等方面给予自动化的建议。与传统的面对面理财服务沟通不同，智能投顾不需要过多服务人员的参与，能够快速提升工作效率。智能投顾的服务对象主要分为两类，分别为企业机构和个体客户。

对企业机构而言，智能投资顾问通过采用机器学习、神经网络等技术，对金融数据进行分析，同时综合分析企业上下游各个环节的相互关系及与其他企业的竞争合作情况，可以主动发现金融风险，进而及时调整金融投资策略。例如，Shen 和 Wang （2016）在研究中采用多臂老虎机算法（multi-armed bandit，MAB）对投资组合顺序决策过程进行了优化。多臂老虎机算法属于强化学习的范畴，设想一个玩家面前有多个老虎机，但玩家并不知道每台老虎机的真实盈利情况，那么他需要根据每次玩老虎机的结果来决定下次是停止赌博还是继续选择玩某一台老虎机，从学习中来最大化自己的收益。

研究者将这种为了最大化收益而不断进行权衡的强化学习方法，应用到了金融行业的投资组合选择问题上，实现了寻求长期稳定收益的静态投资（passive investing）和寻求最大收益率的动态投资（active investing）组合的最优投资策略。与市场应用投资策略算法相比，Shen 和 Wang（2016）提出的算法在风险调整收益和累积财富的权衡方面表现得更好。

对个体客户，智能投顾系统可以对客户的年龄、消费记录、经济基础、风险偏好等数据进行采集，运用机器学习来构建数学模型，为客户提供个性化的金融服务，具有更客观和可靠的优势。智能投顾在一定程度上更好保护了投资者的利益，弥补了投资者欠缺专业知识的弱点，帮助投资者克服情绪化交易，增强了投资理性（Shanmuganathan，2020）。智能投顾可以为客户提供不同属性的选项，并按照客户的偏好对这些选项进行排序，从而促进投资者的决策过程（Baker，Dellaert，2017）。大多数理财经理使用基于报告系统的简单规则分析方法，无法有效描述客户的偏好（Bahrammirzaee，2010）；而智能投顾可以通过用户分析、预测分析（Salinas et al.，2017）来定制投资建议（Zhang et al.，2017），以提供更好的财富管理服务。

（二）智能金融中的风险决策

人工智能与金融科技中的其他技术一样，通过将科学技术应用于金融行业以服务于普罗大众，降低行业成本、提高行业效率。此外，人工智能技术对金融风险的识别和预测发挥了不可或缺的作用，利用大数据技术和数据挖掘方法对系统性金融风险进行分析和研判已经成为一种趋势。在智能金融中，风险识别、风险预测和风险管理是风险决策的三个主要问题。

1. 风险识别

在金融领域中，要时刻防范金融系统性风险（financial systemic risk）的发生。金融系统性风险是指一家或部分金融机构破产或遭受巨额损失，导致整个金融体系崩溃的风险，以及对实体经济产生严重负面影响的可能性（Caccioli et al.，2018）。防范金融系统性风险是维持社会经济持续健康发展的重要保障（Goel et al.，2019）。除了金融系统性风险之外，对于单个企业和机构来说，在日常运行过程中也面临各种潜在的经济风险，不利于生产和发展。因此，如何有效地对风险进行分析和识别，进而优化决策方案在金融领域中是非常重要的。

有研究者基于层次分析方法和人工智能技术，构建了金融系统性风险识别模型（Zhou，2021）。层次分析（analytic hierarchy process，AHP）是一种对较为复杂和模糊问题进行决策的简易方法，它可以将难以定性的复杂问题分解为多个子目标，形成层次分析结构。基于层次分析方法和人工智能技术的金融系统性风险识别模型便于使用精确的尺度对各个子目标进行比较和定量分析，并整合决策者的判断，得出每个子目标相对于总体目标的重要性，从而为复杂问题的决策提供指导，该系统的开发对研究系统性风险防范机制具有很大的积极意义。

2. 风险预测

除了对当前存在的风险进行识别，金融领域中还常常需要对未来潜在的风险进行预测。风险预测一直是金融领域的热门话题（Yousaf et al.，2018；Moradi，Rafiei，2019）。相关研究发现，在金融领域中，违约或破产的数量远远超过非违约或非破产的数量（Brown，Mues，2012；Sun，Li，2012；Sun et al.，2014）。因此，对破产或违约的预测是金融风险管理中最重要的任务之一。通过对破产或违约行为的预测，可以尽早制定出决策方案，以便使损失程度降低到最小。

由于破产数量远远超过非破产数量，两者数量是不均衡的，因此，对破产或非破产进行分类预测时涉及不平衡分类问题。几十年来，研究者们发展了重采样（resampling）、成本敏感学习（cost-sensitive learning）和集成技术（integrated technology）等方法来从不平衡的数据集中学习，以提高不平衡分类的准确率。

Song 和 Peng （2019）在研究中提出了一种基于多准则的决策方法，通过同时考虑多个性能指标来评估信用和破产风险预测中的不平衡分类问题。该方法的基本思想是，使用多准则决策方法根据不平衡分类器在一系列指标上的表现，对信用和破产风险预测中的不平衡分类器进行排序。使用多个评估指标对不平衡信贷和破产风险数据集上的分类器及其与重采样、成本敏感学习和集成技术的组合进行评估。预测结果表明，基于多准则决策的非平衡学习评估方法的分类准确率更高。基于准确率较高的破产或非破产分类预测，有利于企业或机构制定出更有利的决策方案，以降低损失、优化布局。

3. 风险管理

人工智能由于其技术属性，在识别和应对金融系统性风险中更具优势。研究者们积极将人工智能应用于风险控制和金融监管上，以期尽可能地降低金融风险。此外，利用人工智能方法在提供智能投顾服务时进行预测分析也很重要，它可以增强对市场趋势的了解，并帮助识别投资风险。

当前，澳大利亚证券及投资委员会、新加坡货币局及美国证券交易委员会等国际金融监管机构，都在使用人工智能对金融活动进行监控和管理。比如，从证据文件中识别和提取利益主体，分析用户的交易轨迹、行为特征和关联信息，对可疑交易进行识别，进而更快更准确地打击地下洗钱等犯罪活动。在金融风险管理（financial risk manager，FRM）上，人工智能依托高维度的大数据和相关技术，通过数据收集、行为建模、风险评估等流程，对风险进行及时有效的识别、预警和防范。金融风险管理可以避免损失，实现利润最大化，对企业来说至关重要。由于金融风险管理在很大程度上依赖于对海量数据的分析，进而驱动决策，因此，研究者们提出了各种方法用于各种风险管理任务。

深度学习是机器学习的一种形式，这种学习方法非常适合基于复杂数据来建立模型（Heaton et al.，2017；Goodfellow et al.，2016）。深度学习适用于代理人需要在动态金融经济环境中进行决策的问题，比如，在金融投资组合优化问题中，代理人需要在动荡的金融市场中动态分配投资组合，以最小化风险和最大化回报，深度学习方法可以帮助代理人实现这一目的（Jiang，Liang，2017）。此外，还有一些其他人工智能方法也被应用于金融风险管理中。如，递归网络（recursive neural network，RNN）（Goodfellow et al.，2016）和图形神经网络（graph neural network，GNN）（Scarselli et al.，2008）是一种特殊类型的神经网络，可用于对具有复杂图形结构的数据进行建模（Hamilton et al.，2017；Chen et al.，2017）。例如，图形神经网络已被应用于金融欺诈检测任务中（Yerashenia，Bolotov，2019；Zhan，Yin，2018）。这一系列人工智能方法在风险管理中的应用，帮助企业和单位高效地对风险进行管理，提供较为优化的决策方案来应对风险，进而实现收益最大化的目标。

二、智能军事中的风险决策

军事决策发生在防御、安全、网络等各种复杂环境中。军事决策往往是一个连续和循环的过程，为了使军事决策执行顺利，人们通常会制定专门的方法来执行其决策过程。然而，军事决策过程往往消耗时间和人力，并极大地限制了能够探索和分析的选择数量及多样性。人工智能在计算机视觉、自然语言处理、机器人技术和数据挖掘等方面的突破，使得研究者们将其用于监视、侦察、威胁评估、网络安全、情报分析等军事活动中。人工智能在军事活动中的应用有诸多优势，例如，当时间有限或选择数量太多，人们无法分析所有备选方案时，它可以提供关键的系统支持（Schubert，Brynielsson，2018）。在指挥和控制系统中成功实施人工智能可以快速和准确分析信息，从而更迅速地做出决策，获得作战优势。

在军事行动中，指挥和控制部队的决策制定是一项复杂而艰巨的任务，它需要长时间持续的认知活动。有研究者就开发了一种基于认知人工智能的应用程序，用于帮助指挥官在军事行动中指挥和控制部队。该应用程序的核心是采用信息推理方法，通过对天气、场地和敌人这三个主要参数进行分析和计算，为军事指挥行动提供建议（Sumari et al.，2021）。上述的认知人工智能应用程序其实是一种智能决策支持系统（intelligent decision support system，IDSS）（Kaklauskas，2015），该系统可以通过收集和分析证据、检测数据模式、提出可能的行动方针和评估行动方针的适当性来对决策者进行支持。在智能决策支持系统中，当决策参数已知时，其准确性和一致性可以与人类专家相当，甚至可能超过人类。在评估可选的行动过程时，智能决策支持系统可以考虑比人类更多的变量，从而实现更好和更精细的结果预测。智能决策支持系统也可以通过检测人类决策者可能存在的认知偏见，帮助制定决策方案。例如，在判断当前形势是否符合开战条件时，智能决策系统可能比人类决策者更中立和准确。然而，当遇到新情况或不确定的情况时，智能决策支持系统的性能通常较差，也即人工智能不能很好地对未来事件及行动结果进行预测。因此，在军事领域中目前常见的模式是人类与人工智能协作，从预测和分析数据中得出决策。

三、智能司法中的风险决策

在司法领域中，人类法官在法律判决中会有意无意地受到非理性因素的影响。例如，丹齐格（Danziger）等人（2012）对法官假释判决的影响因素进行了研究，发现该研究大约 35% 的假释判决发生在法官刚刚吃完早餐处于饱腹状态时，但超过 85% 的假释拒绝发生于正要吃午餐前，也就是说，当法官饥饿时，更倾向于做出严厉的判决。该研究表明，本应该是公平公正的法律判决，仍然避免不了一些人为的非理性因素的影响，使法律判决产生偏差。通过超强计算能力和深度学习能力对数据进行分析处理，人工智能法官则可以一视同仁、透明并且不受非理性因素影响地进行法律判决（Cameron et al.，2000；Li et al.，2022）。

人工智能的兴起及其在司法领域的广泛应用成为法学理论与实践关注的热

点。刘品新等人（2021）对人工智能在司法领域的应用报以积极的态度，认为智能司法是人类法律文明跃迁的当代探索。蒋惠岭等人（2018）认为智能司法在为诉讼方式和司法系统带来前所未有变革的同时，也较大程度增强了人民群众对司法的公信。以上海的“刑事案件智能办案辅助系统”、北京的“睿法官”、浙江的“移动微法院”、重庆的“法治云”、贵州的“法镜系统”等为代表，各地司法智能化建设相继展开，成绩斐然。在司法领域中，判决和罪名的确定都是较为复杂的决策过程，随着机器学习慢慢的发展，法律研究工作开始采用机器学习的方法来进行判决和罪名预测（Liu，Hsieh，2006；Lin et al.，2012）。例如，Lin 等人（2012）采用机器学习方法在案例分类中取得了成功的应用，通过考虑句子中的短语特征信息用于预测罪名。此外，通过分析案件的文本事实描述来确定适当的指控，如欺诈、盗窃或杀人，也很重要，而自动指控预测技术则可以执行此功能。例如，Luo 等人（2017）采用一种基于注意力的神经网络框架，该框架将自动指控预测任务和相关文件提取任务（包括事实描述、相关法律条款和罪名等）联合建模，通过加权相关文件信息作为支持自动指控预测的法律依据，对我国刑事案件判决书中的案例进行测试，测试结果表明，该模型在罪名预测和相关文件提取方面非常有效。

智能司法在发挥优势的同时也遭受着一些质疑。例如，有研究者认为人工智能让司法判决在算法面前有着虚化的风险，即过分依靠人工智能技术提供的预测模型来进行司法裁判，会削弱法官的自由裁量权以及降低其裁判的主观能动性，导致法官在工作中流于形式，弱化法官在审判活动中的中心作用，给传统的司法理念和伦理带来较大的挑战。因此，人工智能技术在给司法领域带来新的决策模式的同时，人们还应该辩证地看待人工智能技术应用过程中所伴随的缺点和不足。

第八章 人类和人工智能风险决策的特点

人类和人工智能在进行风险决策时各有优缺点，本章将对人类和人工智能风险决策的特点进行梳理，并对二者风险决策的特点进行比较，最后基于二者风险决策的优势，介绍人机协作的相关内容。

第一节　人类风险决策的特点

一、人类风险决策的优点

（一）人类在风险决策时会整合他人决策经验

在日常生活中，人们可以通过外部的反馈来获得学习。例如，人们会根据自己在先前风险决策过程中所积累的经验，对后续的决策行为产生调整。这种学习往往被称为基于直接经验的学习。在社会行为领域，显然无法苛求人们的所有学习都必须基于自身的经验，若每个人都要亲自尝试类似行为、遭遇负面结果之后，才能做出真切的行为改变，那显然会带来巨大的社会成本。研究发现，人们还能基于他人的经验获得学习，这种学习也被称为基于间接经验的学习。基于直接经验的学习和基于间接经验的学习共同塑造着人们的决策行为，这也是人们决策的一大特点。

研究发现，个体能够基于间接经验获得学习，以对后续决策行为产生调整。例如，Ma（2018）等人通过让儿童观察同龄人诚实行为的表现及相关反馈，来探究基于间接经验的学习是否可以促进儿童的诚实行为。在研究中，儿童首先需要观看同龄人完成一个猜谜游戏，同龄人在游戏中有可能会偷看答案并猜出谜底，实验者会询问同龄人是否有在猜谜游戏中作弊。实验有两种操纵，一种是同龄人承认作弊后没有反馈，一种是承认作弊后从实验者那里获得奖励。在观看完上述场景后，儿童进行类似的猜谜游戏，结果发现，如果观察到同龄人承认作弊后没有反馈，那么对儿童的诚实行为没有影响。但是，如果观察到同龄人承认作弊并从实验者那里得到奖励，那么儿童的诚实行为会增加。该研究表明，儿童能够进行基于间接经验的学习，即儿童对他人社会道德行为后果的观察可以帮助他们指导自己的决策行为。

除了基于间接经验的学习对诚实行为的影响外，大量研究还发现，基于间接经验的学习对个体风险决策行为的影响。例如，维斯库西（Viscusi）等人（2011）在风险投资决策的背景下调查了群体决策对个体决策的影响。在研究中，给被试呈现一个法律案例情境，在该情境中，让被试想象因为一个有缺陷的产品导致其家庭成员受到了严重伤害，被试要选择花多少资金起诉这个产品的生产公司。诉讼资金越多，赢得案件的概率就越大；但是，诉讼资金越多，产品生产公司所花的诉讼费也越多，从而会减少公司可用于给被试索赔的资金。被试需在两种条件下做决策：在第一种条件下，被试自己直接做出决定；在第二种条件下，被试和小组成员一起做决定，被试先行做决策，做完决策后有两分钟的时间来观察小组成员的决策及诉讼金额，之后被试需要决定是否修改自己的决定及诉讼金额。实验结果发现，他人的投资数额对被试的决策行为有显著影响。具体来说，若被试原先决定花少量诉讼金额，那么在看到他人金额后会增加金额；若被试原先决定花大量诉讼金额，那么在看到他人金额后会减少金额。Fu 等人（2021）通过一项基于虚拟现实的沉浸式实验，考察了消防疏散过程中他人决策对个体冒险决策的影响。在实验中，给被试呈现一个虚拟的建筑火灾场景，要求被试在场景中进行撤离。该实验涉及三个独立变量，分别为烟雾水平、邻居行为和邻居数量。烟雾水平是指室内烟雾的密度，分为无烟、微烟和浓烟三个水平。邻居行为是指虚拟邻居使用哪条路线进行疏散，分为没有邻居（控制条件）、在十字路口左转（该路径较危险但线路较短），在十字路口右转（该路径较安全但是线路较长）。邻居的数量是指与被试一起撤离的虚拟邻居的数量，分为两个邻居和四个邻居两个水平。结果表明，烟雾水平显著影响了被试的冒险行为，即随着烟雾浓度的增加，被试选择左转的概率显著地减少；此外，被试在疏散过程中的路线选择受到其邻居行为的影响：在没有烟和微烟的场景下，相比于控制条件，在邻居十字路口右转条件下被试右转概率显著增大，在邻居十字路口左转条件下被试左转概率没显著变化；在浓烟场景下的结果则刚好相反，即相比于控制条件，在邻居十字路口右转条件下被试右转概率没显著变化，在邻居十字路口左转条件下被试左转概率显著增大。然而，在任何条件下，邻居的数量并没有显著改变被试的决策。托莫瓦和佩索亚（2018）结合气球模拟风险任务探讨了他人风险决策的信息如何影响个体的风险决策行为。实验任务的每一试次由四个阶段组成：在第一个阶段中，被试需要决定给气球打几次气；在第二个阶段中，给被试呈现其他三个玩家给气球打气的情况；在第三个阶段中，被试看完其他玩家的打气情况后，需要决定是否修改自己之前的给气球打气情况；在第四个阶段中，给被试呈现给气球打气的结果，即气球是否爆炸。实验结果发现，被试的风险决策受到其他玩家风险决策行为的影响。具体来说，当被试看到其他玩家给气球打气的次数更多后，被试倾向于也给气球打更多的气；反之，被试倾向于给气球打更少的气。该结果表明，他人风险更高的决策会导致个体的决策行为更加冒险，而他人更安全的决策会导致个体的决策行为更加保守。也就是说，他人决策的信息能够影响个体的风险决策行为。

上述研究在行为层面揭示间接经验学习对个体风险决策行为的影响，研究者们也通过认知神经科学的方法探讨了基于间接经验学习的神经生理机制。例如，米尔纳（Miltner）等人（2004）要求参与者执行一项选择反应时间任务或观看计算机模拟同一任务的表现。结果发现，与正确的反应相比，参与者做出的错误反应会引发错误相关负波（error related negativity，ERN），而且当参与者观察模拟的另一个人犯的错误时，也发现了类似错误相关负波的效应。Yu 和 Zhou （2006）记录了被试在赌博任务中的脑电数据。结果发现，无论在接受自己还是他人在赌博任务中的反馈，都获得了反馈相关负波，这表明相似的神经机制参与了对自己和他人行为结果的评估。卡内萨（Canessa）等人（2011）利用幸运转盘任务，让被试自己在两个选项当中做选择或者让被试观看另外一个人做选择，这两种情况是交替进行的，两个选项分别代表高风险高收益和低风险低收益的投资模式。根据选择模式和行为结果，一共可以分为四种情况，分别是高风险结果好、高风险结果差、低风险结果好和低风险结果差。结果发现，当被试自己或者看到他人由于选择了高风险选项得到的结果比较好或者选择了低风险选项得到的结果比较差时，被试在接下来的决策中偏向于选择高风险选项，被试在选择高风险选项时有尾状核的激活。反之，当被试自己或看到他人由于选择了高风险选项得到的结果比较差或者选择了低风险选项得到的结果比较好时，被试在接下来的决策中偏向于选择低风险选项，被试在选择低风险选项时有腹内侧前额叶等脑区的激活。同时，被试看到他人处于后悔状态时激活的脑区与自己后悔时的脑区相同。上述研究表明，通过间接观察学习的神经过程与直接学习的神经过程存在重叠，这些研究发现为基于间接经验的学习为什么会发生提供了证据和解释。

人们不仅能够整合自身先前的决策经验，还能够整合来自他人的决策经验，以对自己后续决策行为产生调整和改进。特别地，这种基于间接经验的学习对人们适应日益变化的社会环境和优化决策行为有着非常重要的意义。因此，基于间接经验的学习是人们风险决策的一个特点。

（二）人类的风险决策具有道德属性

作为社会文化中的重要内容之一，道德是人们在社会活动中与他人相处的重要准则。人们的道德水平是参差不齐的，研究发现，不同道德水平个体的风险决策行为也是不同的。换句话说，人们的决策行为会受其道德水平的影响，这是人类风险决策的特点之一。

为了描绘个体道德发展的不同阶段，科尔伯格将个体的道德发展分为三个水平，分别为前习俗水平，即道德决策是由自身利益驱动的；习俗水平，即道德决策是以维护社会秩序、规则和法律为动力；后习俗水平，即道德决策是受社会契约和普遍道德原则的推动（Jaffee，Hyde，2000；Chang，2017）。根据科尔伯格的理论，达到后习俗道德推理水平的个人可以根据更深层次的原则以及共同理想来判断道德问题，而不是基于自身利益或只是简单地遵守法律和规则。因此，处在不同道德习俗水平个体的决策原则有可能是不同的。Fang 等人（2017）在研究中就探讨了处于不同习俗道德水平中的个体在进行风险决策时的脑活动差异。研究者招募了一些处于不同道德推理水平的被试，并将其分为两组：一组被试处在后习俗水平（高道德水平组），另一组被试处于前习俗水平或者习俗水平（低道德水平组）。两组被试均完成气球模拟风险任务，且在被试静息状态下和任务期间进行功能性磁共振成像扫描。结果发现，在静息状态下，与低道德水平组的被试相比，高道德水平组的被试表现出腹侧纹状体和腹内侧前额叶皮层的活动增强，这些脑区的活动程度与被试后习俗道德水平的思维程度呈正相关。在气球模拟风险任务期间，高低道德水平组的被试在冒险行为上没有差异，但是随着冒险程度的增大，高道德水平组被试的腹侧纹状激活程度比低道德水平组被试增加的程度更大。该研究表明，无论是在静息状态下还是在风险决策过程中，道德水平不同的个体在脑活动上均是存在差异的。

研究发现，基于道德的决策和基于风险的决策之间存在相似性，例如，一项基于分配正义任务（distributive justice task，DJT）的脑成像研究表明，倾向于做出公平决策的被试，在决策过程中脑岛的活动增强（Hsu et al.，2008）。在风险决策任务中，若个体的决策较为谨慎，则脑岛的活动程度会增强（Knutson，Greer，2008）。因此，有研究者提出在道德情境和风险情境中进行决策时有可能存在共同的神经系统（Shenhav et al.，2010；Tobler et al.，2008）。若这一观点是正确的，那么个体的道德决策和风险决策之间应该有关系。基于此，帕尔梅（Palmer）（2012）在研究中对道德决策和风险决策之间的关系进行探讨。研究者采用了四种实验任务，分别为分配正义任务、爱荷华州赌博任务、剑桥赌博任务和气球模拟风险任务。分配正义任务对被试的道德决策进行测量，在任务中，让被试想象这样的场景：被试开着一辆满载着食物的卡车前往非洲的饥荒地区，目的是为了让两个饥饿中的儿童填饱肚子。但是在运输途中会因天气炎热损失一些饭菜，被试被要求在两个选项之间做出选择，一种选项是将全部饭菜送给其中一个孩子，这样会节约路程，损失的饭菜会少一些，但另一个孩子会挨饿（效率选项）；另一个选项是将饭菜平均送给两个孩子，这样的话两个孩子都能吃上饭，但因为总路程较远会损失大数额的饭菜（公平选项）。实验结果发现，若被试在分配正义任务中选择公平选项的比例越高，也即被试道德水平越高，那么其在爱荷华州赌博任务中的决策行为会更谨慎。而剑桥赌博任务和气球模拟风险任务中被试的风险决策行为与其道德决策没有关系。上述结果表明，道德水平不同的个体，其在风险决策过程中的脑活动是有差异的，风险决策行为也是不同的。也就是说，个体的风险决策有可能会受其道德水平的影响。

（三）人类的风险决策具有文化属性

文化渗透于人们的思想和行为之中。不同文化背景下的个体在共情（Woolrych et al.，2020）、公平感（Huppert et al.，2019；Yu et al.，2022）、自我（Stephens et al.，2014）等认知活动方面均存在差异。也有研究者探讨了风险决策过程中心理活动的跨文化差异，发现人们的风险决策行为会受到文化背景的影响，这是人类风险决策的一个特点。

研究表明，亚洲人表现出较低的风险厌恶和较高的风险承担（Weber，Hsee，1999；Du et al.，2002；Mandel，2003）。例如，Chen 等人（2020）探讨了东亚人和美国人风险决策背后的认知神经机制。在研究中，研究者让具有不同文化背景的东亚被试和美国被试完成一项风险赌博任务，同时收集被试任务过程中的脑电数据。在任务中，给被试呈现一个由绿色和红色区域组成的饼状图，绿色和红色区域的面积分别表示获胜和失败的概率，如果被试获胜将获得下注的点数，如果失败则损失下注的点数，赌注分为 2 点和 8 点两个选项。获胜概率有 0.05、0.20、0.35、0.50、0.65、0.80 和 0.95 这 7 种情况，研究者将不同的概率分为 3 种条件，一种是收益最大化条件（获胜概率为 0.65、0.80 和 0.95，大于随机水平，这时理性的决策是应该追求收益，即下 8 点赌注）、损失最小化条件（收益概率为 0.05、0.20 和 0.35，小于随机水平，这时理性的决策是应该避免损失，即下 2 点赌注）和中性条件（获胜概率为 0.5，这时可以随机下注）。下注后给被试呈现收益或者损失的决策结果。行为结果显示，在损失最小化条件中，相比于美国被试，东亚被试选择下注 8 点的概率更大，即表现出更强的寻求风险倾向。脑电结果表明，在东亚被试中，与情绪唤醒相关的事件相关电位 P2 成分的波幅更容易受到收益结果的影响，即东亚被试更容易被收益结果所影响；而在美国被试中，与注意力分配相关的事件相关电位 P3 成分的波幅更容易受到损失结果的影响，这可能表明美国被试对损失的关注度较强。该研究表明，与美国人相比，东亚人在风险决策中表现出更强的冒险行为，这有可能与东亚人较为关注收益结果有关系。亚洲人更喜欢冒险可以用“缓冲假说”（cushion hypothesis）来解释（Weber，Hsee，1999），该假说源于自我意识理论（Markus，Kitayama，1991）。这一理论认为，在个人主义文化中，自我被认为从根本上独立于他人；而在集体主义文化中，自我与他人高度相关（Triandis，Gelfand，1988；Markus，Kitayama，1991）。“缓冲假说”关注的是在亚洲的集体主义文化中，紧密的社会和集体支持会使得人们更容易从他们的社会网络中获得经济帮助，从而使亚洲人不那么厌恶风险。

大多数关于文化差异的研究往往集中在单一的文化维度上，如群体（国籍等）或个人取向（自我建构、文化信仰等），较少有研究考察文化与个人取向

的相互作用。一部分原因是个人取向（如自我建构）往往解释了国家或群体差异。例如，西方个体具有高水平的独立自我建构，而东亚个体具有高水平的相互依存的自我建构（Markus，Kitayama，1991）。然而，这一假设在移民个体中有可能并不成立。有研究者认为，移民往往比选择留在原来地区的人具有更强的独立自我构念（Kitayama et al.，2006；Kitayama，Park，2010；Kitayama et al.，2014）。出于自我激励而移居美国的人可能表现出与本土美国人相同水平的独立自我建构（Cross，1995；Coon，Kemmelmeier，2001），但移居美国的人和本土美国人在风险感知或风险行为上表现出群体差异（Prado et al.，2009；Almeida et al.，2012；Salas-Wright et al.，2016）。也就是说，移民美国的人和本土美国人尽管有着相同的独立自我意识，但独立自我意识可能在两个群体中以不同的方式发挥作用。基于此，Qu 等人（2019）探讨了自我意识和文化群体的交互作用对个体风险决策行为的影响。研究者招募了在美的中国留学生和本土美国学生，两组被试均完成气球模拟风险任务，任务期间接受功能性磁共振成像的扫描。研究者还使用自我意识量表测量了被试的独立自我意识。量表结果发现，中国留学生的自我意识显著强于美国学生，这与之前的研究一致；行为结果发现，两组学生的冒险程度相似，即平均吹气球次数和气球爆炸的次数在两组被试之间无差异，但美国学生表现出了更强的风险探索，美国学生充气频率的方差更大，也就是说美国学生会在任务中尝试用更多种不同的充气次数来赢得奖励。此外，尽管在美国学生中独立自我构念与冒险行为表现和神经激活不相关，但有着更高自我构念的中国参与者在认知控制系统（如背外侧前额叶皮层）和情感系统（如前岛叶）这两个区域产生了更大的激活，而且激活程度与其冒险行为呈正相关。综上所述，群体成员和个人取向可能会相互作用，并且这种相互作用与风险决策的神经系统有关。这项研究强调了在研究文化对风险决策的影响中，群体和个体层面的重要性，这对于理解个体适应新环境的过程尤为重要。

上述研究探讨了不同国家人群在风险决策上的差异，还有研究者探讨了同一国家但不同信仰背景下的个体也存在风险决策上的差异。例如，美国有新教徒和天主教徒这两大宗教团体，他们在风险规避上存在差异，具体来说，相对于天主教徒，新教徒表现出更大的风险规避倾向（Benjamin et al.，2016；Shu et al.，2012；Ucar，2016）。金（Kim）等人（2020）在研究中考察了新教徒和天主教徒在现实生活中风险决策的差异。通过分析美国家庭股票市场参与度数据，研究者发现，相比于不信教的家庭，新教徒家庭更不愿意投资股票，而天主教徒家庭更愿意投资股票。

综上，文化根植于人们的行为表现之中，每个国家均有自己独特的文化背景，不同文化背景的国家民众之间在风险决策上存在差异，就算处在同一个国家，不同文化信仰群体之间的风险决策行为也有差别。也就是说，文化背景对人们的风险决策行为影响是巨大的。

二、人类风险决策的缺点

（一）人类的风险决策受非理性因素影响

大量的研究发现，人们在做决策时并不是传统经济学所认为的“理性人”和“经济人”，常常会受到一些非理性因素的干扰，使决策偏离收益最大化的目标。因此，易受非理性因素的影响是人们风险决策的特点之一。

早在 1982 年，特维斯基和卡尼曼就提出了“框架效应”，来解释亚洲疾病问题中被试在收益和损失框架下不同的选择偏好。具体而言，人们在面临收益的框架中，会表现出风险规避的倾向；而在面临损失的框架中，则会表现出风险寻求的倾向（Rode et al.，1999；Tversky，Kahneman，1981）。自此，掀起了风险决策影响因素研究的热潮。研究者们发现，时间压力、奖惩强度、风险情境、情绪等均会对人们的风险决策产生影响。其中，情绪作为一种典型非理性因素，其对风险决策的影响是研究者们较为关注的。

越来越多的证据表明，个人执行风险决策任务时的情绪状态能够影响其决策偏好。例如，Cheung 和米克尔斯（Mikels）（2011）在研究中探讨了个体情绪与风险偏好之间的关系。共设置两个实验，在实验 1 中，被试被随机分配到三个条件中，三个条件分别为控制条件、情绪集中条件和情绪调节条件。在控制条件下，没有对被试进行决策策略的指导。在情绪集中条件下，要求被试考虑对每个选项的积极或消极感受，并利用自己的情绪做出选择。在情绪调节条件下，要求被试先考虑他们对每个选项的感受，然后使用认知重评的方式减少情绪反应，并且在不使用情绪的情况下做出选择。在每个条件中，被试需在确定选项和风险选项之间进行选择，风险选项的概率从 20% 到 80% 不等，确定选项和风险选项的期望价值是相等的。在做出每个选择后，被试需要评定情绪对自己决策的影响程度。实验结果显示，相比于控制条件，情绪调节条件下，被试在收益和损失框架中选择风险选项的概率降低，即冒险程度降低；而情绪集中条件下，被试选择风险选项的概率与控制条件没有显著差异。此外，被试的情绪依赖评分越高，那么其选择风险选项的概率越大。以上结果表明，对个体情绪进行调节可以降低情绪对风险偏好的影响程度。在实验 2 中，为了更具体地描述情绪和风险偏好之间的关系，研究者测量了被试在决策前的情绪效价。实验程序基本与实验 1 一致，不同的地方在于，在进行决策任务之前，被试被随机分配到控制条件和情感探测条件，情感探测条件下的被试需要对其做决定时的情绪效价（积极或消极）及程度进行测量。实验结果发现，在损失框架下，积极情绪显著地增加了被试的风险偏好；而在收益框架下，情绪与风险偏好没有关系。也就是说，积极情绪能够显著地影响被试的风险偏好。麦乐泽（Mailliez）等人（2020）在研究中进一步探讨了积极情绪的确定程度是否会影响个体在风险决策中的表现。在研究中，研究者先通过影片来诱发被试的希望、开心或者中性情绪。然后，被试完成一个用来测量其希望、开心等情绪状态确定程度的量表。最后，被试进行一项风险决策任务。在该任务中，被试需要在收益和损失框架中从风险选项和确定选项之间选择一个。有一半试次的选择是在收益框架下进行的，在该框架下的确定选项中，被试会确定得到一些收益，而在风险选项中被试有一定概率（20%、40%、60% 或 80%）得到更多收益或不获得收益。另一半试次的选择是在损失框架下进行的，在该框架下的确定选项中，被试会确定遭遇损失，而在风险选项中被试有一定概率（20%、40%、60% 或 80%）遭遇更多损失或不遭遇损失。在两种框架中，确定选项和风险选项均具有相同的期望值。一旦被试做出决定，就会给被试反馈决策结果。研究人员计算了被试选择风险选项的比例，作为衡量其冒险程度的指标。实验结果发现，无论是在收益还是损失框架下，相比于在希望和中性情绪状态，被试处在开心状态中，情绪确定程度更高，且会做出更多冒险的决策。该结果与评价倾向框架（appraisal-tendency framework，ATF）的理论相一致，即情绪的确定性会调节个体对风险的偏好，高确定性的情绪可能会使个体对风险有更乐观的评估，从而导致做出更多冒险的决策。

除了积极情绪及其确定程度对风险决策的影响，也有研究发现负性情绪会诱使人们做出有风险的决定。关于这一现象，研究者们从不同视角分别提出了两个假说，第一个假说是情绪修复假说（mood repair explanation）（Baumeister，2002；Herman，Polivy，2004），该假说的基础是处于消极情感状态的人愿意做出冒险的决策，以期获得让他们感到快乐的结果。简而言之，负面情绪导致了情绪修复目的的激活，该目的反过来导致更冒险的选择。第二个是耗竭假说（depletion explanation）（Baumeister et al.，1998；Muraven et al.，1998），该假说认为所有的自我控制行为都是利用一个共同的有限资源，自我控制能力使用之后会伴随着一段自我控制能力减弱的时期（即自我控制能力耗尽），而由于自我控制资源耗尽，人对奖励的诱惑性的抵抗程度会下降（Vohs，Heatherton，2000），从而更有可能做出相对危险的决定（Bruyneel et al.，2006）。然而，在负性情绪下，积极主动的调节情绪需要超越正在进行的情感状态，因此需要自我控制（Muraven，Baumeister，2000；Vohs，Baumeister，2000）。简而言之，负面情绪会导致情绪修复目的的激活，促使个体尝试调节自己的情绪，并在这个过程中消耗稀缺的自我控制资源，由此产生的枯竭状态反过来又会导致在风险决策中做出更冒险的选择。第二种假说由布鲁内尔（Bruyneel）等人（2009）提出，并设计了系列实验来验证。在其中一个实验中，研究者先对被试的负性情绪状态进行评估，然后让被试完成了一项与实验无关的填字游戏，之后再对被试进行情绪评估，最后让被试完成一项购买彩票的任务以对其冒险行为进行测量，被试被告知当实验结束后会进行抽奖，并且将通知被试抽奖的结果。研究人员使用两次情绪分别预测了被试购买彩票的金额。实验结果发现填字游戏前即第一次测量的情绪能显著预测被试购买彩票的金额，即负性情绪越强，其冒险程度越高；但填字游戏后即第二次测量的情绪不能显著预测冒险程度。如果情绪修复假说是正确的，那么结果应该发现，风险决策中的冒险选择与人们在进行选择时的负性情绪即第二次测量的情绪有关。因此，该实验的结果支持了耗竭假说。在此基础上，研究者在实验中分别操纵情绪和耗竭，为耗竭假说找到进一步的证据。在测量被试的初始情绪之后，被试被分配到四种情况中的一种，这四种情况是通过情绪操纵（消极与积极）和消耗（高与低）两两组合产生的。情绪操纵是通过让被试阅读一段可以诱发被试消极 / 积极情绪的文字来达到的，完成之后再对被试的情绪进行测量以保证情绪操纵是有效的。之后通过 Stroop 任务来操纵被试的耗竭状态。在非耗竭条件下，字义和字的颜色匹配；在耗竭情况下，字义和字的颜色不匹配。在完成 Stroop 任务后再次测量被试情绪。结果发现，相比于非精力耗竭条件，精力耗竭条件下，被试会更加冒险，但情绪状态对被试冒险行为无影响。该结果进一步支持了耗竭假说，即负性情绪会促使个体决策行为更加冒险。

从上述研究可以看出，无论是积极情绪还是消极情绪均能够对个体的风险决策行为产生影响。在有些时候情绪等非理性因素对风险决策的影响会给个体安全带来极大的危害。例如，愤怒等情绪往往使被试的决策行为较为冲动和非理性，从而产生不良的后果。因此，容易受非理性因素的影响是人类风险决策的一个特点。

（二）人类的风险决策受疲劳状态影响

中国有个成语“日出而作，日落而息”，从中可以看出人们的生活是有规律的，在工作与休息之间不断循环。如果工作与休息之间的平衡被打破，那么人们很有可能会产生疲劳的状态。研究发现，疲劳状态会对人们的一系列认知功能，如注意力、执行功能和决策等产生负面影响（Ratcliff，van Dongen，2009；Whitney，Hinson，2010）。因此，容易受疲劳状态的影响是人类风险决策的一个特点。

在实验室场景中，疲劳状态的一个有效诱发手段是睡眠剥夺，睡眠剥夺的常用方式是让被试保持清醒超过 24 小时。大量的研究发现，睡眠剥夺会对个体的风险行为偏好产生影响（Killgore et al.，2006；Killgore et al.，2007；Venkatraman et al.，2011）。例如，Lei 等人（2016）采用气球模拟风险任务探究了睡眠剥夺对个体风险决策行为的影响。在该研究中，研究者让被试分别在清醒和睡眠剥夺两种条件下完成气球模拟风险任务，并将任务中被试给气球充气的平均次数作为个体风险决策行为的客观指标。实验结果发现，相比于清醒条件，睡眠剥夺条件下，被试给气球平均充气的次数更多，即被试冒险程度较高；此外，结果还发现，睡眠剥夺条件下，若当前试次中气球爆炸，那么被试在下一试次给气球充气的次数显著减小，也就是说，虽然试次与试次之间是相互独立的，但睡眠剥夺后的被试为了避免再次遇到气球爆炸的情况，会减少给气球充气的次数，也即更容易受到先前试次中非理性因素的影响。与睡眠剥夺后被试决策行为更加冒险的发现相一致，特里尔（Telzer）等人（2013）针对青少年展开研究，发现睡眠质量较差的青少年在决策过程中表现出更高的冒险倾向。因此，睡眠剥夺后，即在疲劳状态下，个体的决策行为往往较为冒险。

有研究探讨了身体上的疲劳对风险决策的影响。急性运动又称短时运动，是诱发身体疲劳的一种方法，指持续时间在 10 ～ 60 min 左右的、以有氧代谢提供能量的运动（Chang et al.，2012；陈爱国 等，2011）。短时间的高强度急性运动被认为是身体上的急性压力。以往有研究探索了认知压力（如公开演讲）和身体上的急性压力（如寒冷测试）对冒险行为的影响，例如，压力下被试在有可能获益时表现出更倾向于保守的决策，而在有可能亏损时表现出更倾向于冒险的决策（Porcelli，Delgado，2009）。许多研究报告称，男性和女性对压力的反应不同。在经历急性疼痛压力（冰水浸泡）后，女性在气球模拟风险任务中表现出更低的冒险意愿，而男性则表现出更高的冒险意愿（Lighthall et al.，2009）。同样，在爱荷华赌博任务中，女性在接触压力源后减少了冒险行为，而男性展现了更多的冒险行为（van den Bos et al.，2009）。为了探究急性运动是否与其他类型的压力一样，可以对人们的风险决策产生影响以及性别是否调节了这种影响，汤姆森（Thomson）等人（2020）采用气球模拟风险任务展开研究。研究包含控制条件和急性运动条件，两个条件的顺序是随机的，并且中间有几天的时间间隔。在急性运动条件中，被试在自行车上热身 5 min，然后被试在以最大输出功率 50% 至 60% 之间的负荷下锻炼 30 min，运动之后完成气球模拟风险任务。在控制条件中，被试观看包含中性情绪色彩的视频后完成行为任务，视频时长与急性运动条件中的运动时间一致。在数据分析中，研究者用气球爆炸的频率来衡量被试的冒险程度。实验结果显示，男性被试在运动后气球爆炸的频率增加，即决策行为更加冒险；而女性被试在运动后气球爆炸的频率减少，即决策行为更加保守。

除了身体上的疲劳，还有心理上的疲劳。研究发现，心理疲劳不仅对人的身心健康产生消极影响（Marcora et al.，2009），也会对认知活动产生干扰，如注意力（Boksem et al.，2005）、认知资源分配（Kato et al.，2009）、执行控制（van den Linden et al.，2003）等。风险决策是涉及分析、探索和选择的复杂的认知活动，王璐璐和李永娟（2012）在研究中探讨了心理疲劳对个体风险决策的影响。研究者将被试分为心理疲劳组和非心理疲劳组。其中，疲劳组的被试进行持续一个半小时的心理疲劳诱导，即给被试在四种相似的条件下呈现一系列字母，但只要求被试在特定条件下对目标字母进行反应；非心理疲劳组的被试不进行疲倦诱导任务。最后，两组被试均完成风险决策问卷以对其冒险程度进行测量，风险决策问卷分数越大表示被试的冒险程度越高。实验结果显示，相比于非心理疲劳组，心理疲劳组被试的风险决策问卷分数更小，即更倾向于风险规避。

综上，研究者们从睡眠剥夺、身体疲劳和心理疲劳角度探讨了疲劳状态对个体风险决策的影响。虽然，目前存在不一致的结果，即有些研究发现疲劳之后个体决策行为更加冒险，有些研究发现疲劳之后个体的决策行为更加保守；但是，这些研究提示我们，疲劳状态对人们风险决策的影响作用是不容忽视的。

（三）人类的风险决策受限于价值计算能力

在风险决策过程中，个体会给不同的选项赋予不同的价值，随后对这些价值进行比较，从而做出决策。为了在各种复杂情境中进行恰当的风险决策以谋取收益、规避损失，人脑中的神经网络必须能够尽可能准确地表征关于选项价值的信息。以往的研究表明，人们对风险决策价值的计算与整合是通过权衡风险和收益来实现的，涉及的脑区有腹侧纹状体、腹内侧前额叶皮层和眶额叶皮层等（Xue et al.，2009；Peters，Büechel，2009）。由此可知，个体价值计算能力的强弱直接关系到其风险决策的成败。而相比于计算机近乎无限的计算能力，人类的价值计算能力是有限的。因此，人类风险决策的一个特点是价值计算能力有限。

不同人价值计算的能力不同，那么在风险决策中的表现也不一样。例如，衰老会影响许多大脑区域，导致注意力、记忆、执行功能和风险决策的损伤（Grady，2012）。作为风险决策过程中关键的额叶－纹状体回路，即使在健康衰老的过程中，也显示出结构（Fjell，Walhovd，2010；Raz et al.，2010）和功能（Kleerekooper et al.，2016；Rajah，D'Esposito，2005）等方面的衰退。这些与衰老相关的额叶－纹状体回路在多个水平上的下降可能会损害老年人风险决策过程中的某些能力（Samanez-Larkinn，Knutson，2015）。此外，来自基于价值计算的决策神经成像研究表明，在风险决策过程中的价值计算会受年龄的影响。例如，在表征价值时，与年轻人相比，老年人在腹侧纹状体（Mell et al.，2009；Schott et al.，2007）和前脑岛（Samanez-Larkin et al.，2007）表现出较低的血氧水平依赖信号变化。此外，与价值计算有关的腹内侧前额叶皮层也被发现在老年人的风险决策过程中激活减弱（Rogalsky et al.，2012）。Su 等人（2018）在研究中探讨了与年龄相关的大脑功能变化如何调节老年人的价值计算。研究者招募年轻人和老年人进行一项选择彩票任务并对他们进行功能性磁共振成像扫描。在彩票任务中，先给被试呈现可能输赢的点数以及输赢的概率，如果被试决定接受赌注，则给出彩票输赢点数以更新被试所累积的点数。如果被试决定拒绝赌注，则会给出这次彩票错过的输赢点数，被试累积点数不变。行为结果显示，相比于年轻人，老年人的冒险行为更多，即当奖励点数较大但赢的概率较小时，老年人更倾向于接受赌注。当赌注更确定即概率更加接近于100%时，年轻人决策的反应时降低，而老年人在不利的赌注上的反应时增加。脑成像结果显示，在年轻人中，赢得点数的可能性增加会导致纹状体激活；但在老年人中，内侧颞叶（medial temporal lobe）和腹内侧前额叶皮层激活。此外，前额叶和纹状体之间较低的静息状态功能连接也预测了被试的冒险行为，并且这种关系是由任务期间前额叶和内侧颞叶区域之间较高的功能连接调节的，这种中介关系在老年人中比年轻人中更强。总的来说，该研究表明，随着年龄的增长，个体对彩票价值的概率处理过程中出现了系统性的神经机制变化，这增加了老年人对不利赌注的冒险行为。

此外，研究发现，尽管吸食可卡因不利于个体的身体和心理健康，但成瘾者往往会明知这种不利影响依旧继续食用可卡因（Fischman et al.，1985）。以上反复的现象可归因于成瘾者参与风险决策价值计算的特定神经网络的损害（Volkow，Fowler，2000）。博拉（Bolla）等人（2003）使用爱荷华赌博任务结合正电子发射断层扫描技术探究了可卡因滥用者和健康对照被试在决策中价值计算的差异。结果显示，尽管可卡因滥用者和健康对照被试在决策分数上没有差异，但是在任务中可卡因滥用者在右侧眶额叶上表现出比对照组更强的激活，而在右侧背侧前额叶和左侧内侧前额叶中表现出更弱的激活；此外，眶额叶皮层的激活程度分别与两组的决策分数显著相关，也就是说在每一组被试中越偏好期望价值高的决策，右侧眶额叶的激活就越强；在成瘾组中，每周可卡因用量越大的被试，右侧眶额叶的激活程度越低。以往的研究表明，眶额叶参与了潜在结果的评估（Lau，Glimcher，2008；Padoa-Schioppa，Assad，2006；Schoenbaum，Esber，2010）。在任务中，可卡因滥用者眶额叶的高度激活可能反映了被试对任务的获胜 / 奖励的异常强烈的关注和思考。这种思维过程会夸大决策中高回报的价值，抑制高损失的负面价值，也即价值计算出现了问题。

从以上内容可以看出，人类风险决策依赖于价值计算过程。若个体的价值计算能力受损，那么很难对每个备择选项进行客观准确的价值计算。此外，价值计算还受年龄、健康状态等因素的影响，以上的因素都限制了人类最优决策方案的制定。

第二节　人工智能风险决策的特点

一、人工智能风险决策的优点

（一）人工智能的风险决策算力强大

人工智能技术的发展依赖于数据、算法和算力这三个要素。数据是人工智能学习的资源，要得到资源的价值，就必须进行有效的数据分析。现阶段常用的数据分析方法是机器学习算法，特别是其中的深度学习算法。研究人员若要利用深度学习算法来训练数据，则需要强大的计算能力（以下简称算力）支撑。人工智能强大的算力能够使其在进行风险决策时快速且准确地权衡每个备择选项的期望价值，从而进行选择。因此，算力强大是人工智能进行风险决策的一个特点。

超级计算系统在人工智能算力提升中所发挥的作用不可或缺。作为人工智能的必备基础设施，超级计算机系统已经成为国家之间的战略必争点和创新转型的利器，各国都投入巨资争夺这一世界制高点，以超级计算机系统为核心的算力时代已经到来。经过多年的快速发展，中国所研制的超级计算机系统的水平已经跻身世界先进行列。2010 年，由国防科技大学研制的“天河一号”超级计算机在国际高性能计算机排行榜中夺得冠军；2013 年至 2015 年，同样由国防科技大学研制的“天河二号”超级计算机连续三年赢得高性能计算机排行榜冠军；之后，由国家并行计算机工程技术研究中心研制的“太湖之光”超级计算机替代“天河二号”超级计算机，连续两年获得国际高性能计算机排行榜冠军，并成为世界上首台运算速度超过十亿亿次的超级计算机。人工智能技术对于算力的需求是巨大的且呈指数增长的，这种需求推动了芯片行业的快速发展。例如，谷歌专门为深度学习研发的张量处理器（tensor processing unit，TPU）处理芯片，浮点运算速度比当时图形处理器（graphics processing unit，GPU）和中央处理器（central processing unit，CPU）要快 15 到 30 倍。借助于 TPU 处理芯片进行数据学习的阿尔法围棋机器人，拥有强大的围棋决策和博弈能力，击败了当时的世界围棋冠军柯洁。

莱瑟森（Leiserson）（2016）等人在研究中对大量关于计算机算力的文章进行了分析，结果发现，深度学习所需的算力正在逼近现有芯片算力的极限。为了进一步提高算力，研究者提出了两种路径。第一种路径是借助量子计算机。量子计算机是直接以量子态进行信息处理的新型计算机。量子态具有叠加性，量子计算机具有并行性，对一个由 n 个量子比特组成的量子计算机，其一次操作就是对包含的所有 2 的 n 次方个量子态的操作，而在经典计算机中需要 2 的 n 次方数目的操作才能完成。因此，量子计算机具有比经典计算机更快的处理速度。很多国家把量子计算机的研发作为国家战略之一，量子计算机的研发进程正大大加速。2020 年 12 月，由中国团队构建的量子计算原型机“九章”，在求解数学算法高斯玻色取样时只需 200 s，而当时世界上最快的超级计算机“富岳”完成该任务则需大约 6 亿年。“九章”的这一壮举再次验证了量子计算机的优越性。第二种路径就是类脑计算，类脑计算是指借鉴生物神经系统进行信息处理的基本规律，试图在计算机中模拟生物神经网络的结构和信息加工过程，从而实现在计算能耗、计算能力与计算效率等诸多方面的大幅改进。2020 年，浙江大学联合之江实验室共同研制成功了我国首台基于自主知识产权类脑芯片的类脑计算机（darwin mouse），这台类脑计算机包含 792 颗类脑芯片，运行功耗只需要 350 ~ 500 W，是目前国际上神经元规模最大的类脑计算机。

从超级计算机到量子计算机和类脑计算机，人工智能的算力日益强大，使其在处理风险决策问题时的速度和准确性不断提升，有力地推动了人工智能在自动驾驶、智能医疗等领域的应用。

（二）人工智能的风险决策较为理性

人们在进行风险决策时常常受得失框架、情绪、压力、偏好等因素的影响，因此决策往往偏离收益最大化的目标。而人工智能在决策时是基于数据集和运算规则进行的，且每次运算都遵循相同且较为固定的规则，不会像人类风险决策一样受情绪等诸多因素的影响。人工智能中的“智能”体现在使用有限资源选择最优方案以实现特定目标。因此，相比人类决策者而言，人工智能在进行决策时存在更少的偏见（Schildt，2017）。也就是说，人工智能在决策时更加“理性”，可以帮助人们做出更客观的判断，减少主观层面的非理性偏差，这是人工智能风险决策的一个特点。

人工智能之所以“理性”，一个关键原因是人工智能的决策目标总可以由一个“效用函数”表示，该函数计算每个备择选项结果的预期效用，之后对每个备择选项结果的预期效用进行比较，从而选择预期效用最大化的选项。反观人类的决策，往往会受到情绪（Mailliez et al.，2020）、压力（Giurge et al.，2020）等因素的影响，从而可能无法做出最合理的选择。例如，在汽车驾驶过程中，有些司机的情绪状态常受到其他车辆的影响，进而产生愤怒情绪，容易导致驾驶员做出冒险程度较高的冲动驾驶行为，不利于驾驶安全。而在自动驾驶领域，自动驾驶系统常常采用基于期望效用理论的决策模型，依据最优化的决策准则，在多个备选方案中选择出最优的驾驶策略或动作（Russell，Norvig，2011），可以有效降低非理性因素对风险决策的影响。基于期望效用最大化原则和社会价值取向理论，施瓦廷（Schwarting）等人（2019）将自动驾驶车辆与其他车辆之间的交互过程建立为一个最佳响应的博弈模型，使自动驾驶车辆能基于预期效用最大化原则，更好地预测其他车辆的行动，实现不同驾驶场景中的互动与合作。基于该研究提出的博弈模型，自动驾驶系统能通过在线测量和计算推测出可能性最高的人类驾驶者的社会价值取向，并在这一判断的基础上识别人类驾驶者的行驶意图，动态调整车辆的行驶轨迹直至完成并道。总而言之，该模型提高了自动驾驶车辆的性能，并把对人类驾驶车辆轨迹预测的误差降低了25%，从而实现了自动驾驶这一决策场景下多个车辆期望效用最大化的目标。

人工智能在司法领域也发挥重要作用，人工智能法官可以消除在人类的法律判决中出现的有意无意非理性因素。丹吉尔（Dangziger）等人（2012）针对法官假释判决的影响因素进行了一项研究，该研究发现，大约35%的假释判决发生在法官刚刚吃完早餐处于饱腹状态时，但超过85%的假释拒绝发生于正要吃午餐前。也就是说，当法官饥饿时，更倾向于做出严厉的判决。该研究表明，本应该是公平公正的法律判决，仍然避免不了受一些人为的非理性因素的影响。通过超强计算能力和深度学习能力对数据进行分析处理，人工智能法官则可以一视同仁、透明并且不受非理性因素影响地进行法律判决（Li et al.，2021）。此外，在医疗决策场景中，医生在进行疾病诊断时或多或少带有主观直觉或偏见，例如，白人医生对黑人患者的内隐社会偏见等。而人工智能通常会比人类产生更少的偏见，即使出现差错也更容易通过算法改进来进行纠正。目前，医疗领域常常借助人工智能辅助医疗决策系统来对疾病进行诊断，通过对患者的疾病信息进行处理和分析，得出初步的诊断决策结果；医生对诊断决策结果进行检查，得出最终结论。这样的诊断方式降低了临床医生的参与度，也因此减少了主观偏差对医疗决策的影响。人工智能正在慢慢改变着医疗决策的过程及结果，这种人工智能决策并结合医生验证复查的疾病诊断模式逐渐成为常态。

不论是驾驶、司法还是医疗领域，在面对复杂或简单的决策时，人工智能都会始终遵循一定的决策规则，决策标准较为一致，而不像人类决策者那样普遍依赖直觉和主观偏好，决策模式经常发生变化。因此，人工智能在决策时是较为理性的。

二、人工智能风险决策的缺点

（一）人工智能的风险决策缺乏道德属性

想象这样一个场景：一个人开着一辆满载食物的卡车前往非洲的饥荒地区，目的是为了让处在饥饿中的人填饱肚子。但是他遇到了一个问题，即如果把食物送到每个人手中，所花费的时间会较长，非洲炎热的天气将导致 20% 的食物变质；如果只给一半的人送食物，所花费的时间会较短，将只有 5% 的食物变质。那么，应该通过浪费食物来平均地帮助每个人（更加道德），还是把食物分发给一半的人，以最大限度地减少食物的浪费程度（更加功利）？这其实是一个道德两难决策。Hsu 等人（2008）对上述类似道德情景中人们是如何做决策的开展研究，研究结果发现，人们在进行道德决策时，更多的是依赖于一种直觉情感，而不是功利的计算。目前，人工智能的大多数风险决策往往是根据期望效用值来确定的，也就是说，人工智能在进行风险决策时更多的是通过功利计算，而不是依赖于直觉的道德情感。因此，缺乏道德属性是人工智能进行风险决策的一个特点。

人工智能的决策往往是通过比较每个备择选项结果的期望效用，依据期望效用最大化原则来确定的。由于人工智能决策考虑的维度较为单一，可能会引发一系列道德、文化和责任等问题。例如，装载人工智能的先进现代化武器装备能大大提高一个国家的作战能力，但为了效率，智能机器在做决策时往往缺乏道德约束和道德标准，会造成大规模的滥用。特别是智能机器由于无法辨别打击对象，总会造成某些不可控的附加风险，如杀害无辜平民等。斯通（Stone）（2021）曾统计过美国无人机武器在阿富汗、伊拉克等地区造成的伤亡人数，调查结果显示，无人机武器夺去了 2500 ~ 4000 人的性命，其中约 1000 位平民、200 名儿童。还有研究者指出人工智能通过人脸识别技术会导致广泛的隐私和道德问题，因为在未经个体同意的情况下，其照片可能会被上传给人工智能，并且遭到人工智能的区别对待（Bodriagov，Buchegger，2013）。例如，福布斯（Forbes）报道面部识别软件公司（FaceFirst）为零售商提供了一套人工智能面部识别系统，这套系统可以通过识别顾客的面部并结合其以往的购物信息，对顾客进行分类营销，对于有多次购买高价值产品历史的顾客，该系统就会提醒售货员可以对其使用促销手段来引导消费；而对于购物信用历史较差的顾客，该系统则会向售货员发出警报。不仅如此，人工智能还会加剧种族偏见这一社会道德问题。安格文（Angwin）等人（2016）在研究中发现，在美国使用的预测罪犯是否会在未来继续犯罪的人工智能系统对黑人有偏见，该系统预测谁会再次犯罪时黑人被标记的概率几乎是同等条件白人的两倍。还有记者在2018年曾报道过，美国公民自由联盟（American Civil Liberties Union，ACLU）使用人工智能面部识别软件去判断国会议员的照片和其他犯罪分子的照片。对比结果发现，该人工智能识别系统错误地将5%左右的国会白人议员识别为正在服刑人员，而在黑人议员中的错误率更是高达21%。以上错误不仅仅涉及种族歧视，更为关键的是人工智能在以上决策过程中没有充分考虑道德和社会文化信息，这无疑会助长和合理化人类社会中存在的伦理道德瑕疵现象。

从上述研究可以看出，除非人工智能的道德决策达到了人类预期水平，否则将决策权交予人工智能是会产生一系列道德问题的。如何使得人工智能做出符合人类伦理规范的道德决策引起了人工智能领域专家的思考。美国海军曾斥巨资资助了一项多学科交叉的研究项目，来提高人工智能的道德决策能力（Boden，2017）。该项目的参与者涵盖了哲学家、心理学家、人工智能专家和系统设计工程师等，项目的目标不仅局限于在理论水平上提出应该遵循怎样的原则来设计人工智能的道德决策算法，更希望开发出能够在现实生活中进行自主道德决策的人工智能系统。例如，在地震时一个智能搜救机器人开展工作，那么它应该如何确定搜救对象的顺序？提供临终关怀的机器人，是否应该向患者撒谎来隐瞒病情？研究者们认为，道德更多是一种技能知识，而不是命题知识；人类的道德决策总是会掺杂情绪、直觉等非理性因素，而非一种可表达的规则。基于这样的考虑而设计的人工智能模型，可以通过自下而上的形式对大量道德决策数据进行学习，自发地生成一个道德决策模型来应对不同的环境。例如，瓜

里尼（Guarini）（2020）设计了一个名为道德案例分类器的人工神经网络模型，以对各种不同的道德情境进行分类。该分类器可以将不同的案例都编码为 5 种特征，即道德决策中的能动者、行动、受动者、动机和后果。之后，给分类器输入人类基于道德准则的判断数据。通过大量的道德案例和人类的道德判断数据，反复地对道德案例分类器进行训练和测试，结果发现，该道德案例分类器可以对那些新的道德情境中的道德决策做出更符合道德的判断。

（二）人工智能的风险决策过度依赖数据

现阶段人工智能在决策方面的应用往往分为两个步骤：第一个步骤是根据收集到的数据模拟决策过程需要的特征函数，第二个步骤则是不断地根据新的输入持续调节决策模型中的参数（Mitchell，2019）。换句话说，人工智能的决策应用就是面对一个特定场景，通过不断输入决策所需数据来对决策过程进行模拟，最后对数据进行分析来制定决策方案。从中可以看出，人工智能决策的每个步骤中均离不开数据，对数据是过度依赖的，这恰恰是人工智能进行风险决策的一个特点。

在人工智能的决策算法中，数据往往被分为“训练集”和“测试集”。人工智能用“训练集”数据来做假设和构建决策过程模型，用“测试集”数据来检验决策模型的拟合程度并优化相关参数，以便之后更准确地做出决策。比如，费尔南德斯（Fernández）等人（2019）基于经验丰富的医生在诊治异位妊娠患者过程中的数据构建了一个人工智能决策模型，该模型可以依据异位妊娠患者的疾病特征，给出患者个性化的治疗决策建议，可以有效避免因不恰当治疗而引起的死亡、不孕等后果，且该智能决策模型提供的治疗建议的准确率达 96.1%。从该例子可以看出，人工智能决策的应用十分依赖数据，上述根据异位妊娠患者的治疗数据所建立的人工智能决策模型能为解决异位妊娠这种病症提供决策支持，但对其他疾病的诊断来说毫无作用。因此，人工智能对于数据的过分依赖会造成其无法解决新环境中的问题，更无法进行有创造性的决策行为。

人工智能无法进行有创造性的决策行为尤其体现在人工智能决策应用中的“长尾效应”（long tail effect）上。“长尾”这个术语来自统计学，其含义是在可能发生的事件中包含着一长串零散的可能性低但却有可能发生的情况，这些情况构成了事件概率分布的长长的“尾巴”。将人工智能应用到现实情境中做决策会遇到这种“长尾效应”（Coqueret，Guida，2020），即现实情境中的大部分事件通常是可预测的，但仍有一些低概率的意外事件。如果单纯地给人工智能提供以往的数据来作为它进行决策的依据，那么一个显而易见的问题就是“尾巴”部分的数据并不经常出现在训练数据中，所以当遇到这些数据时，人工智能决策系统就会容易出错。例如，自动驾驶汽车往往是基于较为理想的道路环境数据进行训练的，在这种较为理想的道路环境中，自动驾驶系统能够得心应手地对车辆进行控制以确保行驶安全；然而，在一些特殊环境中，自动驾驶系统往往束手无策。比如，自动驾驶汽车在冬天撒盐的冰面道路上行驶时是否该开启防滑模式？自动驾驶汽车前挡风玻璃被飞来的异物撞碎后是否该继续行驶？在高速公路的中央遇到一个小雪人是应该躲避还是撞上去？在 2016 年 2 月，谷歌的一辆无人驾驶汽车在右转弯时，为避开公路右侧的沙袋不得不左转，致使车辆的左前方撞上了一辆在左车道行驶的公共汽车。事后调查显示，这两辆车都预判对方会进行避让，因此没有及时刹车。在 2018 年 3 月，优步的一辆自动驾驶汽车与一名过马路的行人相撞。该车当时正朝北行驶，而该女子正从西往东走。根据事故报告的结果显示，在优步自动驾驶汽车撞到受害者之前的 3 ~ 6 s，汽车的雷达检测到了行人并估计了她的速度，但是自动驾驶系统对行人的分类发生了混乱，不断地在汽车、自行车和行人之间摇摆不定，浪费了大量宝贵的时间。该失误曾在图像识别领域中有所体现，研究者发现人工智能系统可以很好地识别静态物体，但是对动态物体的识别则会变得很差（Loghmani et al.，2018）。还有研究发现，如果图像模糊一点或给图像加上斑点、更改图像的某些颜色或图像中物体的旋转方向等，这些图像的表面变化并不影响人类的识别精度，却可以导致人工智能识别出现严重错误（Geirhos et al.，2018）。

不仅人工智能在进行决策时会犯错，人类在进行决策时也会犯错，比如，如果是人类驾驶员处在上述为躲避沙袋而要转向的场景中，也有可能会撞上那辆公交车。但是，人类在进行决策时具有一种当前所有的人工智能系统都缺乏的基本能力，这种能力就是在新的决策场景里运用常识来解决问题。比如，即使人类驾驶员从未在雪天开过车也能猜测出道路上撒盐的原因，并据此选择合理的速度驾驶；人类驾驶员会根据挡风玻璃撞碎的程度以及玻璃有没有对其他人造成损害，来决定是否继续驾驶；人类驾驶员在高速路上遇到雪人时，不会把它当成真实的人；等等。有研究者认为，对海量数据的过度依赖是限制人工智能进一步发展的主要因素之一（Andrew，2016）。因此，若人工智能系统能像人类一样拥有常识，即不过度依赖于数据，那么它也许能够在复杂的现实世界中实现完全自主的决策。

（三）人工智能的风险决策可解释性差

可解释性（explainable）是指人工智能算法和应用的内部运行机制可以用人类术语来解释，被人类使用者所理解的程度（Gunning et al.，2019）。人工智能算法虽然已经发展到了很高的水平，且能够解决很多风险决策问题；但是，除了算法开发者，人们一般情况下无法了解人工智能是基于什么逻辑来进行决策的，不知道它何时会出现偏差和错误，更不知道如何应对这些偏差和错误。也就是说，人工智能在风险决策时的可解释性较差，这是人工智能进行风险决策的一个特点。

基于大数据生成的任何数据集都有产生偏差的可能性，算法开发者则需要确定算法出错的原因并不断地尝试修正偏差，完善逻辑判断规则。由于数据集的规模是非常有限的，且代表性不强，数据收集的过程也可能缺乏对潜在问题的考虑。因此，在进行完整的数据分析后，或在分析模型输入与模型预测结果之间的关系时，这种偏差则会表现得更加明显。人工智能目前已经发展到完胜世界围棋冠军、电竞冠军的水平，图形识别、语音识别接近百分之百准确率的超强水平，但人类却对利用人工智能的现实充满恐惧。这主要是由于大部分使用者无法了解人工智能是基于什么逻辑规则进行决策和预测的，更不知道它何时会出现偏差和错误。例如，在医疗保健和自动驾驶领域，产生逻辑单一的错误预测会对人身安全和财产造成重大损失。由于无法对何时出现偏差进行有效预测，因此在偏差出现时不能很好地进行应对。此外，由于人工智能是基于决策背景、任务需求和可用资源等数据来指导决策者的行动的，而训练大数据集来进行输入和输出的过程有可能构建出令人类使用者难以理解的、复杂的决策算法。也就是说，人类使用者只能观测到输入和输出，至于中间过程发生了什么是不清楚的，也即前文提到的“黑箱”（Koh，Liang，2017）。由于大多数人工智能系统都是为特定环境设计的，大部分系统使用者并不清楚人工智能算法对应的局限性以及导致严重错误的潜在可能，使用者可能会将该算法应用到超出其设计能力之外的环境中。例如，在经济和金融行业利用人工智能帮助决策的过程中，必须确保不包含任何歧视性算法或违反任何法律规定的操作。随着数据和隐私保护相关法规，如国际《通用数据保护条例》（General Data Protection Regulation，GDPR）的发展，人工智能系统必须发展出对道德文化和法律等社会背景因素的强解释性，否则就不能满足快速发展变化的社会的要求。再者，决策的有效性或可信度取决于人工智能的分析，而围绕人工智能决策算法的不确定性使得我们很难理解算法到底利用了哪些参数来衡量需要量化的指标，这些参数又是如何根据不同系统使用者的需求对赋予不同重要性的指标进行加权计算，并得出决策结果的。如果在人工智能系统的早期研发阶段不注重

解决这些问题，那么社会上的大部分利益相关群体则会不愿意或无法将人工智能纳入其运营和决策的需求，而选择单纯依靠人类的能力做出决策（Linkov et al.，2020）。

人工智能目前存在解释性差的不足，人工智能系统需要提供一定程度的信心和足够的信息,才能使决策者在应用和评估结果之前相信其建议的行动方案。因此，在决策制定过程中，为缓解人机关系紧张的情况，应该通过创建一个更有效、更道德和更透明的过程来减少这些问题，以打消人类决策者的顾虑，更好地在决策过程中融合人类与人工智能的决策特点和能力。开发一个决策结果可验证的人工智能模型则是必不可少的。在这一需求的驱使下，可解释人工智能（explainable artificial intelligence，XAI）应运而生，并逐渐被研究者们认为能够成为一把打开人工智能过程黑箱的钥匙。可解释人工智能需要对人工智能算法的两个特点，即透明度（transparency）与准确性，进行很好的权衡。正因如此，可解释人工智能强调对人工智能系统内部因果关系的理解，增加系统透明度。此外，可解释人工智能允许系统使用者切换对决策结果影响最显著且不确定性最高的参数，以研究这些因素变化对人工智能决策过程的影响。可解释的人工智能能够使人类建立起对人工智能输出的信任，减少人工智能使用过程中的疑虑和恐惧，进而推动整个人工智能产业的应用和全社会科技的进步。

第三节　人机协作

为了充分促使人类和人工智能进行优势互补和深度合作，厘清人类和人工智能风险决策的特点是必不可少的。在本章前两节中分别对人类和人工智能进行风险决策时的特点进行了梳理，本节将首先对二者风险决策的特点进行比较，然后根据二者的特点对人机协作的内容进行介绍。

一、人类与人工智能风险决策的比较

（一）在理性程度上

中国有句俗语“一朝被蛇咬，十年怕井绳”，也就是说，受过一次伤害以后就害怕遇到同样或类似的事物，从而导致畏缩不前、不敢尝试。这个俗语非常生动形象地描绘出人类的非理性状态。人类的风险决策会受风险厌恶、感觉寻求、情绪等众多非理性因素的影响。例如，若在风险决策过程中由于过于保守错失了很多机会，导致产生了后悔情绪，那么非理性的后悔厌恶往往致使个体在后续风险决策过程中较为冒险，从而导致更大的损失；反过来，为了规避风险，个体常常放弃期望价值较大的风险选项，选择期望价值较小的稳妥选项，从而导致错失良机。在众多因素的影响下，人们的风险决策往往偏离收益最大化的目标，表现出非理性的特点。而人工智能的风险决策是基于数据集和运算规则进行的，且每次运算都遵循相同且较为固定的规则。例如，人工智能在风险决策时的目标总可以由一个效用函数表示，该效用函数计算每个备择选项结果的预期效用，之后对每个备择选项结果的预期效用进行比较，从而选择预期效用最大化的选项。因此，人工智能在风险决策过程中是较为理性的，较少像人类的风险决策那样受到诸多非理性因素的影响。

（二）在间接经验的影响上

在日常生活中，个体会根据自身在先前风险决策中所积累的经验，对后续的决策行为产生调整（Taylor et al.，2013；Schonberg et al.，2010）。但是，经验的积累不是一蹴而就的，往往需要耗费大量的精力，并且在经济决策中有可能还需耗费大量财力；另一方面，在社会行为领域，显然无法苛求人们的所有学习都必须基于自身的切身经历，尤其是一些切身教训可能伴随着较大的代价。鉴于此，对于他人经验的学习就显得尤为重要。社会学习理论就提到，除了受到直接经验的影响，个体的情感和行为也会受到所观察的行为的影响，即人们能通过观察别人所表现出的行为及其后果产生间接学习。他人经验对个体风险决策的影响作用已经在大量的研究中被证明。对于人工智能来说，其在进行风险决策时，一般是通过对特定场景的数据进行分析和建模，基于数据分析和建模的结果来制定该场景中的决策方案。从中可以看出，人工智能的决策依赖于先前输入的数据。如果没有对新场景中的数据信息进行分析，那么人工智能就不能在新的场景中做出合适的决策。也就是说，在没有对“他人”的经验数据进行亲自分析的情况下，“他人”经验就不会对人工智能的决策产生影响。因此，人工智能不像人类那样，可以通过他人经验来塑造和改变风险决策行为。

（三）在道德属性上

道德是人们在社会活动中与他人相处的重要准则，道德决策关乎社会和谐和稳定发展。人们的道德水平是参差不齐的，不同道德水平个体的道德决策是不同的，此外风险决策行为也是有差异的。研究发现，在道德情景中，人类进行道德决策时，更多的是依赖于一种直觉道德情感，而不是功利的价值计算（Hsu et al.，2008）。例如，对于前文提到的在非洲饥荒问题中，有两个选项，一个选项为把食物送到每个人手中，虽然所花费的时间会较长，且非洲炎热的天气将导致 20% 的食物变质；另外一个选项为只给一半的人送食物，所花费的时间会较短，但只可能有 5% 的食物变质。结果发现，大多数的人类被试会选择前一个更加道德的选项，即平均地帮助每个人，而不选择后一个更加功利的选项，即把食物分发给一半的人，以最大限度地减少食物的浪费。然而，人工智能的决策往往是通过比较每个备择选项结果的期望效用，依据期望效用最大化原则来确定的。由于人工智能决策考虑的维度较为单一，可能会引发一系列道德问题。比如，在上述问题中，如果仅仅考虑期望效用，那么人工智能很有可能选择更加功利的那个选项。也就是说，人工智能在进行风险决策时更多的是通过功利计算，而不是依赖于直觉的道德情感。因此，人类在决策过程中会考虑社会中的道德准则，而人工智能在进行决策时没有把道德因素纳入考虑范围。

（四）在文化背景上

文化渗透于人们的思想和行为之中。跨文化的研究发现，不同文化背景下的个体在风险决策上存在差异。例如，缓冲假说认为，在个人主义文化中，自我被认为从根本上独立于他人；而在集体主义文化中，自我被认为与他人高度相关；因此，相比于注重个人主义文化的西方国家，在注重集体主义文化的亚洲国家中，紧密的社会和集体支持会使得人们更容易从他们的社会网络中获得经济帮助，从而减少对风险的厌恶程度，表现出冒险行为的增多。而人工智能的风险决策是基于数据集和运算规则进行的，虽然不同文化背景下的研究者所研发的运算规则有所差异，但是在目前，大多数运算规则都是为了人工智能在风险决策过程中能够收益最大化。因此，目前的人工智能在进行风险决策时较少考虑文化背景因素，也就是说，人工智能的风险决策并不像人类那样会受文化背景的影响。

（五）在效率上

在长时间的持续工作后，人们会产生疲劳状态。研究发现，疲劳状态会对人类的注意力、记忆力、逻辑推理等一系列认知功能产生负面影响，此外，疲劳状态还会对人们的风险决策产生影响。例如，身体上的疲劳会促使健康成年男性在决策过程中更加冒险，心理上的疲劳会导致被试在决策过程中倾向于风险规避。此外，在睡眠剥夺也即疲劳状态下，成年个体在风险决策过程中的冒险程度增大，且受先前试次中非理性因素的影响也增大。因此，人们在风险决策任务中不能持续性地、长时间地工作，这会导致工作效果变差，工作效率降低。特别是在现实生活场景中，疲劳状态下的风险决策有可能带来不可挽回的后果。例如，在交通场景中，长时间驾驶汽车，人类驾驶员会产生疲劳状态，注意力不集中，进而影响加速、减速、变道等驾驶决策行为，甚至会导致车祸的发生。

在医疗场景中，临床医生持续不断地进行诊疗工作，会产生疲劳状态，有可能会发生疾病诊断或手术等决策失误，从而造成医疗事故。在超级计算、大数据、移动互联网、脑科学等新技术的推动下，人工智能已经在各行各业初显身手。人工智能在各种场景中决策的高效和精确性是人类不可比拟的。例如，一个正在运营的人工智能系统每小时可完成 100 亿张图像识别、300 万小时语音翻译或 10000 km 的自动驾驶人工智能数据处理任务。人工智能在医疗领域的应用和发展提高了医疗工作的效率和准确性，减轻了医生的工作负担，可以将临床医生从重复的、烦琐的数据处理和分析工作中脱离出来。只要硬件条件允许，人工智能可以持续不间断地进行决策，且在各个时间点上的决策效果均较好。与人类会受疲劳状态等因素影响不同，人工智能在持续风险决策时，效率和准确性能保持较高水平。

（六）在计算能力上

在风险决策过程中，人脑中的神经网络需要对各个选项的价值进行计算，以权衡潜在的风险和收益。因此，人类价值计算能力的强弱直接关系到其风险决策的成败。不同人价值计算的能力不同，那么在风险决策中的表现也不一样。例如，一项风险决策研究发现，网游成瘾者选择涉及概率计算的选项时反应时更短，前额区域皮层激活水平较低，这说明其对于风险选项价值和概率的计算存在一定问题（Lin et al.，2015）。也就是说，网游成瘾者的价值计算能力可能受到损害，所以行为表现上更为冒险并且导致较差的决策结果。还有研究发现，随着年龄的增长，个体对彩票价值的概率计算过程中出现了系统性的神经机制变化，这增加了老年人对不利赌注的冒险行为（Su et al.，2018）。除了价值计算能力的个体差异，人类价值计算能力是有限的，而计算机的计算能力则近乎无限。例如，谷歌专门为深度学习研发的 TPU 处理芯片，浮点运算速度比当时 GPU 和 CPU 要快 15 到 30 倍，借助于 TPU 处理芯片进行数据学习的阿尔法围棋机器人，拥有强大的围棋决策和博弈能力，击败了当时的世界围棋冠军柯洁。近年来，借助于量子计算机，人工智能的计算能力更是进一步大幅度提升。人工智能超高的计算速度，使其风险决策能力远远强于人类。

二、人机协作

（一）人机协作的历史

人机协作（human-machine collaboration，HMC）顾名思义就是指人类和机器协同工作，通过融合人类与机器或人工智能的优势，更好地完成各个领域的任务（Terveen，1995）。人机协作起源于人类对机器的信任危机。由于人工智能逐渐变得擅长于完成许多曾经只有人类才能做好的工作，例如，疾病诊断、风险控制、驾驶汽车等，而且其内部算法和支持系统正在以人类不容小觑的速度日益完善。而这一现象引起了社会各个领域的合理担忧，即人工智能终将取代整个经济社会中的人类工作者。然而这一趋势并不是不可避免的，也并不是人工智能技术开发者的初衷。研究者普遍认为，人工智能最重要的意义应该是从根本上改变各种任务的实现方式，给出如何完成任务的最佳建议，并作为人类能力的补充、辅助和增强，以弥补人类的不足和局限性，从而提高社会各个环节的效率，最终推动整个社会的高速发展和进步。如果社会只注重个体智能的不断提升，无论智能的主体是人类还是机器，都会使社会偏离共同发展和可持续发展的本质。纵观人类历史，几乎所有伟大的历史进步和发展都不是由个人独立完成的，而是一个集体通过跨越时间和空间相互协作实现的（Malone，Woolley，2020）。基于此，研究者们提出了集体智能（collective intelligence）（Leimeister，2010）和协同智能（collaborative intelligence）（Epstein，2015）的概念，即一种综合人类智能和人工智能优势的超级智能。通过建立某种人工智能网络模型，充分协同人类和机器的智慧（Wilson，Daugherty，2018），推动人类与机器作为一个集体，为实现共同的目标通力合作，协同促进。

1995 年，美国 Barrett Technology 公司研发了世界上第一台商业化的，能够使人机协同工作的 WAM 机械臂（WAM arm）。该机械臂是一个多功能可编程的抓持器，能够抓取危险的或不易被人工拿取的物品，凭借其超强的敏捷性和灵活性，以及其细长、轻量化的结构，能够在狭小空间内活动自如。研发该机械臂的目的是试图找出让机器变得足够安全、可控、易操作的方法，以便机器和工人更好地协同工作（Bloss，2016）。然而，即使该机械臂能够胜任很多人类无法完成的任务，但由于其抓取物品的重量极限只有 3 kg，也只能实现比较简单的工业流程，因此适用场景仍不够广泛。为更好地模拟真人在工业生产中的行动，满足更多工业生产环节的需求，美国西北大学的教授科尔盖特（Colgate）和其他研究者于 1996 年首次提出了协作机器人（cobot）的概念，即在没有安全围栏的情况下还能够与人类接触，共同完成工作的机器人。在人机协作生产过程中，人类操作员和协作机器人同处一个工作空间，因此，协作机器人必须遵守更严格的安全要求和国际标准，例如，尽量减少可能使人类操作员衣物或身体卷入的部件以及一定的功率和速度限制等。2005 年，欧洲开启了小微企业项目（small and medium enterprises project），该项目的主要目的是将协作机器人作为帮助提高本土小微企业生产效率的工具，降低运营成本，提高企业竞争力，从而避免劳动力外包的情况，为国内留出更多的工作岗位和机会，中小企业是目前机器人新兴市场的主要需求群体，与大企业不同，中小企业的产品通常以小批量定制、生产周期短为特征，且缺乏资金对生产线进行大规模改造，这就对机器人提出了成本低、部署能力快、使用方法简单等新的要求。因此，欧洲的小微企业项目也被研究者认为是协作机器人在国际上正式发展的动力起点（Gualtieri et al.，2020）。

当前，随着人们对工业、医疗、服务水平要求的不断提高，协作机器人已经逐渐发展出根据专业化要求进行细致分工的能力，还细化出适用于不同领域应用场景的执行机器人、管理机器人、决策机器人等不同类别的人工智能。未来，人工智能还将与其他学科领域的研究成果充分结合，以适应智能时代的新发展模式，与人类并肩作战，实现与人类的完美协同、共同生存，共享资源和机遇。

（二）人机协作的形式及应用

随着人工智能技术的发展，人机协作在工业生产、医疗保健、经济金融、个性化定制、虚假信息防控等领域的应用越来越广泛，人机协作的形式和种类也变得多样化。目前，人机协作的形式大致可以分为以下四种，即机器能够作为人类使用的工具（tool）、作为人类的协助者（assistance）、作为人类的搭档（partner）以及作为人类的管理者（manager）等（Malone，2018）。目前，已经有许多公司尝试使用人机协作来实现流程自动化。多尔蒂（Daugherty）等人（2019）对一千多家使用人工智能的公司进行了研究，结果发现，那些用人工智能取代员工的公司只获得了短期的生产率提高，而当人类和机器协同工作时，企业的长期生产率实现了显著的提升。人类具有独特的领导能力、团队合作能力、创造力、综合判断能力、推理能力和社交技能，而机器具有人类不能企及的精准数据处理和分析能力以及超强的算力。通过人机协同智能的形式，人类和人工智能可以实现最大程度的互补优势。下面将分为四部分详细阐述人机协作的四种形式及其应用场景。

1. 机器作为人类使用的工具

一些决策、工作重复耗时，不利于生产效率的提高，人们开始找寻能够使自己从重复的劳动中解脱出来的工具，作为工具的机器能够帮助人们完成大部分简单重复且强度大的机械劳动。例如，当人类在一台计算机上用 Word 和 Excel 等办公软件作为文字处理器或电子表格处理工具时，这台计算机只能实现软件内部设置的各种固定工具键对应的功能，按照人类使用者所点击的指令对信息进行相应的处理；而计算机不会做出其他意料之外的反应，因此可操作性较强，使用起来也较为容易便捷。此外，如果人类不进行任何操作，作为工具的机器内部不会发生任何自动化的升级和学习，因此，基本不会产生严重的错误或者引发社会道德问题。早期的协作机器人，如生产线上随处可见的生产装配机械手和机器人等，也是人机协作最基本的应用。机械手等工具的研发目标是在无须使用安全围栏进行隔离的情况下，协助人类，并与人类一同作业，解决人类较难以达成的精确度或让人类远离危险的环境和工作，协作机器人具有安全性高、适应能力强、不打扰人类工作、高效、低成本等特点（Goldberg，2019）。

自工业时代以来，机器长期在多个领域的工业生产中发挥着重要作用。机器作为人类使用的工具可以帮助人们完成简单重复的工作，在单一环节提高效率。但是，工具的智能化程度仍然比较低，无法通过主动学习对性能进行优化升级；且操作全程仍然需要人类的参与，若没有人类的指令，就无法自动进行工作。因此，此时的协作机器仍然没有完全解放人类的双手。

2. 机器作为人类的协助者

随着人工智能技术的发展，机器正扮演着人类协作者的角色。与上述的使用工具不同，该种合作形式下的机器通常掌握着更多的自主权和自动化能力，在帮助人类实现目标时更加灵活，从而可以更有效地完成决策任务。此时，计算机作为辅助智能的工具，在人类的指挥下进行相应的任务，机器所生成的任务结果完全在人类的可控范围内，也就是说，人类仍然对任务结果发挥着关键的决定性作用。因此，机器作为人类的协助者，对人类的依赖程度还是较强的，不会给人类造成替代性的威胁。

机器作为人类决策的协助者体现在多个领域。在产品设计领域，美国计算机软件公司欧特克（Autodesk）将人工智能融入日常的新产品研发工作中，当设计师改变输入的材料、成本和性能要求等参数时，人工智能软件就能提出符合国家安全标准的创新型产品设计概念，并为设计师分析其可行性（Noor，2017）。在顾客体验方面，嘉年华游轮集团（Carnival Corporation）利用可穿戴人工智能设备简化了邮轮活动的物流流程，并能从专业角度预测顾客的偏好，便于员工基于顾客偏好进行个性化的服务订制（Mercan，2020）。在软件开发领域，一站式应用开发服务提供商 Gigster 利用人工智能分析企业用户中各种类型的软件项目，无论其规模或复杂性如何，可以帮助人类快速估计所需的工作，还能针对评估过程提供每周的反馈报告；此外，还能帮助维护系统的内部代码、增加或升级功能，以实时调整工作流程（Daugherty，Wilson，2018）。在客户服务领域，英国维珍铁路（Virgin Trains）公司利用人工智能克服对客户的基本诉求响应速度慢这一问题，将处理事件的数量增加了一倍，并可以协助客服人员解决更加复杂的问题（Burgess，2017）。在设备维护领域，美国通用电气公司（General Electric Company，GE）使用一项名为数字孪生（digital twins）的应用诊断系统为技术人员提供机器维护建议（Tao，Qi，2019）。在公共安全领域，新加坡政府在举行公共活动期间，利用人工智能进行视频分析，从而预测公众安全行为，协助政府工作人员对突发事件进行快速响应（Zhang et al.，2019）。在人才招聘领域，联合利华（Unilever）利用自动简历筛选人工智能系统，迅速扩大了人力资源经理评估合格应聘者的范围（Gee，2017）。在诈骗监测领域，汇丰银行使用的人工智能系统能从信用卡和借记卡交易中筛选并标记出可疑的交易事项，以帮助银行业务员快速评估并批准合法交易，或者举报欺诈交易行为（Sindhu，Namratha，2019）。在医疗保健领域，美国辉瑞（Pfizer）利用可穿戴智能传感器对帕金森疾病患者进行全天候的症状跟踪，可以帮助医生定制个性化的治疗方案（Ossig et al.，2016）。

机器作为人类的协助者给人们的工作提供了很多便利，但是在复杂情境中，机器所发挥的作用就会较弱。例如，在四大会计师事务所之一的德勤（Deloitte），许多财务人员已经从事数据预测和分析超过 20 年，并掌握了丰富的专业知识和业务经验，他们构建了对于各项经营业务的预测算法，以帮助保险承保人更好地做出决策并规避定价风险及帮助索赔理算业务员更好地处理保险索赔。当情况较为简单时，计算机只需要按照固定算法完成任务；对于需要改变输入参数的复杂情况，人类业务员则可能需要稍加判断以消除那些输入信息中可能导致差错的部分；但当面对难以处理的综合性问题时，仍需要人类自身花费更多时间对那些需要知识背景、常识和判断的任务进行处理（Guszcza，Schwartz，2019）。Zhou 和瓦克斯（Wachs）（2018）对医院外科手术中的协作机器人展开研究并对机器人的性能进行了优化，该机器人能够识别实施手术的主刀医生正在进行的动作和流程，并对下一步操作进行预测；然后，在主刀医生进行下一步操作前选择并传递给主刀医师合适的手术器械。此外，该机器人可以对两项操作之间所需的过渡时间进行预测，这种对任务转换预测（turn-taking prediction）的能力能够确保麻醉师和护士尽早开始准备和计划，以实现两项操作之间的平稳过渡，从而大幅减少主刀医师的等待时间，提升手术效率。研究结果还发现，当提供的操作信息较少时，该机器人的预测精度高于人类；而当操作信息较为复杂时，机器人则表现出较差的预测精度。

通过上述的两个应用场景可以看出，当机器作为人类助手的角色时，在简单任务中能够较好地展现机器算法精准度高、计算力强大的优势，从而很好发挥作用，以帮助人类提高完成任务效率等。但在任务复杂的情况下，简单的人机协作形式则不能满足人类不断提出的多样化、多准则的需求。在这一基础上，逐渐发展出功能更强大的集成机器人，以适应现代化社会中各领域的智能化发展趋势。

3. 机器作为人类的搭档

目前，已经有越来越多的人工智能在各种情况下能够作为人类的搭档，与人类一起合作完成非常重要的任务，并在各项指标上展现出与人类平分秋色的表现。甚至，人工智能可以独当一面，做好人类目前所不能及或存在短板的工作。与机器作为人类助手的角色不同，机器作为人类搭档时，人机协作系统内需要设计支持机器人发挥更高自主性的智能开放式接口，以保证机器能够适应具备多种要素、环境和情况复杂的动态场景，解决社会中不断涌现的问题，满足人类不断变化的需求。

在自动化汽车制造领域，梅赛德斯奔驰（Mercedes-Benz）通过自动装配机器人与人类共同完成汽车的装配这一复杂工作，还可以实时根据客户需求开展个性化的汽车装配工作（Calitz et al.，2017）；在金融服务领域，摩根士丹利（Morgan Stanley）将机器人顾问作为“机器幕僚”，它能根据实时的市场信息发挥与投资顾问相同的作用，例如，机器人顾问可以为客户提供一系列投资选择，以及为企业提供精准营销、风险管理、运营优化方案等建议（Duft，Durana，2020）；在零售时尚行业，美国定制服装电商平台 Stitch Fix 开创性地让机器学习算法与设计造型师共同协作，结合二者的共同灵感，帮助消费者选择个性化服饰，提供数据驱动的服装搭配建议等服务，简化用户决策流程，从而提升用户购物体验（Wilson et al.，2016）。

机器作为人类搭档的一个经典应用是社交机器人（social robotics），社交机器人在人机交互领域的研究中发挥着重要作用（Breazeal et al.，2016）。社交机器人旨在以自然的人际交往方式与人类产生互动，并且已经在教育、医疗保健、生活质量、娱乐休闲、通信和其他需要团队协作的任务场景中取得了积极的进展。开发社交机器人的长期目标是创造出能与人类合作的社交智能，因此，社交机器人需要有能力使用语言和非语言信号与人类产生正常交流，从而为人们提供任务相关的有效社会支持。此外，社交机器人还需要掌握广泛的社会认知技能以及其他思维理论，从而基于认知、情感、身体、社会等多个维度理解人类的智力和行为，还需要以更直观的形式展现给人类，从而更好地被人类所理解。社交机器人的研发需要机器人学、人工智能、心理学、神经科学、人因学等多种交叉学科的成果，因此是一项极具挑战性的任务。越来越多的社会情感机器人被设计出来，以实现人类与机器人的融洽互动。一些机器人被设计成带有情绪刺激和情绪反应的决策系统。例如，彭尼西（Pennisi）等人（2016）发现在自闭症（autistic spectrum disorder，ASD）患者的治疗中使用社交机器人具有许多积极的作用，如自闭症患者在与机器人伙伴合作时往往比与人类伙伴合作时表现更好。在采用机器人进行自闭症治疗过程中，自闭症患者与机器人的社交行为频率增加，且患者表现出的自闭症症状，如重复行为和刻板行为，有了显著的减少。该研究表明，社交机器人能为临床医生提供一种治疗自闭症患者的有效方法。此外，索尼公司研发的电子机器宠物 AIBO 也被证明能够在与自闭症患者互动过程中产生积极的治疗效果。AIBO 与日文中“同伴”的发音相同，在 AIBO 体内，嵌有一片微型芯片，来赋予其各种智能化的表现，如可以像真正的宠物狗一样做出各种动作，还能通过分辨语言展现出喜悦、生气等情绪。该芯片的算法还设定了它具有开放性学习和成长的能力，如果人类搭档精通计算机编程语言，可以通过改变输入为 AIBO 设计与出厂设置不同的特别动作，如挠痒、摇尾、打滚、撒娇等等。在与 AIBO 交互的过程中，人类能够最大限度地发挥能动性，通过积极的行为表现情绪，并从 AIBO 的反馈中获得生动有趣的全新生活体验（Kramer et al.，2009）。除了与病人互动的智能系统，研究者们还研发出了与临床医生相互协作的智能系统。例如，MYCIN 作为一种能对血液感染患者进行诊断和治疗的智能专家医疗系统，能够给治疗血液感染的专业医生建议如何针对患者症状，确定血液感染的种类及相应的治疗方法。由于血液感染的种类繁多，与其对应的抗生素种类也很多，因此在时间有限的情况下确定病症，并根据患病的严重程度和病人身体基础选择有效的治疗方法并不是一件容易的工作。而 MYCIN 系统内存储了大量血液感染专家长期积累的知识经验，并把这些知识归纳成 500 多条规则。当使用 MYCIN 进行医疗诊断时，医生通过计算机的人机交互接口，将病人的详细数据输入计算机，而 MYCIN 系统则将数据不断与内部知识进行匹配，直到获得匹配程度最高，最准确的诊断结果。MYCIN 系统加速了人工智能与人类专家之间的诊断协作，通过配合，使病人在不耽误病情的最短时间接受到最对症的治疗方案（Shortliffe，2012）。

机器作为人类的搭档在对深度伪造（deepfake）的鉴别领域也发挥了重要作用。作为现代人工智能的产物，深度伪造是指依靠人工智能算法生成具有高度真实性的虚假图像和视频，这些算法通过剪辑、组合、替换和叠加图像和视频片段，以创建看似真实的虚假视频。只需要某人简单的图像和声音等数据信息，深度伪造技术就能够在不征得此人知情同意的情况下生成关于此人动作、表情和声音的音视频文件（Westerlund，2019）。深度伪造有可能被用于报复行为、法庭上的假视频证据、政治破坏、恐怖宣传、勒索、市场操纵和假新闻等场景中，给社会秩序和公共安全等造成巨大危害。为了开发出能够识别深度伪造的人工智能系统，维护政府权威以及互联网和社交媒体的公众隐私，马拉斯（Maras）和亚历桑德罗（Alexandro）（2020）在研究中提出了人机协作的方法，从而更好地应对深度伪造等虚假信息。该研究认为，由于深度伪造的虚假视频和真实视频会在背景、光线等细节上与真实视频有细微差异，且在某些社会化场景或多人场景中，由于人类的知识背景较为丰富，且对面部表情差异的察觉更加敏锐，因此对日常场景的判断的准确度更高。但是，

人类容易受到愤怒等情绪、疲劳等因素的影响，导致其判断能力的短暂降低。而人工智能模型通过对大规模的数据进行深度学习，能够建立通用的识别模式，在视频不够清晰或背景较暗的特殊条件下产生更准确的判断，且识别效率远超人类。因此，通过人机协作的方式能对虚假视频实现最优的鉴别能力，以保证信息的正确传播。

机器作为人类的搭档，是目前最常见的人机协作形式，在生产生活各场景中发挥着至关重要的作用。在人机协作过程，机器能够以人类的效用最大化为出发点和目标，充分将人的推理、判断、决策优势作为效用指标嵌入机器的智能体系里，发挥人类作为最高级智能形态的控制能力。人类作为机器的最终管理者对机器人提供任务目标，并在确保机器人动作行为的合理性和安全性的前提下，完成对环境的分析理解和决策的过程。通过与机器进行搭档协作，能够充分发挥人类和机器的优势，形成优势互补。

4. 机器作为人类的管理者

虽然，机器作为人类的管理者这件事有些难以置信，但在许多情况下这种现象已经较为常见。在某种意义上，机器甚至能对人类发挥替代性作用，或者对人类由于某些损伤导致的部分行为能力丧失发挥替代性补偿作用。

城市信号灯是城市交通的管理者。在过去，需要人类交通警察在十字路口指挥才能保证繁忙的城市交通的正常运转；而在现在，若不出现突发意外，根据道路车况、车流、人流密集程度设定的交通信号灯网络就能成功地实现对整个城市交通的规划，并确保绝大部分行人和车辆的顺利、安全通行。与此相似的还有航空领域中的空中交通管制（air traffic control，ATC）系统，通过自动化的雷达监测系统，能对一个空域中各航线的航空管制员和飞行员等进行飞行许可、指令调度，以确保数架飞机之间的安全飞行间隔距离，并通过引导飞机的航向、航线等来动态控制空中交通流量（Lee，2005）。此外，汽车的自动驾驶系统也是一个很好的例子，若汽车行驶过程中不出现硬件故障和算法上的严重失误，仅需要人类驾驶员选择行驶模式，自动驾驶器就能进行完整的启动、加速、行驶、刹车的动作流程，并根据道路上的实时动态，向人类驾驶员发送有关速度、天气等指标的数据和反馈，既能发挥机器精确反应的优势以管理好整个驾驶过程，又确保了人类在必要时刻掌握紧急制动的能力，从而大大减少了人类精力的消耗。此外，现在已经有越来越多的机器有能力使用算法来计算人类需要完成的所有任务的优先级顺序，还能根据企业中各种岗位和层级所需要的员工的特点及能力，来更好地进行岗位的分配和安排。人工智能还能在人才招聘环节中根据企业目前发展的需要，选择最能发挥价值和才能的员工，减少了不必要的人力和物力成本，大大优化了业务流程，提高了整个企业的效率（Libert et al.，2020）。

脑机接口（brain computer interface，BCI）也是人机交互的一个应用实例。这是一种通过将人工智能技术与人脑直接耦合，研究如何用神经信号与外部机械直接交互的技术。作为一种修复和辅助人类认知或感觉、运动功能的方式，脑机接口正逐渐在医学领域发挥着重要的作用。科学家最初研发脑机接口的目的是为无法使用大脑－肌肉通路与外界交流的人提供新的交流通道。由于人工智能植入技术具有修复或提高人类的一般认知能力的潜力，这项技术或许在某天能让因患有中风、癫痫、渐冻症、创伤性脑损伤等病症的患者获得感觉、运动功能以及其他大脑功能的替代性恢复。脑机接口还被用于非医疗目的，例如对设备进行实时通信和控制等（Brunner，2011）。

人工智能虽然可以作为人类的管理者，协调指挥人类的行动，代替人类做出决策行为，但是在实际的应用中，仍然存在一些问题，例如，人类与人工智能之间的信任问题。人机信任主要受人类、机器和环境三类因素影响。而由于人机协作的任务性质与难度差异很大，当一项任务对人的专业性要求以及对人

工智能技术的要求很高或任务难度较大且环境复杂多变难以预测时，人工智能出现严重错误的风险也会随之显著升高。此外，由于当前人工智能等技术的可解释性、可控性以及公平性仍存在很多问题，人们仍然无法对机器建立彻底的信任。因此，如何增加人们对人工智能的信任程度，从而扩大人工智能的应用范围，是人工智能领域研究者们不断努力的方向之一。

第九章 人工智能的研究展望

人工智能已经给人们的生产和生活带来了翻天覆地的变化，然而，目前人工智能在基础研究和应用研究方面还存在一些局限。随着人工智能基础研究和应用研究的进一步深化，人工智能所发挥的作用将会越来越大。本章将对人工智能的基础研究和应用研究进行展望，以畅想人工智能在未来的无限可能。

第一节　人工智能的基础研究展望

目前，人工智能的基础研究遇到各种瓶颈，本节将对人工智能基础研究中所遇到的一些瓶颈问题进行简要阐述并对这些问题的解决方法进行展望，主要包括基于风险决策脑研究的人工智能展望、基于间接学习的人工智能研究展望、人工智能在可解释性方面的研究展望和人工智能向强人工智能的发展展望。

一、基于风险决策脑研究的人工智能展望

人工智能研究至关重要的两个领域，即深度学习和强化学习的概念都起源于脑科学的思想。脑科学研究中有关注意力、学习、思维、记忆、风险决策等方面的研究成果也可以被人工智能借鉴，为人工智能的发展提供启发。

人类的大脑是模块化的，具有独立且能够相互作用的子系统，以支持记忆、语言和认知控制等关键功能（Anderson et al.，2004）。对于人类的视觉系统来说，该系统不会并行处理所有输入，其视觉注意力会在地理位置和对象之间进行战略性转移，并在一系列区域的处理资源和定位点（representational coordinates）上进行聚焦（Moore，Zirnsak，2017）。而神经计算模型证明，这种通过对给定时刻相关的信息进行优先排序的方法有利于动物集中注意力并提升行动效率（Tallon，2012）。因此，注意力机制是人工智能架构的灵感来源之一。有研究发现，利用神经网络的选择性注意力机制来忽略一个不相关的对象，在噪音背景下的高难度物体分类任务中表现出了较高的准确性（Mnih et al.，2014）。虽然注意力通常被认为是感知的定向机制，但注意力能够对人类大脑内部的存储功能产生影响，这一功能启发了人工智能的相关研究。在一些架构中，注意力机制被用于从人工神经网络的内部存储器读取信息，有助于推动人工智能在机器翻译方面取得进展（Bahdanau et al.，2014），也可以帮助人工智能在记忆和推理任务中取得重大进步（Graves et al.，2016）。在记忆领域，海马体

（hippocampus）一直是研究者关注的脑区之一。研究者认为，人类的学习行为以海马体和新皮质中的并行或“互补”的学习系统为基础（Kumaran et al.，2016）。海马体会在单独一次学习（one-shot learning）后对信息进行编码，但这些信息在睡眠或休息期间会逐渐整合到大脑皮层，这种巩固伴随着海马体和新皮层的回放，逐渐演化为伴随学习事件的神经活动的结构化模式。深度 Q 网络（deep Q-network，DQN）是一种基于深度学习的 Q 学习算法，该算法对应的一个关键概念为“经验回放”（experience replay），通过这种方式，神经网络以基于实例的方式存储训练数据的一个子集，然后离线“回放”它，从过去发生的成功或失败经验中重新学习。“经验回放”对于最大化数据效率是至关重要的，能够避免从连续的相关经验中学习获得不稳定效应，并允许神经网络在复杂且高度结构化的环境中对可行的价值函数获得学习。因此，深度 Q 网络中的“回放”缓冲区可以被视为一个原始的海马体，使计算机能够通过模仿大脑进行辅助学习（Horgan et al.，2018）。从上述实例可以看出，注意、记忆等方面的脑科学研究成果极大地启发了人工智能技术的发展和革新，人类智能在人工智能的发展中发挥越来越大的作用。

在风险决策领域，决策行为主要涉及的脑区包括内侧前额叶皮层、眶额叶皮层、腹侧纹状体与前扣带回等（Blankenstein et al.，2017）。眶额叶皮层作为“计算中枢”，负责处理有关刺激与结果的价值信息；内侧前额叶皮层作为“执行中枢”，将刺激与结果的联结信息汇总，形成执行策略存储下来，并根据新信息对策略进行更新；前扣带回负责预测决策结果的价值信息，会将整合后的奖赏信息传送到运动区（Hyman et al.，2006）。例如，在风险寻求的个体中，前额叶的激活程度随着风险增大而增强，但在风险规避个体中却呈现相反现象，这表明前额叶的活动程度有可能反映了个体的风险态度（Juechems et al.，2017）。研究发现，腹内侧前额叶的损伤会改变个体对预期收益与损失的风险容忍度，即腹内侧前额叶病变的患者在损失情境中倾向于风险寻求，但在收益情境中倾向于风险规避（Pujara，2015）。还有研究发现，个体较频繁的风险寻求行为与其眶额叶皮层较强的激活有关（Blankenstein et al.，2017）。除此之外，伏隔核与前脑岛也被发现参与到了风险决策过程中，个体在预期不确定性收益时，激活了伏隔核与前脑岛；但在预期不确定性损失时，只激活了前脑岛（Samanez，Knutson，2014）。综上所述，风险决策所涉及的脑区有前额叶、眶额叶皮层、前扣带回、纹状体、伏隔核、前脑岛等（Clark et al.，2008；Blankenstein et al.，2017）。有可能这些脑区形成了一个风险决策相关的神经环路。在这个神经环路中，首先，刺激编码系统通过对外界刺激信息的加工而形成指令评价编码；随后，预期奖赏系统对此编码进行深度解释而产生不确定性预期奖赏信号；最后，行为选择系统参照此奖赏信号而形成风险态度指令行为编码，并产生相应的风险决策行为。

目前，预期效用、贝叶斯决策模型、多准则决策模型等风险决策的行为模型在人工智能中的应用广泛，而风险决策的脑科学研究在人工智能中的应用较少。风险决策的脑科学研究蕴含着丰富信息，有助于揭示风险决策的内在机制。例如，上述的风险决策神经环路，若研究者们在神经环路中找到各个关键节点相关的脑区，有望在脑活动层面构建出风险决策的神经网络模型，厘清神经网络模型中各个脑区的相互作用模式和因果关系，那么将对人工智能构建风险决策的有效模型提供强有力的保障。因此，在今后人工智能的基础研究领域，可以基于风险决策的脑科学研究成果，建立相关的人工智能风险决策模型，从而促使机器更加高效和准确地进行风险决策。

二、基于间接学习的人工智能研究展望

人工智能对输入的数据具有很强的依赖性，且只能基于本身的算法和逻辑体系进行独立的数据分析和决策，很难做到基于其他人工智能机器的结果进行旁观或间接学习，进而较难通过对某项任务获得的经验迅速提升学习效率和决策准

确率，或者基于其他人工智能算法产生的误差进行可能的算法改进与模型修正。

近几年发展起来的联邦学习（federated learning）这一新研究领域则为解决人工智能孤立学习的问题提供了可行的新途径。联邦学习，又称联邦机器学习（federated machine learning）。作为一种新型的机器学习框架，它能有效帮助多个机器在不损伤模型质量以及满足用户隐私保护、数据安全和政府法规的要求下，进行数据使用和机器学习建模，而且不存在应用领域和算法逻辑的限制。联邦学习有三大构成要素：数据源、联邦学习系统、使用者。在联邦学习系统下，各个数据源的拥有方需要进行数据预处理，共同建立机器学习模型，并通过系统将输出结果反馈给使用者。联邦学习作为分布式的机器学习范式，能够有效解决数据孤岛问题，让人工智能使用者在无须共享数据的基础上联合建模，能从技术上打破数据孤立处理的现状，实现人工智能之间的相互协作（Yang et al.，2019）。目前，联邦学习已经在医学领域的图像分析中发挥了重要作用。在该领域，保护患者数据是算法考虑的最高优先级，基于联邦学习，各人工智能系统之间不会通过交换具体的训练数据，如患者的医疗图像、患者信息等来实现效率提升。而是会通过存储相关机器学习的知识，并将这些学习数据传输到中央服务器的方式，让其他参与的人工智能系统也能从中央服务器获得相关学习数据。通过联邦学习，就能最大限度地兼顾数据共享的多样性和数据保护的安全性（Rieke et al.，2020）。然而，目前联邦学习仍然存在某些问题，如上传大量数据导致传输效率过低。但是，随着硬件技术的发展，我们相信数据传输效率将会大大提升。在未来，研究者们还可以继续扩大联邦学习的应用场景，让其不再局限于医疗领域，进一步突破人工智能孤立学习的局限和技术瓶颈，利用联邦学习，推动人工智能在全行业的充分发展。

此外，类脑计算（brain-inspired computing）也是一种推动人工智能进行高级学习、借鉴人类学习经验，从而实现强人工智能的重要途径（Furber，

2016）。由于大脑和人工智能对数据的使用效率不在同一水平之上，人类在看到数据时就可以充分提取里面的信息，并依靠知识背景和经验直觉做到对信息的加工处理，进而形成某种知识并学到某种技能；而目前的人工智能算法却需要大量的信息输入，才能使得它学习并掌握完成某种任务的方法。这是由于人工智能缺乏人脑特有的、非常灵活的迁移学习的能力。虽然，最强大的深度学习算法也逐渐具备了这类举一反三的迁移学习能力，但也仅在执行一些性质非常相似的任务中才体现出来。此外，目前人工智能算法还缺乏元学习（meta learning）和高效学习的能力。元学习是指人工智能模型学会提取一大类问题里类似的本质，使其可以在获取已有知识的基础上快速学习新的任务的能力，即学会学习的能力（Wang，2021）。而高效学习是指利用先验知识从少量样本中快速学习新概念的人类独有能力（Sung et al.，2017）。虽然人工智能还不具备这些高级的学习能力，但心理学领域有关人类学习的基础研究正在为人工智能的学习算法不断提供着研究方向和启示。特别是在人类基于他人决策经验进行学习，从而优化自身后续决策行为方面的发现，也许在未来可以被人工智能技术所借鉴。那么人工智能将不再仅仅通过自身的数据训练来进行学习和决策，也许可以通过观察人类或者其他人工智能的决策行为来推断该行为背后的机制和算法原理，从而优化自身算法，最后优化决策行为。

三、人工智能在可解释性方面的研究展望

人工智能系统能够以自动化的形式独立做出决策，其自主性是基于各种认知模型和理论、深度学习及其他算法实现的（Rahwan et al.，2019）。随着人工智能、深度学习、大数据等信息技术的快速发展（Duan et al.，2019），在过去的几十年里，机器已经从机械化、自动化向智能化过渡。计算机算力的不断增加和算法的不断改进使机器能够在各种复杂情况下追赶甚至超过人类。例如，围棋机器人阿尔法狗在曾经只有人类才能玩的策略游戏中击败了人类顶级

玩家（Silver et al.，2017）。谷歌的无人驾驶汽车比人类驾驶的汽车更安全、更稳定（Hancock et al.，2020）。在医疗领域，人工智能技术也在以前所未有的速度发展，以帮助医务人员更好地诊断和照顾患者（Topol，2019）。由于机器的能力在深度和广度上仍在不断进化，在不久的将来，机器还将独立承担越来越多重要的任务。

然而，在当前的弱人工智能阶段，大部分算法和系统都是通过训练有限的输入数据，为了实现特定的目标而开发的。因此，它们通常只有在初始定义的范围内才能很好地执行任务。此外，输入和输出数据之间的因果关系往往是结构不良的，许多弱人工智能的系统就像一个“黑箱”，无法被人类理解。尽管机器或算法在收集、处理和分析信息方面的能力和速度可以轻松超过人类决策者（Jarrahi，2018），但它缺乏基本的灵活性、适应性、透明度和责任感，导致人类对其的应用产生恐惧感和不信任感。此外，在涉及人类生命等高风险决策时，由于其在道德困境下会产生推理不足的情况，因此在没有人类监督的情况下机器仍无法独立自主地完成工作（Xu，2019）。博马萨尼（Bommasani）等人（2021）在其研究中也明确指出，由 OpenAI 研发的第三代通用预训练转换器（general pre-trained transformer-3，GPT-3）以及由谷歌研发的以超级语言模型 Switch Transformer 为代表的人工智能基础模型逐渐显露出同质化（homogenization）和涌现（emergence）的风险。同质化表现在目前几乎所有最先进的自然语言处理模型都源于少数几个基础模型，它们构成了自然语言处理的基础；虽然基础模型的改进可以为自然语言处理模型带来性能的直接提升，但也会继承其固有缺陷。因此，所有人工智能系统都有可能随着模型规模的增长，随之表现出与基础模型相同的错误与偏差。而涌现则指的是在巨量化的人工智能模型中，只需给模型提供提示线索，就可以让其自动执行任务。这种提示既不需要经过专业训练，还会在系统使用者期望的数据范围之外出现。这意味着人工智能系统的行为是隐式归纳而不是显式构造的，这使得基础模型的可理解性大大降低，还会表现出某些看似智能，实则缺乏实用性的性能以及许多难以预料的、非拟人化的错误模式。例如，在与第三代通用预训练转换器的对话过程中，研究者发现其在对比事物的重量、计数等方面缺乏基本常识和逻辑；此外，第三代通用预训练转换器还会出现严重的系统偏见，如当研究者要求它讨论有关少数族群、妇女等话题时，该系统产生了许多涉及种族歧视和性别歧视的危险言论。然而，由于训练算法耗费的成本过高，模型的修正和重新训练是非常困难的。人工智能模型最大的优势却在某种程度上变成了约束其发展的瓶颈，但对于这一现状和问题，目前仍没有非常有效的解决方案。

由于数据偏差、算法固有缺陷以及人为固有偏见的存在，现有人工智能算法对于某些特定人群普遍存在不公平的歧视性现象。随着人工智能算法在社会各行业的广泛落地应用，作为辅助人们决策的重要工具，算法的公平性问题正受到越来越多的关注。在过去的几年中，研究者正在不断探索针对不公平问题的解决方案，包括输入完整无偏的数据集、将公平性约束损失算法引入机器训练和模型构建中、提高人工智能算法的可解释性等。但就目前的发展水平而言，对公平性研究仍处于初始发展阶段，对精确度和公平性的权衡、应对不同场景的适用性和有效性等问题上仍需进一步探究。此外，人工智能的自动机器学习领域也存在解释性差的问题。例如，虽然神经网络结构搜索（neural architecture search，NAS）已在一些应用领域中取得了能够与人类机器学习专家可比较的水平，但是现有的神经网络结构搜索方法仍然需要基于人类设计的神经网络基础结构（Ren et al.，2020）。此外，机器学习的自动化过程也被研究者普遍认为是一种“黑箱”，缺乏可解释性。通过提高自动机器学习中的超参数选择、特征表示、神经网络结构搜索的自动化程度及可解释性等，自动机器学习将实现对机器学习涉及的每个环节真正的自动化设计过程，进而推动更具普适性的自

动机器学习平台的建设，最终实现人工智能的大众化（Wang et al.，2021）。未来人工智能技术将向着安全智能方向继续发展，从算法的可解释性入手提升模型的可信性，推动人工智能技术在更广泛领域的安全落地。

神经科学能够帮助人工智能提升可解释性，例如，提供新的分析工具来理解人工智能系统中的计算过程。由于人工智能的复杂性，虽然目前深度学习和深度强化学习技术取得了突破式进展，但相关研究应用的内部表达和计算机理仍然存在不直观、不透明的“黑箱”问题，使得人工智能系统的使用者充满恐惧感和不信任感，从而限制了人工智能的应用和发展。在未来的基础研究中，借鉴神经科学中的探测技术，例如单细胞记录、神经影像、切除技术等，也许有助于研究者分析神经网络，更好地解释人工智能模型，提高这些模型算法的透明度和可解释性，从而增加用户的信任感和对人工智能的整体接受程度（Fellous et al.，2019）。

四、人工智能向强人工智能的发展展望

人工智能的发展包括三个阶段，即弱人工智能、强人工智能和超人工智能，而人工智能真正为人类所用且可实现的则是前两个阶段。弱人工智能也称窄人工智能（narrow artificial intelligence），指的是专注于且只能解决特定领域问题的人工智能。强人工智能又称通用人工智能（artificial general intelligence，AGI），即真正能实现推理、解决问题并独立制定决策，拥有思维、知觉和自我意识，能够在通用领域胜任人类所有工作的人工智能（Goertzel，2007）。然而，即使是当今最先进的人工智能技术仍然只停留在弱人工智能阶段，研究者们正在努力将人工智能向更高水平的强人工智能演进。

人工智能之父艾伦·图灵提出的图灵测试，为强人工智能设定了一个可操作的标准：如果一台计算机在表现（act）、反应（react）和互相作用（interact）三个方面都展示出与有意识个体相同的性能，那么它就应该被认为是有意识

的。这种人工智能的测试标准往往被称为图灵测试。图灵测试是指测试者与被测试者（包括一个人和一台机器）在隔开的情况下，通过键盘等装置向被测试者随意提出开放性的问题，而非集中于同一领域的问题；在进行多次测试之后，如果机器能让平均每个人类参与者做出超过 30% 的误判，那么就认为这台机器通过了测试，并被认为具有人类智能，即达到强人工智能的标准（Oppy，2003）。当前，仍没有一台机器能真正地通过图灵测试，研究者为避免图灵测试容易被操纵的局限，提出了两种特殊的替代性测试，即库兹韦尔－卡普尔测试（Kurzweil-Kapor test）和咖啡测试（coffee test）。库兹韦尔（Kurzweil）和卡普尔（Kapor）提出的库兹韦尔－卡普尔测试要求计算机进行长达两个小时的对话，并且在三名人类评委中，必须有两名认为这是人类的对话才算通过测试。卡普尔认为至少到 2029 年人工智能才有可能达到测试的要求（Lumbreras，2017）。苹果（Apple）联合创始人沃兹尼亚克（Wozniak）提出的咖啡测试则要求机器在普通的家庭中，不依靠任何特定的程序帮助，像人类一样进入房间，主动寻找所需物品，明确功能和使用方法，操作咖啡机并煮好咖啡，才算通过测试（Agar，2016）。相比之下，当前的弱人工智能只能完成物品识别和确认等简单任务，而不具备举一反三和推理等高级的人类智能特有的能力。

DeepMind 创始人哈萨比斯和其他研究者提出了两种发展强人工智能的方向，第一种是通过描述和编程体系模仿人类大脑的思考体系，第二种是以数字形式复制大脑物理网络结构（Hassabis et al.，2017）。可见，强人工智能发展依赖于脑科学的发展。但强人工智能并不是直接模仿人脑，而是依靠理解大脑的工作原理，从而启发科学家创造更高级智能的架构。先前受限于技术原因，脑科学研究进展较为缓慢，随着脑成像等技术的快速发展，使得人类大脑的工作机制研究成为现实。尽管如此，目前对于思维、情感、意识、推理过程等大脑的高级功能，人类的认识仍然停留在较浅层面。因此，不管是效仿大脑结构，还是试图描述清楚人类智慧产生的原理，都无法逾越因果关系推理的鸿沟。迄今为止，仍然没有人工智能模型突破这一难题。而当人工智能的模型参数和规模被一次次超越和刷新，达到远超人脑突触的数量级时，研究者或许就能在未来突破因果关系推理这一技术奇点，带领人们进入强人工智能时代。

在现实生活中，人类的决策方式具有一种当前人工智能系统缺乏的能力即直觉运用，这也是人工智能决策想要模仿人类决策的必经之路。人类决策的背后包含着潜意识里关于世界如何构成的背景知识，这些背景知识构成了人类认知发展的基石，它帮助人类在各种情境下用直觉来行动。例如，我们可以不假思索地准确命名出物体（即使看到是模糊或者残缺的影像），我们能体会到不同情境下他人的感受，甚至我们可以在缺少相关信息的情况下仅凭直觉做出决策。佩恩（Payne）和伊安努齐（IannuzzI）（2012）在一篇综述中提出，当没有充分的时间对外界环境进行仔细分析思索比较时，直觉所具有的快速性和无需努力的特点会保证人类决策的有效性。例如，直觉在消防员的临场决策中不可或缺（Klein，1998），在瞬息万变的战场指挥中必不可少（Kaempf et al.，1996），在争分夺秒的手术中也至关重要（Abernathy，Hamm，1995）。李虹等人（2013）在研究中探讨了不同难度（简单或负载）的逃生任务情况下，依靠不同的决策依据方式（直觉和分析）的逃生效果。研究采取 2（决策依据方式：直觉和分析）×2（任务难度：简单和复杂）实验设计。使用指导语控制被试的决策方式和任务难度。在简单逃生任务下，先让被试想象所在的公共场合突然着火，有 3 种可能的逃生选择，让直觉组被试立即选择逃生方案，而让分析组思考三分钟后选择逃生方案；在复杂逃生任务下，给被试呈现 18 个与在火灾中的逃生决策有关的词语，让直觉组被试立即圈出 6 个最有可能帮助他成功逃生的词语，而让分析组思考三分钟后圈出 6 个最有可能帮助他成功逃生的词语。结果发现，在复杂逃生任务中，直觉决策的逃生方案明显优于分析决策；而在简单逃生任务中，直觉决策和分析决策的逃生方案差异不明显。该研究表明，在有些情况下基于人类自身直觉的决策反而是更加合适的。

人工智能基于以往积累的海量数据、不同模型结果的对比和极度奢侈的能量消耗，才能在某些特定领域上的决策与人类比肩，而且时不时地会犯下非人类的错误。在如火如荼的人工智能图像识别领域，有一个检验人工智能辨别能力的试金石，即通过计算机视觉与图像识别应用程序接口能否正确识别和区分吉娃娃犬与纸杯松糕的图像。而实证结果表明，包括微软在内的几家著名企业开发的图形识别程序都将二者图像混淆，甚至将松糕识别为毛绒玩具，当对图像中的对象做出修改和增加噪音的情况下（如图像遮挡、模糊和缺失），识别的准确度则会更低（Togootogtokh，Amartuvshin，2018）。在自动驾驶领域，如果自动驾驶车辆的摄像头仅仅拍摄到了一位行人的脚，车辆究竟能在多大程度上准确判断出附近有一位行人经过，也仍是个未知数。著名人工智能学者米歇尔（2019）对当今的人工智能判断和识别能力的发展水平持悲观态度，她认为即便给目前最先进的人工智能大量的数据来进行模拟训练，它也未必能学会像人类一样利用直觉来进行常识判断。现有的人工智能在细小领域可以做出循规蹈矩的决策，但是倘若遇到了从未训练过的情况，人工智能的决策系统会因为无法利用直觉进行决策而失灵。

要想令人工智能决策实现真正进步，就需要让它不断提升利用直觉的能力和范围。在人工智能领域，越来越多的学者加入到了赋予人工智能直觉的行列。2018 年，微软创始人之一的艾伦（Allen）将有关人工智能直觉的研发预算增加了一倍；拉约尼（Raayoni）等人（2021）则在《自然》杂志上介绍了其与谷歌团队研发的“拉马努金机”（Ramanujan machine），该人工智能系统可以利用直觉帮助人类在数学计算中快速找出精准规律，甚至生成数学公式。随着基础研究的不断深入，我们可以大胆预期人工智能在未来某天能够拥有直觉，并且像人类那样根据直觉做出一系列的决策行为。

第二节　人工智能的应用研究展望

人工智能在自动驾驶、智能医疗、智能司法、智能军事等领域有着较为广泛的应用，并且本书在相应部分已经对人工智能的应用进行了展望。本节将对人工智能在养老、特殊人群、公共卫生等方面的应用进行展望。

一、人工智能在养老方面的应用展望

第七次全国人口普查结果显示，截至 2020 年 11 月 1 日，中国 60 岁及以上人口数为 2.64 亿，占总人口数的 18.7%，65 岁及以上人口数约为 1.91 亿，占总人口数的 13.5%（宁吉喆，2021）。我国人口老龄化程度进一步加深，老年抚养比日趋加重，即将成为中度老龄化国家，如何积极应对老龄化问题成为当务之急。以人工智能为主的高新科学技术代替劳动力，有望满足老年养老的需求，为老年群体提供智能服务。

人到晚年，生理上会表现出新陈代谢减缓、抵抗力下降、生理机能下降等状况（Pendergast et al.，1993）。因此，在养老问题中保障老年人的健康和安全是最为重要的一环。利用人工智能、移动互联网、物联网等技术，开展智能化居家社区养老服务，实现养老、健康、医疗、生活服务一体化发展，是未来养老领域发展的必然趋势。其中，一些可穿戴的智能健康监护产品，可以捕捉老年人的血压、心电等生命体征数据，通过对这些数据进行分析，可以追踪老年人的健康状态或开展远程诊疗，帮助医务人员进行老年人的疾病监测以及症状的控制，更好地指导老年人用药和健康管理（Al-Khafajiy et al.，2019）。此外，有些智能可穿戴设备可以管理老年人的运动姿态、采集运动数据、评估运动风险、分析训练数据等，通过对相关数据进行智能化分析和决策，给出恰当的运

动建议，使老年人的运动健身更科学化（Haghi et al.，2017）。还有不少基于人工智能技术开发的智能机器人，在解决老年人的安全和照料问题方面发挥很大作用，给老年人的生活增加了便利性。例如，英国有研究人员开发了护理机器人（care-O-bot3），该机器人可以执行拿取和搬运的任务，如将瓶子和杯子递给那些行走不便的老年人，还可以选择老年人喜欢的饮品并为其规划饮水时间等（Graf et al.，2009）。日本松下公司开发的看护机器人可以从一张床变成一个电动轮椅，并且能够单独完成多种护理任务，如老年人想站起来时只需将手臂放在看护机器人的机器臂上，感应器感知动作后，机器臂能够自动上升帮助其起立，还能通过支撑手臂使其减轻行走负担（Kajitani et al.，2017）。

人工智能技术不仅要关注老年人对身体健康和安全的需求，更需要关注老年人对知识的需求和心理健康。人工智能技术的应用目前更加倾向于青年群体，对老年人的兼顾性不足，加上部分老年人因循守旧，形成客观和主观的排斥，影响其参与智能化社会的意愿，老年群体难以运用智能科技产品，往往是被动参与的。要实现老年人更好地接触和使用人工智能产品，更好地融入智能化社会，解决老年人的教育问题不可忽视，而将教育人工智能（educational artificial intelligence，EAI）与老年教育相结合将是必然趋势（周婧，2017）。为了创造学习环境，可以利用教育机器人作为老年教育的助手，充分发挥机器人帮助老年人管理学习任务和时间，分享学习资源，引导老年人积极主动地参与到学习中，从而更好地促进老年教育智能化的发展，提高中老年人使用数字设备的能力（Wu et al.，2020）。

许多长期独居的老人容易产生焦虑、抑郁、烦躁等不良情绪，因此除了对老年人教育的帮助，还需要考虑到老年人心理健康和情感状况。不少智能科技类产品的出现极大缓解了老年人的孤独感，拓宽了老年人的生活交友圈，丰富了老年人的文化娱乐生活。一些新型陪护机器人除了对老人的日常生活

照顾外，还增加了社交功能，更具有陪伴效用，可增强老年人的独立生活能力（Salichs et al.，2020）。有研究显示，陪护机器人应用在老年照护中，可减少老人的负面情绪、促进社交参与，提高照护体验质量，有效改善老人孤单、寂寞等消极情绪（Mcglynn et al.，2017；Hung et al.，2019）。

在未来，随着老年人对人工智能接受度的提高，人工智能在老年群体中的应用将更加广泛。一方面智能机器人配合各种智能家居以及智能可穿戴设备，可以实时检测老年人的健康状态，并根据数据对老年人可能会产生的疾病进行预测和防治，同时还能给老年人的饮食做计划和建议，并且会给他们安排适当的运动计划，更好地保障老年人的健康，方便老年人的生活。另一方面，除了生理和身体上的看护和照料，人工智能也许可以给老年人更多心理上和精神上的关怀。这样，老年人将会得到有温暖、有感情的陪伴，而不仅仅是冰冷的照看。

二、人工智能在特殊人群中的应用展望

近年来，人工智能技术迅猛发展，向社会各领域的渗透与影响力不断加大。随着技术和生产力的进步，人工智能需要更多地从同理心、关怀心的角度出发，利用技术的优势，去解决特殊群体的需求。除了被大众熟知的诸如自动驾驶、智能医疗、智能金融等在生活中广泛运用人工智能的领域外，人工智能在盲人、渐冻症患者、阿尔兹海默症患者等社会特殊群体上的应用也具有十分重要的社会价值。

（一）人工智能在盲人群体中的应用展望

盲人在残疾群体中占比很大。世界卫生组织 2019 年发布的《世界视力报告》显示，全球至少有 22 亿人视力受损或失明，其中至少 10 亿人的视力损伤问题本可预防或尚待解决。有研究称，全球盲人数量在 2050 年将会由 2015 年的 3600 万增加到 1.15 亿。来自 188 个国家的研究数据表明，超过 2 亿人患有中度至重度的视力障碍。这一数字预计到 2050 年可能增长到超过 5.5

亿（Ackland et al.，2017）。盲人的生活和出行问题被社会各界广泛关注。由于缺少视觉感知，盲人的出行非常不便，出行困难成为他们生活中的难题之一，盲人手杖、导盲犬、盲道成为盲人出行的主要依靠。虽然，随着科技的不断发展，导盲手段越来越多，但是盲人仍不能像正常人一样迈出自己的家门去体验多彩的世界。所以，让盲人感受到科技带来的便利这一方向应该得到人们的重视。如今，人工智能技术日益发展，它也逐渐应用于盲人日常生活中，如智能机器导盲犬、智能导盲杖和智能盲人眼镜等。

随着仿生机器人和传感器技术的飞速发展，机器人能较好地侦察当前周围环境和障碍物，能适应各种不同的环境，而借助人工智能技术可以提升机器人的导盲功能。现阶段研发的机器导盲犬（robotic guide dog）可以在掌握周围地形环境之后，带领盲人行走，帮助盲人越过各种障碍，完成爬楼梯等工作（Tachi et al.，1984）。不仅如此，该机器导盲犬还能进行定位导航，具有循迹、绕障、语音播报等功能（Hossain et al.，2011）。机器导盲犬可以通过人机对话功能实现盲人与机器之间的沟通，通过定位系统进行自主导盲和获取盲人位置信息，通过倾角传感器进行倾翻报警（Shoval et al.，2003；Bruno et al.，2019）。智能导盲杖（intelligence walking stick）作为盲人的另外一种辅助装置，近几年来也有一定的应用。新型智能导盲杖装有多种传感器，如红外传感器、超声波传感器、光敏传感器；此外，还拥有多个智能模块，如指南针模块、实时时钟模块、语音芯片模块、定位系统模块（Khlaikhayai et al.，2018）。诺辛（Nowshin）等人（2017）设计的智能导盲杖通过使用超声波传感器和安卓移动应用程序检测障碍物来帮助盲人，它能够告知盲人有关障碍物情况和盲人正在行走的路径的现状。针对盲人出行问题，也有不少研究者设计和开发了更便携的智能盲人眼镜，它可以极大地提高盲人出行的便利（Schweizer，2014；黄渝龙，2017）。黄渝龙（2017）设计的智能盲人

眼镜通过智能识别技术，能够识别物品并进行障碍物检测；还可以通过调用高德地图应用程序实现智能导航，在盲人迷路时指引其安全回家。此外，该智能盲人眼镜还可以通过语音识别技术与盲人进行实时对话，使盲人在独自行走时不会感到寂寞并且增加了安全性。

对盲人而言，目前的许多人工智能产品都只是停留在对其行动的辅助上，而除了行动不便，盲人生活中的更多困难和需求也应该被考虑到。例如，盲人在学习过程中也面临着诸多问题。智能教育云服务可以为学习者提供个性化学习的服务，然而盲人却无法在无人陪伴的情况下利用基于网络环境的人工智能服务进行学习。在未来，人工智能或许可以帮助盲人拥有更好的感知能力，以更加便捷地学习和做出各种决策；此外，人工智能识别技术也许可以为盲人读取外部信息，再通过脑神经或骨传导等技术传递给盲人，让盲人“重见天日”。

（二）人工智能在渐冻症患者中的应用展望

渐冻症（amyotrophic lateral sclerosis，ALS）也叫肌萎缩侧索硬化症，是由于运动神经出现障碍，病人体内负责肌肉运动的神经细胞大量死亡，而这些神经细胞是不可再生的，一旦损伤数目超过 50%，就可能会出现肌肉萎缩症状，从而引发不可逆转的肌肉萎缩（Kirkinezos et al.，2005）。对患者来说最为残忍的是，他们心智依然正常、意识依旧清楚、感觉也是敏锐如常人，但无法通过控制肌肉来完成相关动作，只能眼睁睁地看着自己四肢无法动弹、不能说话，甚至无法自行呼吸。因此，渐冻症患者有着行动、进食、呼吸、情绪和语言表达等众多方面的需求。

作为人工智能技术的前沿领域之一，脑机接口技术（brain-computer interface，BCI）是一种不依赖外周神经和肌肉的正常路径，直接通过脑电信号建立人与外界的交流通道的人工智能技术（Schalk et al.，2004）。通过脑机接口，人们可以浏览网页（余天佑，2013）、驾驶轮椅（Carlson，Millan，2013；

Zhang et al.，2015）、操控护理床（Shyu et al.，2012）、控制机械臂（Hochberg et al.，2012）、控制家电（Corralejo et al.，2014）等。此外，脑机接口技术还可以辅助患有运动功能障碍疾病的病人进行神经康复训练（Daly et al.，2009；Broetz et al.，2018）。研究表明，大多数运动功能障碍疾病的患者因大脑皮层区域受损而导致运动功能缺失（Daly et al.，2009）。若病人能运用受损区域附近的大脑皮层来执行已丧失运动能力的肢体功能，则可以改善他们的运动功能障碍问题。因此，脑机接口在神经康复与辅助方面蕴藏着巨大的潜力（张瑞，2016）。

从关怀性设计的角度考虑，渐冻症患者需要解决的不仅仅是运动等生理上的需求，更重要的是情感上的需求和表达。人工智能技术的应用或许有希望可以解决患者语言交流、情感宣泄等内在需求，利用技术优势使患者能够进行沟通交流。于哲凡等（2019）设计了一种针对渐冻症患者的智能产品。在信息采集阶段，这种可穿戴设备通过与患者直接接触，对患者的脑电波信号进行实时检测；在人工智能识别和处理阶段，将患者的脑电、震动信号输入对比库和模型库中进行处理和学习；在视觉呈现阶段，通过全息影像模拟化身出患者的表情，为患者的情绪表达提供路径，并通过人工智能的学习能力在模型库中进行有意识的补充，在一定程度上实现人工智能在机器意识领域的突破。

在未来，或许可以将脑电信号与眼电、肌电等其他类型的信号融合，建立多源、多模态的数据融合技术，从而对多种信息互补，满足渐冻症患者在实际生活中多维多功能控制的需求。此外，未来还可以集成更多设备、功能到现有的控制系统中，例如，可以进一步扩展脑控轮椅系统，不仅使渐冻症患者能够在复杂的室内环境和室外环境中运行，还能实现通过脑控机械臂进行一系列复杂的决策任务。

三、人工智能在新冠疫情等公共卫生问题上的应用展望

严重急性呼吸系统综合征冠状病毒2型（severe respiratory syndrome coronavirus type 2，SARS-CoV-2）是一种新兴的人类传染性冠状病毒。自2019年12月以来，由该病毒引起的新型冠状病毒感染（Corona Virus Disease 2019，COVID-19）在全球肆虐（Arabi et al.，2020；Ghinai et al.，2020；Wu et al.，2020）。世界卫生组织（World Health Organization，WHO）于2020年1月30日宣布，此次疫情为国际关注的突发公共卫生事件（Public Health Emergency of International Concern，PHEIC），并于2020年3月11日宣布新型冠状病毒感染可被称为全球大流行疾病。

新冠疫情暴发期间，人们的生活一直被影响和侵扰，抗击疫情成为当时一个热点话题。在抗疫战斗过程中，人工智能技术被应用到诸多领域，并发挥了很有价值的作用。例如，人工智能应用在医学影像检查中可以帮助诊断新冠病毒感染，还可以提供无创检测的方案，以防止医务人员感染（Allam et al.，2020；Li et al.，2020；Castiglioni et al.，2020）。人工智能用于病毒学研究，可以分析新冠病毒的相关蛋白结构，并用于药物和疫苗的开发（Li et al.，2020；Moskal et al.，2020；Zhou et al.，2020）。此外，人工智能通过基因组学实现了病毒源头追踪，并成功发现了新冠病毒与蝙蝠病毒、非典型性肺炎病毒（severe respiratory syndrome coronavirus，SARS-CoV）、中东呼吸综合征相关冠状病毒（middle east respiratory syndrome-related coronavirus，MERS-CoV）之间的关系（Demirci et al.，2020；Ortega et al.，2020；Randhawa et al.，2020）。

舒勒（Schuller）等人（2021）采用计算机试听（computer audition，CA）和人工智能技术，通过分析患者的咳嗽声音来诊断新冠病毒感染。首先，通过计算机试听技术自动识别和监控呼吸、干湿咳嗽或打喷嚏、感冒时的言语、饮食行为、嗜睡或疼痛；然后，采用人工智能技术对收集到的数据进行分析从而诊断新冠病毒感染。然而，由于缺乏可用的数据集和注释信息，目前还没有关

于该技术在新冠病毒感染诊断中应用的报道。类似的，伊克巴尔（Iqbal）和法伊兹（Faiz）（2020）基于人工智能技术设计了一个程序，该程序使用移动应用程序的语音识别功能来捕获和分析可疑人员的咳嗽声音，以确定用户是健康还是患有呼吸道疾病。马赫迪（Maghdid）等人（2020）设计了一个基于智能手机传感器的新冠病毒感染诊断程序。通过该程序，智能手机可用于收集潜在患者的疾病特征。例如，传感器可以通过录音功能获取患者的声音，通过指纹识别功能获取患者的体温，然后将收集到的数据提交到支持人工智能技术的云服务器进行疾病诊断和分析。

普霍马永（Pourhomayoun）等人（2020）收集了临床新冠病毒感染病例数据，并使用不同的人工智能方法来提取患病特征，预测新冠病毒感染患者的死亡率和存活率。他们使用了来自全球 76 个国家的新冠病毒感染患者的公开数据，统计了 80 个医学注释和疾病特征，以及来自患者人口统计和生理数据的 32 个特征。基于过滤方法提取了 42 个最佳特征，如人口特征、一般医疗信息和患者症状等。在此基础上，使用人工智能方法来预测新冠病毒感染患者的死亡率。Lai 等人（2020）收集了大量的旅行数据、手机数据和社交媒体数据，使用人工智能方法准确预测了新冠病毒的潜在传播范围和传播路线，并构建了相应的模型来预测新冠病毒在不同国家的传播风险。在此基础上，研究者还建立了国内城市与其他国家城市之间的航空旅行网络模型，对国内外风险城市进行预测。

人工智能技术在新冠疫情暴发以来，除了在这几个方面的应用之外，必然还有更广阔的应用前景。比如，可以用于非接触式新冠病毒感染的检测：在胸部 X 光检查和电子计算机断层扫描图像检测中，使用非接触式自动图像采集可以有效避免放射科医生的感染风险。人工智能还可用于开发远程视频诊断系统和聊天机器人系统，并向公众提供新冠病毒感染咨询和初步诊断。对新冠病毒感染患者而言，通过构建社会关系网络和知识图谱，人工智能可以识别和跟踪与新冠病毒感染患者密切接触的人的轨迹，从而准确预测和控制疾病的潜在传播。除了进行长期跟踪和管理外，人工智能技术（如智能图像和视频分析）还可用于在后续监测和预后管理过程中自动监测患者行为。人工智能还将有望与物联网相结合，部署在海关、机场、火车站、汽车站和商业中心，通过对环境和人员的智能监控，快速识别可疑的新冠病毒感染患者和潜在患者。同时，可以开发智能机器人，应用于公共场所消毒清洁、产品配送、患者护理等应用。

除了上述的养老、特殊人群、公共卫生等方面的应用，人工智能技术还将渗透在各行各业中。在第一次工业革命之后，各种自动化机械的发明旨在解放人类的双手，提升生产力。现今社会，人工智能技术的发展，还旨在人类大脑的解放。在未来的强人工智能时代，实体企业的发展必然与人工智能技术紧密联系。在医疗、消费、出行等人们生活的基础方面，人工智能的应用将会更为广泛和成熟。例如，在医疗方面，人工智能或许可以完全替代医生进行各种高精度的决策工作，极大地减轻医生的工作强度。在出行交通方面，或许可以实现完全自主的无人自动驾驶系统，不仅能够识别人类驾驶员的意图，还能够与道路中其他车辆进行交互式“交流”，确保所有车辆决策的最优化和行驶的安全。此外，随着人工智能技术的发展，虚拟现实世界的建立以及其与人类感官体验的结合，也许会给人们带来别样的体验，电影《头号玩家》里的故事可能在不久的将来就会发生在现实生活中。

参考文献

毕研玲，等，2008. 群体决策与个体决策过分自信的比较研究［J］. 人类工效学，14（4）：49–52.

陈静，等，2021. 个体前额叶与丘脑之间的功能连接与其对网游渴求程度的关系：一项静息态 fMRI 研究［J］. 磁共振成像，12（4）：45–50.

陈卓，等，2018. 社会评价威胁对社会困境中决策行为的影响：基于静息态 fMRI 的研究［J］. 磁共振成像，9（5）：360–367.

程羽慧，等，2021. 社会互动加工的认知特性及脑机制：第三人称的视角［J］. 心理科学进展，29（3）：472–480.

付超，等，2018. 普遍信任博弈决策的动态过程：来自脑电时频分析的证据［J］. 心理学报，50（3）：317–326.

何怡娟，等，2022. 共情关怀对公平决策的影响：来自 ERP 的证据［J］. 心理学报，54（4）：385–397.

黄浦江，等，2021. 网游成瘾者对错失机会更加敏感：基于静息态功能 MRI 研究［J］. 磁共振成像，12（9）：36–39.

黄渝龙，2017. 基于人工智能技术的智能盲人眼镜［J］. 电子世界（23）：173，175.

鞠成婷，等，2020. 认知资源对不同感觉寻求者风险决策的调节［J］. 心理科学，43（4）：879–884.

黎穗卿，等，2021. 人际互动中社会学习的计算神经机制［J］. 心理科学进展，29（4）：677–696.

李虹，等，2013. 直觉和分析在不同任务条件下的逃生决策效果［J］. 心理学报，45（1）：94–103.

李润生，史飚，2019. 人工智能视野下医疗损害责任规则的适用和嬗变［J］. 深圳大学学报（人文社会科学版），36（6）：91–99.

李玉华，等，2018. 功能性近红外光谱技术在社会互动脑机制研究中的应用［J］. 心理科学，

41（2）：305-311.

梁正，等，2019. 物质主义价值观与时间压力对个体风险决策的影响[J]. 心理科学，42(6)：1422-1427.

梁竹苑，刘欢，2011. 跨期选择的性质探索［J］. 心理科学进展，19（7）：959-966.

刘峰，2015. 基于部分可观察马尔科夫决策过程的序列规划问题的研究［D］. 南京：南京大学.

刘思佳，2021. 事前预期对连续风险决策及后悔情绪的影响研究［D］. 上海：华东师范大学.

陆静怡，尚雪松，2018. 为他人做决策：多维度心理机制与决策体验［J］. 心理科学进展，26（9）：1545-1552.

宁吉喆，2021. 第七次全国人口普查主要数据情况［J］. 中国统计（5）：4-5.

孙芬芬，2020. 不同冒险倾向者连续风险决策及其后悔情绪的研究［D］. 上海：华东师范大学.

孙宏玉，等，2020. 基于智能健康监测系统的社区居民健康状况及影响因素分析［J］. 中华护理杂志，55（12）：1836-1843.

滕文龙，2013. 基于人工智能的医疗诊断系统研究与设计［D］. 长春：吉林大学.

王立丹，2010. 冒险倾向对决策参照点偏移的影响［D］. 杭州：浙江大学.

王璐璐，李永娟，2012. 心理疲劳与任务框架对风险决策的影响［J］. 心理科学进展，20（10）：1546-1550.

王盼，等，2006. 高中生电脑游戏成瘾倾向与父母教养方式的关系［J］. 中国临床心理学杂志，14（5）：460-462.

王晓庄，等，2021. 社会动机一致性与问责对群体决策的影响［J］. 心理与行为研究，19（4）：528-534.

温建锋，2020. 基于端到端的智能车辆决策模型改进研究［D］. 长沙：湖南大学 .

谢晓非，徐联仓，1995. 风险认知研究概况及理论框架［J］. 心理学动态，3（2）：17–22.

徐佳琳，2018. 他人决策行为对个体风险决策的影响：基于任务态与静息态的 FMRI 研究［D］. 上海：华东师范大学 .

徐佳琳，等，2018. 他人决策行为对个体风险决策的影响：基于静息态 fMRI 研究［J］. 磁共振成像，9（6）：446–452.

严万森，等，2011. 成瘾人群的决策障碍：研究范式与神经机制［J］. 心理科学进展，19（5）：652–663.

杨海，2000. 人工智能在中医辨证中的应用［J］. 微机发展，10（1）：38–40.

杨玲，等，2019. 虚拟和真实金钱奖赏幅度对海洛因戒断者风险决策的影响［J］. 心理学报，51（4）：507–516.

杨宇辉，等，2021. 临床决策支持系统研究进展［J］. 生物医学工程学进展，42（4）：203–207.

杨治良，李朝旭，2004. 局中人和局外人的决策差异研究［J］. 心理科学（6）：1282–1287.

姚君延，2018. 基于深度增强学习的路径规划算法研究［D］. 成都：电子科技大学 .

叶枫，等，2009. 老年痴呆症诊断临床决策支持系统设计与评估［J］. 中国生物医学工程学报，28（6）：872–877.

伊蒙，2020. 不同风险情境对网游成瘾者决策行为的影响［D］. 上海：华东师范大学 .

于泳红，汪航，2008. 群体决策中非共享信息加工的影响因素研究进展［J］. 心理科学，31（4）：1007–1009.

张伯华，等，2016. 基于中医人格分型的网瘾交往障碍者抑制控制能力的 ERP 研究［J］. 山东大学学报（医学版），54（11）：76–81.

张如倩，等，2019. 社会互动视角下人际公平形成的脑机制［J］. 心理学报，51（9）：

1007–1017.

张效宇，等，2020. 自动驾驶汽车的智能决策模型研究［J］. 汽车实用技术（7）：42–45.

赵海潮，2017. 吸烟者渴求感与反应抑制的关系：功能磁共振研究［D］. 重庆：西南大学.

赵璇，等，2012. 网游成瘾大学生孤独感与认知情绪调节策略的关系［J］. 中国健康心理学杂志，20（4）：617–619.

郑国军，2020. 主动性人格、风险感知与社会参照点对风险决策的影响［D］. 南京：南京师范大学.

周利敏，谷玉萍，2021. 人工智能时代的社会风险治理创新［J］. 河海大学学报（哲学社会科学版），23（3）：38–45，106–107.

朱莉琪，皇甫刚，2003. 不确定情境中的决策心理：适应与认知［J］. 心理科学进展，11（5）：481–485.

ABDELLAOUI M，et al.，2007. Loss aversion under prospect theory：a parameter-free measurement［J］.Management science，53（10）：1659–1674.

ACKERMAN J P，et al.，2015. Risk-sensitive decision-making deficit in adolescent suicide attempters［J］.Journal of child and adolescent psychopharmacology，25（2）：109–113.

AGAR N，2016. Don't worry about superintelligence［J］.Journal of ethics and emerging technologies，26（1）：73–82.

AI B，et al.，2019. An intelligent decision algorithm for the generation of maritime search and rescue emergency response plans［J］.IEEE access，7：155835–155850.

AKLIN W M，et al.，2005. Evaluation of behavioral measures of risk taking propensity with inner city adolescents［J］.Behavior research and therapy，43（2）：215–228.

ALAGOZ O，et al.，2010. Markov decision processes：a tool for sequential decision making under uncertainty［J］.Medical decision making，30（4）：474–483.

ALBOUY P，et al.，2017. Selective entrainment of theta oscillations in the dorsal stream causally enhances auditory working memory performance［J］.Neuron，94（1）：193–206.

ALHAWAMDEH H M，ALSMAIRAT M A K，2019. Strategic decision making and organization performance：a literature review［J］.International review of management and marketing，9（4）：95–99.

ALIZADEHSANI R，et al.，2019，Machine learning-based coronary artery disease diagnosis：a comprehensive review［J］.Computers in biology and medicine，111：103346.

AL-KHAFAJIY M，et al.，2019. Remote health monitoring of elderly through wearable sensors［J］.Multimedia tools and applications，78（17）：24681–24706.

ALLAM Z，et al.，2020. Artificial intelligence（AI）provided early detection of the coronavirus（COVID-19）in China and will influence future urban health policy internationally［J］.Artificial intelligence，1（2）：156–165.

ALMEIDA J，et al.，2012. Substance use，generation and time in the United States：the modifying role of gender for immigrant urban adolescents［J］.Social science and medicine，75（12）：2069–2075.

ALTMAN S E，SHANKMAN S A，2009. What is the association between obsessive-compulsive disorder and eating disorders?［J］.Clinical psychology review，29（7）：638–646.

ANDERSON J R，et al.，2004. An integrated theory of the mind［J］.Psychological review，111（4）：1036–1060.

ANDERSON N D，2016. A call for computational thinking in undergraduate psychology［J］. Psychology learning and teaching，15（3）：226–234.

ANOOJ P K，2012. Clinical decision support system：risk level prediction of heart disease using weighted fuzzy rules［J］.Journal of King Saud University：computer and information sciences，

24（1）：27–40.

APICELLA C L，et al.，2008. Testosterone and financial risk preferences［J］.Evolution and human behavior，29（6）：384–390.

APICELLA C L，2014. Upper-body strength predicts hunting reputation and reproductive success in Hadza hunter-gatherers［J］.Evolution and human behavior，35（6）：508–518.

APICELLA C L，et al.，2015. Testosterone and economic risk taking：a review［J］.Adaptive human behavior and physiology，1（3）：358–385.

ARABI Y M，et al.，2020. COVID-19：a novel coronavirus and a novel challenge for critical care［J］.Intensive care medicine，46（5）：833–836.

ARCHER J，2006. Testosterone and human aggression：an evaluation of the challenge hypothesis［J］.Neuroscience and biobehavioral reviews，30（3）：319–345.

ARCHETTI M，2009. Cooperation as a volunteer's dilemma and the strategy of conflict in public goods games［J］.Journal of evolutionary biology，22（11）：2192–2200.

ARDON O，SCHMIDT R L，2020. Clinical laboratory employees' attitudes toward artificial intelligence［J］.Laboratory medicine，51（6）：649–654.

ARNOLD A P，BREEDLOVE S M，1985. Organizational and activational effects of sex steroids on brain and behavior：a reanalysis［J］.Hormones and behavior，19（4）：469–498.

AUFRERE R，et al.，2003. Perception for collision avoidance and autonomous driving［J］. Mechatronics，13（10）：1149–1161.

BAEK K，et al.，2017. Heightened aversion to risk and loss in depressed patients with a suicide attempt history［J］.Scientific reports，7（1）：1–13.

BAHRAMMIRZAEE A，2010. A comparative survey of artificial intelligence applications in finance：artificial neural networks，expert system and hybrid intelligent systems［J］.Neural computing and applications，19（8）：1165–1195.

BALLARD K，KNUTSON B，2009. Dissociable neural representations of future reward magnitude and delay during temporal discounting［J］.Neuroimage，45（1）：143–150.

BALLESTA S，et al.，2020. Values encoded in orbitofrontal cortex are causally related to economic choices［J］.Nature，588（7838）：450–453.

BAO T，et al.，2020. Short-and long-term outcomes of prophylactic thoracic duct ligation during thoracoscopic-laparoscopic McKeown esophagectomy for cancer：a propensity score matching analysis［J］.Surgical endoscopy，34（11）：5023–5029.

BARTZ J A，et al.，2011. Social effects of oxytocin in humans：context and person matter［J］. Trends in cognitive sciences，15（7）：301–309.

BASTEN U，et al.，2010. How the brain integrates costs and benefits during decision making［J］. Proceedings of the National Academy of Sciences，107（50）：21767–21772.

BATEMAN T S，CRANT J M，1993. The proactive component of organizational behavior：a measure and correlates［J］.Journal of organizational behavior，14（2）：103–118.

BATTEUX E，et al.，2017. Risk preferences in surrogate decision making［J］.Experimental psychology，64（4）：290–297.

BAUMEISTER R F，2002. Yielding to temptation：self-control failure，impulsive purchasing，and consumer behavior［J］.Journal of consumer research，28（4）：670–676.

BAUMEISTER R F，et al.，1998. Ego depletion：is the active self a limited resource?［J］. Journal of personality and social psychology，74（5）：1252–1265.

BAUNE B T，AIR T，2016. Clinical，functional，and biological correlates of cognitive dimensions in major depressive disorder-rationale，design，and characteristics of the cognitive function and mood study（CoFaM-Study）［J］. Frontiers in psychiatry，7（10）：150–158.

BECHARA A，et al.，1994. Insensitivity to future consequences following damage to human prefrontal cortex［J］.Cognition，50（1–3）：7–15.

BECHARA A，et al.，1999. Different contributions of the human amygdala and ventromedial prefrontal cortex to decision-making［J］.The journal of neuroscience，19（13）：5473–5481.

BECHARA A，et al.，2005. The Iowa Gambling Task and the somatic marker hypothesis：some questions and answers［J］.Trends in cognitive sciences，9（4）：159–162.

BELL D E，1982. Regret in decision making under uncertainty［J］.Operations research，30（5）：961–981.

BENJAMIN D J，et al.，2016. Religious identity and economic behavior［J］.Review of economics and statistics，98（4）：617–637.

BERLIN H A，et al.，2004. Impulsivity，time perception，emotion and reinforcement sensitivity in patients with orbitofrontal cortex lesions［J］.Brain，127（5）：1108–1126.

BIEDERMAN I，1987. Recognition-by-components：a theory of human image understanding［J］.Psychological review，94（2）：115–147.

BIELE G，et al.，2011. The neural basis of following advice［J］.PLoS biology，9（6）：e1001089.

BIGMAN Y E，et al.，2021. Threat of racial and economic inequality increases preference for algorithm decision-making［J］.Computers in human behavior，122：106859.

BING Z，et al.，2020. Indirect and direct training of spiking neural networks for end-to-end control of a lane-keeping vehicle［J］.Neural networks，121：21–36.

BJORK J M，et al.，2009. Delay discounting correlates with proportional lateral frontal cortex volumes［J］.Biological psychiatry，65（8）：710–713.

BLANKENSTEIN N E, et al., 2017. Neural mechanisms underlying risk and ambiguity attitudes [J].Journal of cognitive neuroscience, 29 (11): 1845-1859.

BLANKENSTEIN N E, et al., 2018. Individual differences in risk-taking tendencies modulate the neural processing of risky and ambiguous decision-making in adolescence [J]. Neuroimage, 172: 663-673.

BLOSS R, 2016. Collaborative robots are rapidly providing major improvements in productivity, safety, programing ease, portability and cost while addressing many new applications [J]. Industrial robot: an inpterational journal, 43 (5): 463-468.

BOISSEAU C L, et al., 2013. The relationship between decision-making and perfectionism in obsessive-compulsive disorder and eating disorders [J].Journal of behavior therapy and experimental psychiatry, 44 (3): 316-321.

BOKSEM M A S, et al., 2005. Effects of mental fatigue on attention: an ERP study [J]. Cognitive brain research, 25 (1): 107-116.

BOLLA K I, et al., 2000. Differential effects of cocaine and cocaine alcohol on neurocognitive performance [J].Neurology, 54 (12): 2285-2292.

BOURET S, Richmond B J, 2010. Ventromedial and orbital prefrontal neurons differentially encode internally and externally driven motivational values in monkeys [J].The Journal of neuroscience, 30 (25): 8591-8601.

BOZORGMEHR A, et al., 2019. Oxytocin moderates risky decision-making during the Iowa Gambling Task: a new insight based on the role of oxytocin receptor gene polymorphisms and interventional cognitive study [J].Neuroscience letters, 708: 134328.

BRAND M, ALTSTOTTER-GLEICH C, 2008. Personality and decision-making in laboratory gambling tasks-evidence for a relationship between deciding advantageously under risk conditions and perfectionism [J].Personality and individual differences, 45 (3): 226–231.

BRAND M, et al., 2005. Decision-making deficits of korsakoff patients in a new gambling task with explicit rules: associations with executive functions [J].Neuropsychology, 19 (3): 267–277.

BRAND M, et al., 2007. Decisions under ambiguity and decisions under risk: correlations with executive functions and comparisons of two different gambling tasks with implicit and explicit rules [J].Journal of clinical and experimental neuropsychology, 29 (1): 86–99.

BRASSEN S, et al., 2012. Don't look back in anger! Responsiveness to missed chances in successful and nonsuccessful aging [J].Science, 336 (6081): 612–614.

BRAVO R Z B, et al., 2019. The use of UAV s in humanitarian relief: an application of POMDP-based methodology for finding victims [J].Production and operations management, 28 (2): 421–440.

BROETZ D, et al., 2010. Combination of brain-computer interface training and goal-directed physical therapy in chronic stroke: a case report [J].Neurorehabilitation and neural repair, 24 (7): 674–679.

BROWN I, MUES C, 2012. An experimental comparison of classification algorithms for imbalanced credit scoring data sets [J].Expert systems with applications, 39 (3): 3446–3453.

BRUNNER P, et al., 2011. Current trends in hardware and software for brain computer interfaces (BCIs) [J].Journal of neural engineering, 8 (2): 025001.

BRUNYE T T, 2021. Non-invasive brain stimulation effects on the perceptual and cognitive processes underlying decision-making: a mini review [J].Journal of cognitive enhancement, 5 (2): 233–244.

BUBLATZKY F，et al.，2017. From avoidance to approach：the influence of threat-of-shock on reward-based decision making［J］.Behaviour research and therapy，96：47–56.

BUCHEL C，et al.，2011. Ventral striatal signal changes represent missed opportunities and predict future choice［J］.Neuroimage，57（3）：1124–1130.

BUSEING L，et al.，2011. Neural dynamics as sampling：a model for stochastic computation in recurrent networks of spiking neurons［J］.PLoS computational biology，7（11）：e1002211.

BURKS S V，et al.，2009. Cognitive skills affect economic preferences，strategic behavior，and job attachment［J］.Proceedings of the National Academy of Sciences of the United States of America，106（19）：7745–7750.

BURLINA P M，et al.，2017. Automated grading of age-related macular degeneration from color fundus images using deep convolutional neural networks［J］.JAMA ophthalmology，135（11）：1170–1176.

CACCIOLI F，et al.，2018. Network models of financial systemic risk：a review［J］.Journal of computational social science，1（1）：81–114.

CAI X，PADOA-SCHIOPPA C，2014. Contributions of orbitofrontal and lateral prefrontal cortices to economic choice and the good-to-action transformation［J］.Neuron，81（5）：1140–1151.

CALITZ A P，et al.，2017. The future African workplace： the use of collaborative robots in manufacturing［J］.SA journal of human resource management，15（1）：1–11.

CAMILLE N，et al.，2004. The involvement of the orbitofrontal cortex in the experience of regret［J］.Science，304（5674）：1167–1170.

CANESSA N，et al.，2011. Learning from other people's experience：a neuroimaging study of decisional interactive-learning［J］.Neuroimage，55（1）：353–362.

CANESSA N，et al.，2013. The functional and structural neural basis of individual differences in loss aversion［J］.Journal of neuroscience，33（36）：14307−14317.

CARLSON T，MILLAN J R，2013. Brain-controlled wheelchairs：a robotic architecture［J］. IEEE robotics and automation magazine，20（1）：65−73.

CARMCHEAL S T，PRICE J L，1995a. Limbic connections of the orbital and medial prefrontal cortex in macaque monkeys［J］.Journal of comparative neurology，363（4）：615−641.

CARMCHEAL S T，PRICE J L，1995b. Sensory and premotor connections of the orbital and medial prefrontal cortex of macaque monkeys［J］.Journal of comparative neurology，363（4）：642−664.

CARNEY D R，et al.，2010. Power posing：brief nonverbal displays affect neuroendocrine levels and risk tolerance［J］.Psychological science，21（10）：1363−1368.

CARSTEN O，et al.，2012. Control task substitution in semiautomated driving：does it matter what aspects are automated?［J］.Human factors，54（5）：747−761.

CARTER C S，et al.，1998. Anterior cingulate cortex，error detection，and the online monitoring of performance［J］.Science，280（5364）：747−749.

CASTANO-CASTANO S，et al.，2019. Transcranial direct current stimulation（tDCS）improves detection of simple bright stimuli by amblyopic long evans rats in the SLAG task and produces an increase of parvoalbumin labelled cells in visual cortices［J］.Brain research，1704：94−102.

CHANG C L H，2017. The effect of an information ethics course on the students' information ethics values：a Kohlberg's CMD model's perspective［J］.International journal of information systems and change management，9（4）：278−299.

CHANG Y K，et al.，2012. The effects of acute exercise on cognitive performance：a metaanalysis［J］.Brain research，1453：87–101.

CHARNESS G，GNEEZY U，2012. Strong evidence for gender differences in risk taking［J］. Journal of economic behavior and organization，83（1）：50–58.

CHEN P，et al.，2009. Spatiotemporal cortical activation underlying dilemma decision-making：an event-related potential study［J］.Biological psychology，82（2）：111–115.

CHEN S，et al.，2020. A deep learning algorithm for simulating autonomous driving considering prior knowledge and temporal information［J］.Computer-aided civil and infrastructureengineering，35（4）：305–321.

CHEN X，et al.，2020. Neurocognitive underpinnings of cross-cultural differences in risky decision making［J］.Social cognitive and affective neuroscience，15（6）：671–680.

CHOI Y S，2017. Concepts，characteristics，and clinical validation of IBM Watson for oncology［J］. Hanyang medical reviews，37（2）：49–60.

CHURCHLAND M M，et al.，2007. Techniques for extracting single-trial activity patterns from large-scale neural recordings［J］.Current opinion in neurobiology，17（5）：609–618.

CICHY R M，et al.，2014. Resolving human object recognition in space and time［J］. Nature neuroscience，17（3）：455–462.

CLANCY K J，et al.，2021. Transcranial stimulation of alpha oscillations upregulates the default mode network［J］.Proceedings of the National Academy of Sciences，119（1）：e2110868119.

CLARK L，et al.，2008. Differential effects of insular and ventromedial prefrontal cortex lesions on risky decision-making［J］.Brain，131（5）：1311–1322.

CLARK L，et al.，2009. Gambling near-misses enhance motivation to gamble and recruit winrelated brain circuitry [J].Neuron，61（3）：481–490.

CLARKE V A，et al.，2000. Unrealistic optimism and the health belief model [J].Journal of behavioral medicine，23（4）：367–376.

COATES J M，HERBERT J，2008. Endogenous steroids and financial risk taking on a London trading floor [J].Proceedings of the National Academy of Sciences，105（16）：6167–6172.

COHEN D，1968. Magnetoencephalography：evidence of magnetic fields produced by alpha-rhythm currents [J].Science，161（3843）：784–786.

COLAUTTI L，et al.，2021. Decision making in Parkinson's disease：an analysis of the studies using the Iowa Gambling Task [J].European journal of neuroscience，54（10）：7513–7549.

COLGATE J E，et al.，1996. Cobots：robots for collaboration with human operators [J]. Proceedings of the 1996 ASME dynamic systems and control division，58：433–440.

COMBRINK S，LEW C，2020. Potential underdog bias，overconfidence and risk propensity in investor decision-making behavior [J].Journal of behavioral finance，21（4）：337–351.

COON H M，KEMMELMEIER M，2001. Cultural orientations in the United States：（Re）examining differences among ethnic groups [J].Journal of cross-cultural psychology，32（3）：348–364.

COQUERET G, GUIDA T, 2020. Training trees on tails with applications to portfolio choice[J]. Annals of operations research，288（1）：181–221.

CORICELLI G，et al.，2005. Regret and its avoidance：a neuroimaging study of choice behavior [J].Nature neuroscience，8（9）：1255–1262.

CORICELL G，et al.，2007. Brain，emotion and decision making：the paradigmatic example of regret [J].Trends in cognitive sciences，11（6）：258–265.

CORICELLI G，RUSTICHINI A，2010. Counterfactual thinking and emotions： regret and envy learning［J］.Philosophical transactions of the royal society B: biological sciences, 365（1538）: 241–247.

CORNWALL A C, et al., 2018. Gender differences in preference for reward frequency versus reward magnitude in decision-making under uncertainty［J］.Personality and individual differences, 135: 40–44.

CORRALEJO R, et al., 2014. A P300-based brain-computer interface aimed at operating electronic devices at home for severely disabled people［J］.Medical and Biological Engineering and computing, 52（10）: 861–872.

CROSS S E, 1995. Self-construals, coping, and stress in cross-cultural adaptation［J］. Journal of cross-culturalpsychology, 26（6）: 673–697.

CROSSAN M, et al., 2013. In search of virtue: the role of virtues, values and character strengths in ethical decision making［J］.Journal of business ethics, 113（4）: 567–581.

CROWLEY M J, et al., 2009. Risk-taking and the feedback negativity response to loss among at-risk adolescents［J］.Developmental neuroscience, 31（1–2）: 137–148.

CRUWYS T, et al., 2021. When trust goes wrong: a social identity model of risk taking［J］. Journal of Personality and Social Psychology, 120（1）: 57–83.

CRYAN J F, et al., 2005. Assessing substrates underlying the behavioral effects of antidepressants using the modified rat forced swimming test［J］.Neuroscience and biobehavioral reviews, 29（4–5）: 547–569.

CYDERS M A, COSKUNPINAR A, 2011. Measurement of constructs using self-report and behavioral lab tasks: is there overlap in nomothetic span and construct representation for impulsivity?［J］.Clinical psychology review, 31（6）: 965–982.

DAI J, BUSEMEYER J R, 2014. A probabilistic, dynamic, and attribute-wise model of intertemporal choice [J].Journal of experimental psychology: general, 143 (4): 1489–1514.

DALY J J, et al., 2009. Feasibility of a new application of noninvasive brain computer interface (BCI): a case study of training for recovery of volitional motor control after stroke [J]. Journal of neurologic physical therapy, 33 (4): 203–211.

DAMADIAN R, 1971. Tumor detection by nuclear magnetic resonance [J].Science, 171 (3976): 1151–1153.

DAMASSINO N, NOVELLI N, 2020. Rethinking, reworking and revolutionising the turing test [J].Minds and machines, 30 (4): 463–468.

DANZIGER S, et al., 2011. Extraneous factors in judicial decisions [J].Proceedings of the National Academy of Sciences, 108 (17): 6889–6892.

DANZIGER S, et al., 2012. Idealistic advice and pragmatic choice: a psychological distance account [J].Journal of personality and social psychology, 102 (6): 1105–1117.

DAUGHERTY P R, WILSON H J, 2018. Human+machine: reimagining work in the age of AI [M].Boston: Harvard Business Press.

DAY K, 1994. Conceptualizing women's fear of sexual assault on campus: a review of causes and recommendations for change [J].Environment and behavior, 26 (6): 742–765.

DE FAUW J, et al., 2018. Clinically applicable deep learning for diagnosis and referral in retinal disease [J].Nature medicine, 24 (9): 1342–1350.

DE MACKS Z A O, et al., 2016. Risky decision-making in adolescent girls: the role of pubertal hormones and reward circuitry [J].Psychoneuroendocrinology, 74: 77–91.

DECETY J, COWELL J M, 2014. The complex relation between morality and empathy [J]. Trends in cognitive sciences, 18 (7): 337–339.

DEFFENBACHER J L, 2008. Anger, aggression, and risky behavior on the road: a preliminary study of urban and rural differences1 [J].Journal of applied social psychology, 38 (1):

22–36.

DEFFENBACHER J L, et al., 2003. Anger, aggression, and risky behavior: a comparison of high and low anger drivers [J].Behaviour research and therapy, 41 (6): 701–718.

DERNTL B, et al., 2014. The impact of sex hormone concentrations on decision-making in females and males [J].Frontiers in neuroscience, 8: 352.

DEWITT S J, et al., 2014. Adolescent risk-taking and resting state functional connectivity [J]. Psychiatry research: neuroimaging, 222 (3): 157–164.

DIAMANTI C, et al., 2013. Depression, physical activity, energy consumption, and quality of life in OSA patients before and after CPAP treatment [J].Sleep and breathing, 17 (4): 1159–1168.

DING W, et al., 2014. Trait impulsivity and impaired prefrontal impulse inhibition function in adolescents with internet gaming addiction revealed by a Go/No-Go fMRI study [J].Behavioral and brain functions, 10 (1): 1–9.

DOMBROVSKI A Y, et al., 2013. Reward signals, attempted suicide, and impulsivity in late-life depression [J].JAMA psychiatry, 70 (10): 1020–1030.

DOMENECH P, et al., 2017. The neuro-computational architecture of value-based selection in the human brain [J].Cerebral cortex, 28 (2): 585–601.

DONG G, et al., 2015a. Imbalanced functional link between executive control network and reward network explain the online-game seeking behaviors in Internet gaming disorder [J]. Scientific reports, 5 (1): 1–6.

DONG G, et al., 2015b. Decreased functional connectivity in an executive control network is related to impaired executive function in internet gaming disorder [J].Progress in neuro-psychopharmacology and biological psychiatry, 57: 76–85.

DONG G, POTENZA M N, 2016. Risk-taking and risky decision-making in Internet gaming disorder: implications regarding online gaming in the setting of negative consequences [J]. Journal of psychiatric research, 73: 1-8.

DOUC R, et al., 2018. Markov chains [M].Springer International Publishing.

DOWNAR J, 2019. Orbitofrontal cortex: a 'non-rewarding' new treatment target in depression? [J].Current biology, 29 (2): 59-62.

DOYA K, 2008. Modulators of decision making [J].nature neuroscience, 11 (4): 410-416.

DRICHOUTIS A C, NAYGA J R M, 2015. Do risk and time preferences have biological roots? [J].Southern economic journal, 82 (1): 235-256

DU W, et al., 2002. Cross-cultural comparisons of discounting delayed and probabilistic rewards [J].The psychological record, 52 (4): 479-492.

DUAN Y, et al., 2019. Artificial intelligence for decision making in the era of big data-evolution, challenges and research agenda [J].International journal of information management, 48: 63-71.

DUFT G, DURANA P, 2020. Artificial intelligence-based decision-making algorithms, automated production systems, and big data-driven innovation in sustainable industry 4.0 [J]. Economics, management and financial markets, 15 (4): 9-18.

DURANTE K M, GRISKEVICIUS V, 2016. Evolution and consumer behavior [J].Current opinion in psychology, 10: 27-32.

DURSTON S, et al., 2006. A shift from diffuse to focal cortical activity with development [J]. Developmental science, 9 (1): 1-8.

DYER J, KOLIC B, 2020. Public risk perception and emotion on Twitter during the Covid-19 pandemic [J].Applied network science, 5 (1): 1-32.

ECKEL C C, GROSSMAN P J, 2008. Men, women and risk aversion: experimental evidence [J]. Handbook of experimental economics results, 1: 1061-1073.

EDITION F，2013. Diagnostic and statistical manual of mental disorders［J］.American psychiatric association，21：591–643.

EHLIS A C，et al.，2008. Reduced lateral prefrontal activation in adult patients with attention-deficit/hyperactivity disorder（ADHD）during a working memory task：a functional near-infrared spectroscopy（fNIRS）study［J］.Journal of psychiatric research，42（13）：1060–1067.

EINHORN H J，HOGARTH R M，1985. Ambiguity and uncertainty in probabilistic inference［J］. Psychological review，92（4）：433–461.

ENGELMANN J B，TAMIR D，2009. Individual differences in risk preference predict neural responses during financial decision-making［J］.Brain research，1290：28–51.

EPSTEIN S L，2015. Wanted：collaborative intelligence［J］.Artificial intelligence，221：36–45.

ESTEVA A，et al.，2017. Dermatologist-level classification of skin cancer with deep neural networks［J］.Nature，542（7639）：115–118.

EVANS J S B T，2002. Logic and human reasoning：an assessment of the deduction paradigm［J］. Psychological bulletin，128（6）：978–996.

EVANS J S B T，2008. Dual-processing accounts of reasoning，judgment，and social cognition［J］. Annual review of psychology，59：255–278.

FANG Z，et al.，2017. Post-conventional moral reasoning is associated with increased ventral striatal activity at rest and during task［J］.Scientific reports，7（1）：7105.

FAY D，SONNENTAG S，2002. Rethinking the effects of stressors：a longitudinal study on personal initiative［J］.Journal of occupational health psychology，7（3）：221–234.

FECTEAU S，et al.，2007. Activation of prefrontal cortex by transcranial direct current stimulation reduces appetite for risk during ambiguous decision making［J］.The journal of neuroscience，

27（23）：6212-6218.

FELDMANHALL O，et al.，2016. Emotion and decision-making under uncertainty：physiological arousal predicts increased gambling during ambiguity but not risk［J］.Journal of experimental psychology：general，145（10）：1255-262.

FERNÁNDEZ A D R，et al.，2019. A decision support system for predicting the treatment of ectopic pregnancies［J］.International journal of medical informatics，129：198-204.

FINUCANE M L，et al.，2000. The affect heuristic in judgments of risks and benefits［J］. Journal of behavioral decision making，13（1）：1-17.

FISCHMAN M W，et al.，1985. Acute tolerance development to the cardiovascular and subjective effects of cocaine［J］.Journal of pharmacology and experimental therapeutics，235（3）：677-682.

FJELL A M，WALHOVD K B，2010. Structural brain changes in aging：courses，causes and cognitive consequences［J］.Reviews in the neurosciences，21（3）：187-221.

FORBES E E，et al.，2007. Alterations in reward-related decision making in boys with recent and future depression［J］.Biological psychiatry，61（5）：633-639.

FOX C R，TANNENBAUM D，2011. The elusive search for stable risk preferences［J］. Frontiers in psychology，2：298.

FU M，et al.，2021. Why do people make risky decisions during a fire evacuation? Study on the effect of smoke level，individual risk preference，and neighbor behavior［J］.Safety science，140：105245.

FJII N，et al.，2002. Distribution of eye-and arm-movement-related neuronal activity in the SEF and in the SMA and Pre-SMA of monkeys［J］. Journal of neurophysiology，87（4）：2158-2166.

FURBER S B，2016. Brain-inspired computing［J］.IET computers and digital techniques，

10（6）：299–305.

FURDA A，VLACIC L，2011. Enabling safe autonomous driving in real-world city traffic using multiple criteria decision making［J］.IEEE intelligent transportation systems magazine，3（1）：4–17.

GALANDRA C，et al.，2018. The alcoholic brain：neural bases of impaired reward-based decision-making in alcohol use disorders［J］.Neurological sciences，39（3）：423–435.

GALANDRA C，et al.，2020. Impaired learning from regret and disappointment in alcohol use disorder［J］.Scientific reports，10（1）：1–10.

GALVAN A，et al.，2007. Risk-taking and the adolescent brain：who is at risk?［J］.Developmental science，10（2）：8–14.

GAMBETTI E，GIUSBERTI F，2016. Anger and everyday risk-taking decisions in children and adolescents［J］.Personality and individual differences，90：342–346.

GARBARINO E，et al.，2011. Digit ratios（2D ∶ 4D）as predictors of risky decision making for both sexes［J］.Journal of risk and uncertainty，42（1）：1–26.

GARCIA J，KOELLING R A，1966. Relation of cue to consequence in avoidance learning［J］.Psychonomic science，4（1）：123–124.

GAWRONSKI B，BRANNON S M，2020. Power and moral dilemma judgments：distinct effects of memory recall versus social roles［J］.Journal of experimental social psychology，86：103908.

GENTILE D A，et al.，2011. Pathological video game use among youths：a two year longitudinal study［J］.Pediatrics，127（2）：319–329.

GEORGE M S，et al.，2010. Daily left prefrontal transcranial magnetic stimulation therapy for major depressive disorder：a sham-controlled randomized trial［J］.Archives of general psychiatry，67（5）：507–516.

GERSHMAN S J，BHUI R，2020. Rationally inattentive intertemporal choice［J］.Nature communications，11（1）：1–8.

GHINAI I，et al.，2020. First known person-to-person transmission of severe acute respiratory syndrome coronavirus 2（SARS-CoV-2）in the USA［J］.The Lancet，395（10230）：1137–1144.

GIURGE L M，et al.，2020. Why time poverty matters for individuals，organisations and nations［J］.Nature human behaviour，4（10）：993–1003.

GOLDEN J A，2017. Deep learning algorithms for detection of lymph node metastases from breast cancer：helping artificial intelligence be seen［J］.JAMA，318（22）：2184–2186.

GOODFELLOW I，et al.，2016. Deep learning［M］.Massachusetts Institute of Technology Press.

GOODMAN N D，FRANK M C，2016. Pragmatic language interpretation as probabilistic inference［J］.Trends in cognitive sciences，20（11）：818–829.

GORINI A，et al.，2014. Modulation of risky choices in recently abstinent dependent cocaine users：a transcranial direct current stimulation study［J］.Frontiers in human neuroscience，8：661.

GOTTFRIED J A，et al.，2003. Encoding predictive reward value in human amygdala and orbitofrontal cortex［J］.Science，301（5636）：1104–1107.

GRADY C，2012. Trends in neurocognitive aging［J］.Nature reviews neuroscience，13（7）：491–505.

GRAVES A，et al.，2016. Hybrid computing using a neural network with dynamic external memory［J］.Nature，538（7626）：471–476.

GREMEL C M，COSTA R M，2013. Orbitofrontal and striatal circuits dynamically encode the shift between goal-directed and habitual actions［J］.Nature communications，4（1）：1–12.

GRIFFITHS M，et al.，2014. DSM-5 internet gaming disorder needs a unified approach to assessment［J］.Neuropsychiatry，4（1）： 1–4.

GRINBAND J，et al.，2006. A neural representation of categorization uncertainty in the human brain［J］.Neuron，49（5）：757–763.

GROSS E，et al.，2012. Induced EEG gamma oscillation alignment improves differentiation between autism and ADHD group responses in a facial categorization task［J］.Journal of neurotherapy，16（2）： 78–91.

GROSS J，2019. Magnetoencephalography in cognitive neuroscience：a primer［J］.Neuron，104（2）： 189–204.

GUARINI M，2010. Particularism，analogy，and moral cognition［J］.Minds and machines，20（3）： 385–422.

GUSZCZA J，SCHWARTZ J，2019. Superminds：how humans and machines can work together［J］.Deloitte review，24： 120–131.

HABER S N，KNUTSON B，2010. The reward circuit：linking primate anatomy and human imaging［J］.Neuropsychopharmacology，35（1）：4–26.

HAEGLER K，et al.，2010. No fear no risk! Human risk behavior is affected by chemosensory anxiety signals［J］.Neuropsychologia，48（13）：3901–3908.

HAGHI M，et al.，2017. Wearable devices in medical internet of things：scientific research and commercially available devices［J］.Healthcare informatics research，23（1）：4–15.

HAN D H，et al.，2017. Brain connectivity and psychiatric comorbidity in adolescents with Internet gaming disorder［J］.Addiction biology，22（3）：802–812.

HAN Y，et al.，2011. Frequency-dependent changes in the amplitude of low-frequency fluctuations in amnestic mild cognitive impairment：a resting-state fMRI study［J］. Neuroimage，55（1）：287–295.

HANCOCK P A，et al.，2020. Challenges to human drivers in increasingly automated vehicles

[J].Human factors，62（2）：310–328.

HANKS T D，et al.，2015. Distinct relationships of parietal and prefrontal cortices to evidence accumulation [J].Nature，520（7546）：220–223.

HANOCH Y，et al.，2006. Domain specificity in experimental measures and participant recruitment：an application to risk-taking behavior [J].Psychological science，17（4）：300–304.

HANSON K L，et al.，2014. Adolescent marijuana users have elevated risk-taking on the balloon analog risk task [J].Journal of psychopharmacology，28（11）：1080–1087.

HARE T A，et al.，2008. Dissociating the role of the orbitofrontal cortex and the striatum in the computation of goal values and prediction errors [J].Journal of neuroscience，28（22）：5623–5630.

HARE T A，et al.，2011. Transformation of stimulus value signals into motor commands during simple choice [J].Proceedings of the National Academy of Sciences，108（44）：18120–18125.

HARRISON J D，et al.，2005. Is it worth the risk? A systematic review of instruments that measure risk propensity for use in the health setting [J].Social science and medicine，60（6）：1385–1396.

HARVEY C D，et al.，2012. Choice-specific sequences in parietal cortex during a virtual-navigation decision task [J].Nature，484（7392）：62–68.

HASSABIS D，et al.，2017. Neuroscience-inspired artificial intelligence [J].Neuron，95（2）：245–258.

HASTIE R，2001. Problems for judgment and decision making [J].Annual review of psychology，52（1）：653–683.

HE F，et al.，2013. Neural mechanisms of risky decision making in monetary gain and loss situations［J］.Social behavior and personality，41（10）：1725−1736.

HEATH C，TVERSKY A，1991. Preference and belief：ambiguity and competence in choice under uncertainty［J］.Journal of risk and uncertainty，4（1）：5−28.

HEATON J B，et al.，2017. Deep learning for finance：deep portfolios［J］.Applied stochastic models in business and industry，33（1）：3−12.

HEEKEREN H R，et al.，2006. Involvement of human left dorsolateral prefrontal cortex in perceptual decision making is independent of response modality［J］.Proceedings of the National Academy of Sciences，103（26）：10023−10028.

HELFINSTEIN S M，et al.，2014. Predicting risky choices from brain activity patterns［J］. Proceedings of the National Academy of Sciences，111（7）：2470−2475.

HIGHHOUSE S，et al.，2017. Structure of the dospert：is there evidence for a general risk factor?［J］.Journal of behavioral decision making，30（2）：400−406.

HILBE C，et al.，2018. Evolution of cooperation in stochastic games［J］.Nature，559（7713），246−249.

HINTON G E，et al.，2006. A fast learning algorithm for deep belief nets［J］.Neural computation，18（7）：1527−1554.

HOCHBERG L R，et al.，2012. Reach and grasp by people with tetraplegia using a neurally controlled robotic arm［J］.Nature，485（7398）：372−375.

HOLPER L，et al.，2014. Comparison of functional near-infrared spectroscopy and electrodermal activity in assessing objective versus subjective risk during risky financial decisions［J］. Neuroimage，84：833−842.

HOMMER D W，et al.，2003. Amygdalar recruitment during anticipation of monetary rewards［J］.Annals of the New York Academy of Sciences，985（1）：476−478.

HOSOKAWA T，et al.，2013. Single-neuron mechanisms underlying cost-benefit analysis in frontal cortex [J].Journal of neuroscience，33（44）：17385–17397.

HOSSAIN E，et al.，2011. State of the art review on walking support system for visually impaired people [J].International journal of biomechatronics and biomedical robotics，1（1）：232–251.

HSEE C K，WEBER E U，1999. Cross-national differences in risk preference and lay predictions [J].Journal of behavioral decision making，12（2）：165–179.

HSU M，et al.，2008. The right and the good：distributive justice and neural encoding of equity and efficiency [J].Science，320（5879）：1092–1095.

HSU M，et al.，2005. Neural systems responding to degrees of uncertainty in human decision-making [J].Science，310（5754）：1680–1683.

HSU S H，et al.，2009. Exploring user experiences as predictors of MMORPG addiction [J]. Computers and education，53（3）：990–999.

HUANG Y H，et al.，2015. Age differences in experiential and deliberative processes in unambiguous and ambiguous decision making [J].Psychology and aging，30（3）：675–687.

HUGHES B L，BEER J S，2013. Protecting the self：the effect of social-evaluative threat on neural representations of self [J].Journal of cognitive neuroscience，25（4）：613–622.

HUNG L，et al.，2019. The benefits of and barriers to using a social robot PARO in care settings：a scoping review [J].BMC geriatrics，19（1）：1–10.

HUNT L T，et al.，2012. Mechanisms underlying cortical activity during valueguided choice[J]. Nature neuroscience，15：470–476.

HUPPERT E，et al.，2019. The development of children's preferences for equality and equity across 13 individualistic and collectivist cultures [J].Developmental science，22（2）：e12729.

HYMAN S E，et al.，2006. Neural mechanisms of addiction：the role of reward-related learning and memory［J］.Annual review of neuroscience，29：565−598.

ISLAS-PRECIADO D，et al.，2020. Risk-based decision making in rats：modulation by sex and amphetamine［J］.Hormones and behavior，125：104815.

IZZETOGLU M，et al.，2007. Functional brain imaging using near-infrared technology［J］. IEEE engineering in medicine and biology magazine，26（4）：38−46.

JAFFEE S，HYDE J S，2000. Gender differences in moral orientation：a meta-analysis［J］. Psychological bulletin，126（5）：703−726.

JARRAHI M H，2018. Artificial intelligence and the future of work：human-AI symbiosis in organizational decision making［J］.Business horizons，61（4）：577−586.

JIANG Y，et al.，2022. Effects of emotion on intertemporal decision-making：explanation from the single dimension priority model［J］.Acta psychologica sinica，54（2）：122.

JOBSIS F F，1977. Noninvasive，infrared monitoring of cerebral and myocardial oxygen sufficiency and circulatory parameters［J］.Science，198（4323）：1264−1267.

JOCHAM G，et al.，2012. A mechanism for value-guided choice based on the excitation-inhibition balance in prefrontal cortex［J］.Nature neuroscience，15：960−961.

JOHNSON R J，et al.，2002. Risk involvement and risk perception among adolescents and young adults［J］.Journal of behavioral medicine，25（1）：67−82.

JOLLES D D，et al.，2011. Developmental differences in prefrontal activation during working memory maintenance and manipulation for different memory loads［J］.Developmental science，14（4）：713−724.

JONES J L，et al.，2012. Orbitofrontal cortex supports behavior and learning using inferred but not cached values［J］.Science，338（6109）：953−956.

JORDAN M，RAND D G，2018. The role of character strengths in economic decision-making［J］.Judgment and decision making，13（4）：382−392.

JOSEPH J E，et al.，2009. Neural correlates of emotional reactivity in sensation seeking［J］. Psychological science，20（2）：215–223.

JOSEPH W E，Paul W G，2009. The neurobiology of decision：consensus and controversy［J］. Neuron，63（6）：733–745.

JUECHEMS K，et al.，2017. Ventromedial prefrontal cortex encodes a latent estimate of cumulative reward［J］.Neuron，93（3）：705–714.

KAEMPF G L，et al.，1996. Decision making in complex naval command-and-control environments［J］.Human factors，38（2）：220–231.

KAFLE K，KANAN C，2017. Visual question answering：datasets，algorithms，and future challenges［J］.Computer vision and image understanding，163：3–20.

KAHNEMAN D，FREDERICK S，2002. Representativeness revisited：attribute substitution in intuitive judgment［J］.Heuristics and biases：the psychology of intuitive judgment，49：81.

KAHNEMAN D，TVERSKY A，1979.On the interpretation of intuitive probability：a reply to Jonathan Cohen［J］.Cognition，7（4）：409–411.

KAHNEMANN D，TVERSKY A，1984. Choices，values，and frames［J］.American psychologist，39（4）：341–350.

KAJITANI I，WAKITA Y，2017. An introduction to the development of transfer assistive robots in Japan［J］.Studies in health technology and informatics，242：465–471.

KATO Y，et al.，2009. Mental fatigue and impaired response processes：event-related brain potentials in a Go/NoGo task［J］.International journal of psychophysiology，72（2）：204–211.

KEECH B，et al.，2018. Intranasal oxytocin，social cognition and neurodevelopmental disorders：a meta-analysis［J］.Psychoneuroendocrinology，87：9–19.

KELLY S P，et al.，2021. Neurocomputational mechanisms of prior-informed perceptual decision-making in humans［J］.Nature human behavior，5：467−481.

KEMP A H，GUASTELLA A J，2009. Oxytocin：prosocial behavior，social salience，or approach-related behavior?［J］.Biological psychiatry，67（6）：33−34.

KENNERLEY S W，et al.，2006. Optimal decision making and the anterior cingulate cortex［J］. Nature neuroscience，9（7）：940−947.

KERMANY D S，et al.，2018. Identifying medical diagnoses and treatable diseases by image-based deep learning［J］.Cell，172（5）：1122−1131.

KHLAIKHAYAI R，et al.，2011. An intelligent walking stick for elderly and blind safety protection［J］.Procedia engineering，8：313−316.

KILLGORE W D S，et al.，2006. Impaired decision making following 49h of sleep deprivation［J］. Journal of sleep research，15（1）：7−13.

KILLGORE W D S，et al.，2007. Caffeine effects on risky decision making after 75 hours of sleep deprivation［J］.Aviation space and environmental medicine，78（10）：957−962.

KIM H，et al.，2021. Religious differences and households' investment decisions［J］.Journal of financial research，44（4）：753−788.

KING D L，et al.，2013. Trajectories of problem video gaming among adult regular gamers：an 18-month longitudinal study［J］.Cyberpsychology，behavior，and social networking，16（1）：72−76.

KIRKINEZOS I G，et al.，2005. Cytochrome c association with the inner mitochondrial membrane is impaired in the CNS of G93A-SOD1 mice［J］.Journal of neuroscience，25（1）：164−172.

KITAYAMA S，et al.，2006. Voluntary settlement and the spirit of independence：Evidence from Japan's “northern frontier”［J］.Journal of personality and social psychology，91（3）：

369–384.

KITAYAMA S，et al.，2014. The dopamine D4 receptor gene（DRD4）moderates cultural difference in independent versus interdependent social orientation［J］.Psychological science，25（6）：1169–1177.

KITAYAMA S，PARK J，2010. Cultural neuroscience of the self：understanding the social grounding of the brain［J］.Social cognitive and affective neuroscience，5（2–3）：111–129.

KLEEREKOOPER I，et al.，2016. The effect of aging on fronto-striatal reactive and proactive inhibitory control［J］.Neuroimage，132：51–58.

KLEIN G，CHASE V M，1998. Sources of power：how people make decisions［J］.Nature，392（6673）：242–242.

KLUGER A N，et al.，2004. The effect of regulatory focus on the shape of probability-weighting function：evidence from a cross-modality matching method［J］.Organizational behavior and human decision processes，95（1）：20–39.

KNOCH D，et al.，2006. Disruption of right prefrontal cortex by low-frequency repetitive transcranial magnetic stimulation induces risk-taking behavior［J］.Journal of neuroscience，26（24）：6469–6472.

KNUTSON B，GREER S M，2008. Anticipatory affect：neural correlates and consequences for choice［J］.Philosophical transactions of the royal society B：biological sciences，363（1511）：3771–3786.

KO C H，et al.，2010. The characteristics of decision making，potential to take risks，and personality of college students with Internet addiction［J］.Psychiatry research，175（1–2）：121–125.

KO C H，et al.，2017. The adaptive decision-making，risky decision，and decision-making style of Internet gaming disorder［J］.European psychiatry，44：189–197.

KONG G，et al.，2008. Clinical decision support systems：a review on knowledge representation and inference under uncertainties［J］.International journal of computational intelligence systems，1（2）：159–167.

KOUZIOKAS G N，2017. The application of artificial intelligence in public administration for forecasting high crime risk transportation areas in urban environment［J］.Transportation research procedia，24：467–473.

KOVACS I，et al.，2017. Decision making measured by the Iowa Gambling Task in alcohol use disorder and gambling disorder：a systematic review and meta-analysis［J］.Drug and alcohol dependence 181：152–161.

KRAJBICH I，et al.，2010. Visual fixations and the computation and comparison of value in simple choice［J］.Nature neuroscience，13（10）：1292–1298.

KRATZWALD B，et al.，2018. Deep learning for affective computing：text-based emotion recognition in decision support［J］.Decision support systems，115：24–35.

KRAY L J，2000. Contingent weighting in self-other decision making［J］.Organizational behavior and human decision processes，83（1）：82–106.

KREUSSEL L，et al.，2012. The influence of the magnitude，probability，and valence of potential wins and losses on the amplitude of the feedback negativity［J］.Psychophysiology，49（2）：207–219.

KRISHNAMURTHY V，2016. Partially observed Markov decision processes［M］.Cambridge：Cambridge University Press.

KRUSCHWITZ J D，et al.，2012. Nothing to lose：processing blindness to potential losses drives thrill and adventure seekers［J］.Neuroimage，59（3）：2850–2859.

KUJACH S，et al.，2018. A transferable high-intensity intermittent exercise improves executive performance in association with dorsolateral prefrontal activation in young adults［J］.

Neuroimage，169：117–125.

KULKE L，et al.，2020. A comparison of the Affectiva iMotions facial expression analysis software with EMG for identifying facial expressions of emotion [J] .Frontiers in psychology，11：329.

KUMAR G，KALRA R，2016. A survey on machine learning techniques in health care industry [J] .International journal of recent research aspects，3（2）：128–132.

KUMARAN D，et al.，2016. What learning systems do intelligent agents need? Complementary learning systems theory updated [J] .Trends in cognitive sciences，20（7）：512–534.

KVAM P D，et al.，2021. Testing the factor structure underlying behavior using joint cognitive models：impulsivity in delay discounting and Cambridge gambling tasks [J] .Psychological methods，26（1）：18–37.

LAIBSON D，1997. In memory of Amos Tversky Golden Eggs and hyperbolic discounting [J] . Quarterly journal of economics，112（2）：443–477.

LAK A，et al.，2014. Orbitofrontal cortex is required for optimal waiting based on decision confidence [J] .Neuron，84（1）：190–201.

LAKHANI P，SUNDARAM B，2017. Deep learning at chest radiography：automated classification of pulmonary tuberculosis by using convolutional neural networks [J] . Radiology，284（2）：574–582.

LARRICK R P，et al.，2009. Goal-induced risk taking in negotiation and decision making [J] . Social cognition，27（3）：342–364.

LAU B，GLIMCHER P W，2008. Value representations in the primate striatum during matching behavior [J] .Neuron，58（3）：451–463.

LAURIOLA M，et al.，2014. Individual differences in risky decision making：a meta-analysis of sensation seeking and impulsivity with the balloon analogue risk task [J] .Journal of behavioral decision making，27（1）：20–36.

LAUTERBUR P C，1973. Image formation by induced local interactions：examples employing nuclear magnetic resonance［J］.Nature，242（5394）：190–191.

LAWRENCE A J，et al.，2009. Impulsivity and response inhibition in alcohol dependence and problem gambling［J］.Psychopharmacology，207（1）：163–172.

LAWRENCE A，et al.，2008. The innovative brain［J］.Nature，456（7219）：168–169.

LAWRENCE N S，et al.，2009. Distinct roles of prefrontal cortical subregions in the Iowa Gambling Task［J］.Cerebral cortex，19（5）：1134–1143.

LECUN Y，et al.，2015. Deep learning［J］.Nature，521（7553）：436–444.

LEE D，et al.，2018. Gray matter differences in the anterior cingulate and orbitofrontal cortex of young adults with internet gaming disorder：surface-based morphometry［J］.Journal of Behavioral addictions，7（1）：21–30.

LEE J C，et al.，2009. Perfectionism and sensory phenomena：phenotypic components of obsessive-compulsive disorder［J］.Comprehensive psychiatry，50（5）：431–436.

LEE J H，et al.，2010. Global and local fMRI signals driven by neurons defined optogenetically by type and wiring［J］.Nature，465（7299）：788–792.

LEE T M，et al.，2008. Age-related differences in neural activities during risk taking as revealed by functional MRI［J］.Social cognitive and affective neuroscience，3（1）：7–15.

LEFFA D T，et al.，2018. Transcranial direct current stimulation improves long term memory deficits in an animal model of attention-deficit/hyperactivity disorder and modulates oxidative and inflammatory parameters［J］.Brain stimulation，11（4）：743–751.

LEI Y，et al.，2017. Neural correlates of increased risk-taking propensity in sleep-deprived people along with a changing risk level［J］.Brain imaging and behavior，11（6）：1910–1921.

LEIMEISTER J M，2010. Collective intelligence［J］.Business and information systems engineering，2（4）：245–248.

LEISERSON C E，et al.，2020. The's plenty of room at the top：what will drive computer performance after Moore's law?［J］.Science，368：1079.

LEJUEZ C W，et al.，2003. The balloon analogue risk task （BART） differentiates smokers and nonsmokers［J］.Experimental and clinical psychopharmacology，11（1）：26.

LENG Y，ZHOU X，2010. Modulation of the brain activity in outcome evaluation by interpersonal relationship：an ERP study［J］.Neuropsychologia，48（2）：448–455.

LEON J J，et al.，2020. Transcranial direct current stimulation improves risky decision making in women but not in men：a sham-controlled study［J］.Behavioral brain research，382：112485.

LERNER J S，et al.，2015. Emotion and decision making［J］.Annual review of psychology，66（1）：799–823.

LEVY D J, GLIMCHER P W, 2012. The root of all value: a neural common currency for choice[J].Current opinion in neurobiology，22（6）：1027–1038.

LEWIS G，et al.，2021. Risk-taking to obtain reward：sex differences and associations with emotional and depressive symptoms in a nationally representative cohort of UK adolescents［J］.Psychological medicine，1–9.

LI C，et al.，2021. Managing ignorance elements and personalized individual semantics under incomplete linguistic distribution context in group decision making［J］.Group decision and negotiation，30（1）：97–118.

LI F，et al.，2015. Relationships between the resting-state network and the P3：evidence from a scalp EEG study［J］.Scientific reports，5（1）：1–10.

LI S，et al.，2021. The modulation of attentional deployment on regret：an event-related potential study［J］.NeuroReport，32（7）：621–630.

LI X，et al.，2020. Test-retest reliability of brain responses to risk-taking during the balloon analogue risk task［J］.Neuroimage，209：116495.

LI S，2004. A behavioral choice model when computational ability matters［J］. Applied intelligence，20（2），147–163.

LIANG W，et al.，2020. Development and validation of a clinical risk score to predict the occurrence of critical illness in hospitalized patients with COVID-19［J］.JAMA internal medicine，180（8）：1081–1089.

LIN X，et al.，2015. Impaired risk evaluation in people with internet gaming disorder：fMRI evidence from a probability discounting task［J］.Progress in neuro-psychopharmacology and biological psychiatry，56：142–148.

LINKOV I，et al.，2020. Cybertrust：from explainable to actionable and interpretable artificial intelligence［J］.Computer，53（9）91–96.

LIU S，et al.，2022. Resting-state functional connectivity within orbitofrontal cortex and inferior frontal gyrus modulates the relationship between reflection level and risk-taking behavior in internet gaming disorder［J］.Brain research bulletin，178：49–56.

LIU T，PELOWSKI M，2014. Clarifying the interaction types in two-person neuroscience research［J］.Frontiers in human neuroscience，8：276.

LIU Z，et al.，2016. The neural basis of regret and relief during a sequential risk-taking task［J］. Neuroscience，327：136–45.

LIU Z，et al.，2017. Attentional deployment impacts neural response to regret［J］.Scientific reports，7（1）：41374.

LIU Z，et al.，2018a. Functional connectivity within the executive control network mediates the effects of long-term tai chi exercise on elders' emotion regulation［J］.Frontiers in aging neuroscience，10：315.

LIU Z，et al.，2018b. Social comparison modulates the neural responses to regret and subsequent risk-taking behavior［J］.Social cognitive and affective neuroscience，13（10）：1059–1070.

LIU X，et al.，2020. Risk-aware multi-armed bandits with refined upper confidence bounds［J］. IEEE signal processing letters，28：269–273.

LIU Z，et al.，2020a. Attentional deployment training impacts neural responses to subsequent regret［J］.International journal of psychophysiology，157：23–31.

LIU Z，et al.，2020b. Reduced feelings of regret and enhanced fronto-striatal connectivity in elders with long-term Tai Chi experience［J］.Social cognitive and affective neuroscience，15（8）：861–873.

LIU Z，et al.，2022a. Altered neural responses to missed chance contribute to the risk-taking behaviour in individuals with internet gaming disorder［J］.Addiction biology，27（2）：e13124.

LIU Z，et al.，2022b. Dissociating value-based neurocomputation from subsequent selection-related activations in human decision-making［J］.Cerebral cortex，32（9）：4141–4155.

LODEWIJCKX C，et al.，2009. Inhospital management of COPD exacerbations：a systematic review of the literature with regard to adherence to international guidelines［J］.Journal of evaluation in clinical practice，15（6）：1101–1110.

LORENZ C，KRAY J，2019. Are mid-adolescents prone to risky decisions? The influence of task setting and individual differences in temperament［J］.Frontiers in psychology，10：1497.

LU J，et al.，2016. Missing the best opportunity; who can seize the next one? Agents show less inaction inertia than personal decision makers［J］.Journal of economic psychology，54：100–112.

LU J，XIE X，2014. To change or not to change：a matter of decision maker's role［J］.

Organizational behavior and human decision processes，124（1）：47–55.

LU J，et al.，2021. Prevalence of depressive disorders and treatment in China：a cross-sectional epidemiological study［J］.The Lancet Psychiatry，8（11）：981–990.

MA F，et al.，2018. Promoting honesty in young children through observational learning［J］. Journal of experimental child psychology，167：234–245.

MA W J，2019. Bayesian decision models：a primer［J］.Neuron，104（1）：164–175.

MAGHDID H S，GHAFOOR K Z，2020. A smartphone enabled approach to manage COVID-19 lockdown and economic crisis［J］.SN computer science，1（5）：1–9.

MAILLIEZ M，et al.，2020. Can the induction of incidental positive emotions lead to different performances in sequential decision-making?［J］.Cognition and emotion，34（7）：1509–1516.

MANDEL N，2003. Shifting selves and decision making：the effects of self-construal priming on consumer risk-taking［J］.Journal of consumer research，30（1）：30–40.

MANUEL A L，et al.，2019. Transcranial direct current stimulation （tDCS） over vmPFC modulates interactions between reward and emotion in delay discounting［J］.Scientific reports，9（1）：1–9.

MARAS M H，ALEXANDROU A，2019. Determining authenticity of video evidence in the age of artificial intelligence and in the wake of Deepfake videos［J］.The international journal of evidence and proof，23（3）：255–262.

MARCUS G，et al.，2016. Beyond the turing test［J］.AI magazine，37（1）：3–4.

MARKIEWICZ L，WEBER E U，2013. DOSPERT's gambling risk-taking propensity scale predicts excessive stock trading［J］.Journal of behavioral finance，14（1）：65–78.

MARSH N，et al.，2021. Oxytocin and the neurobiology of prosocial behavior［J］.The neuroscientist，27（6）：604–619.

MARWALA T，2014. Artificial intelligence techniques for rational decision making［M］. Springer.

MCCLINTOCK S M，et al.，2018. Consensus recommendations for the clinical application of repetitive transcranial magnetic stimulation（rTMS）in the treatment of depression［J］. Journal of clinical psychiatry，79（1）：35–48.

MCCLURE S M，et al.，2004. Separate neural systems value immediate and delayed monetary rewards［J］.Science，306（5695）：503–507.

MCGLYNN S A，et al.，2017. Understanding the potential of PARO for healthy older adults［J］. International journal of human–computer studies，100：33–47.

MCINTYRE R S，et al.，2017. The THINC-integrated tool（THINC-it）screening assessment for cognitive dysfunction：validation in patients with major depressive disorder［J］.Journal of clinical psychiatry，78（7）：873–881.

MEIER S，SPRENGER C D，2012. Time discounting predicts creditworthiness［J］. Psychological science，23（1）：56–58.

MENG Y，et al.，2015. The prefrontal dysfunction in individuals with internet gaming disorder：a meta-analysis of functional magnetic resonance imaging studies［J］.Addiction biology，20（4）：799–808.

MESHI D，et al.，2020. Problematic social media use is associated with increased risk-aversion after negative outcomes in the Balloon Analogue Risk Task［J］.Psychology of Addictive behaviors，34（4）：549–555.

MILTNER W H R，et al.，2004. Parallel brain activity for self-generated and observed errors［J］. Journal of psychophysiology，18（4）：205–205.

MISHRA S，et al.，2014. Competitive disadvantage facilitates risk taking［J］.Evolution and human behavior，35（2）：126–132.

MISHRA S，FIDDICK L，2012. Beyond gains and losses：the effect of need on risky choice in framed decisions［J］.Journal of personality and social psychology，102（6）：1136–447.

MO J，et al.，2013. Coupling between visual alpha oscillations and default mode activity［J］. Neuroimage，68（1）：112–118.

MOORE T，ZIRNSAK M，2017. Neural mechanisms of selective visual attention［J］.Annual review of psychology，68：47–72.

MORADI S，RAFIEI F M，2019. A dynamic credit risk assessment model with data mining techniques：evidence from iranian banks［J］.Financial innovation，5（1）：1–27.

MURPHY F C，et al.，2001. Decision-making cognition in mania and depression［J］. Psychological medicine，31（4）：679–693.

NAKAO A，et al.，2020. The Iowa Gambling Task on HIV-infected subjects［J］.Journal of infection and chemotherapy，26（3）：240–244.

NIOCHE A，et al.，2019. An asymmetry of treatment between lotteries involving gains and losses in rhesus monkeys［J］.Scientific reports，9（1）：1–13.

NOOR A K，2017. AI and the future of the machine design［J］.Mechanical engineering，139（10）：38–43.

NUNOO N A，2018. Guest editorial：how artificial intelligence will benefit drilling［J］.Journal of petroleum technology，70（05）：14–15.

O'Doherty J，et al.，2001. Abstract reward and punishment representations in the human orbitofrontal cortex［J］.Nature neuroscience，4（1）：95–102.

O'Doherty J，et al.，2004. Dissociable roles of ventral and dorsal striatum in instrumental conditioning［J］.Science，304（5669）：452–454.

OLIEHOEK F A，AMATO C，2016. A concise introduction to decentralized POMDPs［M］. Springer.

ORSINI C A，et al.，2000. Regulation of risky decision making by gonadal hormones in males and females［J］.Neuropsychopharmacology，46（3）：603–613.

ORSINI C A，et al.，2016. Sex differences in a rat model of risky decision making［J］. Behavioral neuroscience，130（1）：50–61.

ORTEGA J T，et al.，2020. Role of changes in SARS-CoV-2 spike protein in the interaction with the human ACE2 receptor：an in silico analysis［J］.Experimental and clinical sciences，19：410–417.

OSSIG C，et al.，2016. Wearable sensor-based objective assessment of motor symptoms in Parkinson's disease［J］.Journal of neural transmission，123（1）：57–64.

PADEN B，et al.，2016. A survey of motion planning and control techniques for self-driving urban vehicles［J］.IEEE transactions on intelligent vehicles，1（1）：33–55.

PADOA-SCHIOPPA C，2011. Neurobiology of economic choice：a good-based model［J］. Annual review of neuroscience，34（1）：333–359.

PADOA-SCHIOPPA C，ASSAD J A，2006. Neurons in the orbitofrontal cortex encode economic value［J］.Nature，441（7090）：223–226.

PADOA-SCHIOPPA C，CONEN K E，2017. Orbitofrontal cortex：a neural circuit for economic decisions［J］.Neuron，96（4）：736–754.

PALMER C J，et al.，2013. Individual differences in moral behaviour：a role for response to risk and uncertainty?［J］.Neuroethics，6（1）：97–103.

PAN Y，et al.，2017. Cooperation in lovers：an fNIRS-based hyperscanning study［J］.Human brain mapping，38（2）：831–841.

PARK I M，et al.，2014. Encoding and decoding in parietal cortex during sensorimotor decision-making［J］.Nature neuroscience，17（10）：1395–1403.

PARK S A，et al.，2019. Neural computations underlying strategic social decision-making in groups [J] .Nature communications,10 (1) : 5287.

PARKER D M, et al., 1996. Role of coarse and fine spatial information in face and object processing [J] .Journal of experimental psychology: human perception and performance, 22 (6) : 1448–1466.

PAULUS M, et al., 2012. How learning to shake a rattle affects 8-month-old infants' perception of the rattle's sound: electrophysiological evidence for action-effect binding in infancy [J] . Developmental cognitive neuroscience, 2 (1) : 90–96.

PAULUS M, et al., 2011. Bridging the gap between the other and me: the functional role of motor resonance and action effects in infants' imitation [J] .Developmental science, 14 (4) : 901–910.

PENG H, et al., 2016. Computational systems biology in cancer brain metastasis [J] .Frontiers in bioscience, 8 (1) : 169–186.

PENOLAZZI B, et al., 2012. Impulsivity and reward sensitivity differentially influence affective and deliberative risky decision making [J] .Personality and individual differences, 53 (5) : 655–659.

PETERS J, BUCHEL C, 2011. The neural mechanisms of inter-temporal decision-making: understanding variability [J] .Trends in cognitive sciences, 15 (5) : 227–239.

PETERSON J C, et al., 2021. Using large-scale experiments and machine learning to discover theories of human decision-making [J] .Science, 372 (6547) : 1209–1214.

PETRY N M, O'BRIEN C P, 2013. Internet gaming disorder and the DSM-5 [J] .Addiction, 108 (7) : 1186–1187.

PETRY N M, et al., 2014. An international consensus for assessing internet gaming disorder using the new DSM-5 approach [J] .Addiction, 109 (9) : 1399–1406.

PHILIASTIDES M G, RATCLIFF R, 2013. Influence of branding on preference-based decision making［J］.Psychological science，24（7）：1208–1215.

POGOSYAN M A，VEREIKIN A A，2019. Position and motion control of aerial vehicles in automatic landing systems：analytical review［J］.Annual reviews in control，48：129–146.

POLMAN E，2012. Self-other decision making and loss aversion［J］.Organizational behavior and human decision processes，119（2）：141–150.

POLMAN E，VOHS K D，2016. Decision fatigue，choosing for others，and eelf construal［J］. Social psychological and personality science，7（5）：471–478.

PORCELLI A J，DELGADO M R，2009. Acute stress modulates risk taking in financial decision making［J］.Psychological science，20（3）：278–283.

PORSOLT R D，et al.，1977. Depression：a new animal model sensitive to antidepressant treatments［J］.Nature，266（5604）：730–732.

POURHOMAYOUN M，SHAKIBI M，2021. Predicting mortality risk in patients with COVID-19 using machine learning to help medical decision-making［J］.Smart health，20（2）：100178.

POWLES J，HODSON H，2017. Google DeepMind and healthcare in an age of algorithms［J］. Health and technology，7（4）：351–367.

PRADO G，et al.，2008. What accounts for differences in substance use among US-born and immigrant Hispanic adolescents?：results from a longitudinal prospective cohort study［J］. Journal of adolescent health，45（2）：118–125.

PUJARA M S，et al.，2015. Ventromedial prefrontal cortex damage alters relative risk tolerance for prospective gains and losses［J］.Neuropsychologia，79：70–75.

PURCELL E M，et al.，1946. Nuclear magnetic resonance absorption in hydrogen gas［J］. Physical review，70（11–12）：986.

PURCELL G P，2005. What makes a good clinical decision support system［J］.British medical journal，330（7494）：740–741.

QING C，et al.，2021. Farmers' disaster preparedness and quality of life in earthquake-prone areas：the mediating role of risk perception［J］.International journal of disaster risk reduction，59：102252.

QU Y，et al.，2019. Culture modulates the neural correlates underlying risky exploration［J］. Frontiers in human neuroscience，13：171.

RAAYONI G，et al.，2021. Generating conjectures on fundamental constants with the Ramanujan Machine［J］.Nature，590（7844）：67−73.

RAHWAN I，et al.，2019. Machine behaviour［J］.Nature，568（7753）：477−486.

RAJAH M N，D'ESPOSITO M，2005. Region-specific changes in prefrontal function with age：a review of PET and fMRI studies on working and episodic memory［J］.Brain，128（9）：1964−1983.

RANGEL A，et al.，2008. A framework for studying the neurobiology of value-based decision making［J］.Nature reviews neuroscience，9（7）：545−556.

RAO R P N，2010. Decision making under uncertainty：a neural model based on partially observable markov decision processes［J］.Frontiers in computational neuroscience，4：146.

RATCLIFF R，MCKOON G，2008. The diffusion decision model：theory and data for two-choice decision tasks［J］.Neural computation，20（4）：873−922.

RATCLIFF R，ROUDER J N，1998. Modeling response times for two-choice decisions［J］. Psychological science，9（5）：347−356.

RATCLIFF R，et al.，1996. Comparing connectionist and diffusion models of reaction time［J］. Psychological review，160（2）：261−300.

RATCLIFF R，et al.，2016. Diffusion decision model：current issues and history［J］.Trends in cognitive sciences，20（4）：260−281.

RATCLIFF R，VAN DONGEN H，2009. Sleep deprivation affects multiple distinct cognitive processes［J］.Psychonomic bulletin and review，16（4）：742–751.

RAZ N，et al.，2010. Trajectories of brain aging in middle-aged and older adults：regional and individual differences［J］.Neuroimage，51（2）：501–511.

REINHART R M，NGUYEN J A，2019. Working memory revived in older adults by synchronizing rhythmic brain circuits［J］.Nature neuroscience，22（5）：820–827.

RENGIFO M，LAHAM S M，2022. Big five personality predictors of moral disengagement：a comprehensive aspect-level approach［J］.Personality and individual differences，184：111176.

REYNAUD A，COUTURE S，2012. Stability of risk preference measures： results from a field experiment on French farmers［J］.Theory and decision，73（2）：203–221.

RICH E L，et al.，2018. Linking dynamic patterns of neural activity in orbitofrontal cortex with decision making［J］.Current opinion in neurobiology，49：24–32.

RICH E L，WALLIS J D，2016. Decoding subjective decisions from orbitofrontal cortex［J］. Nature neuroscience,19（7）：973–980.

RIEKE N，et al.，2020. The future of digital health with federated learning［J］.NPJ digital medicine，3（1）：1–7.

RILLING J K，et al.，2002. A neural basis for social cooperation［J］.Neuron，35（2）：395–405.

ROCA M，et al.，2006. Ambiguity seeking as a result of the status quo bias ［J］.Journal of risk and uncertainty，32（3）：175–94.

ROGALSKY C，et al.，2012. Risky decision-making in older adults without cognitive deficits：an fMRI study of VMPFC using the Iowa Gambling Task［J］.Social neuroscience，7（2）：178–190.

ROGERS R D，et al.，1999. Dissociable deficits in the decision-making cognition of chronic amphetamine abusers，opiate abusers，patients with focal damage to prefrontal cortex，and tryptophan-depleted normal volunteers：evidence for monoaminergic mechanisms［J］.Neuropsychopharmacology，20（4）：322–339.

ROMEU R J，et al.，2019. A computational model of the Cambridge gambling task with applications to substance use disorders［J］.Drug and alcohol dependence，206：107711.

ROSE N S，et al.，2016. Reactivation of latent working memories with transcranial magnetic stimulation［J］.Science，354（6316）：1136–1139.

ROSZKOWSKI M J，DAVEY G，2010. Risk perception and risk tolerance changes attributable to the 2008 economic crisis：a subtle but critical difference［J］.Journal of financial service professionals，64（4）：42–53.

RUDEBECK P H，MURRAY E A，2014. The orbitofrontal oracle：cortical mechanisms for the prediction and evaluation of specific behavioral outcomes［J］.Neuron，84（6）：1143–1156.

RUSSO R，et al.，2017. When you can，scale up：large-scale study shows no effect of tDCS in an ambiguous risk-taking task［J］.Neuropsychologia，104：133–143.

SALAS-WRIGHT C P，et al.，2016. An “immigrant paradox” for adolescent externalizing behavior? Evidence from a national sample［J］.Social psychiatry and psychiatric epidemiology，51（1）：27–37.

SALICHS M A，et al.，2020. Mini：a new social robot for the elderly［J］.International journal of social robotics，12（6）：1231–1249.

SALINAS D，et al.，2020. DeepAR：probabilistic forecasting with autoregressive recurrent networks［J］.International journal of forecasting，36（3）：1181–1191.

SAMANEZ-LARKIN G R，et al.，2007. Anticipation of monetary gain but not loss in healthy older adults［J］.Nature neuroscience，10（6）：787–791.

SAMANEZ-LARKIN G R，KNUTSON B，2015. Decision making in the ageing brain：changes in affective and motivational circuits［J］.Nature reviews neuroscience，16（5）：278−289.

SAMEJIMA K，et al.，2005. Representation of action-specific reward values in the striatum［J］. Science，310（5752）：1337−1340.

SAMOGIN J，et al.，2019. Shared and connection-specific intrinsic interactions in the default mode network［J］.Neuroimage，200：474−481.

SARLO M，et al.，2012. Temporal dynamics of cognitive-emotional interplay in moral decisionmaking［J］.Journal of cognitive neuroscience，24（4）：1018−1029.

SASSAROLI S，et al.，2008. Perfectionism in depression，obsessive-compulsive disorder and eating disorders［J］.Behaviour research and therapy，46（6）：757−765.

SAXENA K，SHARMA R，2016. Efficient heart disease prediction system［J］.Procedia computer science，85：962−969.

SCARSELLI F，et al.，2008. The graph neural network model［J］.IEEE transactions on neural networks，20（1）：61−80.

SCHALK G，et al.，2004. BCI2000：a general-purpose brain-computer interface（BCI）system［J］.IEEE transactions on biomedical engineering，51（6）：1034−1043.

SCHEERINGA R，et al.，2012. EEG alpha power modulation of fMRI resting-state connectivity［J］.Brain connectivity，2（5）：254−264.

SCHILDT H，2017. Big data and organizational design-the brave new world of algorithmic management and computer augmented transparency［J］.Innovation，19（1）：23−30.

SCHIPPER N，KOGLIN U，2021. The association between moral identity and moral decisions in adolescents［J］.New directions for child and adolescent development，2021（179）：111−125.

SCHIWECK C，et al.，2019. Heart rate and high frequency heart rate variability during stress as biomarker for clinical depression：a systematic review［J］.Psychological medicine，49（2）：200−211.

SCHOTT B H，et al.，2007. Ageing and early-stage Parkinson's disease affect separable neural mechanisms of mesolimbic reward processing［J］.Brain，130（9）：2412−2424.

SCHULLER B W，et al.，2021. COVID-19 and computer audition：an overview on what speech and sound analysis could contribute in the SARS-CoV-2 corona crisis［J］.Frontiers in digital health，3：564906−5640906.

SCHWARTING W，et al.，2018. Planning and decision-making for autonomous vehicles［J］. The annual review of control，robotics，and autonomous systems，1（1）：187−210.

SCHWARTING W，et al.，2019. Social behavior for autonomous vehicles［J］.Proceedings of the National Academy of Sciences，116（50）：24972−24978.

SEHRIG S，et al.，2019. Decision-and feedback-related brain potentials reveal risk processing mechanisms in patients with alcohol use disorder［J］.Psychophysiology，56（12）：e13450.

SEO H，et al.，2014. Neural correlates of strategic reasoning during competitive games［J］. Science，346（6207）：340−343.

SEVI B，SHOOK N J，2021. The relation between disgust sensitivity and risk-taking propensity：a domain specific approach［J］. Judgment and decision making，16（4）：950−968.

SHAH A K，et al.，2012. Some consequences of having too little［J］.Science，338（6107）：682−685.

SHANMUGANATHAN M，2020. Behavioural finance in an era of artificial intelligence：longitudinal case study of robo-advisors in investment decisions［J］.Journal of behavioral and experimental finance，27：100297−100297.

SHEFFER C E，et al.，2013. Neuromodulation of delay discounting，the reflection effect，and cigarette consumption［J］.Journal of substance abuse treatment，45（2）：206−214.

SHENHAV A，GREENE J D，2010. Moral judgments recruit domain-general valuation mechanisms to integrate representations of probability and magnitude［J］.Neuron，67（4）：

667–677.

SHORTLIFFE E H，SEPULVEDA M J，2018. Clinical decision support in the era of artificial intelligence［J］.Jama，320（21）：2199–2200.

SHOVAL S，et al.，2003. Robotics-based obstacle-avoidance systems for the blind and visually impaired［J］.IEEE robotics magazine，10（1）：9–20.

SHU T，et al.，2012. Local religious beliefs and mutual fund risk-taking behaviors［J］.Management science，58（10）：1779–1796.

SHULMAN E P，et al.，2016. The dual systems model：review，reappraisal，and reaffirmation［J］.Developmental cognitive neuroscience，17：103–117.

SHYU K K，et al.，2012. Total design of an FPGA-based brain-computer interface control hospital bed nursing system［J］.IEEE transactions on industrial electronics，60（7）：2731–2739.

SIEGEL M，et al.，2008. Neuronal synchronization along the dorsal visual pathway reflects the focus of spatial attention［J］.Neuron，60（4）：709–719.

SILVER D，et al.，2017. Mastering the game of go without human knowledge［J］.Nature，550（7676）：354–359.

SIMEN P，2012. Evidence accumulator or decision threshold-which cortical mechanism are we observing?［J］.Frontiers in psychology，3：183.

SIMON H A，1956. Rational choice and the structure of the environment［J］.Psychological review，63（2）：129–138.

SIMON H A，1995. A behavioral model of rational choice［J］.Quarterly Journal of economics，69（1）：99–118.

SIMON M，et al.，2000. Cognitive biases，risk perception，and venture formation：how individuals decide to start companies［J］.Journal of business venturing，15（2）：113–134.

SINDHU J，NAMRATHA R，2019. Impact of artificial intelligence in chosen Indian commercial bank-a cost benefit analysis［J］.Asian journal of management，10（4）：377−384.

SIQUEIRA A S S，et al.，2018. Decision making assessed by the Iowa Gambling Task and major depressive disorder：a systematic review［J］.Dementia and neuropsychologia，12（3）：250−255.

SJOBERG L，2006. Rational risk perception：utopia or dystopia?［J］.Journal of risk research，9（6）：683−696.

SKINNER B F，1959. John Broadus Watson，behaviorist［J］.Science，129（3343）：197−198.

SMITH P L，RATCLIFF R，2004. Psychology and neurobiology of simple decisions［J］.Trends in neurosciences，27（3）：161−168.

SOMMER T，et al.，2009. Structure-function relationships in the processing of regret in the orbitofrontal cortex［J］.Brain structure and function，213（6）：535−551.

SONG Y，PENG Y，2019. A MCDM-based evaluation approach for imbalanced classification methods in financial risk prediction［J］.IEEE access，7：84897−84906.

SPANIOL J，et al.，2019. Differential impact of ventromedial prefrontal cortex damage on "hot" and "cold" decisions under risk［J］.Cognitive affective and behavioral neuroscience，19（3）：477−489.

SPILLANE N S，et al.，2012. Sensation-seeking predicts initiation of daily smoking behavior among American Indian high school students［J］.Addictive behaviors，37（12）：1303−1306.

STANTON S J，et al.，2011. Testosterone is positively associated with risk taking in the Iowa Gambling Task［J］.Hormones and behavior，59（2）：252−256.

STARCKE K，et al.，2011. Decision-making under risk conditions is susceptible to interference by a secondary executive task［J］.Cognitive processing，12（2）：177−182.

STEINBERG L，2008. A social neuroscience perspective on adolescent risk-taking [J] . Developmental review，28（1）：78–106.

STEINBERG L，et al.，2008. Age differences in sensation seeking and impulsivity as indexed by behavior and self-report：evidence for a dual systems model [J] .Developmental psychology，44（6）：1764–1778.

STENSTROM E，et al.，2010. Testosterone and domain-specific risk：digit ratios（2D ∶ 4D and rel2）as predictors of recreational，financial，and social risk-taking behaviors [J] . Personality and individual differences，51（4）：412–416.

STEPHENS N M，et al.，2014. Social class culture cycles：how three gateway contexts shape selves and fuel inequality [J] .Annual review of psychology，65（1）：611–634.

STOKES M G，et al.，2013. Dynamic coding for cognitive control in prefrontal cortex [J] . Neuron，78（2）：364–375.

STONE E R，ALLGAIER L，2008. A social values analysis of self-other differences in decision making involving risk [J] .Basic and applied social psychology，30（2）：114–29.

STONE E R，et al.，2002. Risk taking in decision making for others versus the self [J] .Journal of applied social psychology，32（9）：1797–824.

STRAUSS G P，et al.，2014. A review of reward processing and motivational impairment in schizophrenia [J] .Schizophrenia bulletin，40：107–116.

STRAYER D L，KRAMER A F，1994. Strategies and automaticity： I. Basic findings and conceptual framework [J] .Journal of experimental psychology：learning，memory，and cognition，20（2）：318–341.

STRICKLAND E，2019. IBM Watson，heal thyself：how IBM overpromised and underdelivered on AI health care [J] .IEEE cpectrum，56（4）：24–31.

STUDER B，et al.，2014. The angular gyrus and visuospatial attention in decision-making under risk [J] .Neuroimage, 103: 75–80.

SU Y S, et al., 2018. Age-related differences in striatal, medial temporal, and frontal involvement during value-based decision processing [J] .Neurobiology of aging, 69: 185–198.

SUGRUE L P, et al., 2005. Choosing the greater of two goods: neural currencies for valuation and decision making [J] .Nature reviews neuroscience, 6 (5) : 363–375.

SUGRUE L P, et al., 2004. Matching behavior and the representation of value in the parietal cortex [J] .Science, 304 (5678) , 1782–1787.

SUHR J A, TSANADIS J, 2007. Affect and personality correlates of the Iowa Gambling Task[J]. Personality and individual differences, 43 (1) : 27–36.

SUN J, LI H, 2012. Financial distress prediction using support vector machines: ensemble vs. individual [J] .Applied soft computing, 12 (8) : 2254–2265.

SUN J, et al., 2014. Predicting financial distress and corporate failure: a review from the state-of-the-art definitions, modeling, sampling, and featuring approaches [J] .Knowledge-based systems, 57: 41–56.

SUNDIE J M, et al., 2011. Peacocks, porsches, and thorstein veblen: conspicuous consumption as a sexual signaling system [J] .Journal of personality and social psychology, 100 (4) : 664–680.

SUTTON R T, et al., 2020. An overview of clinical decision support systems: benefits, risks, and strategies for success [J] .NPJ digital medicine, 3 (1) : 1–10.

SZANTO K, et al., 2015. Decision-making competence and attempted suicide [J] .The journal of clinical psychiatry, 76 (12) : e1590–e1597.

TAEIHAGH A, LIM H S M, 2019. Governing autonomous vehicles: emerging responses for safety, liability, privacy, cybersecurity, and industry risks [J] .Transport reviews, 39 (1) : 103–128.

TAKEUCHI H, et al., 2020. Framing effects on financial and health problems in gambling disorder [J].Addictive behaviors, 110: 106502-106502.

TANABE J, et al., 2007. Prefrontal cortex activity is reduced in gambling and nongambling substance users during decision-making [J].Human brain mapping, 28 (12): 1276-1286.

TANGO F, BOTTA M, 2013. Real-time detection system of driver distraction using machine learning [J].IEEE transactions on intelligent transportation systems, 14 (2): 894-905.

TANNOU T, et al., 2020. How does decisional capacity evolve with normal cognitive aging: Systematic review of the literature [J].European geriatric medicine, 11 (1): 117-29.

TAO Y, et al., 2020. The impact of the extraversion-introversion personality traits and emotions in a moral decision-making task [J].Personality and individual differences, 158: 109840.

TAVAKOLI A V, YUN K, 2017. Transcranial alternating current stimulation (tACS) mechanisms and protocols [J].Frontiers in cellular neuroscience, 11: 214.

THALER R H, Johnson E J, 1990. Gambling with the house money and trying to break even: the effects of prior outcomes on risky choice [J].Management science, 36 (6): 643-660.

THOMAS N J, MARTIN F H, 2010. Video-arcade game, computer game and internet activities of Australian students: participation habits and prevalence of addiction [J].Australian journal of psychology, 62 (2): 59-66.

THUT G, MINIUSSI C, 2009. New insights into rhythmic brain activity from TMS-EEG studies [J].Trends in cognitive sciences. 13 (4): 182-189.

TING D S W, et al., 2018. Clinical applicability of deep learning system in detecting tuberculosis with chest radiography [J].Radiology, 286 (2): 729-731.

TOBLER P N, et al., 2008. The role of moral utility in decision making: an interdisciplinary framework [J].Cognitive affective and behavioral neuroscience, 8 (4): 390-401.

TOM S M, et al., 2007. The neural basis of loss aversion in decision-making under risk [J].

Science，315（5811）：515–518.

TOMOVA L，PESSOA L，2018. Information about peer choices shapes human risky decision-making［J］.Scientific reports，8（1）：5129.

TOPOL E J，2019. High-performance medicine：the convergence of human and artificial intelligence［J］.Nature medicine，25（1）：44–56.

TREADWAY M T，et al.，2012. Effort-based decision-making in major depressive disorder：a translational model of motivational anhedonia［J］.Journal of abnormal psychology，121（3）：553–558.

TRIPOLITI E E，et al.，2011. Automated diagnosis of diseases based on classification：dynamic determination of the number of trees in random forests algorithm［J］.IEEE transactions on information technology in biomedicine，16（4）：615–622.

TURNER C，et al.，2004. Injury and risk-taking behavior：a systematic review［J］. Accident analysis and prevention，36（1）：93–101.

TVERSKY A，KAHNEMAN D，1981. The framing of decisions and the psychology of choice［J］.Science，211（4481）：453–458.

TVERSKY A，KAHNEMAN D，1992. Advances in prospect theory：cumulative representation of uncertainty［J］.Journal of risk and uncertainty，5（4）：297–323.

TVERSKY K A，1979. Prospect theory：an analysis of decision under risk［J］.Econometrica，47（2）：263–291.

UBAN K A，et al.，2012. Estradiol modulates effort-based decision making in female rats［J］. Neuropsychopharmacology，37（2）：390–401.

UCAR E，2016. Local culture and dividends［J］.Financial management，45（1）：105–140.

VAISHYA R，et al.，2020. Artificial Intelligence（AI）applications for COVID-19 pandemic［J］. Diabetes and metabolic syndrome：clinical research and reviews，14（4）：337–339.

VALENCIA-TORRES L，et al.，2012. Nucleus accumbens and delay discounting in rats：evidence from a new quantitative protocol for analysing inter−temporal choice［J］.Psychopharmacology，219（2）：271−283.

VAN DUIJVENVOORDE A C K，et al.，2015. Neural correlates of expected risks and returns in risky choice across development［J］.Journal of neuroscience，35（4）：1549−1560.

VAN HOLSTEIN M，FLORESCO S B，2020. Dissociable roles for the ventral and dorsal medial prefrontal cortex in cue-guided risk/reward decision making［J］.Neuropsychopharmacology，45（4）：683−93.

VAN HOORN J，et al.，2018. Moderate social sensitivity in a risky context supports adaptive decision making in adolescence：evidence from brain and behavior［J］.Social cognitive and affective neuroscience，13（5）：546−556.

VELICKOVSKI F，et al.，2014. Clinical decision support systems （CDSS） for preventive management of COPD patients［J］.Journal of translational medicine，12（2）：1−10.

VENKATRAMAN V，et al.，2011. Sleep deprivation biases the neural mechanisms underlying economic preferences［J］.Journal of neuroscience，31（10）：3712−3718.

VINCENT V U，2021. Integrating intuition and artificial intelligence in organizational decision-making［J］.Business horizons，64（4）：425−438.

VISCUSI W K，et al.，2011. Risky investment decisions：how are individuals influenced by their groups?［J］.Journal of risk and uncertainty，43（2）：81−106.

VON GUNTEN C D，SCHERER L D，2019. Self-other differences in multiattribute decision making：compensatory versus noncompensatory decision strategies［J］.Journal of behavioral decision making，32（2）：109−123.

VRIEZE E，et al.，2013. Reduced reward learning predicts outcome in major depressive disorder［J］.Biological psychiatry，73（7）：639−645.

WALLIS J D，2007. Orbitofrontal cortex and its contribution to decision-making［J］.Annual review of neuroscience，30（1）：31–56.

WALLIS J D，2012. Cross-species studies of orbitofrontal cortex and value-based decision-making［J］.Nature neuroscience，15（1）：13–19.

WANG J，2021. Meta-learning in natural and artificial intelligence［J］.Current opinion in behavioral sciences，38：90–95.

WANG L，et al.，2016. Dysfunctional default mode network and executive control network in people with Internet gaming disorder：independent component analysis under a probability discounting task［J］.European psychiatry，34：36–42.

WANG L，et al.，2021. Enhanced neural responses in specific phases of reward processing in individuals with internet gaming disorder［J］.Journal of behavioral addictions，10（1）：99–111.

WANG S，et al.，2020. Active disturbance rejection decoupling control for three-degree-of-freedom six-pole active magnetic bearing based on BP neural network［J］.IEEE transactions on applied superconductivity，30（4）：1–5.

WANG X，JOHNSON J G，2012. A tri-reference point theory of decision making under risk［J］.Journal of experimental psychology：general，141（4）：743–756.

WANG X，et al.，2001. Social cues and verbal framing in risky choice［J］.Journal of behavioral decision making，14（1）：1–15.

WANG X，et al.，2017. Emotional experience and personality traits influence individual and joint risk-based decision making［J］.Social behavior and personality，45（6）：881–892.

WEBER B J，TAN W P，2012. Ambiguity aversion in a delay analogue of the Ellsberg Paradox［J］.Judgment and decision making，7（4）：383–389.

WEBER E U，et al.，2002. A domain-specific risk-attitude scale：measuring risk perceptions and risk behaviors［J］.Journal of behavioral decision making，15（4）：263–290.

WEBER E U，HSEE C K，1999. Models and mosaics：investigating cross-cultural differences in risk perception and risk preference［J］.Psychonomic bulletin and review，6（4）：611−617.

WEINSTEIN A，et al.，2016. Delay discounting，risk-taking，and rejection sensitivity among individuals with internet and video gaming disorders［J］.Journal of behavioral addictions，5（4）：674−682.

WEINSTEIN A，et al.，2017. New developments in brain research of internet and gaming disorder［J］.Neuroscience and biobehavioral reviews，75：314−330.

WELLER J A，et al.，2010. Do individual differences in Iowa Gambling Task performance predict adaptive decision making for risky gains and losses?［J］.Journal of clinical and experimental neuropsychology，32（2）：141−150.

WELLER J A，et al.，2007. Neural correlates of adaptive decision making for risky gains and losses［J］.Psychological science，18（11）：958−964.

WEST E A，et al.，2011. Transient inactivation of orbitofrontal cortex blocks reinforcer devaluation in macaques［J］.Journal of neuroscience，31（42）：15128−15135.

WESTERLUND M，2019. The emergence of deepfake technology：a review［J］.Technology innovation management review，9（11）：39−52.

WHITNEY P, HINSON J M, 2010. Measurement of cognition in studies of sleep deprivation[J]. Progress in brain research，185：37−48.

WIECH K，et al.，2013. Cold or calculating? Reduced activity in the subgenual cingulate cortex reflects decreased emotional aversion to harming in counterintuitive utilitarian judgment［J］. Cognition，126（3）：364−372.

WILSON H J，DAUGHERTY P R，2018. Collaborative intelligence：humans and AI are joining forces［J］.Harvard business review，96（4）：114−123.

WILSON R C，et al.，2014. Orbitofrontal cortex as a cognitive map of task space［J］.Neuron，

81（2）：267–279.

WRAY L D，STONE E R，2005. The role of self-esteem and anxiety in decision making for self versus others in relationships［J］.Journal of behavioral decision making，18（2）：125–144.

WU A W，et al.，2020. The impact of adverse events on clinicians：what's in a name?［J］. Journal of patient safety，16（1）：65–72.

WU F，et al.，2020. A new coronavirus associated with human respiratory disease in China［J］. Nature，579（7798）：265–269.

WU Y，et al.，2016. Single dose testosterone administration reduces loss chasing in healthy females［J］.Psychoneuroendocrinology，71：54–57.

WUNDERLICH K，et al.，2009. Neural computations underlying action-based decision making in the human brain［J］.Proceedings of the national academy of sciences，106（40）：17199–17204.

WURMAN P R，et al.，2022. Outracing champion Gran Turismo drivers with deep reinforcement learning［J］.Nature，602（7896）：223–228.

XIE J，et al.，2021. Alpha neural oscillation of females in the luteal phase is sensitive to high risk during sequential risk decisions［J］.Behavioural brain research，413（4799）：113427.

XU P，et al.，2020. Waiting in intertemporal choice tasks affects discounting and subjective time perception［J］.Journal of experimental psychology：general，149（12）：2289–2313.

XU S，et al.，2019. High sensation seeking is associated with behavioral and neural insensitivity to increased negative outcomes during decision-making under uncertainty［J］.cognitive affective and behavioral neuroscience，19（6）：1352–1363.

XU W，2019. Toward human-centered AI：a perspective from human-computer interaction［J］. Interactions，26（4）：42–46.

XUE G，et al.，2009. Functional dissociations of risk and reward processing in the medial prefrontal Cortex [J].Cerebral cortex, 19 (5): 1019–1027.

YACUBIAN J, et al., 2006. Dissociable systems for gain-and loss-related value predictions and errors of prediction in the human brain [J].Journal of neuroscience, 26 (37): 9530–9537.

YANG C Y D, et al., 2017. Developments in connected and automated vehicles [J].Journal of intelligent transportation systems, 21 (4): 251–254.

YANG J, et al., 2019. The emotional stability of elders with tai chi experience in the sequential risk-taking task [J].PsyCh journal, 8 (4): 491–502.

YAO Y W, et al., 2014. Failure to utilize feedback causes decision-making deficits among excessive Internet gamers [J].Psychiatry research, 219 (3): 583–588.

YATES J F, DE OLIVEIRA S, 2016. Culture and decision making [J].Organizational behavior and human decision processes, 136: 106–118.

YATES J F, ZUKOWSKI L G, 1976. Characterization of ambiguity in decision making [J]. Behavioral science, 21 (1): 19–25.

YAU Y, et al., 2021. Evidence and urgency related EEG signals during dynamic decision-making in humans [J].Journal of neuroscience, 41 (26): 5711–5722.

YAU Y, POTENZA M, 2014. Internet gaming disorder [J].Psychiatric annals, 44 (8): 379–383.

YAZDI K, et al., 2019. Neurobiological processes during the Cambridge gambling task [J]. Behavioural brain research, 356: 295–304.

YECHIAM E, BUSEMEYER J R, 2006. The effect of foregone payoffs on underweighting small probability events [J].Journal of behavioral decision making, 19 (1): 1–16.

YIN H H, et al., 2005. The role of the dorsomedial striatum in instrumental conditioning [J]. European journal of neuroscience, 22 (2): 513–523.

YOUNG L J, 2015. Oxytocin, social cognition and psychiatry [J].Neuropsychopharmacology，40（1）：243−244

YOUSAF I，et al.，2018. Herding behavior in ramadan and financial crises：the case of the Pakistani stock market［J］.Financial innovation，4（1）：1−14.

YU H，et al.，2019. Modeling morality in 3-D：decision-making，judgment，and inference［J］. Topics in cognitive science，11（2）：409−432.

YU M，et al.，2022. Childhood maltreatment，automatic negative thoughts，and resilience：the protective roles of culture and genes［J］.Journal of interpersonal violence，37（1−2）：349−370.

ZANG Y，et al.，2004. Regional homogeneity approach to fMRI data analysis［J］.Neuroimage，22（1）：394−400.

ZEELENBERG M，PIETERS R，2004. Consequences of regret aversion in real life：the case of the Dutch postcode lottery［J］.Organizational behavior and human decision processes，93（2）：155−168.

ZETHRAEUS N，et al.，2009. A randomized trial of the effect of estrogen and testosterone on economic behavior［J］.Proceedings of the National Academy of Sciences，106（16）：6535−6538.

ZHANG J，et al.，2020. Altered brain activities associated with cue reactivity during forced break in subjects with internet gaming disorder［J］.Addictive behaviors，102：106203.

ZHANG Q，et al.，2019. Edge video analytics for public safety：a review［J］.Proceedings of the IEEE，107（8）：1675−1696.

ZHANG R，et al.，2015. Control of a wheelchair in an indoor environment based on a brain-computer interface and automated navigation［J］.IEEE transactions on neural systems and rehabilitation engineering，24（1）：128−139.

ZHANG X，et al.，2018. Self-promotion hypothesis：the impact of self-esteem on self-other discrepancies in decision making under risk [J].Personality and individual differences, 127: 26–30.

ZHANG Y, et al., 2018. Road-segmentation-based curb detection method for self-driving via a 3D-LiDAR sensor [J].IEEE transactions on intelligent transportation systems, 19 (12): 3981–3991.

ZHANG Y, et al., 2020. The influence of social value orientation on self-other risk decision-making and its mechanisms [J].Acta psychologica sinica, 52 (7): 895–908.

ZHOU L, et al., 2022. Music-induced emotions influence intertemporal decision making [J].Cognition and emotion, 36 (2): 211–29.

ZHOU T, WACHS J P, 2018. Early prediction for physical human robot collaboration in the operating room [J].Autonomous robots, 42 (5): 977–995.

ZHOU Y, et al., 2022. A dual-process perspective to explore decision making in internet gaming disorder: an ERP study of comparison with recreational game users [J].Computers in human behavior, 128: 107104.

ZHU Y, et al., 2020. Dark, beyond deep: a paradigm shift to cognitive AI with humanlike common sense [J].Engineering, 6 (3): 310–345.

ZIBMAN S, et al., 2019. Interhemispheric cortico-cortical paired associative stimulation of the prefrontal cortex jointly modulates frontal asymmetry and emotional reactivity [J].Brain stimulation, 12 (1): 139–147.